CB060579

# O pai

Luigi Zoja

# O *pai*

HISTÓRIA E PSICOLOGIA
DE UMA ESPÉCIE EM EXTINÇÃO

*Tradução*: Pericles Pinheiro Machado Jr.
*Revisão técnica*: Victor-Pierre Stirnimann

AXIS MVNDI

Capa: PEDRO MORAES
Foto de capa: TOSCA RADIGONDA / GETTY IMAGES
Revisão, projeto gráfico e diagramação: MS-Q LETRAS & ARTES
Fotolitos: JOIN BUREAU DE EDITORAÇÃO

Dados Internacionais de Catalogação na Publicação (CIP)
(Câmara Brasileira do Livro, SP, Brasil)

---

Zoja, Luigi

O pai : história e psicologia de uma espécie em extinção. / Luigi Zoja ; tradução
Pericles Pinheiro Machado Jr.; revisão técnica Victor-Pierre Stirnimann. — São Paulo :
Axis Mundi, 2005.

Título original: Il gesto di Ettore - Preistoria, storia, attualità e scomparsa del padre.
Bibliografia.
ISBN 85-85554-33-9

1. Paternidade — Aspectos psicológicos   2. Paternidade — História   I. Título.

---

05-8074                                                                    CDD-306.8742

---

Índice para catálogo sistemático:
1. Pai e filho : Relacionamento : Sociologia  306.8742
2. Paternidade : Aspectos sociológicos  306.8742

Primeira edição: novembro de 2005

Todos os direitos desta edição reservados:

AXIS MUNDI EDITORA LTDA.
Rua Dr. Martinico Prado, 372, sala 1
01224-010 São Paulo, SP
tel./fax: (11) 3666-6339
e-mail: axismundi@uol.com.br
www.axismundieditora.com.br

*A Giorgio e Marinella*

AGRADECIMENTOS

Agradeço a Andrea Camperio Ciani pela consultoria sobre a parte etológica; a Nini Buccheri e Maria Grazia Ciani pela consultoria sobre a antigüidade clássica; a Patricia Michan pelas informações sobre o México; a Hechmi Dhaoui pelas informações sobre os países árabes; Giovanna Carlo, Franco Livorsi, Giuditta Lo Russo, Stanislao Nievo e Luisa Passerini pela leitura do texto em seus vários estados de composição; a Maria Tresoldi pelo auxílio editorial e organização das ilustrações. Um agradecimento especial a todos aqueles que, embora filhos de outras línguas-mãe, leram o texto em italiano e, ao trazer os pontos de vista de seus países, ajudaram-me a subtrair-lhe o caráter provinciano: Carole Beebe e Henry Martin (EUA), Christian Gaillard (França e Suíça), Roberto Gambini (Brasil), Manfred Kuder (Alemanha e Suíça), Martin Mumelter (Áustria). Agradeço, finalmente, a Eva Pattis que contribuiu tanto à minha pesquisa sobre o pai como à minha paternidade.

# Sumário

# Introdução

*O princípio universal que [Freud] descobriu, pelo qual seu
sentimento de judeu anti-religioso foi em parte responsável,
era o significado psíquico da imagem paterna (o patriarcado)
para o homem ocidental [...] A luta heróica de Freud com o
arquétipo paterno do judaísmo [...] não é um assunto pessoal
de Freud, nem um problema unicamente judaico; a cultura
do Ocidente (religião, sociedade e moral) é formada principalmente por essa imagem paterna, e a estrutura psíquica do
indivíduo é, em parte, danificada por isso.*
— E. NEUMANN, *Freud und das Vaterbild*

JAKOB ERA UM comerciante de tecidos que entrou para a história por ter sido
pai de Sigmund Freud.

Em um sábado ele passeava pelas ruas de Freiberg. Estava bem vestido e
portava uma boina de pelica nova. Em certo momento, deparou-se com um
homem. A situação era embaraçosa: a calçada, naqueles tempos, eram normalmente passagens estreitas que serviam apenas para se evitar a superfície
lamacenta das ruas. Jakob ensaiou um novo passo, mas com timidez pois não
fazia questão de ser o primeiro a prosseguir. O invasor foi mais veloz e, movido
evidentemente por uma certeza de superioridade, atirou a boina de Jakob na
lama, gritando: "Desce da calçada, judeu!"

Ao relatar o episódio para o filho, Jakob fez uma pausa nesse ponto. Mas
o pequeno Sigmund insistiu que o pai continuasse, pois para ele aí viria a parte
mais interessante da história: "E o que fizeste?"

Com calma, o pai respondeu: "Desci da calçada e recolhi a boina."[1]

DE ACORDO com Jones, o principal biógrafo de Sigmund Freud, esse foi um
dos fatos que marcaram o caráter do fundador da psicanálise. A falta de heroísmo do homem que tinha sido um modelo absoluto para Freud cai como um
pesado martelo sobre sua mente. E assim decide-lhe o futuro.

Sem esse episódio, talvez a psicanálise pudesse ter sido diferente: Freud
não teria considerado o filho como inevitável rival do pai, nem criticado a
religião monoteísta com seu Deus Pai.

Um dia, Freud leria a *Eneida* de Virgílio e compreenderia: seu pai encontrava-se diante da mesma incerteza de Enéias quando fugia de Tróia. Ao enfrentar o inimigo deve-se decidir: é melhor lutar pela honra, arriscando-se à morte, ou pensar no futuro, na continuidade da família e do povo? Freud demonstrará sua gratidão à *Eneida* ao iniciar A *interpretação dos sonhos* (1899) com um verso desse poema (VII, 312): "*Flectere si nequeo Superos Acheronta movebo*" (se não consigo dobrar os deuses do céu, moverei aqueles dos infernos). Encontraremos Enéias mais adiante e, por enquanto, deixaremos também Freud com sua desilusão.

Mas tomemos esse episódio para discutir o que o filho espera do pai. Segundo a tradição patriarcal, que pode ser sintetizada nesse episódio, trata-se de algo diferente daquilo que se espera da mãe.

Em condições normais, todo filho ama sua mãe. Mas se a mãe for vítima de uma injustiça? Se a mãe sofrer uma injustiça, o filho continuará a amá-la e talvez sentirá compaixão por ela.

E o filho normalmente ama o pai? Certamente. Mas se o pai sofre uma injustiça, o que acontece? Aqui as coisas se complicam porque a relação filho-pai está muito mais condicionada ao ambiente, ou seja, por outros vínculos. A dupla filho-mãe, principalmente em suas origens, tem uma qualidade tão exclusiva que praticamente constitui um mundo à parte. Ao contrário, a imagem da dupla filho-pai a que estamos acostumados insere-se desde o início em um grupo em que há pelo menos três pessoas. Já pertence à sociedade; ou antes, espera-se que o pai ensine o filho a existir em sociedade, assim como a mãe ensinou-o a existir em seu próprio corpo.

Se uma mãe deixa-se humilhar, o filho talvez reaja negativamente. Nunca, porém, lemos que ele a rejeite, como Freud fizera com seu pai. Muito dificilmente o filho lhe diria: "Você não é uma mãe verdadeira." No entanto, o pai que se deixa ofender pode ouvir dizer que não se comporta como pai. Se o filho adota esse ponto de vista, significa que não quer sentir seu pai por perto apenas pelo bem e pelo amor que ele lhe transmite, mas também por sua força: pois as relações existentes na sociedade não são apenas de amor ou de justiça, mas também de pura força.

Esse filho quer que seu pai seja forte e vencedor. Se for vencedor no sentido do bem, da justiça e do amor, tanto melhor. Muitas vezes, porém, o mais importante é que o pai seja exemplo de vitória, e o bem passa a constituir coisa de segunda ordem. A um pai justo, porém perdedor perante o mundo, a tradição do Ocidente normalmente prefere um que seja injusto mas vencedor:

um paradoxo muito conhecido por Shakespeare, que construiu no *Rei Lear* o protótipo do pai que é recusado quando perde a força e o prestígio.

Mas o pai vencedor, que é preferido por essa tradição, não corre o risco de faltar apenas em moralidade. A necessidade da força implica limitações nos sentimentos. Tal censura dos afetos é característica de sua relação com os outros que, em um círculo vicioso, poderão lhe retribuir um comportamento semelhante: o pequeno Sigmund Freud não mostra sentimentos de compreensão em relação à debilidade de seu pai.

DESDE QUE a destrutibilidade das guerras mundiais e a do Vietnã foi associada à agressividade paterna, os pais não-agressivos são cada vez mais numerosos. Mas essa evolução vem normalmente acompanhada por uma involução: aumenta também o número de jovens que confiam apenas no grupo e substituem o pai pelo líder. É inegável que, para os filhos de modo geral, uma menor agressividade paterna seja um benefício, porém muitos rapazes afastam-se de um pai manso, frágil a seus olhos, para dedicar sua admiração a tipos mais violentos, que incutem medo no bairro e passam a ser escolhidos como pais adotivos.

De certo, poderia tratar-se apenas de uma difícil passagem rumo à vida adulta. Situações semelhantes, no entanto, tendem a se consolidar: é como se o adolescente de hoje não encontrasse a outra margem para onde deveria "passar". Muitos jovens comportam-se como Pinóquio, que muito cedo se afasta do pai Gepeto, honesto porém enfadonho, e abandona-o para seguir Lamparina, o adolescente rebelde, petulante e que se orgulha por agir segundo sua própria vontade: talvez por ser um tanto atual, essa velha fábula provinciana da Itália ainda hoje é conhecida em todo o mundo.[2]

O filho espera do pai um afeto semelhante ao materno, mas isso não exaure as suas exigências. Comigo, pede ele, seja bom, seja justo. Ama-me. Mas com os outros, seja antes de tudo forte: mesmo se for preciso ser violento, mesmo se for preciso ser injusto.

Seria possível objetar que tenhamos partido da tradição patriarcal do Ocidente e de um episódio do século XIX, enquanto que hoje pai e mãe sejam muito mais parecidos perante os filhos. Hoje a psicologia[3] estuda a díade paifilho separadamente da tríade mãe-pai-filho, e conta-nos que os dois possuem uma relação própria logo a partir dos primeiros meses de vida. Nós, todavia, não temos a intenção de isolar o pai da família, da sociedade, da cultura circunstante: seja porque a sua especificidade como genitor encontra-se especialmente nessa complexidade de funções, seja porque a psicologia junguiana, da qual partimos, não separa a dimensão individual da coletiva. A autoridade do pai tornou-se democratizada, a sua força em muitos aspectos dissolveu-se; mas nosso inconsciente não elimina em poucas gerações aquilo que o dominou durante milênios. Mesmo vazia de pais, mesmo se provavelmente em transição para um novo formato, a sociedade ocidental permanece, ao menos no seu inconsciente, patriarcal.

Muito foi dito sobre os genitores que, ao criarem seus filhos entre mensagens e ensinamentos contraditórios, tornam-nos frágeis, inseguros: nos casos mais graves, predispõem-nos à dissociação psíquica, à esquizofrenia. Mas igualmente os filhos, com suas expectativas, têm uma forte influência sobre os genitores (diferente, não primária como aquela dos genitores sobre seus filhos, mas cotidiana e profunda). As expectativas e projeções contribuem para que sejamos aquilo que os outros esperam de nós. De modo geral, posto que a criança pequena considera o genitor absolutamente confiável, bom, maduro, ela o ajuda efetivamente a tornar-se mais seguro de si, a encontrar satisfação em ser generoso, a tornar-se ulteriormente adulto.

Mas, na sociedade patriarcal, essa regra vale principalmente para a mãe. Para o pai ela é mais complicada, uma vez que o filho tem em relação a si expectativas mais contrastantes: não excepcionalmente, mas como regra fundamental. Não em momentos específicos, mas de modo geral. No seio familiar o pai deve observar uma lei moral; na sociedade, por sua vez, deve respeitar em primeiro lugar a lei da força, ou para ser mais preciso, uma espécie de lei da evolução darwiniana onde o "bem" coincide com a maior capacidade de assegurar a sobrevivência para si e para seus descendentes.

O pai, porém, é uma pessoa única que não pode e não deve dividir-se em dois. Ao se deparar com forças que promovem uma dissociação, ele oscila entre as duas leis e isso o deixa inseguro. Houve um tempo em que o pai escondia essa insegurança considerada pouco compatível com o seu papel, e os filhos não tinham nem o direito nem muitos instrumentos para avaliar sua moralidade e seu sucesso. Hoje eles têm cada vez mais recursos para tanto.

Será bom termos clareza sobre esse fato que chamaremos de *paradoxo do pai*, o qual pode ser resumido em algumas linhas. Como regra geral, a mãe será valorizada como tal por aquilo que faz com o filho: uma grande tarefa, certamente, e claramente identificável. Ao contrário, o pai não é pai apenas por aquilo que faz com o filho, mas também por aquilo que faz com a sociedade. Porém, as leis que regem esses dois campos de ação não são as mesmas.

O "paradoxo do pai" é tão pessoal, psicológico e independente da época, quanto público e histórico. No centro da civilização patriarcal européia, que se espalhou pelo mundo primeiro com a colonização e depois com a globalização, há na verdade um segundo paradoxo que nada mais é senão a face coletiva do primeiro. Essa civilização adotou como crença o cristianismo, e contemporaneamente difundiu-se "darwinianamente" com a força. Isto é, com a guerra, a pilhagem e a desertificação da Natureza, o desfrute e a submissão dos povos mais fracos ou simplesmente mais pacíficos — com a transgressão planetária dos mandamentos "não matarás", "não roubarás" e "não cobiçarás as coisas alheias". Nesse sentido, a própria civilização européia, que disseminou a racionalidade sobre a Terra, parte de um axioma profundamente irracional. Assim como o pai individual, o seu patriarcado oscila entre leis do amor e leis da força, e está bem longe de chegar a uma síntese.

UMA JOVEM DEDICADA a um grupo de esquerda freqüentava a universidade entre o final dos anos 1960 e início dos 1970. A contestação dos estudantes estava em seu ponto mais fervoroso. Seu pai era um empresário, cujo ramo de atividade estava em crise, e a empresa da família encontrava-se em dificuldades ainda maiores porque faltava ao pai agressividade e vontade de lutar.

A filha tinha uma grande capacidade dialética, reforçada pelos estudos de filosofia e pelos debates políticos. Enfrentava o pai como uma lutadora. Ele aceitava as discussões desastrosamente, movido, sem se dar conta, pela necessidade de conversar mais com a filha. E lidava com ela de maneira mais desastrosa ainda. A moça enrijecia seus músculos intelectuais e vencia. Mas a satisfação durava pouco. Com um pai mais fraco que ela, desprovido do poder do discurso e da autonomia afetiva que ela vinha conquistando, a vitória nesses combates verbais era amarga.

O pai queria-lhe bem, e não era nem um especulador inescrupuloso no trabalho nem um tirano na família. Não eram as idéias da filha que o tornavam estranho, mas antes um impulso afetivo mais profundo e irracional. Como uma túnica de Nesso, impossível de ser rasgada, o homem vestia-se com os trajes do derrotado. Mas a produção de sofrimento e intolerância ainda não havia atingido seu ápice.

Aos poucos a moça tomou conhecimento das dificuldades econômicas em que se encontravam: era uma desgraça particular, pois as amigas, filhas de outros empresários, levavam uma vida bem mais cômoda. O desprezo pelo pai aumentou. Ele, cada vez mais abatido, estava fisicamente mal. Após uma série de exames foi descoberto um câncer. Não lhe restava muito tempo de vida.

A filha esforçou-se para sentir piedade, mas algo dentro de si não respondia. O que antes era o traje do homem derrotado lançara horríveis raízes no corpo. A presença do pai em casa era cada vez mais intolerável fisicamente, provocava uma repulsa irracional, invencível, ao mesmo tempo física e estética, como um inseto nojento preso aos cabelos, um velho repugnante entre os lençóis.

O homem tentava obrigá-la a falar, mantê-la por perto, proibindo-a de sair. Dessa forma ele apenas conseguia se humilhar ainda mais. Daquele período a filha recorda-se principalmente da batida seca da porta que se fechava dentro de si quando, abandonando o pai lamentoso, saía de casa a despeito de suas ordens. E então ele morreu, contorcendo o corpo e a alma. Por um tempo a filha sentiu-se livre.

Depois ela passaria anos em análise para se reconciliar com a figura do pai e elaborar o sentimento de culpa que inevitavelmente a havia atingido. Por uma longa fase, mesmo depois da morte dele, os sentimentos que permaneciam eram de viva repulsa. Para superá-los, a paciente deveria recordá-los e recontá-los infinitas vezes. Lentamente, agora que não sentia mais um revoltante excesso de proximidade mas algo quase contrário, como uma nostalgia, podia tornar a experimentar a piedade e então o afeto. O trabalho era tão lento que parecia nunca terminar. A paciente conseguia vislumbrar algumas verdades que já conhecia quando o pai ainda estava vivo, mas que agora eram apenas racionais e não lhe tocavam na alma:

"O fato de meu pai não ter tido sucesso nos negócios, bem como ter ficado doente, deixavam-no mais fraco, e não mais indigno: portanto, não menos merecedor de ser amado. Os meus valores nunca foram os da saúde física e do sucesso econômico. Tenho horror a essa sociedade tão competitiva, que premia a ausência de escrúpulos, que esmaga os fracos. Eu quero estar ao lado deles. Mas não é fácil quando os fracos estão tão próximos, como se a fraqueza deles representasse um perigo para nós, uma doença que nos pode contagiar. No fundo, tenho mais horror ainda desses meus sentimentos tão pouco justos: mas é trabalhoso superar a repulsa que se sente pelos derrotados, especialmente quando são derrotados também no que se refere à dignidade. Nas nossas discussões eu gritava com meu pai: 'Já que você escolheu um trabalho do qual deveria envergonhar-se, poderia pelo menos enriquecer! Não fique na cama com essa sua cara pálida: levante, vá para o escritório! Por que não luta contra a doença? Parece-me que você se deixa vencer só para me desagradar.'"

Um menino cresce na Itália dos anos 1940 em uma grande família, formada também por avós, tios e parentes.

O país acaba de sair do conflito mundial e da guerra civil entre fascistas e antifascistas. Prepara-se outra luta decisiva, porém combatida por meio do voto: república ou monarquia? A família é burguesa e de bom nível cultural, respeita as opiniões diferentes e é contra a agressividade. Por trás das discussões sobre política, em que não se ergue a voz, o menino recorda-se de uma atmosfera que é como uma chama inconstante e ardente.

O pai do menino é um republicano convicto. Alguns familiares seguem seu exemplo. Outros talvez preferissem o rei, por temerem que a passagem para a república fosse o primeiro passo em direção ao comunismo. Somente um tio é definitivamente favorável à monarquia. Na família, encontra-se pouco com ele. Mas suas visitas são suficientes para que o menino tenha uma revelação: uma de suas primeiras lembranças —dos tempos da pré-escola, ou do início do primário— é a de ter sido um monarquista apaixonado.

Como adulto em análise ele se referirá a esses sentimentos monarquistas como uma traição em relação ao pai.

"Mas como o senhor —observava o analista— poderia ser responsável por uma traição sendo assim tão pequeno?"

"Creio que não: mas eu já tinha informações suficientes para tecer meus julgamentos. Enquanto meu pai falava pouco e vivia para os seus deveres, o meu tio era superficial, indolente e prepotente: o que mais lhe interessava era uma vida cômoda."

"Será que esses julgamentos não lhe chegaram mais tarde? Sobre o que conversava com seu tio?"

"Pedia-lhe que me contasse episódios da guerra. Na verdade, ele ainda não se havia deparado com o inimigo, pois trabalhava na divisão de abastecimento. Mas havia uma história que eu lhe pedia que me repetisse sempre. Uma vez ele ficou preso num bloqueio rodoviário, de onde disparavam contra seu caminhão. Meu tio mandou chamar um tanque que destruiu completamente a barricada e os homens que a comandavam. Eram pessoas que defendiam o próprio país. Quando me lembro dessa história sinto uma vertigem. Como se hoje eu olhasse novamente para essa imagem de cima de um lugar muito alto, como se eu tivesse tentado me erguer. Mas devo admitir que eu ficava extasiado quando meu tio repetia essas coisas; o menino que experimentava esses sentimentos, apesar de tudo, era eu."

"Com seu pai, o senhor falava da guerra?"

"Nunca. Ele não a conhecia. Era um oficial da reserva, mas não fora chamado para prestar serviço porque sua especialização em engenharia era certamente mais útil, por exemplo, na construção de refúgios. Por certo ele estava contente: seja por evitar o perigo, seja por fazer algo de útil ao invés de algo que fosse considerado repugnante. Para mim, no entanto, parecia que ele estivesse se escondendo. Ou melhor, já que os refúgios eram esconderijos, eu sentia como se ele se escondesse duplamente. Meu pai era também mais velho e menos forte que meu tio, era como se tudo sugerisse que ele fosse incapaz de combater. Eu os observa barbeando-se pela manhã: papai tinha um barbeador elétrico, e meu tio usava uma navalha. Talvez o barbeador motorizado me recordasse os primeiros eletrodomésticos que eu via nas mãos das mulheres: uma imagem vergonhosa. Mas foi o plebiscito para a escolha entre a monarquia e a república que resumiu realmente o contraste entre os dois modelos."

"Seu pai discutia sobre esse episódio com o senhor?"

"Ele se restringia ao essencial. Me dizia: 'Olha, conosco as coisas não aconteceram como na Alemanha. Foi o rei quem apontou Mussolini para chefiar o governo. Portanto, não basta que não haja mais ditadura: também o rei deve ir-se embora.' E, depois, creio que ele acrescentasse, tornando já a falar sozinho: 'Mesmo na república corre-se o risco de haver um chefe incompetente. Mas após alguns anos ele é mandado embora, ao invés de se manter também o filho do incompetente.' O absurdo é que, vendo agora, me parecia que ele tivesse razão, mas eu me recusava a lhe dar essa satisfação."

"E com o tio, falava disso?"

"Ah, esse era justamente o ponto em que meu tio não tinha argumento. Me dizia: 'Mas que república! Será que você não sabe que o presidente da república é um velhaco estúpido?' (Acho que ele me mostrava mesmo a foto de um velho num jornal. Talvez isso tivesse acontecido um pouco mais tarde, quando a república já estava instalada: mas na recordação, as imagens que contam são contemporâneas.) 'O rei, ao invés, é jovem, forte e belo: olha aqui!' (indicava-me um homem numa foto, vestido com um uniforme resplandecente e cercado por oficiais da cavalaria). Eu me sentia paralisado em minhas pueris capacidades de julgamento. A estética era tudo; a razão, nada. Então o rei era identificado com meu tio, e meu pai com o velho presidente. Preferia aquele que achava mais excitante e mais forte. Aquele que inspirava mais certeza, que não precisava ser escolhido: o rei, que é rei desde o nascimento. Nessa mesma época, meus avós liam-me o *Pinóquio*. Talvez eu fosse como aquele filho-marionete que sabe que o pai Gepeto tem razão mas segue o indomável Lamparina pois sente que apenas com ele pode-se encontrar prazer e novidade. Pode ser também que meu tio, naquela família tão civilizada, fosse o único a indicar-me que houvesse uma natureza masculina simples e instintiva: um estágio que não pode ser evitado. Mesmo o meu pai deveria ser criticado. Por que não me falava sobre suas idéias? Por que não me explicava que era melhor construir refúgios contra as armas ao invés de utilizá-las? Que essa também era uma forma de força? Neste sentido ele realmente me fez falta: porque ele não falava das suas razões, e não porque não me contava histórias da guerra."

SERÁ VERDADE QUE vivemos em uma época de pais ausentes? Muitos estudos fazem o alerta e tratam a falta do pai como um mal sem precedentes.

Seria um erro atribuir a instabilidade das sociedades modernas ao enfraquecimento do pai, o que poderia se revelar apenas como uma de suas manifestações. E seria uma grave limitação explicar a crise do pai apenas com o século XX, ou mesmo a última geração. Veremos que a imagem de pai mais arraigada no Ocidente é formada pelo mito grego e pelo Direito romano, mesmo tendo-se modificado com o advento do cristianismo, com as Revoluções Francesa e Industrial. As mudanças ocorridas nos anos 1970, 1980 e 1990 também foram importantes, mas elas são apenas uma fina camada de espuma no imenso turbilhão da nossa História.

Concentrar-se na atualidade significa obedecer à cultura do *mass media*. A uma cultura de satisfação imediata, bulímica, que prefere o apetite momentâneo ao planejamento que se desenvolve com constância ao longo do tempo. Se agora muitos estudos inspiram-se secretamente nessa noção, enquanto suas palavras lamentam a ausência de um pai bondoso, elas também reproduzem com vigor uma atitude muito afastada da responsabilidade, da estabilidade e da sobriedade que a tradição — pouco importa quão objetivamente — atribui a esse pai. Difundir relatos de atualidades é como vender *fast-food*: muitas calorias, de qualidade decadente, a muitos consumidores. Mas se é assim — e tememos que o seja —, o estudo limitado à atualidade comete o mesmo delito da impaciência da televisão que lentamente extermina o livro: mesmo quando materialmente esse estudo nos é vendido justamente em forma de livro.

NÃO HÁ DÚVIDA de que os tempos em que vivemos aceleraram vertiginosamente as mudanças da psicologia coletiva. Todavia, as mudanças no interior daquilo que podemos observar diretamente correm sempre o risco de ser superestimadas: como se, estando sobre a crista de uma onda, avaliássemos a diferença de altura de outra onda concluindo que essa fosse a profundidade do oceano. Estudos fidedignos[4] indicam que nos Estados Unidos, em poucas décadas, a imagem do pai compartilhada e preferida pela maioria das pessoas foi deslocada do chefe de família para o *co-parent* (o pai que compartilha das tarefas da mãe). No entanto, o real envolvimento dos pais norte-americanos com seus filhos não foi substancialmente alterado, e permaneceu muito reduzido:[5] infinitamente inferior ao da mãe.

A explicação está no fato de que essas investigações não esclarecem tanto o que somos, mas especialmente as nossas convicções conscientes: a imagem que temos do pai, o ideal daquilo que nos faz acreditar que sejamos pais. Esses valores conscientes, diferentemente dos pesados e trágicos arquétipos que nos guiam das profundezas, mudam com rapidez pois, em uma época de comunicações incessantes, eles são rapidamente vendidos na forma de valores mais novos. A comunicação de massa, que se vende a si própria e depende, por sua vez, do mundo do comércio, tende a acelerar as renovações superficiais. Vende-se muito mais aquilo que é novo: como é claramente o caso da moda, que para vender muda todos os anos criando a necessidade de comprar. Isso não quer dizer que os homens mudem em profundidade. Um exemplo muito simples tomado da minha atividade como analista: graças ao debate público e ao florescimento de um mercado de prazeres antes inexistente, as idéias conscientes dos italianos sobre o sexo foram modificadas na última geração muito mais que em todo o século anterior. Mas as inibições inconscientes não se tornaram correspondentemente mais flexíveis, e o conjunto dos problemas sexuais não parece ter sido modificado de modo significativo. A cabeça modernizou-se. Os pés continuam a se apoiar sobre milênios de catolicismo.

Quando falamos do pai, bem sabemos que não estamos nos referindo a uma verdade absoluta. Na realidade da História, principalmente a atual, em que se verifica uma rápida aproximação dos papéis masculinos e femininos, encontramos infinitas situações intermediárias. Há também as mães que são chefes de família, mães que têm uma carreira, cujos filhos possuem expectativas complexas: mães, portanto, que sofrem do "paradoxo do pai", o que é ainda mais complicado pelo fato de que dificilmente os filhos deixem de esperar delas a mesma dedicação e rotundidade de uma mãe tradicional.

Porém, é fácil observar o que acontece, mesmo porque esse tipo de mulher é um "genitor unificado" moderno, que acrescenta à sua personalidade de mãe uma figura paterna. Se pensarmos no pai não apenas como pessoa física mas também como princípio psicológico, esses casos são do nosso interesse. Nós nos interessamos por aquilo que é essencial dessa figura —o arquétipo paterno—, e não apenas por suas variações ou facetas menores: interessa-nos o "pai, qualquer que seja seu sexo" (*father of whatever sex*).[6] E, podemos acrescentar, de quaisquer países e de quaisquer gerações.

Se nosso interesse é psicológico, desejamos conhecer uma *imagem* coletiva do pai transmitida pelo inconsciente e pela cultura em que estamos imersos.

Assim também nos casos em que nos referirmos a personagens que realmente existiram, a escolha será feita devido a sua capacidade de resumir em um único sujeito essa imagem mais geral. Dependendo do momento, essa figura poderá ser encarnada por homens ou por mulheres, por indivíduos mas também por grupos. O que nos interessa é um princípio psíquico que, por simplicidade, continuaremos a chamar apenas de pai.

A NOSSA INVESTIGAÇÃO sobre o pai partirá das origens mais longínquas que possamos encontrar. Muitos textos excelentes já se ocuparam da história do pai, mas não de sua *evolução psicológica* através dos tempos. Entendemos por psicologia, em substância, aquilo de que se ocupa o analista: não tanto as convicções e códigos paternos, já que nos saltam aos olhos, quanto as suas imagens e modelos mais profundos, com freqüência inconscientes ou esquecidos, embora ainda influentes e surpreendentemente atuais.

Essa intenção dá ao livro uma estrutura particular.

Não seguiremos a história do pai século após século, mas nos concentraremos em suas passagens psicologicamente decisivas. A pré-história do pai. Depois, Grécia, Roma, o advento do cristianismo, as Revoluções Francesa e Industrial. Por fim, as guerras mundiais e a "revolução da família", que tornaram visível a separação de pais e filhos.

Voltaremos nossa atenção a um passado que não deixou traços históricos, aos mitos e normas da Antigüidade, e daremos menor ênfase às religiões ou códigos que, ao menos formalmente, continuam em vigor. É desnecessário dizer que esses últimos são decisivos para compreendermos o pai de hoje. Mas ao analista, interessa principalmente aquilo que é menos evidente, o "Aqueronte" que Freud tomou emprestado de Virgílio. A psicologia profunda quer entender de que maneira as armas de Heitor, de Ulisses ou de Enéias ainda sobrevivem sob as gravatas do pai moderno.

CONSCIENTES de nos fundamentarmos em conjecturas acerca de um campo tão incerto, a investigação da imagem paterna nos levará a aprofundar as bases de sustentação da História. O *primeiro capítulo* do livro se ocupará com a Pré-história e a evolução zoológica em direção ao pai humano.

No limite entre Natureza e cultura encontra-se a origem do pai. No âmbito da família monogâmica patriarcal, prevalecente na sociedade histórica, o pai é um produto da cultura e parece não existir na Natureza (por exemplo, entre os macacos antropomórficos). Pai também no sentido mais óbvio: diferentemente da mãe, que dá vida ao filho de um modo evidente, o macho, para entender que ele também participava na geração do filho, e portanto para transformar-se em pai, precisou antes de uma certa capacidade de raciocínio. Pai, enfim, especialmente no sentido inverso. No sentido de que não apenas a cultura nos forneceu o pai, mas talvez o próprio surgimento do pai (como certamente outras novidades, a exemplo das inovações tecnológicas) tem sua origem na cultura: no abandono decisivo do estado primordial, da condição animal. O primeiro capítulo do livro reconstruirá esse processo.

O pai é uma construção, o pai é um artifício: diferentemente da mãe, que preserva no campo humano uma condição consolidada e onipresente no que diz respeito à vida animal.

O pai é programa —talvez seja o primeiro programa—, é intencionalidade, é vontade (poderia corresponder, então, à invenção da vontade?) e é, assim, auto-imposição. Essa sua artificialidade e, dado seu surgimento "recente", essa sua pouca experiência, trazem consigo uma desvantagem inevitável: assim como a maçã está para o verme ou a rosa para o espinho. Além das aparências impostas pela cultura patriarcal, quando comparado à mãe, o pai é muito mais inseguro a respeito de sua própria condição.

Mesmo se nos limitarmos aos animais que surgiram por último na escala evolutiva —os mamíferos—, fêmeas e mães são sempre a mesma coisa para a zoologia: a fêmea sabe como se comportar como mãe. Os mamíferos machos, no entanto, têm vivido sua condição masculina praticamente sem nunca serem pais: por centenas de milhões de anos, apenas na espécie humana e nas últimas dezenas ou centenas de milênios pôde-se levantar a hipótese de algo como uma condição paterna, criada sem o auxílio de um instinto correspondente.

Na prática, não é a evolução animal mas são somente a História (no sentido mais amplo, que inclui a Pré-história) e a existência psíquica que atribuem ao macho a qualidade de pai: e esses sujeitos assumem essa qualidade com mais rigidez, desconfiança, agressividade e com menos espontaneidade do que a mãe com relação à sua condição. Porque se a História deu ao pai essa condição, ela também poderá tomá-la de volta. Porque se o pai não a recebeu da Natureza, o macho deve aprendê-la ao longo de sua vida, e nesse percurso também poderá esquecê-la novamente.[7] É justamente com esse esquecimento que será preciso se confrontar.

Se o pai é mais agressivo e rígido que a mãe com os filhos e com o mundo, isso não corresponde a um mal pessoal de certos pais e tampouco à degeneração de certas épocas —por exemplo, no período da emergência do patriarcado burguês—, mas à sua condição verdadeira, estrutural, originária.

Corresponde à sua natureza, poderíamos dizer, não fosse o fato de que a natureza do pai seja justamente a superação daquilo que normalmente entendemos por natureza.

O pai traz consigo uma armadura agressiva e defensiva — o que já era sabido pela mitologia, conforme encontraremos ao ler em Homero —, mesmo quando abraça o filho. O fato de que esse abraço seja frio e que o filho reaja com alegria ou pavor não é, portanto, um incidente excepcional: está na natureza das coisas.

Denunciamos, desse modo, um sentimento inconfessável de insegurança, uma ambivalência *interna* do pai. A ela corresponde uma externa — as expectativas ambivalentes dos filhos em relação ao pai — que chamamos anteriormente de "paradoxo do pai".

O SEGUNDO CAPÍTULO do livro discutirá o pai na Grécia e na Roma clássicas. Àquela insegurança original, os gregos reagiram modificando a aparência do problema — a aparência, não a insegurança profunda —, ao inventar a superioridade do pai sobre a mãe: assim construirão as bases do mito e das primeiras observações que pretendem ser científicas. Para os antigos gregos, o pai é o único genitor do filho. A mãe, mesmo durante a gravidez, é apenas uma nutriz que o alimenta: uma ciência falsa que encontrará seguidores até a época moderna. Não é por acaso que os gregos representam contemporaneamente tanto a origem da civilização européia como também da sociedade que glorifica mais o pai em relação à mãe.

Os romanos dão mais um passo adiante: colocam o pai em um lugar mais elevado em relação ao filho. Mas as leis de Roma nos dizem também outra coisa que se aplica aos pais de todos os tempos: mesmo o pai legítimo deve cumprir um ato público com o qual afirma sua própria vontade de ser pai do filho. Criada para distinguir os filhos legítimos, essa norma torna-se inconscientemente uma metáfora da condição paterna. Para ser pai — diferentemente da mãe, como não deixaremos de repetir —, não basta gerar um filho. É necessário também uma vontade adequada. Mas se toda paternidade é uma decisão, toda paternidade requer uma adoção, mesmo que o filho já tenha sido gerado material e legitimamente por esse pai.

Tudo isso corresponde exatamente àquilo que estamos afirmando: a paternidade é um fato psicológico e cultural; a geração física, à diferença da maternidade, não basta para assegurá-la. Se hoje lhe falta o ritual do direito romano e a paternidade de um filho legítimo é dada por subentendida, o pai não está isento de cumprir o mesmo processo: a paternidade simplesmente continuará a ser expressa, construída e descoberta não pelo ato do nascimento, mas passo a passo, na relação do pai com o filho ao longo da vida.

UMA SÍNTESE do quanto dissemos encontra-se em um clássico do cinema. No início do filme O garoto (The Kid, 1921), Charles Chaplin passeia por vielas escuras, onde a sujeira é despejada de modo pouco civilizado pelas janelas. Ele encontra uma criança, que não conhece, mas que o toca em alguns sentimentos tão desconhecidos quanto o próprio menino. Chaplin olha para cima para ver se ele choveu do céu tal como a sujeira.

O garoto havia sido raptado por engano e depois abandonado por dois fora-da-lei. Mas o protagonista, que se tornará pai adotivo, não sabe e não toma conhecimento desses episódios, como se não se desse conta de que houve um pai material que houvesse gerado a criança, ou melhor, como se para ele o garoto começasse a existir apenas a partir daquele abandono e desse encontro. Creio que a imagem dos becos degradados, da invasão selvagem da sujeira, dos bandidos, seja uma boa síntese de um estado pré-civilização a partir do qual tem origem o pai. Aquilo que o torna pai não é tanto o fato de haver gerado materialmente o filho: é o encontro com a criança —inesperado, apesar de ter havido o ato biológico da geração, porque totalmente diferente—, a adoção que se segue, e finalmente a saída da condição de incivilidade, o gérmen de sociedade —que difere, repetimos, da simbiose pré-social entre filho e mãe— que está implicado no ato de assumir a responsabilidade por um outro ser, de forma voluntária, e não instintiva.

O homem e o garoto que se descobrem, e então o gradual nascimento de uma relação entre ambos, evocam brevemente no filme o nascimento da paternidade como experiência individual, bem como toda a história da paternidade.

O homem é um vagabundo, assim como os caçadores da Pré-história que, embora fossem nômades, inventaram a família. Em sua tentativa de compreender a origem do pequeno homenzinho, ele imagina que este não venha da terra, do mundo da matéria, mas do céu, o mundo da mente, das idéias, da vontade. O garoto logo passa a desfrutar da proteção do adulto, e em retorno propicia-lhe vantagens: faz com que ele veja as coisas com novos olhos, o que lhe estimula uma nova forma de inteligência, que em estado natural os machos não possuem, pois —conforme veremos mais adiante—, entre os animais apenas as fêmeas têm a possibilidade de aprender com os filhos. A aceitação que ocorre depois, a cada momento, simboliza exatamente aquilo que há de particular na paternidade.

Que o pai, com efeito, seja literalmente adotivo ou tenha participado da geração do filho não faz diferença do ponto de vista do encontro. Mesmo no segundo caso, a gestação é confiada plenamente à mãe, portanto essa criança que é apresentada ao pai é uma criatura nova: para a mãe, a criança é a mesma que estava em sua barriga; para o pai, o esperma e o filho são duas coisas muito diferentes.

A ESTE PONTO deve estar claro que queremos estudar o pai a partir do seu próprio ponto de vista. Até agora isso raras vezes foi feito. Os estudos sobre a mãe, além de serem infinitamente mais numerosos, estão mais bem repartidos quanto às perspectivas da mãe e do filho. Aqueles sobre o pai, no entanto, deixam um tanto a desejar.

Uma vez que vamos falar sobre Grécia, Roma e Europa, ficará claro que este estudo tem um caráter eurocêntrico e, no que concerne às origens da Europa, mediterraneocêntrico. Nesses locais está também a experiência pessoal do autor, que, na impossibilidade de explorar cada continente em separado, achou natural reconstruir o pai de hoje ao longo dessa linhagem. No princípio foi o Mediterrâneo que se expandiu para o resto da Europa, que por sua vez expandiu-se depois para outros continentes. Para a formação da figura do pai no Ocidente, a Europa meridional deu contribuições importantíssimas.

O *terceiro capítulo* do livro discutirá alguns aspectos do pai influenciados pela revolução cristã, pela reforma protestante, pelas Revoluções Americana e Francesa e pelas guerras mundiais: mas mesmo nesses aspectos, pareceu-me justo deixar em evidência o ponto de vista italiano.

FINALMENTE, muito foi dito e escrito sobre o pai problemático, destrutivo. Mais ainda que a mãe, o pai é patológico, transgressor: da mesma forma como, em geral, os machos são mais numerosos que as fêmeas. É muito mais fácil o macho ser antipaternal do que a mãe ser antimaternal.

Falar da mãe-monstro é uma coisa monstruosa, excepcional. Falar do pai-monstro, no entanto, é algo relativamente normal. Mas percorrer apenas essa via implica o risco de distanciamento da compreensão do mundo paterno.

Não queremos, aqui, partir da patologia. Interessam-nos antes de mais nada os pais normais, aqueles que, embora proporcionalmente em número inferior ao das mães normais, seguramente existem e continuam a ser maioria, apesar das dificuldades.

É fácil responder à objeção de que não vale a pena falar daquilo que é normal e que funciona: no pai, com efeito, nada funciona sem artificialidade, sem rigidez, sem ambivalência e laceração. Logo, mesmo esse pai normal experimenta e causa uma patologia que é suficiente para justificar mais de um estudo. O *quarto capítulo* do livro se ocupará, assim, das atuais condições do pai na vida cotidiana.

Dada a íntima contradição que caracteriza não o pai problemático, mas o pai puro e simples, juntamente com a explosiva contradição da cultura européia, que entre episódios de generosidade filosófico-religiosa e de rapina econômico-militar disseminou seu patriarcado pelo mundo, é de se surpreender não o fato de que certos capítulos da História tenham terminado mal, mas que a civilização e a História, apesar de tudo, tenham existido.

Essa é uma revelação otimista que, no fundo, surpreende e parece confirmar a idéia de que os pais confiáveis, mesmo em sua incerteza constitucional, os pais "suficientemente bons", tenham sido e permaneçam numerosos. Por bem e por mal, silenciosamente, a história da humanidade foi feita principalmente por esses homens. São eles as formigas da História.

# 1. Pré-história

## 1.1. Os mamíferos: A caminho de uma animalidade sem pai

*Por sua natureza, uma criação da cultura.*
— A. GEHLEN

ONDE ESTÃO as origens do pai?

Revertendo o fluxo do tempo, muito antes de chegar a uma nascente encontraremos um pântano onde a Natureza e a cultura se mesclam. Quem a busca não encontra respostas, mas perguntas. Que parte do comportamento paterno é instintivo, presente sem que tenha sido ensinado? O que é então produto da sociedade e das regras que os homens atribuem a si mesmos? E quando é que o homem se comportou como pai pela primeira vez?

Um velho lugar-comum atribui à Natureza uma qualidade feminina e à cultura uma qualidade masculina. Como em todos os estereótipos, esse também contém uma parte de preguiça mental e uma de verdade.

Assim como a maternidade, a paternidade não consiste no momento. Não apenas no gerar, mas também no ato de ser pai de um modo estável que acompanha o crescimento do filho. Por outro lado, ser mãe significa prolongar a própria condição de genitor após o nascimento do filho: um evento sem interrupções, seja na vida de uma simples mãe, seja na evolução da espécie. Ser o genitor masculino e ser pai, no entanto, são duas coisas separadas e diferentes desde as origens.

Diferentemente da maternidade, a paternidade não pode ser relacionada a um comportamento físico e tampouco a uma construção, prolongando-se uma condição animal e revestido-a de uma forma aceita pela sociedade. Implica sim uma escolha e uma ruptura em que não há retorno à vida meramente animal. Não apenas, como propõe a tradição educativa, o pai intervém mais tarde que a mãe na vida do filho. O pai —a instituição de uma paternidade— intervém infinitamente mais tarde na vida da humanidade. Implica um esforço de reflexão e um princípio de civilização. Talvez —e é disto que queremos falar— seja esse propriamente o princípio da civilização.

O TEMPO DURANTE o qual a Natureza precedeu à civilização é tão extenso e a duração desta é tão desproporcionalmente minúscula que, apesar disso já ter sido feito muitas vezes, vale a pena tentar reproduzi-lo em uma imagem. Essa disparidade nos ajudará a entender porque, apesar dos enormes custos psicológicos e sociais que acarreta, é muito comum observar que a maternidade vem acompanhada de um comportamento harmonioso e cálido. Enquanto a paternidade, em geral, manifesta-se em condutas menos previsíveis e menos espontâneas.

A Terra tem cerca de 4,5 milhões de anos. Se representarmos essa amostra de eternidade como um ano solar, os mamíferos surgem apenas na metade de dezembro, um proto-humano por volta das 9 da noite do dia 31 de dezembro, o *Homo sapiens* uma dezena de minutos antes da meia-noite, o *sapiens sapiens* (que já possui nossos traços físicos) três minutos antes do fim desse ano imaginário, e a civilização neolítica durante o último minuto. Sócrates, Cristo e quem quer que hoje seja considerado muito antigo aglomeram-se nos últimos segundos.

A bem da verdade, uma parte não muito pequena desse período ignora não apenas o ser humano, mas qualquer espécie de paternidade ou maternidade. É necessário, grosso modo, esperar até a primavera para que se forme a vida orgânica. E mais um pouco até que se passe dos organismos monocelulares aos mais complexos que, para reproduzir, não se limitam mais a separar-se de algumas de suas células, mas unem-se a um segundo indivíduo do sexo oposto. A reprodução por separação gera seres com um patrimônio genético sempre idêntico ao de seu genitor: logo, não favorece a evolução, a adaptação às mutações do ambiente. No entanto, com o acasalamento dos dois sexos cada reprodução dá lugar a uma nova combinação genética. Isso multiplica as possibilidades de defesa dessa forma de existência, embora acarrete problemas que chegarão até nossa época. A vida será sempre dividida em duas categorias: o masculino e o feminino.

Uma vez ocorrido esse desdobramento e à medida que se salta na escala evolutiva em direção ao homem, o papel da fêmea tem se tornado mais preciso e estável do que o do macho. O conhecido provérbio *mater semper certa, pater numquam* —a mãe é sempre certa, o pai nunca— seria atribuído ao filho que se pergunta sobre seu genitor, mas também ao genitor que se pergunta o que fazer pelo filho. Nos animais superiores, a mãe é sempre certa no sentido de que sabe quem são os seus filhotes. O pai não.

Sabemos que ao longo de sua imensa e oscilante lentidão, a escala evolutiva atravessou diversas variações. Porém, em suas fases mais recentes, deu à divisão dos sexos uma direção sem retorno, destinada a influir não apenas na biologia, mas também na sociedade civil.

Ao aperfeiçoar a vida, a evolução colocou o pai à margem.

Muitíssimas espécies de peixes confiam aos machos o cuidado das ovas. Nessas condições, trata-se de uma continuação do acasalamento. A fêmea expele as ovas e, tendo cumprido com suas funções, pode ser a primeira a ir embora. O macho intervém depois na fecundação, e assim é mais "natural" que caiba a ele os cuidados posteriores.

Mas esse fato natural inverte-se com a passagem para a vida terrestre. Não contando mais com a água, onde podiam ser depositados tanto os ovos quanto o esperma, as novas formas de vida inventam a fecundação interna. Com esse tipo de acasalamento é o macho que termina primeiro a atividade reprodutiva, e assim é mais provável que ele se afaste, enquanto a fêmea tem outras funções a cumprir.[1]

Tal aperfeiçoamento fisiológico oculta uma doença existencial que incidirá sobre o comportamento do macho criando-lhe um obstáculo ao ato de tornar-se pai. A fecundação interna transfere os eventos significativos para um recôndito escuro: o corpo da fêmea encerra em si o ovo e o esperma, subtraindo-os ao controle do macho. A espera entre o acasalamento e o nascimento da prole, que a evolução faz com que seja cada vez mais longa, introduz uma nova incerteza: o que aconteceu durante esse intervalo? Qual filho é verdadeiramente seu?

O estímulo mais potente, dentre aqueles que regulam o comportamento animal, leva o genitor a transmitir seus próprios genes ao maior número possível de descendentes. Uma vez que o filho pode ser de outro, o macho tem poucos motivos para ficar próximo da fêmea até o nascimento. Convém a ele utilizar esse tempo para fecundar outras fêmeas, o que aumenta a possibilidade de transmitir seus próprios caracteres genéticos.

Quando a Natureza controla a reprodução, os machos de cada espécie animal têm uma função quantitativa. Cada um deles pode produzir continuamente milhões de células espermáticas. Em teoria, bastariam poucos machos para povoar toda a Terra. Na prática, asseguradas outras condições, a maior parte dos machos infiéis, sedutores ou sexualmente violentos são os favoritos da seleção natural porque transmitem seu patrimônio genético a um alto número de descendentes: estes, ao herdar seus genes, estarão por sua vez propensos à sedução e assim por diante.

A fêmea tem uma função qualitativa. O número de descendentes que cada fêmea pode gerar é muito limitado. À fêmea que se deixa levar por um

comportamento similar ao do macho sedutor — isto é, que abandona precoce-
mente a prole —, a seleção natural dá menos descendentes porque eles têm
menor probabilidade de sobreviver. A fêmea não pode, como o macho, compensar essa perda com uma nova geração subseqüente: ela deve levar em conta
o tempo necessário para produzir novos óvulos e para levar a termo a gestação.
Os neonatos, mesmo se sobrevivessem à falta de cuidados, com os caracteres
genéticos maternos herdariam essa tendência e por sua vez colocariam em
risco a vida dos filhos, estabelecendo um círculo vicioso.

Em suma: às fêmeas não se podem permitir não ser boas mães; os machos,
entretanto, podem absolutamente se permitir à possibilidade de não ser pais.
Segundo a zoologia, mesmo no reino animal, as leis pré-morais da sobrevivência impõem às fêmeas uma maior estabilidade e moralidade familiar, que as
caracteriza em relação aos machos na sociedade humana.

Mas retomemos a caminhada ao longo da escala evolutiva.

Se, por um lado, os répteis são geralmente genitores ausentes, em grande
parte das aves a fêmea e o macho formam um casal estável que colabora
constantemente na construção do ninho e na criação dos filhotes. Em boa
parte dos avestruzes e pingüins é reservado ao macho o ato de chocar os ovos.
Outras aves têm um comportamento ainda mais surpreendente, não natural
mas protocultural. Nessas espécies, o canto, característica masculina, não é
uma capacidade inata: deve ser ensinada pelo pai.[2] Assim, pássaros iguais em
lugares só um pouco diferentes cantam de maneira diversa: cada canto é um
"dialeto" com tonalidades locais. Não obedece a um instinto, mas a uma tradição individualmente mantida e interpretada no peito dos pais.

Depois, ao produzir criaturas cuja gestação e crescimento são sempre
mais complexos, a evolução prolonga a simbiose entre filho e mãe, mesmo
fora de seu corpo, após o nascimento.

Entre 250 e 200 milhões de anos atrás surgiram os mamíferos. A importância da mãe dá um passo adiante, e abrange parte do crescimento dos filhos.[3]
Os filhotes submetem-se à mãe porque durante muito tempo dependerão dela
para a alimentação.

Há cerca de 70 milhões de anos apareceram os primatas, cujo neonato
não tem autonomia vital para a sobrevivência.[4] O binômio mãe-filho torna-se
mais refinado, a ponto de formar uma complementaridade que exclui o resto
do mundo. A vida social dos macacos agora serve a funções que deixaram de
ser apenas fisiológicas: serve para formar um embrião de cultura, obedecendo
exclusivamente à via materna.[5] A longa amamentação característica dos
macacos serve não apenas ao crescimento dos filhotes, mas também a uma

função protocultural. Agarrado ao corpo de sua mãe por um longo tempo, o filhote deixa entrar por seus olhos um mundo não muito diferente do universo humano. Quando se tornar autônomo, além do instinto, o filhote disporá de comportamentos aprendidos —por exemplo, o uso de alguns instrumentos que ele viu a mãe manipular—, os quais poderão ser extremamente úteis em sua existência.[6]

Todos os macacos sabem aprender a partir da observação. Os pequenos, obviamente, mais que os adultos. Se as fêmeas na maturidade aprendem mais que os machos, isso não parece ser devido a uma superioridade inata, mas à sua simbiose com os filhos.[7] De fato, além de ensinar, a mãe aprende com eles. Da relação entre a macaca e seu filhote nasce o primeiro comportamento não mais determinado pela Natureza: é o primeiro fio com que se tecerá a teia da cultura, que percorre tanto no sentido ascendente quanto descendente.

EM CONTRAPARTIDA, no curso da evolução, os machos contribuem sempre com menos.[8] Continuam a consignar apenas esse levíssimo objeto: o esperma.

Nos últimos degraus da escala evolutiva dormitam os machos dos grandes primatas antropomórficos: quase tão inteligentes quanto um homem um pouco estúpido (quociente de inteligência facilmente superior a 80), mas irrevogavelmente ausente como pai, e polígamo como parceiro. O chimpanzé e o gorila, como todos os animais dotados de força e armas de defesa peculiares, são atentos e delicados com os filhotes. Podem brincar com eles. Defendem o território e, indiretamente, as fêmeas e os indivíduos ainda não crescidos. Mas não reconhecem seus próprios filhotes. Não lhes preparam o ninho. Não lhes dão de comer.[9] O único alimento que podem repartir é a carne de suas presas maiores, pois para capturá-las devem agir em grupo, e que talvez devam distribuí-la porque ela não pode ser conservada e não conseguem comê-la toda.[10]

Ainda não estamos na psicologia. Estamos seguindo a formação de suas bases biológicas. A evolução está mais próxima do homem. Mas o pai tornou-se inferior ao peixe.

### 1.2. A SEXUALIDADE DOS GRANDES MACACOS

> *A cultura não repousa no vazio, mas em uma complexidade primária e pré-cultural que é a sociedade dos primatas.*
> — E. MORIN, *Le paradigme perdu*

QUANDO o homem começou a constituir uma espécie própria, destacando-se dos demais tipos quadrúmanos, nenhum macaco era como os que conhecemos hoje. E não poderia ser diferente. Por que a evolução teria necessitado tantas mutações até chegar ao homem, ao réptil, ao cavalo, e não para o chimpanzé ou o gorila? Naqueles tempos, esses nossos parentes tinham formas diferentes das atuais. Todavia, os primatas antropomórficos são uma irresistível tentação para quem estuda o passado mais remoto do homem.

Os grandes macacos (os pongídeos: orangotango, chimpanzé, bonobo, gorila) poderiam ter-se extinto no século XX sem deixar muitas lembranças: sua exígua sobrevivência numérica é devida à curiosidade voraz dos ocidentais pela busca de suas origens e merecem a qualificação de fósseis proto-humanos, condenados à vida para permitir que nós, pós-animais, vejamos nossa imagem refletida no espelho.

Esses grandes macacos são fisicamente muito parecidos conosco, mas os papéis do macho e da fêmea são similares aos dos mamíferos mais simples, com os quais parecemos muito pouco. Significa que durante um longo tempo, até chegarem às suas formas atuais, esses papéis permaneceram bastante estáveis. Isso quer dizer que provavelmente os papéis masculinos e femininos dos macacos de hoje sejam apenas um pouco diferente daqueles de nossos ancestrais comuns. Tudo nos leva a crer que a introdução de grandes inovações nos comportamentos masculinos e femininos sejam algo especificamente humano e relativamente recente. Portanto, é tolerável a imprecisão que cometemos quando observamos os macacos de hoje para tentarmos reconstruir a transição da sexualidade do animal para o homem. Os fósseis não indicam quase nada quanto à especialização sexual das formas animais antigas ou dos homens pré-históricos. Os macacos, no entanto, oferecem comportamentos vivos.

EM TODAS AS espécies nascem números aproximadamente iguais de machos e fêmeas. Devido a esse equilíbrio, poderíamos supor que a monogamia fosse universal e natural, isto é, que existisse a tendência de se juntar um macho a cada fêmea e vice-versa. Uma fantasia semelhante parece ser a tentativa inconsciente de transferir às leis da zoologia (biologia) uma lei da civilização (isto é, uma norma, a da monogamia) que é infinitamente tardia.[11] Na espécie dos mamíferos, apenas uns ínfimos 3% são monogâmicos.[12]

Entre os humanos, a regra é que todo casal monogâmico tenha seus filhos. Para os grandes macacos as coisas são muito diferentes. Quase todas as fêmeas geram descendentes. Entre os machos, no entanto, a geração concentra-se nas mãos dos mais fortes, ou para sermos mais específicos, em seus testículos. Os machos das várias espécies são especializados em competições recíprocas, de modo que a nova geração seja mais forte, uma vez que é filha dos vencedores.

Seria um engano pensar que essa luta fosse o único componente da seleção natural. O que é decisivo não está nos caracteres dos machos, nem apenas em sua força. Mesmo nos macacos há diversos fatores em tensão: um macaco forte não consegue se unir a mais que um certo número de fêmeas, tampouco controlar mais que uma certa extensão territorial. Além disso, essas mesmas fêmeas fazem valer suas preferências, fato esse que começa a aproximar a sociedade dos pongídeos à humana.[13] Em particular, o bonobo, a espécie menos conhecida dos grandes macacos, parece constituir uma sociedade pouco competitiva.[14]

Todavia, a competição entre os machos permanece o fator decisivo em todos os tipos de agrupamento adotados pelos grandes macacos. Manifesta-se de modo contínuo nos grupos que compreendem diversos machos; mas também naqueles compostos por um macho e várias fêmeas (os haréns), onde ela é apenas menos aparente. Ocorre simplesmente que a competição existiu antes da formação do grupo: a luta já aconteceu, e dela foi decidido qual seria o único macho a constituir aquela família.[15] O papel humilhante dos excluídos consiste em reagrupar-se em bandos exclusivamente masculinos que gravitam em torno de grupos heterossexuais à espera que, de quando em quando, algum velho chefe seja destronado, abrindo lugar para um outro mais jovem e aumentando as esperanças daqueles que aguardam no resto da fila.[16] Mas a vez de um macho pode também não chegar nunca, seja porque perde as batalhas para fundar a sua família, seja porque aqueles que já se encontram inseridos em um grupo heterossexual com mais machos são impedidos pelos mais fortes e não conseguem, enfim, acasalar.[17] Como indivíduo, a lei natural já tratou de eliminá-lo. Por mais que seja inteligente, quase como o homem, é caduco como uma folha de alface.

Talvez sejamos levados a equívocos quando observamos os macacos, valorizando a sua existência devido aos nossos sentimentos civis. Pensamos que, se a seleção natural mantém vivo um grande número de machos inúteis, isso deve ter algum sentido social. Deve ser útil ao grupo. Naturalmente os indivíduos machos dos grandes macacos devem ter alguma tarefa desse tipo, mas isso não pode ser supervalorizado. Quanto a obter alimento para o grupo e acudir os mais jovens, já foi dito que fazem muito pouco. Mas os grandes macacos, com sua habilidade e força física, também têm poucos inimigos naturais; além disso, uma vez que vivem em grupo, as fêmeas conseguiriam defender-se mesmo se contassem com um menor número de machos.

Essa simples observação nos conduziu a uma constatação importante e, a seu modo, trágica a respeito da condição do macho entre os mamíferos, mesmo aqueles de níveis evolutivos mais próximos do homem. Enquanto a existência da fêmea tem uma justificativa individual —uma vez que, via de regra, todas elas têm filhos— e que se manifesta como o embrião de uma psicologia individual —como se viu, entre os macacos superiores, ser mãe não significa apenas seguir o instinto—, a existência dos machos tem sentido apenas como grupo. O grupo é um reservatório genético para a próxima geração.

Assim como terminam em nada a maior parte dos espermatozóides que habitam um jato de esperma, o nascimento da maior parte dos machos é um evento sem maiores conseqüências. Eles levam uma existência descartada desde o início, como um beco escuro nos caminhos da vida. Uma existência que não é mais que o degrau de uma escada por onde apenas os mais fortes subirão, conforme vencerem as eliminatórias do torneio da reprodução. Afora os vencedores, essa buliçosa potência masculina é tão inútil quanto seu oceano de esperma.

NORMALMENTE as fêmeas dos macacos ficam no cio apenas por um breve período. E só durante esses dias elas estão disponíveis para o acasalamento. Nessa época elas acasalam com diversos machos ou com um mesmo macho várias vezes. Quando o período termina, muito provavelmente estão grávidas. Elas se tornarão disponíveis para uma nova relação sexual somente quando o filho estiver desmamado. Com ritmos tão espaçados, calcula-se que a fêmea de um chimpanzé —a espécie mais próxima da nossa— possa acasalar apenas durante um porcento de sua vida.[18] Outras informações são menos extremas, mas mostram sempre grandes desproporções.[19] Somente os pouco conhecidos bonobos parecem se afastar desse modelo.[20]

No entanto, todos os machos buscam incessantemente por relações sexuais. Isso sugere que, em teoria, há pelo menos cem machos prontos para cada fêmea disponível. Podemos especular que os grandes macacos machos são alheios à delicada chama de civilidade que suas fêmeas acenderam, porque estão engolidos pela escuridão de uma perene mania por sexo. A enorme disparidade entre machos e fêmeas disponíveis poderia parecer injusta para os machos caso não soubéssemos que a Natureza desconhece leis boas ou más, mas apenas leis funcionais. O encontro sexual é também um encontro da demanda com a oferta, assim como na economia. As leis do mercado não se importam com boas intenções, e se conseguem frustrar os ideais do cristianismo e do socialismo, são certamente indiferentes à humilhação dos grandes macacos machos.

Desse modo, sua evolução até o nível do homem seria a única forma de remediar essa disparidade. E assim aconteceu.

## 1.3. O HORIZONTE PRÉ-HISTÓRICO

POR TRÁS da graciosa história que conhecemos —poucos milhares de anos— e daquela parte de Pré-história que deixou seus traços —mais uns 10 ou 20 mil anos— estão outros milhões de anos atravessados pelos primeiros homens. Sobre estes, não sabemos quase nada, mas tentamos dizer quase tudo.

Tal período representa, por sua vez, pouca coisa no passado da vida terrestre. Mas é aquele em que a evolução gradualmente nos separou dos animais e nos entregou à humanidade. O nosso grande entusiasmo em configurar a Pré-história segundo a História, bem como o esforço desesperado de nos remetermos para além do horizonte temporal conhecido, recordam o comportamento dos órfãos ou das crianças adotadas que depois de crescidas são laceradas pela curiosidade a respeito de suas origens.

Essa fome de genealogia é insaciável. O que nos leva a procurar o retorno às origens não é apenas a necessidade do saber. É também a de relatar. Toda civilização —particularmente a patriarcal— reclama o direito de contar com seus próprios mitos e assentar-lhes na cosmogonia em uma narrativa final que institui o mundo e os caminhos a serem percorridos, o horizonte da consciência de si que estabelece o limite entre o mundo e o nada. Esse álibi psíquico é melhor que o absurdo e a sensação de descender de meras causas químicas, em tempos em que Deus está distante. Assim, fala-se de um grande mistério mesmo quando o conhecimento é impossível, não com a finalidade de se tecer especulações, mas com o propósito de preencher com narrativas esse buraco negro, tal como desejávamos as fábulas para enfrentarmos a noite quando éramos crianças.

Para que uma disciplina de estudos substitua a gênese bíblica é igualmente necessário um certo grau de solenidade. Não importa saber se o nome disso é ciência. Importa esclarecer que seu valor não está na exatidão literal, mas sim no sentido. Assim como Hesíodo que descrevera a noite que deu origem aos deuses, nós também continuaremos a registrar a história do homem, herdeiro do posto divino. Ao nos questionarmos sobre nossas raízes —não importa se temporais ou metafísicas— aprendemos algo sobre nós mesmos.

DURANTE os milhões de anos em que um quadrúmano, saído da orla animal, nada sob a superfície das águas inconscientes da paleontologia até atingir a margem oposta na forma humana, houve mais que uma mudança de constituição física. Houve também a produção da maior variedade cultural de todos os tempos, se estivermos dispostos a atribuir ao proto-humano uma palavra moderna como "cultura". Hoje também entendemos por cultura o utensílio ou comportamento humano mais simples, porém estranho ao instinto conferido pelo nascimento. Essa primeira criatura emerge na orla humana empunhando os primeiros instrumentos de pedra. Naquela longa imersão, porém, ele também assentou as primeiras pedras de onde se erigiu a sociedade. Junto com a base biológica, prepara-se ali a base social da vida psíquica.

Nos últimos tempos o homem acelerou imensamente a velocidade do progresso técnico. Na verdade, parece até que o progresso civil tenha sido maior em suas origens. De fato a humanidade entrou no Paleolítico —talvez há dois milhões de anos— com o machado de pedra, e há apenas três mil anos —no último milésimo e meio daquele tempo— conheceu o ferro. Somente há dois séculos —um decimilésimo— o homem substituiu a musculatura por uma máquina, incrementando sua força em um número indeterminado de vezes. Por outro lado, durante o Paleolítico ou talvez ainda antes, ele deixou perplexa a sociedade animal com a invenção da família monogâmica e do pai. Hoje o homem entra no ano 2000 d.C. com esses mesmos instrumentos sociais, ou talvez com o quanto lhe resta.

Assim pelo menos acreditamos. De fato, se do corpo daquela criatura temos apenas alguns ossos, da sua sociedade e sua família, antes da escrita, das pinturas e da escultura, não temos nada. Os desenhos pré-históricos apresentam homens e mulheres isolados ou grupos —de caçadores, por exemplo—, mas não relações de casal. O início de uma vida em família poderia ser reconstruído a partir das primeiras habitações ou de corpos que expliquem a evolução da sexualidade. Mas as cabanas não sobreviveram como as pedras, e os aparelhos genitais não se conservam como os ossos. Podemos saber como o homem pré-histórico matava o mamute, mas não como abraçava uma mulher. O evento extraordinário é melhor conhecido que o ordinário, o violento mais que o amoroso.

Por muito tempo os homens comportaram-se como se a família houvesse existido desde os primórdios, assim como os mitos e os deuses. De resto, nem mesmo os primeiros documentos históricos falam de uma sociedade humana em fase inicial, flagrada no momento em que a família nascia. Tal como a religião ou a língua, a família também, quando surge, aparenta ser muito complexa e antiga desde o início. Deve ser igualmente o fruto de infinitos ajustamentos que não temos como conhecer.

Apenas há um século pensou-se que o homem de Neanderthal, cuja existência remonta a algumas dezenas de milhares de anos, fosse o elo perdido que ligava o homem ao macaco. Hoje o Australopiteco, dois milhões de anos mais velho, foi renomeado Australantropo e já é considerado humano. O horizonte de nossa espécie parece retirar-se para distâncias cada vez maiores, à medida que dele nos aproximamos.

Mesmo essa forma de vida individual que denominamos psique não pode ter surgido de repente em sua forma atual e completa. A nossa mente deve ter passado de sua forma animal à humana ao longo de uma transição lenta e gradual. Essa foi a maior mutação transcorrida nesses milhões de anos. Mas diferentemente das mutações corpóreas, a evolução psíquica não nos deixa vestígios arqueológicos exceto durante a última e imperceptível rabeira: estes poucos milhares de anos em que a palavra fez-se forma escrita e a arte objeto sólido.

Idealmente, no horizonte pré-histórico da família humana e do pai encontramos os Australopitecos. Com uma aceitável aproximação, esse início corresponde ao andar de postura ereta, ao uso comum das ferramentas e à transformação da boca agressiva em boca comunicativa. Podemos tomar o Australopiteco como origem porque não evoluiu apenas no corpo físico. Apesar das modificações biológicas do maxilar e da coluna vertebral serem notáveis, elas não mais se explicam apenas como uma adaptação ao ambiente físico, ou seja, externo. É como se esse proto-humano fosse agora dotado de intenções: seu olhar quer enxergar mais longe; sua mão quer destreza para empunhar objetos; a boca quer comunicar alguma coisa que não um simples grito. São necessidades experimentadas por um sujeito, não ainda de modo consciente, como hoje a psicologia emprega esse termo, mas tampouco de modo irrefletido, segundo o que chamamos instinto. As diferentes necessidades são coordenadas e quase nos fazem pensar que se trata aqui de uma intenção: o que possibilitou essa coordenação seria isto que hoje denominamos psique.[21]

Nessa época obscura ocorre uma segunda transformação decisiva, em que as mutações biológicas e de costumes formam um complexo indivisível. Não é apenas o humano em relação ao animal que assume uma forma definitiva, mas também o homem e a mulher entre si.

A SOCIEDADE animal transformou-se em sociedade humana ao passar do acasalamento irregular dos macacos às primeiras formas de parceria. A lei da seleção natural é então invertida pela primeira lei civil, embora muito longe de ser consciente.

Em todas as espécies, o tipo de acasalamento —monogâmico ou poligâmico, permanente ou temporário— é herdado geneticamente.[22] É somente nos humanos que o modo de vida em família conseguiu escapar à tirania genética. Os humanos podem escolher entre infinitos tipos de acasalamento —

monogâmico ou poligâmico, fixo ou movimentado por divórcios — assim como libertou-se da tirania ambiental e tornou-se a única espécie capaz de estabelecer sua residência em qualquer latitude do planeta. Uma vez que se forma o casal, a regra passa as ditar que todos os homens procriem. Nesse sentido, o nascimento da sociedade humana corresponde a uma revolução introduzida pelos machos: o início de sua função individual. E se todos têm filhos, os mais favorecidos pela seleção natural são aqueles que melhor conseguem prover: aqueles que não são apenas machos, mas também pais. Desde a zoologia sabemos que os machos das espécies monogâmicas são muito mais ativos na relação com seus filhotes.[23] Aqui, porém, pela primeira vez essa atitude não é meramente determinada pelo instinto.

Um dia os proto-humanos chegaram a um acordo, mas não como havia suposto Freud,[24] para agredir o patriarca que monopolizava as fêmeas, mas sim para deixarem de se agredir: para compartilharem as fêmeas segundo uma regra. As reconstruções da antropologia dizem exatamente isto: as regras mais elementares das sociedades mais simples e mais antigas tratavam da partilha das mulheres.[25]

A este ponto, a regra não será mais que o macho terá de competir para conceber, mas sim que o macho deve fornecer a vida no sentido mais completo de concebê-la e alimentá-la. Tal como a regra que sempre foi obedecida pelas fêmeas. Os corpos e os instintos masculinos, porém, não disporão do mesmo tempo usufruído pelas fêmeas para passar por uma evolução biológica que os coloque em harmonia com as novas tarefas. Poderia a Natureza pedir que as fêmeas amamentassem seus bebês sem prover-lhes de seio? No que concerne ao macho não é muito diferente. Se ele conquistou um sexo individual, é porque transmitirá algo de si às próximas gerações, porém a custo de uma contradição entre disposição biológica e disposição psicológica. Talvez por isso, por trás de suas armas e sob seus uniformes, o homem sinta uma insegurança nunca experimentada pela sua companheira.

### 1.4. O SALTO PARA A PATERNIDADE

> O grande evento que prepara a hominização e que foi cumprido, cremos, pelo Homo sapiens, não foi o "assassinato do pai", mas o nascimento do pai.
>
> — E. MORIN, Le paradigme perdu

HÁ ALGUNS milhões de anos, na África, em zonas de vegetação abundante, viviam os pré-humanos. Ou se preferirmos imaginá-los melhor, os homensmacacos, visto que muitas de suas características deviam ser similares às dos atuais macacos antropomórficos.[26]

O acasalamento devia ser regulado pelo cio das fêmeas, como ainda hoje acontece com os animais. Entre o macho e a fêmea não havia um vínculo fixo. Alimentavam-se principalmente de folhas e frutas, cuja colheita não exigia deslocamentos nem organização por parte do grupo. A vida social tomava provavelmente a forma de bandos de dimensões médias ou pequenas, como na maior parte dos macacos superiores.

Para andar usavam os quatro membros. Mas nosso antepassado também se colocava em posição vertical. Das margens das zonas florestais ele começava a se aventurar pelas áreas descobertas, as savanas, onde a posição ereta ajudava a enxergar longe e também a se mover mais facilmente, à medida que a evolução selecionava os membros inferiores mais longos.

Em condições semelhantes, os membros superiores tornaram-se livres para pegar e utilizar objetos mais freqüentemente. Uma vez que o uso dos membros superiores torna-se habitual e aprende-se que pegar e conservar objetos úteis é uma vantagem, as mãos descobrem uma nova função: carregar coisas. E para esses nossos antepassados a coisa mais importante para transportar eram os filhos.

O quadril materno, ao se modificar com a posição vertical, reduzia a gravidez a períodos cada vez mais breves. Ao invés disso, os filhos teriam requerido períodos de gestação sempre mais longos, principalmente porque as dimensões do crânio aumentavam: a seleção natural favorecia um cérebro maior para coordenar atividades cada vez mais complexas. O resultado foi uma espécie de parto prematuro. O bebê que espera desenvolver-se por completo antes de sair do útero corre o risco de morrer junto com a mãe. O prematuro, no entanto, vive mais facilmente.

O período de crescimento e a dependência dos adultos deveriam se prolongar para que incluíssem aquilo que a gestação havia deixado incompleto. (Enquanto os filhotes das outras espécies sabem caminhar desde o nascimento —ou quase—, o homem pode precisar de anos para aprender). E no entanto durava cada vez mais porque, por outro lado, as sucessivas fases de desenvolvimento alongavam-se. O homem é hoje a única espécie que parece nunca atingir qualidades definitivas. Ao contrário dos outros animais, o humano conserva características infantis (cabeça grande, pelagem escassa etc.) mesmo quando chega à maturidade sexual. Esse fato foi inicialmente estudado como uma particularidade zoológica chamada neotenia,[27] e depois como característica do comportamento.[28] Para nós, isso nos interessa como qualidade psicológica.

Mesmo quando adultos, os humanos tendem a permanecer insaciavelmente curiosos e inquietos: mantêm o comportamento psicológico da fase do crescimento. Aí já se encontram a neurose e o triunfo do homem. Mais do que qualquer característica corpórea, é justamente isso que o faz diferente dos animais.

Mas voltemos ao neonato que pela primeira vez não era autônomo. Nessas condições, a mãe deve ter mãos eficientes e livres para carregá-lo e acudi-lo. Não pode fazer como a macaca, que se apoia sobre os quatro membros para caminhar e assim pode carregar o filho na garupa. Nem pode fazer com que ele se prenda aos pêlos, porque nossos antepassados estavam perdendo-os. Quando o proto-humano ergueu-se em pé, a liberdade da mão não se torna tanto uma possibilidade quanto uma necessidade. Sem as mãos seus filhos não teriam sobrevivido. Não devemos nos espantar se nossa mão, diversamente da mão dos macacos, tem uma importante função erótica: ela existe justamente para tocar com delicadeza um outro corpo. Apesar das convenções retóricas nos apresentarem uma imagem das primeiras mãos humanas como mãos de machos que forjavam os primeiros utensílios, elas foram precedidas pelas mãos das mães que os carregavam.

Talvez aqui tenha tido início outra característica humana: a profunda divisão de tarefas entre os sexos. Se as mãos das mães ocupavam-se com os filhos, a comida e a defesa deviam ser providas pelos machos, que talvez por isso —e justamente a partir daí— poderiam começar a ser chamados de pais.

Nos espaços abertos, a vida oferecia mais perigos mas também maiores possibilidades, o que estimulava a inteligência de maneira circular. Ao descer das árvores para planícies abertas deparava-se com animais grandes e perigosos. Essa novidade favorecia tanto as formas de cooperação para a defesa, quanto o uso mais freqüente de objetos como armas. Outros bichos, entretanto, passavam a ser caçados e asseguravam uma nova dieta, mais rica em proteínas, que substituía a vegetariana. Por sua vez, a caça em espaços mais abertos também favorecia aqueles que se aperfeiçoavam no uso das armas, bem como os que sabiam se associar para essa atividade.

Nos últimos dois milhões de anos, o que resta desses pré-humanos conservou-se com certa regularidade. As dimensões de seu cérebro eram mais símias que humanas, apesar de disporem de ferramentas e, tudo nos faz supor, de alguma vida social. Confiando a defesa às mãos também se liberava a boca, que com efeito perde os grandes dentes agressivos dos macacos.

Essa nova constituição corporal, bem como a novidade da vida associativa e das atividades de sustentação, eram acompanhadas por profundas modificações no relacionamento entre machos e fêmeas, que por sua vez impelia e acelerava a evolução. Já foi dito que não temos como conhecer as datas dessas últimas mudanças. Mas devemos ao menos formar uma imagem desses seres, que nesse momento começam a se especializar também na formação de imagens mentais. Pensemos agora sobre aos primeiros fósseis de pegadas humanas encontrados. São vestígios de dois proto-humanos que certamente caminhavam em postura ereta, acompanhados por uma terceira criatura de menor tamanho. As pegadas seguem juntas, nítidas, por um bom tanto. Foram encontradas em Laetoli, onde atualmente é a Tanzânia, e remontam a pelo menos uns 3,5 milhões de anos. O que não sabemos é se remontam a um encontro casual ou a uma verdadeira família —pai, mãe, filho— que se deslocava unida.

Os macacos mais evoluídos hoje parecem situar-se no limiar de uma divisão de trabalho entre machos e fêmeas. A caça, a defesa do território, a guerra contra grupos fronteiriços são geralmente tarefas masculinas.[29] Uma vez que sua sociedade é provavelmente similar à pré-humana, e dado que a divisão de trabalho é hoje comum a todas as sociedades, pode-se pensar que os dois sexos tenham continuado a se especializar durante a evolução em direção ao homem: os machos na caça, as fêmeas na colheita de vegetais a menores distâncias, conforme impunha a presença dos filhotes. (É assim no mais primitivo dos grupos humanos nômades que ainda hoje sobrevivem.)

Constituía-se assim uma sociedade regulamentada, que encerrava também a primeira forma de escambo. A dieta diferenciava-se, mas, apesar da especialização, permanecia equilibrada justamente por causa dos câmbios entre produtos masculinos e produtos femininos. A busca por um equilíbrio alimentar não parece algo aprendido a partir da sociedade: já está presente no instinto. Para nos limitarmos aos macacos, os chimpanzés observados por Goodhall comiam carne junto com um pouco de folhas. Com a divisão sexual das tarefas, no entanto, esse equilíbrio individual torna-se parte da sociedade em formação: insere-se nas relações entre os indivíduos favorecendo sua comunicação. Assim também os hábitos alimentares fazem parte do tear que tece a família, porque os filhotes recebem permanentemente vegetais da mãe e carne do pai.

Com a movimentação, com a crescente capacidade de atuar em grupo e com a disponibilidade das primeiras armas, os machos passavam a abater presas cada vez maiores e sempre mais distantes. Apesar de inevitavelmente nutrirem-se de carne mais do que as fêmeas[30] —é interessante notar que ainda hoje os homens comem mais carne e as mulheres costumam preferir os vegetais— dificilmente conseguiam consumi-la toda. Nos climas quentes da África, a carne conserva-se por pouco tempo. Utilizando a capacidade de transportar, há pouco adquirida, os machos começaram a levar uma parte para as fêmeas e os filhotes. Pouco importa que inicialmente esse não fosse um comportamento geral. Essa tendência possibilitava uma dieta mais rica e ampliava a possibilidade de sobrevivência dos pequenos. Os pais que se comportavam desse modo tinham mais descendentes. Os que conservavam o comportamento dos pais-macacos, não compartilhando os alimentos, davam menores possibilidades de sobrevivência aos filhos. Seu número diminuía.

Como quer que isso tenha acontecido, surgiu nesse momento um comportamento novo. À diferença dos pongídeos, que consomem a presa no local da caça, o macho estava aprendendo a levá-la para casa. Agora ele não fornece apenas o esperma. Não se aproxima da fêmea apenas no brevíssimo ato da procriação. Torna-se uma presença constante, embora de modo intermitente devido às suas expedições de caça.

A TENDÊNCIA dos machos a optar por formas de caça cada vez mais trabalhosas promovia-lhes uma maior complexidade psíquica. O animal caça desde que sua presa estimule os seus sentidos. Uma vez que a audição, a vista ou o olfato não a percebam mais, o animal se desinteressa pela presa. O proto-humano, no entanto, começava a seguir um rastro psíquico, além de físico. A conservar, durante uma longa batida, uma imagem mental do animal que estava caçando, mesmo quando não o podia perceber com os sentidos. Além de uma memória melhor, havia a crescente possibilidade de que, em um grupo de caçadores cada vez mais organizado e numeroso, algum deles permanecesse em contato com a presa. A caçada podia durar muito mais tempo até que tivesse sucesso, premiando aqueles que desenvolviam a capacidade da constância, da recordação e da comunicação com os companheiros de busca. O grupo aventurava-se por lugares cada vez mais distantes.

A este ponto, porém, a persecução não era a única operação psíquica. Era também necessário retornar ao ponto de partida, o qual, após uma caçada tão demorada, não se podia mais avistar. A seleção da memória, a atenção a algo já visto mesmo quando não mais presente, a fidelidade a uma imagem mental conservada independentemente do quanto a pupila transmite à mente, favoreciam também a segunda metade da tarefa: o retorno ao local de partida. O sucesso desse retorno deve ter sido decisivo para que o homem se impusesse sobre a Terra conforme determina a Bíblia, ou fosse extinto tal como sucedeu aos dinossauros. Era o maior desafio de todos os tempos e foi vencido com o mais estrondoso sucesso. Tanto a reconstrução psicológica como a evolução biológica nos dizem que o retorno dos machos tornou-se habitual e não se restringia apenas aos grupos. Começaram a se formar casais e famílias nucleares.

COM O AUMENTO da divisão das tarefas, quem não conseguisse retornar abandonava seus descendentes, pois lhes faltavam a carne e a proteção masculina. A dieta alimentar de todos, e a segurança das crianças, que cada vez mais se expunham nas savanas, fazia surgir nos machos, que adquiriam progressivamente o hábito de ir a lugares mais distantes, o vínculo com o lugar de onde partiam. Esses seres relativamente nômades tiveram de inventar o senso de pertencimento a um lugar. E já que a caça e a colheita pressupunham, não obstante, um certo nomadismo, o lugar fixo e seguro não poderia ser um espaço geográfico. Deveria tratar-se de um lugar psíquico. Assim descobriram a família como o lugar para onde regressar e também a nostalgia: o vazio doloroso provocado pela ausência da companheira e dos filhos; o desejo de tê-los por perto. Talvez —guardadas as devidas proporções, pois se trata de uma palavra de peso— teriam inventado o amor. Certamente não se tratava de uma necessidade pura, uma vez que não era distinta de questões de controle e poder — assim como ainda hoje não é. Mas sim uma necessidade e um vínculo que antes não existiam, criados pelos primeiros movimentos de uma vida psíquica.

De certa forma o regresso foi inventado antes da própria família, antes mesmo da casa. Com um único gesto, embora executado inconsciente e lentissimamente, os proto-humanos reuniam os fundamentos da vida psíquica e social. O surgimento do pai começava a coincidir com o surgimento do adiamento e da capacidade de planejar. Tratava-se de uma construção ocorrida no tempo, ao mesmo tempo em que constituía um ato de criação do tempo.

Não sabemos quantas gerações são necessárias para que um novo comportamento —uma variável que não corresponde a uma modificação física— torne-se característica permanente de uma espécie. Uma parte do sucesso da psicologia analítica decorre de sua proposição dos arquétipos como tendências universais da psique. Mas poucas hipóteses foram levantadas sobre a gênese dos mesmos.[31]

No que diz respeito ao comportamento paterno, sabemos apenas que um dia ele surgiu, difundiu-se e estabilizou-se. Esse fenômeno faz parte de todas as sociedades humanas conhecidas, com uma única e minúscula exceção.[32]

O alvorecer do espaço psíquico —que lhes trouxe a necessidade de explorar a savana e abater animais cada vez maiores, bem como a excitação da conquista e a febre de conhecimento que, àquele ponto, eram mais que uma simples fome a ser saciada— havia inventado a viagem em sua forma mais completa. O ir e voltar. A sede de descobrimento assim como de segurança.

Se tivesse produzido apenas curiosidade, necessidade de explorar e de vencer, a nova tendência não teria chegado até o homem. Essa variante do temperamento teria sido confinada a um beco sem saída da evolução, seja porque os neo-aventureiros teriam atingido um índice de mortalidade altíssima, seja porque seus filhos teriam sido expostos a riscos ainda maiores. Mas não apenas isso. Eles teriam encontrado também a catástrofe psíquica: sem algo que os contivesse e sem um contrapeso adequado, o interesse unilateral pela aventura teria propiciado distúrbios de temperamento e instabilidade mental. Nada nos impede imaginar que em suas infinitas variações a evolução tenha produzido sujeitos dedicados apenas à descoberta. Mas ao mesmo tempo devemos imaginar que esses sujeitos foram eliminados não apenas pelas afiadas presas de seus inimigos naturais, mas especialmente pela explosão mental, pela confusão, por uma paleo-loucura em que imperava a inquietação da novidade. O estreitamento do fluxo evolutivo somente foi superado quando a psique prolongou e efetivamente imitou a Natureza sobre a qual buscava impor-se. Quando escolheu conhecer a si mesma, dotando-se de um funcionamento homeostático. Quando estabeleceu para si não apenas o rio, mas também as margens.

No PASSADO, a seleção natural havia premiado as fêmeas que, pela via do instinto, devido à melhor visibilidade do cio, atraíam um maior número de machos, o que lhes favorecia a probabilidade de engravidar. E os machos que se atiravam com maior rapidez sobre a fêmea disponível e venciam os rivais maximizavam as possibilidades de serem eles os responsáveis pela gravidez.

Com o progresso de especialização da espécie em machos caçadores e fêmeas colhedoras, tudo o mais sofria também alguma mudança. As seleções agora favoreciam as fêmeas cujo ciclo menstrual encerrava um cio menos violento e uma disponibilidade sexual mais prolongada: não porque assim aumentassem a possibilidade de concepção —o período de fecundidade no ciclo menstrual não deve ter sofrido grandes variações—, mas porque desse modo, além da função vertical de transmitir vida a uma nova geração, a sexualidade começava a assumir uma função horizontal: dar forma a um princípio de família. Essa relação consistia em uma novidade revolucionária para os quadrúmanos e era favorecida pelas revolucionárias inovações da sexualidade. Esta adquiria um caráter de continuidade: como forma de comunicação que, por sua vez, favorecia um aumento da quantidade e profundidade das relações íntimas. A sexualidade tornava-se algo infinitamente mais complexo que um desafogo instintivo.[33] Era um laboratório artesanal onde se fabricava vida psíquica.

A fêmea, constante em seu desejo da companhia do parceiro, era a contrapartida lógica do macho capaz de retornar, aquele que contava como presença constante. A este ponto, mais que variáveis físicas, a evolução estava selecionando variações psicológicas mais favoráveis à vida da espécie: constância e fidelidade são atributos que hoje incluímos na definição de caráter.

Mesmo uma simples relação sexual durava agora mais tempo. O macho passava de uma ejaculação rápida para uma retardada: é sabido que as relações sexuais humanas duram, em média, muito mais que a dos animais. Provavelmente, essa evolução também tenha sido guiada pela mulher, que sempre deu mais valor às relações: seja a uma relação simples, seja ao relacionamento. Desse modo, a companheira criou o companheiro, a mãe criou o pai, assim como uma mulher cria seu filho. Sem mãe não há filho, tampouco pai. Mas o pai foi inventado pela mãe, então? Quando intuiu a importância revolucionária do pai, a mãe "inventou" também uma atitude de acolhimento que, pela primeira vez, foi dirigida a outro adulto: a atitude que até hoje os homens chamam de "feminilidade". E então dirigiu também o olhar do filho —que antes se fixava apenas nela— para encontrar à sua volta o pai.

NAQUELA FASE de transição surgiram outras características praticamente inexistentes nas espécies de macacos mais próximas de nós e presentes de maneira mais estável na sexualidade humana.

Em primeiro lugar, a atividade sexual torna-se normal mesmo durante a gravidez. Os homens primitivos conseguiram assim distinguir-se das outras espécies zoológicas por uma atividade sexual quase que contínua, em grande parte destacada das limitações definidas pela necessidade reprodutiva. Essa sexualidade em excesso não foi gerada —como agradaria a alguns moralistas— pelos costumes depravados dos últimos tempos, mas pela própria evolução há milhões de anos. A evolução atribuiu à sexualidade não apenas a procriação, mas também uma tarefa psíquica: a formação de vínculos. Para confirmar sua intenção, durante o aleitamento a própria Natureza fornece à mulher hormônios com funções anticoncepcionais: o vínculo sexual pode assim permanecer sem sobrecarregá-la de gestações excessivas. Uma sexualidade mais intensa pode significar relacionamentos mais intensos: se isso é verdade ainda hoje, deve ter havido uma razão ainda maior naquela época, quando a comunicação necessariamente deveria se apoiar mais nos gestos do corpo que nas palavras.

Em segundo lugar, o orgasmo, característico dos machos, passa a ocorrer também nas fêmeas. Embora algumas fêmeas de animais apresentem alguma forma de gozo sexual, nada é comparável à extraordinária intensidade e freqüência com as quais a Natureza capacitou a fêmea da nossa espécie: uma capacidade que apenas a neurose pode encobrir. Visto que acontece indiferentemente em períodos fecundos ou não, essa característica também deve ter sido selecionada para favorecer não apenas a fecundação, mas também a repetição da relação sexual com maior freqüência e emoção possíveis: daí a dependência recíproca entre macho e fêmea. Sobre os reflexos dessa novidade para o macho, trataremos mais adiante. Devemos apenas observar que, se por vezes o gozo sexual de uma mulher é chamado animalesco, já sabemos que na verdade é exatamente o contrário. Animalesco poderá ser o orgasmo masculino, porquanto não tenha variado muito em relação aos animais que foram nossos antepassados. O gozo da mulher é de fato uma novidade humana da evolução: é bem isso que a diferencia profundamente da sexualidade animal. Mesmo a homossexualidade, que já está presente nos animais embora descartada pela seleção por não gerar descendentes, torna-se uma presença mais constante a partir do momento em que os vínculos começam a ter precedência sobre a procriação.[34]

Observamos que sem a necessidade de variações corporais o ato sexual também se modificava. A sexualidade deixava de ter apenas uma função reprodutiva. Assumia uma importância própria como relação. Passando dos quadrúmanos aos humanos, a Natureza dotou-os de atributos sexuais muito mais visíveis: o órgão sexual masculino e o seio feminino são muito maiores nos humanos que nos macacos. Segundo a zoologia, trata-se de uma evolução da relação sexual em si, que não traz vantagens aos filhos: um pênis maior não proporciona maiores chances de concebê-los, nem um seio proeminente de alimentá-los. Outras mudanças proporcionadas pela evolução na verdade diminuíram a fecundidade humana. Por exemplo, o desaparecimento da fase do cio reduziu as possibilidades de gravidez: a fêmea do chimpanzé na fase fecunda atrai todos os parceiros que conseguir reunir e todas suas relações sexuais ocorrem no momento mais propício à concepção. O comportamento da fêmea humana é completamente diferente.

Ao passar dos macacos para os homens a evolução proporcionou o máximo de benefícios aos vínculos familiares: esses benefícios não mais se dirigiam *diretamente* aos filhos.

Com essa transição, a defesa dos filhos passou a ser representada pela nova sociedade em seu conjunto. Sua mortalidade diminuía. A seleção não favorecia os humanos por seus filhos serem mais fortes: ao contrário, sabemos que eram sempre mais indefesos e dependentes. Recompensava, porém, a força da nova família, que a este ponto era provavelmente monogâmica e patricêntrica, uma situação sem precedentes junto aos mamíferos superiores.

A sexualidade começava a substituir as comunicações físicas pelas psíquicas e tornar-se privada. O desaparecimento do cio humano, que antes era um chamado voltado a todos os machos disponíveis, teria constituído a semente pré-histórica de onde cresceria a árvore do pudor. Em uma sociedade de macacos, a fêmea no cio era favorecida pela seleção natural porque era mais fácil fecundá-la. Em um grupo mais complexo de proto-humanos, que se esforçavam para se organizar, chegou um momento em que essa fêmea é posta à margem porque gera perturbação e muita rivalidade entre os machos. Esse antigo bando deixou uma marca que não se apaga. Da Pré-história até Cristo, de Cristo até o ano 2000, a mulher adúltera, promíscua ou inconscientemente sedutora levanta suspeitas e desperta a difamação por parte da coletividade. Poucas criaturas são tão propícias a se tornar bode expiatório.

Entre os machos, a seleção favorecia uma novidade convergente com a das fêmeas de disponibilidade sexual prolongada: os que buscavam mais relações sexuais com uma única companheira gradualmente prevaleciam sobre aqueles que continuavam a mantê-las com mais de uma fêmea. Como se pode notar ainda hoje, a monogamia —desde que escolhida, e não coagida— é geralmente acompanhada por uma sexualidade mais relaxada, menos ansiosa e menos descontínua: ao invés de ser possuído pela sexualidade, o homem passa a possuí-la. O que hoje muitos consideram uma etapa importante para a estabilidade na vida de um indivíduo foi, antes, uma guinada decisiva para a existência dos machos como um grupo. Um dos motivos mais profundos do mal-estar da civilização está exatamente no fato de que essa passagem não foi nem completa, nem definitiva. Foi uma escolha mais que uma renovação da Natureza. Os machos também preservaram aquele impulso animal da sexualidade exaltada, promíscua e quantitativa, que o consumismo dos tempos recentes revestiu com um aspecto "civilizado".

A este ponto teremos notado que as principais transformações biológicas aconteceram nas fêmeas. A grande novidade feminina era a atividade sexual mais freqüente. Para essa intensificação, o macho, no entanto, não devia modificar-se: a natureza já o havia instrumentalizado para uma vida sexual contínua. Nele, mais que no físico, as novidades concentravam-se no comportamento em formas protoculturais. Uma vez iniciada, a evolução cultural combina-se com aquela natural, mas ao mesmo tempo subtrai-lhe o espaço por ser muito mais veloz.[35] Mesmo assim, as duas formas evolutivas coexistiram por muito tempo no laboratório em que era modelada a família. Essa região préhistórica em que as evoluções natural e cultural combinavam-se, unia pela primeira vez o casal.

Como regra, a seleção natural elimina a variante natural menos favorável em benefício daquela mais favorável. Mas a esta altura as coisas haviam mudado, saindo dos limites da evolução justamente porque a variante mais favorável — o macho "paternal"— não existe em estado natural. A existência do pai requer a existência de uma intenção: portanto de uma psique, embora primitiva.

Observando a competição masculina entre os macacos —particularmente entre aqueles que nos são mais próximos, os chimpanzés— supúnhamos que esse fenômeno pudesse constituir um empecilho à concentração mental: um obstáculo nos caminhos que conduziam à civilização. Seria natural especularmos que o advento da partilha monogâmica de fêmeas libertasse o macho do constante afã de acasalamento, poupando-lhe energias para desenvolver ferramentas ou regras civis. Desse ponto de vista, o retorno a uma única companheira não foi apenas a primeira regra civil, mas ao mesmo tempo proporcionou condições psíquicas para a construção da civilização. E ao retornar sempre a uma mesma fêmea, os machos começaram a construir também com seus filhos aqueles vínculos que por muito tempo a Natureza desprezara.

O macho possui um mecanismo inato que refreia sua agressividade em relação aos jovens de sua espécie.[36] Porém, se não pertence a uma espécie monogâmica, ele não *faz* praticamente nada pelos filhotes e não distingue os que são seus dos que não são. A cria, desse ponto de vista, é para o pai um nãosujeito. Com o alvorecer da experiência psíquica, porém, o filhote deixa de ser apenas um "não". Torna-se uma presença. Muito antes de ter conhecimento de sua paternidade biológica, o fato de o filho desenvolver-se e aprender sob o olhar do genitor faz com que este o perceba como um ser potencial por excelência. O adulto que o observa não é mais apenas a mãe. O filhote é o recipiente natural que contém a imagem do amanhã, na qual a psique primitiva começa a perceber uma existência além do hoje. O filho é, portanto, o melhor quadro-negro onde a psique poderia realizar seus primeiros exercícios. A relação com o filho ajudava a desenvolver uma mente mais complexa, e isso, por sua vez, contribuía para a seleção de mais machos dotados de atitudes paternais.

Assim, seus caracteres genéticos passavam à geração seguinte com maior freqüência em relação aos pais da velha sexualidade instável: os quais, lutando entre si pelas fêmeas, com o desenvolvimento das primeiras armas matavam cada vez mais os adversários, em vez de os fazer fugir. Como observará Lorenz,[37] apenas os animais dotados de presas, chifres ou garras perigosas possuem mecanismos de inibição para evitar que se matem durante os rituais de competição entre indivíduos da mesma espécie. Os demais, que, como o homem, não são dotados desses recursos agressivos naturais, são também privados de freios que contenham sua agressividade.

Avançando nas sendas da seleção natural, os polígamos afogavam reciprocamente seus caracteres genéticos no próprio sangue que derramavam. E mesmo quando sobreviviam, corriam o risco de ser banidos das primeiras comunidades porque muito violentos.

Os demais, por outro lado, seriam os futuros senhores do Universo porque souberam conter a satisfação imediata dos instintos —da agressividade em relação aos rivais, da sexualidade em relação às fêmeas— em favor de uma vida planejada: mais plena, porém não imediata. Essa é justamente a exaltação das qualidades paternas. Retornaremos a essa atitude ao longo da história do pai.

Para atingir este ponto, a atividade mental dos machos tinha de se tornar mais complexa, projetar-se para o futuro, atingir um certo grau de abstração. Embora não explicitamente, eles tiveram de formular a intenção de alimentar uma família e de não atacar seus pares. Assim como a sexualidade, também a agressividade passa por um desvio funcional: retirada da competição entre os machos pela fêmea, a agressividade era então canalizada para a caça, a nova fonte de riqueza alimentar, onde também se elaborava a atitude da cooperação.

Antes de ser inventada por um sistema de leis, a monogamia estava vencendo a batalha pela sobrevivência.

## 1.5. LUCY CRESCE

A COMPARAÇÃO entre os sexos nunca passa despercebida. O dimorfismo sexual não existe apenas na zoologia, mas também na psicologia.

Entende-se por dimorfismo sexual a diversidade existente entre o macho e a fêmea de uma mesma espécie. A diferença mais evidente é constituída normalmente pelas dimensões. Saber que a fêmea é infinitamente maior que o macho em algumas espécies de peixes e um pouco maior também em alguns mamíferos, a exemplo da hiena, é algo que pode causar um certo embaraço aos homens. No entanto, nos grandes macacos a regra é mais reconfortante: as maiores dimensões são as do macho.

De modo geral, os machos costumam ser maiores nas espécies em que ocorre a poligamia e onde quer que a competição pelo acasalamento seja mais acentuada. Os elefantes marinhos machos são quatro vezes maiores que as suas fêmeas. Na época do acasalamento os machos enfrentam-se em disputas furiosas, após as quais os mais fortes disporão de 12 a 40 companheiras.[38]

A razão porque o dimorfismo aumenta proporcionalmente à poligamia é evidente. Nas disputas entre os machos prevalece o mais forte, portanto o maior. Espera-se dos vencedores a responsabilidade quase exclusiva pelo acasalamento: 4% dos elefantes marinhos machos são responsáveis, sem nenhuma lamentação, por 80% das relações sexuais de sua espécie.[39] De uma geração a outra são transmitidos os caracteres genéticos dos machos mais fortes. Nenhuma seleção desse tipo ocorre em relação aos caracteres femininos.

As espécies de macacos que mais se aparentam com os humanos são decididamente polígamas. E também são fortemente dimórficas. Os machos são muito mais pesados que as fêmeas: os chimpanzés são quase uma terça parte maiores, os orangotangos uma vez e meia a duas, e os gorilas quase o dobro.

Para entendermos quando a monogamia humana teve início podemos tentar comparar a corporatura masculina com a feminina nas épocas em que se passava do quadrúmano ao homem.

Um dos poucos esqueletos mais completos dos Australopitecos é conhecido até pelos leigos pelo nome de Lucy. Essa fêmea viveu —até a idade de aproximadamente 20 anos— há 3,2 milhões de anos, caminhava sobre os dois membros inferiores apesar de sua ossatura ser diferente da nossa. Ela tinha cerca de um metro de altura e pesava entre 25 e 30 quilogramas. No sudeste da África, onde Lucy foi encontrada, foram achadas outras ossadas dessa mesma época, tanto masculinas quanto femininas. Apesar de não podermos afirmar com certeza que todas essas ossadas pertencessem ao mesmo tipo de proto-humano, foi levantada a hipótese de que os machos tivessem aproximadamente o mesmo peso do homem atual, isto é, o dobro do peso de Lucy e das fêmeas. Se for assim, seu dimorfismo seria semelhante ao do gorila, espécie que mais se aproxima da nossa. Portanto, até então a competição entre os machos deve ter sido um dos mais potentes fatores de seleção, enquanto a monogamia, ainda que tivesse existido, poderia ter ocorrido apenas recente ou ocasionalmente.

Nos milhões de anos seguintes, que levam de Lucy até nós, parece[40] que a ossatura dos dois sexos tenha atravessado diversas mudanças, conforme a época (crescimento feminino, crescimento de ambos, e decrescimento masculino etc.). De modo geral, o dimorfismo foi reduzido. Em particular, as dimensões da corporatura masculina e feminina parecem ter-se decisivamente aproximado nas últimas centenas de milhares de anos.

Hoje os homens pesam em torno de 15 a 20% mais que as mulheres. Isso nos faz pensar que somos monogâmicos há um certo tempo: a nossa evolução deve ter sido acompanhada de uma longa fase de menor competição entre os machos. Dessa forma, até aqueles de menor porte tiveram filhotes, e a diferença entre a corporatura masculina e feminina reduziu-se gradualmente.

COM TODA a prudência que se requer ao lidar com dados tão indiretos,[41] poderíamos deduzir daí algumas coisas interessantes.

Em primeiro lugar, esses dados confirmariam que o advento da família e do início da psicologia que nela se encerra pode ter acompanhado a evolução do corpo.

Em segundo lugar, teríamos aqui uma prova fóssil do fato de que o corpo masculino tenha-se modificado menos que o feminino. Essa menor seleção natural indica uma menor competição física entre machos. Uma vez que as mutações nos modos de vida foram radicais, isso eqüivale dizer novamente que, já naquela época, as transformações foram predominantemente psicológicas. Em certo sentido, a fêmea era uma criatura naturalmente mais evoluída, como confirmaria o fato de que, ainda nos macacos, a fêmea não se limita a confiar apenas no instinto. O macho, ao invés, sofreria uma evolução menor e conservaria impulsos mais contraditórios em relação ao casal mas também em relação à promiscuidade. Essa desvantagem era então compensada com um novo tipo de evolução.

Em terceiro lugar, durante esse período poderia ter surgido uma outra grande novidade do homem em relação ao animal: a competição pela escolha do parceiro não mais entre os machos, mas sim entre as fêmeas.[42] A metamorfose dos machos ao estado de pais era uma revolução cansativa e certamente não ocorreu repentinamente em nenhum deles, tanto é que ainda hoje está longe de ser concluída. Pode-se imaginar que as atividades agressivas manteriam entre os machos uma taxa de mortalidade sensivelmente mais elevada em relação às fêmeas. Pelos dois motivos, estas não tinham à disposição um número suficiente de machos monogâmicos: a demanda superava a oferta.

Definitivamente, se a monogamia impunha ao macho um problema de conciliação entre costume e instinto, isso porém representava para ele uma novidade social e psicológica. Estavam desaparecendo o excesso de machos deixados à margem, a sua solidão e a sua inutilidade. De improviso —se assim pode-se dizer sobre um processo que requer tempos longuíssimos— a vida de todos eles adquiria um sentido individual. Porém, um problema desse tipo começava a inclinar-se sobre a vertente oposta. Se tudo andava bem, então a fêmea poderia contar com um companheiro para nutrir e proteger os filhotes. Mas a mulher que permanecia sem um parceiro encontrava-se, já há milhões de anos, assim como hoje, deixada de lado. A sobrevivência de seus filhos era mais difícil.

O DIMORFISMO não se restringe apenas à fisiologia, tampouco à Pré-história. É também um problema psicológico e atual.

Até tempos muito recentes, o ideal masculino exaltou acima de tudo a força física. É verdade que logo nos primórdios da Era Clássica a figura de Ulisses alcançava grande popularidade no Ocidente. Mas, em um certo sentido, esse fato decorria justamente de sua complexidade e excepcionalidade, que faziam de Homero um precursor de milênios: além de poeta, um profeta. Ulisses foi o modelo extraordinário para a mente incomum. Até a Idade Moderna e o Iluminismo, para a mentalidade popular o ideal masculino predominante foi marcado por um heroísmo materialista.

Ainda hoje, uma vez que prevalecer sobre os machos pela inteligência e pela cultura é sempre mais complexo, a tentação regressiva de se confiar mais na corpulência pode ser muito grande: algo bastante conhecido pelos donos de academias de ginástica e os desenhistas de histórias em quadrinhos, que conseguem construir suas fortunas a partir de semelhantes simplificações. Esse homem deveria conquistar a mulher porque é mais forte que os outros machos e incomparavelmente mais forte que ela.

No fundo, não somente o conflito entre Ulisses e Polifemo, mas também entre King Kong e o cidadão moderno continuam a colocar em cena essa ambivalência irresoluta. Hoje esse conflito reproduz não exatamente uma rivalidade na sociedade, mas um desencontro interno no macho: não apenas entre inteligência e força, mas também entre as personalidades paterna e masculina anteriores à civilização, musculosa e dimórfica justamente porque —como nos ensinou a paleontologia— é ainda pré-paterna. Em suma, há algo de verdadeiro na simplificação que encontra em King Kong —no homem-macaco ainda muito vivo no imaginário popular e no inconsciente de todos nós— a representação de uma personalidade masculina que é totalmente sexo. Essa contraposição remonta à Pré-história, mas nas profundezas da psique masculina ainda hoje não está resolvida. Sua falta de superação interna encontra também um paralelo externo. O "paradoxo do pai" descende justamente da ambivalência correspondente, porquanto se espera do pai ao mesmo tempo uma conduta moral e uma capacidade de responder aos desafios meramente pela pura força.

A ESPECIALIZAÇÃO dos machos na força e nas atividades regressivas e posteriormente em atividades ulissianas e intelectuais, remete-nos a uma clara divisão das atividades humanas entre masculinas e femininas, concernentes a todos os tipos de sociedade conhecidas,[43] que apenas muito recentemente e nos países ricos tende a atenuar-se.

Freqüentemente supõe-se que a origem da divisão sexual do trabalho esteja relacionada à diferença biológica entre os sexos,[44] sendo assim o prolongamento de uma condição pré-humana. Todavia, nos animais essa divisão parece relativa, ao passo que entre os humanos trata-se de algo muito maior, absoluto: entre os carnívoros, a caça em bandos pode ser fator de atribuição de papéis (normalmente os leões cercam a presa e as leoas abatem-na), mas tanto os machos quanto as fêmeas são naturalmente dotados de meios para matar a presa. Na sociedade humana, no entanto, as armas são reservadas aos machos. Uma separação tão clara parece responder a uma intenção e um critério do plano da cultura.

No Paleolítico Superior —portanto, há poucas dezenas de milhares de anos, em um *Homo sapiens* que já possuía nossos traços— a diferenciação dos papéis pelo sexo devia existir, mas não parece que fosse muito demarcada.[45] Por sua vez, quando surgem as civilizações históricas, esta regra já constitui uma de suas divisões profundas: o sacerdócio e as atividades espirituais são normalmente reservados aos homens. Portanto, é provável que as divisões sexuais de trabalho mais radicais sejam recentes e acompanhem, talvez, a passagem das culturas pré-históricas às históricas. O fato de que intervenham justamente quando as maiores diferenças corporais entre machos e fêmeas desapareceram reduz a importância de suas origens físicas e desloca a atenção para as origens psíquicas. A Natureza estava apagando as diferenças mais evidentes entre macho e fêmea; a marcha rumo à cultura, no entanto, propunha novas diversidades, acentuando-as e estendendo-as para além do plano físico. Mas por quê?

DEVEMOS voltar nossa atenção para o funcionamento da psique por contrapeso, uma forma de equilíbrio natural que permite à mente explorar e desenvolver-se, retornando sempre a um estado de repouso; permite-a viajar de dia e repousar de noite, tirando proveito das descobertas, mas evitando que a viagem seja reduzida a um fim em si mesma e transforme-se em uma corrida em direção ao nada.

Levantamos a hipótese de que a conquista de novos espaços e a crescente audácia dos pré-humanos na caça tenham-se tornado atividades cada vez mais masculinas, e que de modo geral o seu desenvolvimento tenha acompanhado os primórdios do papel paterno e da monogamia. Nesse paralelo entre as novidades da família e aquelas externas a ela, intuímos transformações não apenas sociais mas também psicológicas. O distanciamento do lugar e dos hábitos comuns, a exploração de novos espaços, proporcionava aos machos a descoberta ainda mais nova da criatura feminina para além do simples ato e instante sexuais.

Junto a isso nascia pouco a pouco no macho uma familiaridade com os filhos: uma dimensão, a bem dizer, "de família", que não era mais redutível apenas ao estar junto fisicamente. Mas assim como a exploração de novos espaços geográficos ainda era acompanhada pelo medo de se perder — um risco psíquico e existencial inédito, maior ainda que o medo de se tornar comida de leão—, assim também a descoberta de um espaço privado inexplorado, de um estado de simbiose e comunhão, introduziu o macho no angustiante sentimento de ver seu "eu" embrionário dissolver-se em uma perda da distinção do "tu". A princípio, o macho — diferentemente da fêmea, que já tinha criado filhotes — conhece a simbiose apenas como uma longínqua lembrança de quando ele próprio fora amamentado, isto é, de uma condição em que ele era completamente amparado, frágil, praticamente insignificante. Antes, como condição de uma indistinção originária, da qual ele emancipou-se vitoriosamente ao crescer e adquirir sua identidade própria.[46]

É claro que ao levantarmos semelhante hipótese corremos o risco de atribuir a um ser que não conhecemos os sentimentos do homem moderno. Mas observando atualmente o quanto as revoltas dos adolescentes e os divórcios devem-se ao esforço de repelir uma simbiose que ameaça a individualidade, achamos natural pensar que, de modo geral, as primeiras experiências não mais somente físicas do casal fizessem vacilar essa identidade pessoal que estava começando a ser constituída. Isso provavelmente tomava a forma de uma ambivalência dilacerante. De um lado, havia a descoberta da capacidade de comunicação com o parceiro de modos cada vez mais profundos, o que aumenta a intensidade do existir e ajuda a compreender a si próprio. De outro, o terror da fusão que em um instante pode anular essa individualidade, cuja construção deve-se em parte à aproximação entre os seres. Se colocarmos juntas algumas gotas de tintas coloridas — digamos, o vermelho e o azul—, parece que podemos conhecer melhor as características específicas de cada uma pela comparação. Mas a aproximação dessas tintas deve respeitar um determinado limite. Quando este é superado, em um instante essas características perdem-se para sempre: as duas tintas fundem-se em uma única cor; o vermelho e o azul compõem um roxo indistinto e não mais separável.

Se então o macho que retornava à fêmea —para a atividade sexual, certamente, mas não apenas por isso: a satisfação sexual já existia antes mesmo da monogamia, que de resto nunca foi a sua melhor colaboradora— e que cedia gradualmente ao interesse pela sua presença, à expectativa de alimentá-la e também os seus filhotes, deveria encontrar nessa mesma direção um contrapeso, um refúgio que lhe permitisse consolidar essas novidades. Isto é, que lhe possibilitasse construir uma dimensão familiar sem se dissolver na mesma e exercitar o trabalho psíquico do diálogo —uma descoberta ainda mais imprevisível que a caça em espaços abertos— preservando uma indiscutível separação. Era apenas com uma cautela de explorador que o macho poderia entregar-se ao vínculo.

Assim, provavelmente algumas das primeiras formas de cultura eram masculinas e inconscientemente serviam ao propósito de circunscrever a identidade masculina para separá-la da feminina: ainda hoje é o homem, muito mais que a mulher, que teme apresentar características do outro sexo por receio de que haja suspeitas de efeminação. Assim, as primeiras formas de cultura foram também as primeiras expressões de misoginia e de superstições e neuroses relacionadas à mulher: a divisão de trabalho entre os sexos parece coincidir com a origem da própria cultura. Na nossa civilização esse emaranhamento não parece ter sido definitivamente superado e a misoginia parece ser um componente não ocasional, mas sim estrutural. Se tomarmos aquelas formas extremas de atração entre os sexos denominadas "donjuanismo" e "ninfomania", notamos que a primeira, mais facilmente que a segunda, pode subentender um desprezo pelo outro sexo e uma homossexualidade latente.

Há um outro motivo pelo qual com o surgimento do casal nasciam igualmente a aliança e a desconfiança. Com as primeiras formações de grupos sociais decorrentes da conveniência e da renúncia às lutas entre machos, esses seres experimentavam uma tarefa difícil e nova: o controle da própria agressividade.

A agressão era gradualmente deslocada para a caça, o que na verdade acentuava os impulsos masculinos de combate.

Matar tornou-se uma das especializações atribuídas ao macho. Há uma hipótese de que o homem se tenha deparado com as primeiras formas de consciência ao desempenhar essa tarefa com uma precisão cada vez maior.[47] À medida que a profunda relação com o sangue aperfeiçoava-se, por uma estranha coincidência a evolução tornava a presença do sangue menstrual mais abundante e evidente na mulher em relação à fêmea animal.

De fato, uma necessidade mágica de afastar-se daquele líquido amado-odiado —o sangue da presa contém a vida, o meu contém a morte— pode ter favorecido a primeira superstição misógina e a separação de tarefas entre os sexos. Ao mesmo tempo, essa associação levava o macho a perceber a portadora desse sangue um pouco como as presas de suas caçadas: ferida, vítima, vencida, marcada por uma diversidade que incutia ao mesmo tempo respeito e terror, sentimentos ambivalentes que hoje resumimos na idéia do tabu. Depois, à medida que essa diversidade tornava-se mais consciente dando lugar a ritos e divisões das tarefas entre masculinas e femininas, deve-se ter difundido entre os machos aquela interpretação da diversidade como inferioridade que, canonizada por Aristóteles, atravessará depois toda a história do Ocidente. Assim eram explicadas as características mais incompreensíveis, e o temor da ansiedade inspirada pela diferença transformava-se em sentimento de superioridade.

Recordamos anteriormente que as transformações do ser humano dotaram a fêmea do orgasmo. Um fenômeno físico que, no entanto, mais que no macho, mostra uma precariedade, um intransigente condicionamento cultural,[48] uma permanente dependência da situação psicológica. Em suma, uma evolução frágil e recente. Talvez essa característica não tenha longínquas raízes animais —sendo substancialmente ausente nos primatas—,[49] mas muito mais recentes: uma vez exposta à essa inovação radical da simbiose no interior de uma relação estável, a fêmea assimilava esse elemento da sexualidade masculina. Essa aproximação em relação ao parceiro poderia ser justamente uma das inovações que tiveram origem no trabalho psíquico do vínculo.

Mesmo que essa assemelhação de machos e fêmeas não seja algo totalmente novo na adaptação evolutiva, o fato de que isso pareça pressupor uma dimensão psicológica é considerado inédito: e como tal, participa de modo circular no relacionamento do casal, o que pode ser tanto conseqüência como causa do seu aprofundamento. Nos animais o orgasmo feminino era ausente. Na mulher, ele é possível, mas em todo caso, o que decide se será ou não é a condição psíquica.

O macho humano é condicionado ao orgasmo como o animal: sem orgasmo ele não entrega o sêmen, portanto não se reproduz. Para ser pai é preciso ter experimentado o gozo sexual. Para ser mãe, não. Foi dito que o orgasmo feminino surge porque também gratificava o macho:[50] mas o que isso significa? O benefício físico do macho já estava em seu orgasmo, e assim não foi modificado. A nova gratificação foi algo totalmente psicológico e ligado provavelmente à sublimação da agressividade. Se era imposto ao macho um sacrifício e um desvio dessa pulsão, e contemporaneamente o estreitamento do vínculo com a fêmea ativava nele diversos sentimentos ambivalentes e o terror de perder o controle, a possibilidade de que a fêmea se rendesse à relação física e morresse em seus braços, ou seja, de que fosse ela a desviar-se, valia como satisfação sublimada da agressividade do macho e como uma intensa experiência simbólica que lhe restituía uma sensação de domínio. Ainda hoje, uma característica que distingue a sexualidade do homem da sexualidade da mulher ou ainda do macho animal é a presença do sadismo. Este se repete com tanta freqüência nas circunstâncias mais diversas que nos leva a pensar que não seja uma deformação ocasional, mas parte da própria estrutura psíquica profunda da sexualidade masculina.

Talvez nos estudos sobre a pré-história da supremacia masculina tenha-se prestado excessiva atenção às diferenças físicas entre os sexos,[51] as quais no homem são muito reduzidas em comparação aos macacos, e não o bastante ao surgimento do orgasmo feminino que transfere para um plano psicológico a simplicidade da relação sexual animal. A partir dessa transformação, a sexualidade deixou de ser apenas um desafogo físico: tornou-se comunicação e luta entre dois organismos psíquicos. Abandonar-se ou não à experiência sexual é, de fato, a linguagem desse confronto que ainda hoje persiste no tempo. Sua complexidade psíquica, diversamente daquela física, não se exaure no ato em si, mas se insere na continuidade e na recordação. As expectativas e as imagens mentais guiam o homem ainda mais que suas sensações. Supera-se o caráter ocasional das relações sexuais dos macacos sem possibilidade de retorno.

Eis que tornamos a perceber algo que caracteriza a evolução dos dois sexos: assim como na dimensão corporal, no comportamento sexual a fêmea tende a assemelhar-se mais ao macho. Este, por sua vez, provavelmente restabelece a distância deslocando sua supremacia para um plano não material. Ele sente o fascínio daquela criatura cada vez mais próxima e sempre mais misteriosa porque começa a perceber nela a sua especificidade incógnita. Nasce no macho o temor de ser contaminado pela fêmea que gradualmente liberta sua humanidade, mas *preserva* a natureza. Ela poderia, portanto, sugá-lo de volta à natureza. Por outro lado, para humanizar-se o macho *opõe-se* à natureza: tudo o convida a acentuar as diferenças com relação à fêmea e, ao mesmo tempo, não podendo desprezar sua atração e dependência recíprocas, a vincular-se a ela em uma relação de complementaridade.

Ao MACHO, a caça. À fêmea, a colheita de vegetais que ainda não eram cultivados (a agricultura com suas revoluções técnicas, sociais e religiosas, nasce apenas a alguns milênios atrás). Tudo leva a crer que essas duas atividades, predominantes entre os pré-humanos por milhões de anos, fossem separadas e mutuamente dependentes, talvez já em formas ritualísticas como o são ainda hoje nos povos em que essa forma de economia ainda sobrevive.[52]

Por que será que os machos caçadores, que a cada estação ou após terem feito uma boa caçada poderiam dispor de tempo livre, não deveriam então colaborar com a colheita realizada pelas fêmeas, já ocupadas com os cuidados para com os mais jovens? A explicação que se baseia apenas em considerações materiais não é suficiente. A resposta que falta encontra-se no plano dos símbolos. Tocar a natureza, remexê-la constantemente —sem se opor a ela, sem a agredir e sem lhe revirar as vísceras, como acontece na caça— são atividades estranhas para o macho. Ele procura estabelecer sua própria lei, superar os fatos da Natureza por meio da força; reclamar o sangue e truncar a vida proporcionavam-lhe exaltação e despertavam-lhe a consciência. Aquela criatura feminina verte sangue de seu próprio corpo e produz a vida sem qualquer esforço aparente: sua maneira de debruçar-se sobre a terra era carregada de contaminação; sua continuidade com a planta é algo que pode ser admirado, mas não imitado.

Assim a relação torna-se cada vez mais intricada, conhecimento e separação juntos; começa então o trabalho psíquico: a contradição e a tentativa de contê-la. Em todas as culturas e desde as origens, macho e fêmea são amantes mas também inimigos. A literatura fornece-nos este paradoxo dentre outros: os casais desejariam descobrir-se ao infinito, não obstante tenham a sensação de se conhecerem desde sempre. Nessas mesmas fantasias inconscientes são fundadas tanto as raízes da drástica separação dos sexos, como de uma unidade originária. Esse mundo simbólico é de cunho masculino. Eram masculinos Platão e o pensamento grego que produziram em O Banquete a mais célebre dessas fantasias:[53] nas origens, os humanos eram andróginos; Zeus, protótipo de autoridade e de arbítrio paterno, partiu-lhes ao meio com sua força. Desde então as duas partes procuram-se ansiosamente e atormentam-se pela nostalgia daquela unidade.

A TRANSFORMAÇÃO do quadrúmano em homem é, mais que uma mudança física, uma transformação da relação entre os sexos. A curiosidade, que caracterizava os nossos progenitores em relação aos animais, levou principalmente à complexidade e à novidade do casal. Para resumir a passagem "do macaco ao homem", mais interessante que comparar os esqueletos dos gorilas e dos homens é aproximar um casal da espécie humana a um casal de gorilas.

A necessidade de novidade que nos levou tão longe não é apenas necessidade de novos saberes e de novos objetos. Uma diferença ainda mais significativa entre nós humanos e os animais está na nossa exogamia, isto é, na regra universal de que não procuremos o nosso parceiro no seio da família de origem, mas sim em um novo grupo.[54] A exogamia põe um fim ao acasalamento no âmbito familiar, que é praticado pelos animais.

Essa busca pelo elemento novo reforça a função eugênica —a mistura e a renovação dos caracteres genéticos— que levou a Natureza a passar da reprodução monossexual ao acasalamento de dois sexos. Mas seu efeito é ainda maior: transfere essa tendência à variação do plano estritamente biológico para o plano das atividades mentais. A neotenia da espécie humana —sua contínua fome de crescimento, seu comportamento infantilmente curioso— manifesta-se agora na sociedade. Aviva-se, assim, a mais típica das características humanas, e isso tem conseqüências incalculáveis. A exploração, a descoberta, a aquisição do novo: esse mandamento é a grande novidade da psique, que vale tanto para a caça e para outras atividades econômicas quanto para a transformação da sexualidade em eros. Ainda hoje os amores mais apaixonantes combinam pessoas de grupos, culturas ou raças separadas, os Romeus e as Julietas: prolongam assim, construindo uma ponte que supera as diferenças culturais, aquela necessidade de completar-se pela conjugação com o diferente que se manifesta na Natureza como a busca pelo sexo oposto.

Com relação à endogamia, a exogamia possui atrativos físicos e psíquicos infinitamente maiores. Mesmo nas condições primitivas o casamento com um membro de uma tribo diferente traz grandes vantagens porque abre o acesso a um outro mundo: não apenas mistura novos caracteres genéticos, mas também produz novas fantasias, dilata a inteligência e amplia as técnicas disponíveis. Na sociedade de hoje a força de um casal é geralmente proporcional à diversidade da origem dos dois membros. Diversos estudos afirmam que nós não costumamos casar com aqueles que cresceram ao nosso lado nos bancos da escola ou nos mesmos kibutzim.[55] Quando isso ocorre, as probabilidades de divórcio são maiores. Tudo isso permeia a atração universal por aquilo que é complementar e novo. Mas apenas até um certo limiar de diversidade, após o qual o diferente começa a ser percebido como monstruoso e, na ambivalência do conhecimento, prevalece a repulsa.[56]

A exogamia como novidade revolucionária que separa a psicologia da zoologia não nos é algo particularmente familiar. A antropologia e a psicanálise já divulgaram sua vertente negativa e limitada à relação sexual conhecida como "tabu do incesto". No entanto, a idéia da exogamia está em sua vertente construtiva, que é sempre a parte mais importante de um mandamento e aumenta o valor imperativo da união matrimonial com aquele que é de fora, com o novo, o outro, da regulação carnal à psíquica. O homem pode ser definido como um animal que impôs a si próprio uma crescente exogamia, não apenas no relacionamento entre os sexos, mas em todas as formas de conhecimento.

Esse imperativo estabelece a regra comum que é a base do acasalamento,[57] tanto que as interpretações antropológicas consideram-no denominador universal da sociedade humana. Mas macho e fêmea obedecem-no de maneira diferente: e é isso que interessa diretamente ao nosso tema. Ao passar dos animais aos humanos, a exogamia intervém ao regular as relações entre os sexos, mas também ao colocar em destaque uma de suas diferenças fundamentais.

Mesmo os animais parecem combinar à atração sexual um certo interesse pela diversidade e pela novidade. A curiosidade auxilia o aprendizado. No campo da sexualidade, favorece a variedade do patrimônio genético que é importante principalmente em grupos restritos e nas espécies em que há risco de extinção.[58] Sabe-se que essa tendência estende-se até os confins da espécie, mas se reduz após certo limite. Desse ponto em diante o encontro sexual torna-se estéril: o jumento —um animal importante que, no entanto, não pode dar vida a filhos— é o experimento exogâmico ao qual a Natureza não tem intenção de dar prosseguimento.[59] Nos animais, o aspecto negativo do interesse exogâmico —o seu correspondente do "tabu do incesto"— é o desinteresse pela relação sexual com indivíduos a quem são ligados por uma longa proximidade física. Devido ao longo período de cuidados maternos que se verifica em muitos mamíferos, particularmente nos macacos, muito dificilmente o filho acasalará com a mãe e, de maneira geral, com as irmãs criadas junto a ele.[60] Nos animais, a exogamia em relação à mãe já acontece sem a necessidade de se reprimir o instinto. Na sociedade humana, portanto, essa forma de exogamia não é inventada, mas apenas codificada.

Muito diferente do que ocorre com a mãe é o caso do pai. Já foi dito que, mesmo nos animais mais próximos do ser humano, o macho é pai apenas no instante da concepção, após a qual ele não "reconhece"[61] seu próprio parentesco com os filhos e pode fazer deles objeto de quaisquer tipos comuns de relação, inclusive sexual.

Diferentemente da exogamia concernente à mãe, a inibição quanto ao acasalamento com o pai é substancialmente humana.[62] Não possui antecedentes no mundo animal e quando aparece na sociedade humana já se encontra consumada: portanto nada sabemos de seu início. Em nossa civilização, a exogamia como ordem imposta ao pai tem o mesmo caráter drástico daquela que se volta para a mãe; ocorre apenas que nos damos conta de que é mais freqüentemente transgredida. E essa é uma confirmação indireta do quanto a exogamia seja mais recente e precária. Pode-se supor que essa regra tenha sido ansiosamente "selecionada" contra o instinto, embora gradualmente orientada pela evolução do próprio instinto. Mesmo sob esse aspecto, na passagem da mãe animal para a mulher há uma visível continuidade. Do "pai" animal ao humano há um salto, talvez tão árduo a ponto de ser ainda incompleto.

Agora nos apercebemos novamente que uma diferença entre evolução masculina e feminina pode constituir em uma ruptura de continuidade. A Natureza "não executa saltos" no caso da mãe. Executa-o, no entanto, quando dá origem ao pai, que parece constituir o limiar da cultura. Esse salto traz consigo o estigma de uma ação contrária à Natureza que o pai não conseguirá expiar tão cedo. Se a exogamia do pai não se encontra na Natureza, o pai natural é incestuoso: uma observação que causa preocupação, que convida a romper os laços com a Natureza. Talvez o macho invente e escolha pela civilização para contrapor-se à animalidade, ao incesto, à ausência de intenção. Mas até que ponto a ação contra o instinto pode instruir a sociedade civil sem destituir o sujeito sobre o qual se estabelece?

É bem possível que o pai e a civilização dos homens sejam acompanhados por uma antinomia deste tipo: desejo, mas proíbo-me. E a antinomia em si, a ambivalência ainda não resolvida, poderia constituir o modelo subjacente a todo o processo sucessivo de formação e aquisição da psique humana. Ela dá início a um movimento de expansão justamente quando as margens que a contém tornam-se mais fortes: é o navio construído junto com a âncora.

# 2. Antigüidade e mito

2.1. SOCIEDADE PATRIARCAL E SOCIEDADE MATRIARCAL

*A lei mais bela: obedecer ao pai.*
— ÉSQUILO

*Quem não tem um pai deve inventá-lo para si.*
— F. NIETZSCHE

HÁ CERCA DE um século e meio discute-se se os pais sempre estiveram à frente no comando das coisas. Isto é, se o patriarcado dominante na história do Ocidente não foi precedido, em tempos pré-históricos, por um matriarcado.

O argumento que existe é um dos menos neutros que se conhece. A convenção de que tenha existido originariamente um matriarcado foi expressa por muitos autores em um ímpeto de idealismo. Bachofen (1861) pretendia reconstruir os fundamentos históricos do Direito; Morgan (1851, 1871 e 1877) foi um dos primeiros a defender os povos indígenas; Engels (1884) lutava com Marx pela libertação do proletariado; Neumann (1956) relia a Pré-história pela ótica da psicologia analítica; e finalmente, Gimbutas (1989) dedica sua vasta pesquisa à reavaliação da matriz feminina na cultura européia. Cada um desses autores foi movido por um interesse não apenas especialista. Todos opunham-se à agressividade da cultura patriarcal.

Esse tema não desperta apenas fortes ideais nos autores, mas também intensas emoções nos leitores. A discussão quanto à idéia dos sumérios terem sido mais importantes que os acadianos nas raízes da nossa civilização não nos mobiliza recordações particulares e dificilmente nos emociona. Mas em cada um de nós a imagem abstrata do patriarca e da matriarca associa-se à memória concreta de um homem e de uma mulher. Antes, há recordações tão antigas e emocionantes que geralmente não podem ser acessadas pela mente de modo consciente e involuntário: possuem, portanto, uma influência ainda mais perturbadora sobre as nossas avaliações. Mesmo para os leigos, esse tema é apaixonante pois o que nos atrai aos genitores não são os estudos mas os afetos.

A HIPÓTESE DO matriarcado, assumida por alguns, não corresponde necessariamente ao feminismo e as mulheres posicionam-se em ambas as frentes.

Gimbutas e Meier-Seethaler[1] contam-nos sobre uma antiga sociedade liderada pelas mães; mas Simone de Beauvoir[2], Elisabeth Badinter[3] e as antropólogas italianas Ida Magli[4] e Giuditta Lo Russo[5] acreditam que essa sociedade nunca tenha existido.

De onde vem a intensidade do envolvimento com que muitos sustentam a hipótese de um matriarcado originário? Há indiscutivelmente motivos objetivos que nos levam a pensar sobre sua existência. Mas, além deles, há talvez uma razão psicológica. Inconscientemente, voltamos nosso olhar para o centro do mundo porque sentimos a sociedade e a História como uma multiplicação da experiência individual, como sua extensão no tempo e no espaço. E posto que, no princípio, até mesmo o homem mais potente fora confiado aos braços de uma mãe, tentou-se acreditar que algo semelhante tivesse ocorrido à civilização como um todo.

Mas aqueles que pensam que desde o início a sociedade humana tenha sido patriarcal deixam-se mobilizar por quais lembranças profundas? Para essa pergunta não há uma resposta simples como para a precedente: e isso também indica que entre pais e mãe os problemas psicológicos, assim como os físicos, não são simétricos. Aquele que se posiciona a favor do patriarcado demonstra não raro uma emoção, uma adesão ideológica. Poderíamos dizer que se chega ao matriarcado por uma escolha quente, e ao patriarcado por uma escolha fria. Fria na medida em que essa escolha fundamenta-se em documentos históricos, sem uma participação emotiva e sem aparentemente considerar o pai como o preferido dentre os dois genitores. Ao mesmo tempo, porém, até mesmo essa capacidade de escolha objetiva é considerada uma qualidade do pai, ensinada de pai para filho na iniciação à idade adulta. Quem faz essa escolha identifica-se provavelmente com o pai, mesmo que não perceba nisso um sentimento correspondente. O pai ressurge de modo indireto através do funcionamento de sua mente.

Se existe uma ligação psicológica entre a preferência pelo pai ou pela mãe e a experiência pessoal, isso não deve valer apenas para os homens modernos, mas em maior proporção para os homens primevos, que eram mais expostos às influências mágicas e inconscientes, se comparados a nós. As fases primordiais da civilização são também fases iniciais da auto-representação humana. Não seria possível, então, que na Pré-história (início da condição humana) esse comportamento tenha sido particularmente influenciado pelas imagens primordiais (do início da existência de cada indivíduo)? Todo início de vida humana, inclusive dos rapazes, é acompanhado por uma mulher muito maior do que nós, uma verdadeira rainha que governa nosso corpo: a mãe.

Será possível que, quando se formam os primeiros núcleos sociais, torne-se natural, por analogia, fazer da mãe a rainha soberana da sociedade?

SOBRE A CONDIÇÃO originária do patriarcado ou matriarcado, contamos com muitas hipóteses mas pouquíssimos fatos.

As sociedades mais complexas e desenvolvidas são geralmente aquelas que mitificaram a autoridade do pai, colocando-o em uma posição central como um esforço para se manter a estabilidade frente às crescentes dificuldades de organização. Infelizmente não é possível seguir o caminho inverso desse raciocínio e dizer que nas sociedades mais simples, ao contrário das sociedades ocidentais modernas, o poder coubesse à mãe. Podemos apenas verificar que, nas culturas de subsistência que ainda nos restam, os pais são particularmente ativos nos cuidados com os filhos.[6]

Ao buscarem as origens, tanto nas sociedades históricas mais antigas,[7] como nas sociedades mais primitivas que ainda sobrevivem,[8] muitos autores não encontram traços convincentes de matriarcado. A lingüística do Ocidente fornece uma reconstrução análoga que normalmente se estende tanto às sociedades históricas das quais restam poucas evidências materiais, como às sociedades pré-históricas. Os vocábulos que indicam parentesco, como pai e mãe, estão entre os mais estáveis e reconhecíveis nas palavras correspondentes, seja na evolução que uma língua sofre com o passar do tempo, seja na transição desses vocábulos de uma língua para outra dentro uma mesma família lingüística. No estudo comparado das línguas européias, os termos que descrevem parentesco acabam por revelar não apenas origens iguais, mas também subentendem um modelo comum de família, tanto patrilocal como patriarcal.[9] O matriarcado, se existiu, estaria tão distante quanto os tempos mais longínquos, relegado às civilizações pré-indo-européias.

Se tomarmos como ponto de partida a sociedade animal e prosseguirmos cada vez mais em direção ao homem, perceberemos que, mesmo entre os macacos mais próximos à nossa espécie, o poder é mantido pelos machos, não obstante as fêmeas consigam freqüentemente impor condições a essa autoridade. Por que então o elo perdido que havia reunido esses dois extremos —a ponte entre os antigos humanos dos quais estamos hoje muito distantes e os animais que nos são mais próximos— deveria corresponder a uma sociedade governada pelas mães?

As HIPÓTESES DO matriarcado referem-se a épocas em que não existia a escrita. Trata-se portanto de reconstruções muito indiretas de sociedades das quais não

sabemos quase nada. Por alguns períodos do Paleolítico Superior (o Aurigna-
ciano, e principalmente, Gravetiano e Solutreano)[10] na Europa ocidental, e
então mais decididamente no Neolítico,[11] nas áreas médio-oriental e mediterrânea, as representações de figuras humanas em paredes ou em estatuetas são
na maior parte femininas. Normalmente as ancas, o ventre e os seios, as partes
do corpo associadas à fecundidade são enormes, em contraste com a cabeça, as
mãos e pés minúsculos ou ausentes. Pensou-se assim que a mulher, por sua
força geradora, tivesse assumido naquelas épocas um papel de grande importância, e que as imagens encontradas representassem as deusas. A invenção da
agricultura deveria ter enobrecido a posição feminina, à qual a fecundidade e
as plantas estavam associadas já na precedente sociedade dos caçadores. O
período áureo das mães (ou, de modo mais realista, de uma sociedade dita
"gilânica", isto é, de um contexto cultural em que se verifica uma substancial
paridade entre os papéis sociais da mulher e do homem) poderia corresponder
à difusão de uma nova economia — agrícola, mas não unicamente —, e àquela
passagem do Paleolítico ao Neolítico que Gordon Childe e Hermann Müller-
Karpe apontaram como a época das maiores revoluções de toda a existência
humana.

A descoberta do papel do pai na concepção poderia ser considerada a
plataforma ideológica para a construção do patriarcado em épocas muito mais
recentes, na aurora da História:[12] ainda no século xx esse fato permanecia
desconhecido para muitos homens primitivos.[13]

Quem disse, porém, que todas aquelas figuras femininas representassem
divindades? Para alguns,[14] o antropomorfismo religioso surgiu provavelmente
um pouco mais tarde. Nesse caso, tratar-se-ia de mulheres simples, cujas imagens eram marcadas nos lugares em que moravam ou onde haviam morrido.
O grande número de figuras femininas encontradas e a escassez de versões
masculinas poderiam derivar dos diversos lugares em que os dois sexos provavelmente teriam vivido. Muito freqüentemente, as mulheres habitavam as
cavernas e, mais tarde, os campos agrícolas. Os machos normalmente encontravam-se em outros lugares, em caçadas, viagens, etc., portanto suas atividades
e suas habitações eram estabelecidas em lugares muito variáveis: assim, raramente recebiam uma sepultura ritual. Talvez a Antigüidade já propusesse um
fenômeno de "invisibilidade do pai", em parte devido à complexidade de suas
tarefas, tal como observamos ainda hoje. Alguns estudos modernos apontam
para uma ausência de relações entre pais e filhos; mas ao aprofundarmos o
tema aprendemos que as relações aconteciam de noite, quando os pais, esses
trabalhadores sociais, não mais trabalhavam.[15]

EMBORA A HIPÓTESE do matriarcado tenha conseguido produzir argumentos interessantes ainda recentemente,[16] a maior parte das informações hoje disponíveis são favoráveis à hipótese de que o patriarcado tenha prevalecido desde as origens da civilização. O fato de que algumas épocas tenham nos deixado uma evidente maioria de imagens femininas não é suficiente como prova em contrário. Nós, modernos, somos psicologicamente pobres e tentamos nos ressarcir dessa falta tomando as coisas ao pé da letra, deduzindo estatísticas dessas figuras: assim, a grande quantidade de imagens de mulheres nos faz pensar em uma grande quantidade de poder feminino, mas as representações prevalecentes em uma sociedade não descrevem necessariamente seu funcionamento concreto e suas relações de poder. As poucas imagens que chegaram até nós apresentam-se apartadas de seu contexto original e sofrem daquilo que Eliade chamava opacidade semântica.

Mesmo alguns animais podem ter sido representados em alto-relevo e com muita freqüência durante a Pré-história: mas isso não significa que eles tivessem posições de comando na sociedade humana. Se as imagens fossem suficientes para indicar papéis sociais e se por hipótese a civilização atual, assim como aconteceu à neolítica, não deixasse documentos escritos, em alguns milênios um arqueólogo poderia desenterrá-las e pensar ter descoberto uma civilização matriarcal. De fato, as figura femininas —geralmente com atributos sexuais em maior evidência— prevalecem hoje não apenas na publicidade ou nas capas de revistas, mas também em representações oficiais cujo valor emblemático o escavador não tardaria a se dar conta: estátuas da liberdade ou da pátria, moedas com baixos-relevos de Britânia, Mariana ou Helvetia, similares a outras tantas versões modernas da deusa Atena. Uma cultura, um país, uma cidade, e mesmo uma deusa, insuperáveis em seu machismo.

EM UMA SOCIEDADE confiada ao mito mais que à História, estátuas ou pinturas representam mais provavelmente as fantasias que inspiraram os contos míticos do que os sujeitos históricos a quem é designado o governo. Essa limitação que perturba o historiador tradicional, aflige-nos muito menos quando nossos interesses voltam-se para o estudo de uma história psicológica. De fato, conta-nos exatamente aquilo que queremos saber. Nós não utilizamos os objetos descobertos para tentar entender quem governava a História, mas sim a História —não apenas os achados arqueológicos, mas também os mitos de agora e as interpretações de hoje— para entender o que orientava a fantasia. Se esse é o nosso propósito, "a História nos permite enxergar através dos fatos penetrando nas fantasias. A História oferece uma via de acesso para o imaginário".[17]

Se nas origens da nossa história havia sociedades patriarcais, a mente desses patriarcas devia ser habitada não só por modelos masculinos, mas especialmente por imagens femininas, extraordinariamente numerosas e potentes. Essa não seria a realidade sociológica do matriarcado, mas uma realidade psicológica que igualmente devemos levar em conta. É provável que o patriarcado —o domínio dos pais na família e na sociedade— conseguisse firmar-se como tal apenas ao constatar a dificuldade com que submeteu as mães ao seu controle, fazendo delas objeto de uma atenção supersticiosa. Para tanto, o poder da mulher —não histórico, mas natural— foi exorcizado no fetichismo das funções femininas ou no culto às deusas, do qual o pai se livrara de modo ainda frágil e não definitivo. Esse mundo feminino continuava a ser o principal objeto a inspirar encanto e temor.

Não sabemos quais capítulos da *história social* narram acerca daqueles corpos de mulheres tão fecundas. Mas certamente eles nos contam uma *história psicológica*. Falam de uma fantasia de gravidez. De uma fixação da mente em torno dos atos de produzir, gerar e nutrir. Será possível que, na longa e perturbadora passagem da dependência da caça e da colheita para o cultivo de alimentos, essa fantasia exaltada fosse associada à "gestação" da própria idéia de agricultura, ou seja, ao impulso de se confiar na capacidade geradora da Natureza? Como uma tentativa de fazê-la funcionar pelo recurso a uma via "simpática", ao se celebrar com insistência supersticiosa a fecundidade feminina? Cada nova descoberta deve ser reconstruída não a partir das novas técnicas que inaugura (neste caso, não pela técnica agrícola), uma vez que até então não podiam ser pensadas como tais, mas à luz daquilo em que se acredita nessa época. Não importa que aquela convicção fosse errônea: Colombo queria chegar até as Índias, e o seu caráter de fé —portanto exatamente o contrário de uma racionalidade que fixa o olhar nos fatos— continha um projeto inconsciente que abriu uma via que não se fechará mais.

SEM ENTRAR nos aspectos arqueológicos e antropológicos mais específicos, a psicologia deveria repensar o mistério matriarcal a partir de seu próprio ponto de vista: como uma fantasia da mente, que ainda hoje estuda aquela época adaptando-a às suas próprias emoções filomaternas ou filopaternas. Esculpir as estatuetas femininas do Neolítico requeria a fantasia de uma gravidez, mesmo que em uma mente masculina. O pensamento daquela época era dominado por uma imagem generativa: um sintoma explícito de como o homem, sua condição e sua psicologia queriam se reproduzir, renascer, semear, dar à luz. E, portanto, cultivar, fazer as coisas crescerem.

Ao observar a mulher, a mente fortemente sugestionável daqueles tempos fez-se grávida por analogia. Ocorre a gestação da idéia de gestação. A fantasia que modelava os corpos fecundos das estatuetas falava sobre si mesma: era sujeito e objeto ao mesmo tempo. Mesmo que não tenha sido matriarcal, aquela foi a época de uma psicologia matricêntrica.

O primeiro passo inevitável — por uma questão de simpatia com o ambiente, por sua observação, pela projeção no mundo externo dos frutos internos da mente— foi a criação da agricultura: de fato, estava em gestação a idéia de gerar (= feminino = agricultura) como alternativa à idéia de matar (= masculino = caça). As deusas fecundas e adornadas de flores não foram o emblema sob o qual se ocultava a gestação da agricultura: ao contrário, o nascimento da agricultura foi favorecido, induzido e forçado pela analogia com a gravidez sagrada; foi o sintoma e o resultado de uma fecundidade fantástica, destinada coerentemente a gerar, crescer e se multiplicar. Não sabemos ao certo se as estatuetas-fetiche representavam propriamente as deusas; sabemos, todavia, que eram mágicas e capazes de criar.

O segundo passo concluiu-se com o Neolítico: e foi realmente a maior renovação de todos os tempos, porque deu início à civilização com as suas aspirações de crescimento infinito.[18] O pensamento superava o limiar da puberdade e, longe de se contentar com o advento da agricultura, surgiu com intuito de gerar. A partir da época neolítica o homem não aceitou mais existir em condições estáticas,.

A mente estava então dominada pelo mitologema da fecundidade. A fertilidade, porém, não estava presente apenas nas imagens, mas no próprio ato de produzir. A geração não era mais esperada apenas da Natureza, mas principalmente da mente. Foi dito que o homem atingiu a espiritualidade e a transcendência — portanto, as atividades mentais superiores e abstratas— quando não mais abandonou seus mortos e criou para eles os rituais e a veneração. No entanto, a vida espiritual nasceu também quando o homem pré-histórico envolveu em devoção o ato do *nascimento*: quando pergunta-se não só o que acontece depois da morte, mas o que se é antes de chegar ao mundo e qual a natureza das forças que conduzem a ele.

Na verdade, o culto aos mortos começou relativamente cedo, no homem de Neandertal, ainda no Paleolítico superior: e por dezenas de milênios, as condições da vida humana permaneceram imutáveis, não obstante seu advento. Inversamente, o culto da fertilidade, portanto da geração, do nascimento, das origens e do crescimento, foi acompanhado por uma necessidade de gerar que deixou suas marcas em todas as atividades humanas. É o lento princípio de tudo aquilo que conta como humano e não mais como animal. No Neolítico, a mente possuída pela fertilidade já revela a fertilidade que a mente possui. Não apenas os campos, mas também a vida do homem é fecunda. Não dispondo ainda da linguagem escrita, esse mistério se expressa no mais significativo dos ideogramas: o corpo florido da mulher.

Não sabemos dizer quando o patriarcado afirmou-se, tampouco se a descoberta da agricultura correspondeu a um reinado das mães. Não procuramos reconstruir uma história da sociedade, das técnicas ou da economia, mas uma história psicológica. A partir desse ponto de vista, pensamos que os machos começassem a sentir —e talvez a afirmar—, o seu poder no momento em que se transformavam em pais mais ou menos conscientes: quando começaram a perceber seu próprio papel de doadores de vida. Não o papel do esperma na fecundação —conhecimento técnico e de modo geral muito mais tardio—, mas de sustentáculo da família e construtor de uma continuidade através das gerações: a saída definitiva da existência entregue aos acasos do cotidiano e o ingresso no mundo dos projetos e planejamentos.

Mas esse papel não era tão original assim. Tornava-os apenas continuadores, colaboradores e, ao mesmo tempo, competidores das mães. Desde sempre, as mães viviam também para seus filhos. O macho primordial, no entanto, vivia apenas para si. Apenas ao ser transformado em pai ele descobria que a vida era algo a ser compartilhado. E assim fazendo, descobria que o seu termo de comparação era a mãe. Originam-se daí também as imagens de mães fecundas.

A comparação com o diferente —nesse caso, com o sexo oposto—, por meio da reprodução da figura do outro e da identificação obsessiva com este, é um típico objeto de estudo da psicologia moderna, mas corresponde a um evento de todos os tempos. É muito evidente nas sociedades tribais, onde a experiência psíquica é socialmente visível: uma tribo que vive matando búfalos em suas caçadas certamente não os mata em sua vida psíquica. A fantasia coletiva não apenas não os elimina: ao contrário, transforma-os em habitantes de suas pinturas, artefatos, contos, cantos e danças. Assim como o caçador faz sua a força vital do animal caçado, também os pais tentavam fazer sua a capacidade materna de dar a vida.

Se essas simples considerações forem verdadeiras, estaremos diante de uma radical assimetria entre a história do homem e a da mulher.

Uma possibilidade é que a sociedade tenha sido patriarcal em todas as eras pré-históricas, mesmo aquelas que nos deixaram quase exclusivamente imagens femininas. Nesse caso, os homens daqueles tempos, mesmo ao subjugar as mulheres socialmente, continuavam a sentir a influência feminina na psique: resta apenas explicar porque em certas épocas a fixação pelas imagens femininas, de relativa fazia-se quase absoluta.

Ou talvez as eras dominadas por imagens femininas tenham sido verdadeiramente matriarcais. Isso demonstraria que as matriarcas eram muito mais auto-suficientes que os homens e não eram obcecadas pela necessidade de exorcizar o poder psíquico, a possível ascendência masculina. Elas, na verdade, celebravam nas imagens e talvez nos cultos apenas a si próprias.

Então a mente masculina teria a necessidade da imagem do outro sexo, e a mente feminina não? No primeiro caso, os homens teriam dominado as mulheres institucionalmente, mas teriam sido dominados psicologicamente. No segundo, seriam esmagados e dominados em ambos os planos. Nas duas hipóteses, os machos teriam sido submetidos a um poder do sexo oposto que não encontraria equivalência na mente feminina. Será oportuno termos em mente essa arcaica ausência de auto-suficiência masculina: uma ausência interna, por certo, mas que do nosso ponto de vista pode fragilizar mais que uma fraqueza institucional. Quando falarmos sobre os tempos modernos, teremos que lidar com uma fragilidade não muito diferente. Não temos como saber qual sexo dominava a sociedade naqueles tempos, mas sabemos que o feminino dominava a psique. Para a psicologia, o masculino era relativo, o feminino absoluto. A presença masculina parecia contingente, a feminina necessária.

Após um tempo incomensurável, persistia um traço da intimidade que havia marcado o macho símio. Além do mais, quase até hoje os povos considerados mais "primitivos" são aqueles que menos atentam à paternidade.[19] Para conseguir erigir o edifício da história patriarcal, devia-se antes de tudo erigir-se a paternidade.

Mais uma vez, constatamos o quão falsa é a simetria entre pai e mãe, e quão ingênuo aquele que a proclama. O mundo dos pais não pode deixar de incluir o materno, não importa se em posição igualitária, subordinada ou superior. O mundo das mães, por sua vez, voltando-se de um certo modo às origens animais, poderia renunciar aos pais de um modo abstrato e substituí-los por um contato ocasional com os machos. O mito das Amazonas, que teria precedido a sociedade grega histórica, ilustra exatamente essa imagem: nos tempos mais antigos, esse povo formado por guerreiras teria prosperado não em decorrência da submissão imposta aos homens, mas simplesmente por prescindir deles.

A ANÁLISE DAS origens da história européia leva-nos sempre a uma reconstrução não apenas social, mas imaginária.

Existia uma sociedade, existia uma família, mas nós não sabemos quais fossem. No entanto, sabemos mais sobre seu imaginário psíquico e sua vida simbólica. Na época neolítica, a figura da mãe era dominante. A paterna não conseguira ainda emergir. Nossa história deverá sempre levar em conta essa origem sofrida.

Voltemos a falar então de homens e mulheres, tentando deixar de lado o patriarcado e o matriarcado. Desejamos nos ocupar dessas imagens o menos possível. O patriarcado não esmaga apenas as mães. Com o tempo, de modo diverso e indireto, deslocando a ênfase da psique e dos afetos para as relações institucionais, esvaziando os símbolos e limitando-se ao conteúdo material, bordando medalhas e galões em seu uniforme, o patriarcado oprime também o pai.

A ascensão do patriarcado pode realmente tornar invisível o pai propriamente dito. Ele deverá construir em silêncio aquela presença pessoal que o código coletivo lhe subtrai. Uma mãe consegue se tornar matriarca de maneira mais harmoniosa, sem se dissolver na própria instituição: ela mantém-se como mãe sem modificar a relação individual com o filho. Para o pai essa atitude é mais difícil. Sua identificação com as instituições é mais plena e a construção de sua relação com o filho é mais precária e mais dependente de uma intenção. O que não prejudica a profundidade desse vínculo, mas a sua liberdade para expressá-la. Introduz aquele silêncio que será a pedra a ser rolada sobre o percurso histórico do patriarcado, e imprime esse caminho com a marca da melancolia.

## 2.2. O HORIZONTE HISTÓRICO

O HORIZONTE É o confim até onde pode chegar nosso olhar sem encontrar interrupções, contendo-nos sob uma abóbada celestial comum.

A Índia, a China e as sociedades do passado, tais como a egípcia e muitas outras grandes civilizações, encontram-se além do horizonte europeu não apenas por motivos geográficos: mas por solução de continuidade com a cultura do Ocidente. Mais que qualquer outra, é esta última que, com a globalização, exportou o patriarcado pelo mundo afora.

A Grécia emerge, como origem do patriarcado ocidental, do mundo pré-histórico, anistórico e talvez mítico das Grandes Mães. Para entender o pai hoje, devemos olhar para a Grécia antiga não só porque a ele corresponda essa raiz, mas porque naquele tempo a figura paterna atravessou uma crise análoga à da nossa época.[20] Para o homem ocidental, o horizonte histórico do pai é grego.

O mundo romano também é uma raiz do mundo euro-americano moderno. Muitas de suas leis e instituições permanecem vivas. Várias dizem respeito ao próprio pai. Mas Roma nasce depois dos gregos e faz-se como continuação dos gregos.

Finalmente, também o monoteísmo judaico-cristão é patrimônio comum de boa parte da civilização ocidental. Mas não de toda. Mesmo após o advento do cristianismo, o judaísmo desempenhou um papel próprio, superior à sua relativa consistência numérica. O judaísmo é antecedente ao cristianismo apenas do ponto de vista cristão. Também é o caso do islã, que por diversos séculos, durante a Idade Média, contribuiu para a cultura do Ocidente mais que o cristianismo, para depois retornar ao Oriente.

A maior parte de nós não provém da tradição judaico-cristã tanto quanto da greco-romana. Apenas neste último caso o hífen tem o significado de continuidade. No primeiro caso, significa salto, ruptura, recusa, tais como registram os anais das perseguições. O cristianismo reconhece suas raízes judaicas, mas não se nutre delas. Ao contrário, releu os textos do monoteísmo mais antigo a partir de sua própria ótica. Não se afirmou assimilando com admiração o judaísmo, como fez Roma com a Grécia e a religião grega, mas invalidando-o com a intransigência dos convertidos.

A parte histórica do nosso estudo dará maior espaço à Grécia em relação à Roma e ao cristianismo. Não por negar a importância que esse Estado e essa religião tiveram na construção dos fundamentos da civilização ocidental e de sua forma paterna. Mas porque através de suas instituições — jurídica, a primeira; religiosa, a segunda — essa forma chegou até nós com continuidade: já estará, portanto, indiretamente presente em nosso olhar quando falarmos de problemas atuais.

Enquanto história psicológica, interessa ao nosso percurso os símbolos mais do que os conceitos. A respeito do mundo grego, a tradição do direito romano e da teologia cristã contém mais idéias e menos imagens. Mais razão e menos mitos. Para a psicologia, essas tradições estão menos radicadas em nosso inconsciente (que nos guia, mas do qual não estamos cientes), e mais na consciência coletiva (da qual temos consciência, mas que muitas vezes importa menos do que poderíamos supor).

Com a Grécia clássica é diferente. A continuidade com ela é menos visível. Apenas uma pequena minoria dos ocidentais modernos é grega. E no entanto sua cultura deixou-nos instrumentos que a nossa mente — neogermânica, neolatina ou neo-eslava; católica, protestante ou judaica; européia, americana ou outra — ainda utiliza. Não só os conceitos da filosofia e das ciências, de que a consciência se utiliza, mas principalmente as imagens míticas que são empregadas pelo inconsciente e das quais herdamos o mito do pai.

A GRÉCIA CRIOU os tipos ideais: os modelos universais e os cânones estéticos que jamais foram superados ou colocados em discussão. Eles não foram reunidos como instituições oficiais —como a Igreja ou o direito romano, que em certa medida podemos refutar—, mas como inspirações incontestáveis que formaram o estrato profundo do nosso mundo imagético.[21]

Na Grécia antiga não havia uma religião sujeita a regras absolutas e incorporada em instituições fortes, como ocorre com as religiões judaica ou cristã. Os valores aos quais a sociedade se referia estavam contidos nos mitos. Era um mundo completo, em perene fermentação e evolução, não conhecia confins precisos nem formas canônicas definitivas.

HOJE, UMA CORRENTE revisionista[22] sustenta que nas origens da Grécia havia fortes influências advindas do sul, principalmente egípcias e fenícias. Mas a versão histórica que prevalece faz coincidir seu horizonte com a chegada dos helenos. Os helenos, que mais tarde os romanos chamaram de gregos, eram um povo patriarcal e guerreiro, de estirpe indo-européia. Sobre seu passado, antes de se estabelecerem na península grega e nas áreas circunstantes, não sabemos quase nada. Sua história coincide com a história dessas terras onde chegaram como estrangeiros e invasores. Eles vieram do norte em fluxos sucessivos durante muitos séculos. As populações que ali residiam foram vencidas mas não exterminadas. Os papéis masculinos e femininos, provavelmente até então bastante equilibrados —Gimbutas e outros falam de uma sociedade "gilânica", ou seja, paritária—, desequilibraram-se em favor do homem.

O mito grego descreverá também figuras de deusas e mulheres inigualáveis. Divindades como Atena, Afrodite, Deméter. Heroínas —do bem e do mal— como Antígona e Medéia; até mesmo mestras de sabedoria, como Diotima, de quem Sócrates, segundo o *Banquete* de Platão, teria sido pupilo. Mas realmente podemos tratá-las como imagens inigualáveis: objetos de veneração, mais que de imitação, que provavelmente reproduziam fantasias da mente masculina, e uma atitude supersticiosa de admirada desconfiança com que era visto o feminino. Graças a sua continuidade com o Ocidente, a Grécia deixou-nos muitíssimos documentos que nos permitiram começar a distinguir entre mundo das imagens e sociedade real. As mulheres reais permaneceram relegadas perenemente a um *status* menor. De sua qualidade materna os gregos pouco nos contam, principalmente em comparação ao quanto exaltam o pai. De resto, a única deusa verdadeiramente materna — Deméter— será objeto de um culto à parte: um culto esotérico.

O temor masculino de um mundo precedente, do terrível poder feminino, sobreviverá no mito das Amazonas, povo de mulheres guerreiras que evitavam ou suprimiam os machos. Elas teriam sitiado até mesmo a própria Atena, e somente o protótipo da força masculina, Hércules, teria conseguido vencê-las.

Em medidas diferentes conforme a localidade, os helenos submeteram os antigos habitantes, mas ao mesmo tempo misturaram-se com eles — algo semelhante ao que sucede com os deuses. Não apenas o sangue e os caracteres genéticos, mas os valores, as divindades e os mitos dos povos vencidos sobreviveram sob as armaduras reluzentes dos vencedores.

Até mesmo os deuses destinados a dominar desceram das alturas: não do norte, mas do céu. Ou, pelo menos, do monte Olimpo, que pela sua altitude era considerado equivalente aos céus. Os deuses que por fim afirmaram-se em seu poder eram também de um grupo patriarcal. Ao menos formalmente, reconheciam Zeus como rei, que era ao mesmo tempo pai da maioria deles.

Mas Zeus não existiu desde sempre. Teve de aceitar seu papel de continuador. No seu santuário em Dodona, ele era venerado no casal sagrado que formava com a deusa originária da Natureza chamada Dione. O mundo precedente era vivo. Zeus o controlava, ora com a força, ora com o compromisso.[23] Tal como abaixo de sua autoridade patriarcal encontravam-se ainda os outros deuses do Olimpo prontos para se rebelar, abaixo desse conjunto de divindades celestiais encontrava-se a agitação das divindades terrestres que, embora submetidas, jamais foram eliminadas.

Os primeiros permaneceram como figuras religiosas dos vencedores, dos nobres, da ordem paterna e dos guerreiros. Os segundos, dos antigos habitantes que com eles conviviam na invisibilidade: os deuses dos homens desejosos, dos fósseis sociais de uma época, ainda não submissa ao pai. Com o tempo, justamente por causa de sua existência semiclandestina e não canonizável, essa subcultura se enriquecerá com as contribuições dos estrangeiros, principalmente os orientais.

As notícias que temos de uma das principais divindades anti-olímpicas, Dionísio, datam principalmente de períodos posteriores. Talvez porque Dionísio tenha entrado na Grécia pelo Oriente, temos notícias de que sua aparição foi tardia. É mais provável, porém, que seu culto já existisse anteriormente, mas tenha começado a ser oficialmente citado somente quando atingiu certo comprometimento com as divindades dominantes. Dionísio presidiu uma religião popular, bem como cultos misteriosos e o teatro.[24] Tido como alternativa não-oficial ao pai do Olimpo, possuía uma masculinidade ambígua, com tratos bissexuais. Originalmente em Creta, uma ilha povoada de imagens da Grande Mãe, ele teria sido uma criança divina que contava unicamente com a Mãe. Somente mais tarde, com a afirmação dos helenos durante o segundo milênio a.C., ele foi recebido em uma tríade formada por pai, mãe e filho, tornando-se propriamente Dionysos: ao mesmo tempo filho de Zeus (Deus) e criança divina.[25]

AS FORMAS QUE hoje conhecemos dos deuses e do mito foram oficialmente compiladas por volta do século VIII por Hesíodo e Homero,[26] que em todos os sentidos são considerados os primeiros poetas da Antigüidade.

Hesíodo conhece muito bem os valores de seu tempo e toma partido pela nova ordem. Ele desconfia radicalmente das mulheres, mas descreve também a fachada muda do mundo. Em *Os trabalhos e os dias*, ele nos fala dos pobres, dos campos, da lida cotidiana. Na *Teogonia*, relata o nascimento dos deuses e a vitória daqueles que habitam o reino celestial: mas descreve também o preço alto dessa vitória, pelo qual as divindades sobreviventes estão sempre prontas a fazer pagar.

Homero, luminoso e nobre, nomeia unicamente os deuses celestes e a sociedade dos nobres. O que é baixo e terrestre não lhe interessa, quer se trate do povinho inculto e anônimo ou das velhas divindades. Ao contrário de Hesíodo, Homero afoga no silêncio o antigo mundo da mãe generosa. Sua voz é talvez a mais forte de todos os tempos —o que não deixa de ser irônico para um autor de cuja existência tenha-se na verdade duvidado— e deixará uma marca paterna decisiva em nossa mente inconsciente.

### 2.3. O MITO DAS ORIGENS PATERNAS

NO RADICAL pessimismo dos gregos tudo era limitado, nada era onipotente e eterno. Os deuses, é verdade, não eram destinados a morrer. Mas tiveram um início, e para se afirmarem haviam combatido, arriscando-se à derrota. Seus poderes eram limitados. Eram esmagados pela rivalidade dos outros deuses e pela vontade do destino, ao qual deveriam se submeter tal como ocorria aos homens.

O monoteísmo judaico-cristão declara Deus como existente desde a eternidade, e o início do livro sagrado, o *Gênesis*, descreve o nascimento dos homens e de seu mundo. Ao contrário, no primeiro texto dedicado aos deuses gregos, a *Teogonia*, Hesíodo relata a gênese das divindades.

No princípio era o Caos: não apenas no sentido de desordem, como hoje entendemos, mas de abertura (o verbo *kaino* significa escancarar-se), como possibilidade. Depois surge Gaia, a Terra.[27] Ela gerou Urano, o Céu, à sua semelhança.[28] Por extensão de si mesma, e não por acasalamento. Terra, feminina, sede das divindades ctônicas, centro de culto para as antigas populações mediterrâneas. Céu, masculino, sede dos deuses olímpicos, direção a que se volta a nova civilização patriarcal. O mito é o registro onde está escrito quem era em primeiro lugar e quem se destacou em segundo.

Posteriormente Gaia e Urano geraram os Cíclopes, que fabricaram o trovão e o raio: os poderes celestiais.

O conflito agora é aberto e caótico: entre o Céu e a Terra, entre o masculino e o feminino. O casal original gerou ainda outros filhos. Mas o pai tomou-se de ódio por eles e para impedi-los de chegar ao trono enfiava-os de volta no ventre da mãe. O mais arcaico dentre as histórias arcaicas, esse conto parece colocar em imagens as lembranças de um macho anterior à invenção da monogamia e da família. Um homem praticamente animal: os filhos não lhe interessam. Ele os devolve para dentro do corpo da mãe.

Gaia sofria com isso. Resolveu então fabricar a foice e pediu aos filhos que punissem o pai. Eles se retraem apavorados. Apenas Cronos não hesitou. O Pai-Céu chega e debruça-se sobre a Mãe-Terra cheio de desejo. Com a foice, Cronos cortou-lhe o sexo, atirando-o para longe, atrás de si. Mas as gotas de sangue ainda fecundaram Gaia e delas nasceram as Eríneas, as deusas daquela primeira justiça que é feita de sangue e de vingança.[29]

Aqui poderia estar a alegoria do processo pelo qual se formou a família. O macho primordial, o gerador que não cuidava dos filhos, encontrou-se castrado, estéril: descartado da evolução porque antagonista da fêmea que quer multiplicar a vida, e da própria vitalidade da prole. Em sua linguagem direta, o mito não confronta o pai animal com o pai providente, mas diretamente com o filho que quer viver.

Eis que o Céu e a Terra perderam a unidade primordial e foram violentamente separados, tal como ocorre nos mitos de origem de muitas culturas. Urano é eliminado, mas não a arcaica propensão do pai a impor-se e a lutar com o filho pela autoridade.

E então foi a vez de Cronos. Unindo-se à Réia, gerou uma grande prole. Mas tendo aprendido com a história de Gaia e Urano (em grego, *Ouranos*) que um filho pode solapar o poder de um pai, Cronos devorava-os todos no momento em que nasciam. Todos, até chegar a vez de Zeus. Foi então Gaia quem novamente decidiu.

Estava para nascer a criança divina, destinada a reinar sobre os céus, e o seu Herodes esperava-o com as mandíbulas abertas. Os céus precisavam ser sustentados pela Terra para não desabarem, com seus deuses aéreos e neonatos, sob a nova e imensa responsabilidade. E a grande mãe das origens não se retirou perante a situação iminente. Gaia enganou Cronos fazendo-o engolir uma pedra envolta em roupas e escondeu Zeus na imensa ilha de Creta para o nutrir e educar.[30] Levou-o a uma caverna inacessível entre montanhas e florestas. Aqui, nas vísceras da mãe terra, confiado à deusa terra primordial, na ilha que foi sede de grandes deuses e da criança divina chamada Dionísio, no centro do Mediterrâneo Oriental, onde o culto às mães talvez se tenha disseminado, o novo deus foi criado e a nova ordem estabelecida. A determinação previa que a autoridade absoluta pertencesse ao jovem pai celestial, mas por iniciativa da antiga mãe terrestre. Exatamente como nos contam as reconstruções acerca das civilizações pré-históricas, os dois poderes foram unidos por meio do compromisso e da aliança.

Quando se tornou forte, Zeus resolveu fazer justiça: pela primeira vez, de fato, não se tratava apenas de uma vingança pessoal, de conseguir algo para si próprio, mas de saciar as Eríneas, um princípio de justiça externa.[31] De fazer justiça ao velho deus Urano e estabelecer um princípio de eqüidade a partir daquele momento. Não importa que esse princípio tenha sido primordial e duro. O novo rei tem agora uma intenção. Um salto foi realizado, tanto com relação à feroz insensatez com que teve início a *Teogonia*, quanto aos mitos orientais paralelos. Esta também será uma característica do reino do pai: estabelecer um programa.

Zeus, portanto, livra os irmãos do pai. Como reconhecimento, eles deram-lhe o trovão e o raio, os quais eram custodiados sob a terra por Gaia. Mais uma vez a narração desloca o poder para o céu. E ainda uma vez mais, o que permite essa passagem é o poder que provém da terra.

Porém, a autoridade definitiva dos deuses olímpicos ainda não estava assegurada, tampouco o governo de Zeus. Na seqüência houve uma luta mortal entre os Titãs e os senhores do Olimpo. Estes venceram com a ajuda dos monstros de cem mãos que, após terem permanecido aprisionados por Urano, tornaram-se aliados de Zeus. Terminada a luta, Gaia falou e convenceu os deuses a consignar a Zeus a autoridade suprema.

Hesíodo, que provavelmente representava o seu tempo com maior realismo do que o aristocrático Homero, desenvolve a narrativa entrelaçando-a com muitos temas: o antagonismo entre o céu e a terra, entre o pai e a mãe, mas também entre deuses e homens, homens e mulheres, e entre diferentes gêneros de sobre-humanos, titãs e divindades verdadeiras. Imagens que nos pretendem fazer recordar quão lenta e incerta foi a afirmação da autoridade do pai.

Uma longa divagação refere-se ao mais famoso dos Titãs, Prometeu, que enganou Zeus por amor aos homens e pela primeira vez deu a eles o fogo. Até então, a humanidade era constituída apenas de machos. Mas como punição, segundo Hesíodo, Zeus em troca deu-lhes as mulheres como presente.[32] Elas eram um infortúnio, tal como os zangões entre as abelhas, desfrutam e não produzem: Hesíodo parece não se dar conta de que os zangões são machos, e as fêmeas é que são, na verdade, produtivas. O homem que se casa sofre por toda a vida; aquele que não se casa sofre igualmente pela falta de filhos. Os valores da Grécia arcaica são claros. Contra a fugacidade da vida, ter descendentes é o único bem: subentende-se, pela continuidade constituída por pai e filho macho. Enquanto Zeus representa a mais elevada forma masculina, a quem, embora de uma grande distância, os homens possam se inspirar, um pessimismo absoluto circunda as formas femininas. Hesíodo conta que a mulher é um *genos*,[33] isto é, uma estirpe em si, incapaz de se dar por uma questão de constituição. Não se pode imaginar uma maior e mais radical impossibilidade de reconciliação entre a sua figura e a de Gaia, a Grande Deusa Mãe. Até mesmo Pandora, o protótipo feminino que é narrado em *Os trabalhos e os dias*,[34] é feita de imprudência, curiosidade mórbida e principalmente avidez, tudo o quanto é negação do materno.

Hesíodo parece interessado em demonstrar que o ideal feminino estava confinado às formas divinas, enquanto o feminino humano é irredimível. Mas então quem gera e alimenta os filhos? Parece-nos até que isso fosse mérito de uma mãe primordial e que o poeta não observa nada semelhante nas mulheres ao seu redor. Cada passagem dessa inquietante gênese concorre para explicar como de uma mãe originária divina, que ao seu lado havia instituído um pai como seu igual, tenha-se passado a um pai divino hierarquicamente superior às deusas sob as quais se encontravam os homens, dotados de uma superioridade ainda mais indiscutível com relação às mulheres. A narrativa arrasta-nos em direção a um pai que é tudo, através de passagens que apresentam a mulher como sendo quase nada: portanto, nem mesmo mãe.

Antes de terminar a *Teogonia*, Gaia comete uma inquietante traição que parece querer restituir todas as coisas a um lugar anterior, ao seu reino arcaico[35], mostrando-nos o quanto a Grande Mãe pode ser perigosa. Tomada pelo desejo, ela une-se a Tártaro, a personificação do triste e subterrâneo reino dos mortos: um símbolo obscuro que nega a vida luminosa que parecia insipiente. Desse amor monstruoso nasce Tífon, o deus monstro. De suas costas erguiam-se cem cabeças flamejantes de dragões e serpentes, emblemas evidentes da ordem ctônica que não quer sucumbir e que encontra sua forma de expressão nos gritos de um número incontável de animais. De fato, o mundo estava para retornar à animalidade, porque Tífon estava prestes a dominá-lo. Mas Zeus conseguiu reagir e derrotá-lo com o raio, sua arma celeste. A terra lamentosa contorcia-se vencida. E assim Tífon foi confiado no tártaro, de onde ainda hoje emite os ventos da tempestade: os tifões de cuja destruição o homem jamais se livrará.

Zeus uniu-se então a Métis, cujo nome significa inteligência sábia e prudente. Gaia e Urano predisseram que ele geraria uma prole de grandes qualidades, a qual poderia tomar o seu posto. Assim, quando Métis estava a ponto de dar à luz, Zeus a engoliu: um ato de astúcia truculento e ambíguo. Por um lado, o deus previne-se contra o perigo. Por outro, a deusa da prudência havia agora encontrado uma sede estável dentro do deus, e podia aconselhá-lo melhor por toda a eternidade.[36] Dessa forma o mito marca a conquista de uma independência —embora violenta— com relação à periculosidade dos deuses primordiais. Mas isso não era tudo. A filha divina que Métis levava em seu ventre estava destinada a ser aquela que governa a inteligência, a sabedoria, e os poderes que tornam invencíveis os guerreiros: a deusa Atena. Ela, porém, encontrava-se dentro do corpo do pai, e portanto era ele quem deveria dar-lhe à luz. Assim foi, e um belo dia ela brotou, vestida com suas armas, da cabeça de Zeus.

Em um único golpe, o novo rei havia estabelecido seu próprio primado, interiorizado as qualidades que mais faltavam ao macho primordial e violento, criado o genitor único —um pai que dá a vida sem a mãe— e também conseguido para si um aliado invencível, válido também como álibi. A deusa Atena de fato conservará todos os aspectos de filha nascida apenas do pai: machista, será protetora apenas dos machos vencedores. Descerá para a batalha ao lado de Aquiles, quando a única coisa que lhe restava a fazer era massacrar Heitor, já condenado pela balança de Zeus. Ela encontra-se benevolamente sobre os portões da casa de Ulisses para assegurar que seu arco e flecha exterminem os pretendentes de Penélope no momento em que eles já se encontravam desarmados e trancados à chave. Atena era detentora de qualidades que tradicionalmente são esperadas dos homens: "Meu coração [...] é todo para o homem. Eu pertenço apenas ao pai."[37] Ao mesmo tempo ela era representada como uma mulher calculista e fascinante, uma espécie de amante espiritual dos dois heróis da *Ilíada* e da *Odisséia*.

A *Teogonia* parece prosseguir inexoravelmente a elencar outros atos de Zeus que se compõem dos símbolos de sua colonização do continente feminino. Ele desposou Têmis, com quem gerou as Horas, deusas das estações; Eunomia, a boa lei; Dike, a justiça; Irene, a paz; e depois gerou as Moiras, deusas da boa e da má fortuna: todas essas qualidades que ainda hoje são atribuídas ao gênero feminino. Subservientes, enquanto filhas, àquele que até então é o único deus pai. Em seguida, Zeus desposou ainda Deméter, deusa das produções agrícolas, a mãe benigna indispensável; e Mnemósine, a memória, com quem gerou as Musas, que em todas as culturas representam as tutoras das artes. A obra estava cumprida. Com atos de guerra, de astúcia, de sedução ou de geração, o novo poder masculino havia estendido sua autoridade sobre as principais qualidades da vida, inclusive as que tinham por emblema uma divindade feminina.

## 2.4. HEITOR

DENTRE TODAS as personalidades que povoam o universo dos poemas épicos em que transbordam o heroísmo há um único herói puro, para todos e para sempre: Heitor, filho do rei de Tróia, Príamo, e último defensor da cidade perante o genocídio que os gregos preparavam. Heitor é ao mesmo tempo patriota e pai: duas palavras que têm quase o mesmo som e —como veremos depois— quase o mesmo sentido.

Aquiles domina a *Ilíada* com seus gestos. Mas também com sua fúria desrespeitosa, egoísta e homicida. Sua coragem e sua força são imensas, mas não estão livres da prepotência. Sua qualidade heróica está doente e será curada apenas no final, graças à medicina da dor.

Ulisses preenche a *Odisséia* com suas aventuras. Mas elas estão carregadas com seu calculismo, e delas obtém vantagens para si. A dádiva *de* si, que o herói deveria compartilhar sem reservas, oculta uma dádiva *para* si, do qual Ulisses é o inventor. Aqui o herói encontra-se contaminado pelo unilateralismo e prepara as leis do mercado. Seu critério não é a dedicação em absoluto: seu olhar vislumbra a modernidade. Até mesmo ele, embora de maneira diversa, consciente, foi infectado pelo egoísmo.

Heitor não é assim. Ele também é submetido às tentações. Não à tentação da ira que captura Aquiles, ou da novidade que seduz Ulisses. É tentado pelo calor e pelo raciocínio das mulheres. As ofertas a que ele é exposto nada têm de escandalosas e levam em consideração as necessidades de todos. Mas são estranhas a seu mundo pleno de deveres. Heitor escuta a voz do afeto e as propostas de compromisso. Nelas reconhece as razões e o sentido. E sem moralismos, rejeita-os.

A figura de Heitor na *Ilíada* é mágica, mas não irracional. Suas palavras simples nos atingem e nos tocam. Uma qualidade do herói antigo está ausente em Heitor: a *hybris*, a arrogância que subverte como um cataclismo no interior da alma de Aquiles, de Agamêmnon e do próprio Ulisses, que desfere sua ira contra o Cíclope, já cego e torturado.

EM OPOSIÇÃO à *Odisséia* que narra viagens, que fala de campos, refeições e famílias, a *Ilíada* é recordada como um poema de guerra. Mas a couraça guerreira parte-se repentinamente no sexto canto. Encontramos aí a face interna dos muros de Tróia, o coração pulsante da cidade. Lá Heitor vagueia por lugares marcados pela presença feminina.

No sexto canto Heitor diz "não" às mulheres, fechando-se para sempre em suas tarefas masculinas: renuncia conciliar seus abraços privados com sua dedicação pública e militar. Esse seu *não* tem algo de compreensível para as mulheres, porque é isento de *hybris*. E está isento de *hybris* porque dito pelo pai assim como pelo macho. Mas esse pai pode perder-se justamente na relação com o filho.

HELENO, O MAIS respeitado dos adivinhos, adverte Heitor: os gregos avançam com o auxílio da deusa Atena e é necessário que as mulheres troianas implorem por sua piedade, levando ao seu altar os presentes mais belos. Mal Heitor havia conduzido seus homens para o contra-ataque, ele gira sobre os pés e retorna para a cidade. Essa sua mudança de rumo não é apenas física. É antes de tudo psicológica. Do mundo masculino, a guerra, para o mundo feminino, os muros de casa e o templo onde a divindade cultuada também é mulher. Heitor sabe como falar às mulheres, e nunca mais o poema épico nos mostrará um guerreiro como ele, empenhado em um percurso de encontros femininos.

A multidão de mulheres troianas vem ao encontro de Heitor.[38] Cada uma delas tem um marido, um filho, um pai, um irmão: todas querem notícias de seus homens arrastados pela batalha. Heitor, no entanto, sabe colocar o dever antes do desejo, e assim o faz sem moralismos. Não há tempo para indagações —ele diz— sobre as sortes individuais que oscilam ininterruptamente sob os golpes do destino. É tempo de rogar aos deuses pela sorte de Tróia, que diz respeito a todos.

Heitor dirige-se ao palácio real para se juntar à mãe Hécuba. Ele encontra a rainha nos aposentos de suas irmãs, acompanhada por Laódice, a filha mais bela. Hécuba toma-o pela mão: "Filho, por que vieste? Retornas da batalha onde os odiosos Aqueus causam muita dor [...] aqui, toma este vinho e o oferece a Zeus e aos deuses. E bebe também tu, para que tenhas conforto. O vinho rende forças ao homem cansado, e tu estás exausto do incessante combate pelo teu povo."

"Não me ofereças vinho, mãe venerável, que eu não perca forças e esqueça a coragem. Tampouco desejo orar a Zeus com mãos impuras, ainda sujas de pó e sangue [...] mas rogo a ti que sigas com as mulheres troianas para o templo de Atena, levando-lhe como presente o mais rico dos teus mantos."[39] Hécuba segue o conselho, reúne as mulheres e prossegue com elas até o altar da deusa, consagrando-lhe as oferendas mais belas. Mas Atena rejeita-as.

Os perigos que as mulheres representam fecham-se pelos dois lados. Primeiro, a rainha mãe demonstra seu afeto e sua autoridade ao induzir o filho justamente àquilo que ele teme: o abandono da batalha, a atitude egoísta, a abdicação da vontade pelo vinho. E depois Atena, a deusa revestida de uma qualidade feminina armada, intelectual e não materna, interpõe uma dureza complementar à solicitude de Hécuba; sua atitude fria fecha o ciclo aberto pelo exagerado calor da mãe. Heitor, no entanto, prossegue em seu caminho.

ENCONTRAMOS Heitor nos aposentos mais altos da fortaleza, onde habita aquele que deu origem a todos os males narrados por Homero: seu irmão Páris, que com o rapto de Helena desencadeou a vingança dos gregos e de sua marcha contra Tróia. Assistimos a esse novo encontro com uma voz ambígua e com uma feminina. Pouco antes, a ambigüidade era vista na deusa feminina por seu caráter guerreiro; aqui, ela encontra-se no guerreiro por seu caráter efeminado. Lá, o feminino era a mãe que desarma; aqui, é a tentadora que seduz. Longe do campo de batalha, preocupado com a própria beleza ao invés do valor, Páris está lustrando suas armas. A reprimenda de Heitor trespassa-o mais que uma lança inimiga: confuso, esse guerreiro de passarela se oferece para retornar imediatamente ao combate e admite haver se comportado mal; estava em casa com Helena para desafogar suas dores.

E então, essa belíssima mulher volta-se para Heitor com palavras doces como mel: "Meu caro cunhado, como sou uma cadela odiosa; no dia de meu nascimento, melhor teria sido morrer em ventos tempestuosos ou afogada nas ondas [...] mas já que os deuses desejaram diferentemente, desejaria ao menos ser noiva de um homem mais forte do que este [...] tu, no entanto, senta-te ao meu lado: tens muita dor no coração, por causa minha e de Páris. O único conforto é saber que nossos males um dia serão cantados."

"Helena, se sou verdadeiramente caro a ti, não me convida a sentar. Não podes convencer-me, pois meu coração está impaciente por retornar aonde os troianos me aguardam. Antes, persuade este homem a agir depressa. Eu devo conduzir-me à casa para saudar minha esposa e meu filho: não sei se amanhã voltarei para lá ou cairei sob as armas dos Aqueus."[40]

Heitor segue seu rumo. Ele agora se encontra em seus aposentos. Procura por Andrômaca. A casa está vazia. Pergunta às Áreas. Sua esposa partira com a ama e seu pequeno Astiânax. Mas não em direção às outras mulheres ou ao templo de Atena. Saíra correndo em lágrimas e parecia louca. Corria para a torre que vigia o campo de batalha, para ver se também seu marido fora esmagado pelos gregos que avançavam. Heitor mais uma vez reverte o seu rumo. Sem tomar fôlego, percorre uma vez mais os caminhos do centro da cidade até suas portas e lá encontra sua família. Olha para o filho e, em silêncio, sorri.

Mas Andrômaca aborda-o aos prantos e tomando-o pela mão diz: "Infeliz, justo o teu valor te matará. Não tenhas piedade do menino ainda envolto em cueiros, nem de mim, que em pouco tempo serei viúva, quando os Aqueus, todos juntos, te assaltarem. Mas sem ti, é melhor que eu morra. Nada mais terá doçura se tu morreres, eu terei apenas a dor. Eu não tenho mais pai, não tenho mãe. Meu pai [...] e todos os meus irmãos, mortos por Aquiles [...] minha mãe, por Ártemis [...] Heitor, és para mim esposo assim como pai, mãe, irmão. Não deixa teu filho órfão, nem eu viúva." Segue então o último argumento, que tenta se adaptar a uma linguagem masculina: a prudência não é covardia, é antes a escolha estratégica oportuna. "Fica conosco na torre, e reúne o exército junto à figueira selvagem: ali, os muros são mais fracos, ali é preciso se posicionar para defendê-los, sem descer precipitadamente ao campo."[41]

O herói porém não segue o código da estratégia, mas o da honra, que o manda justamente se expor ao inimigo. E não há voz alguma no mundo que possa explicar essa necessidade de destino trágico a uma mulher e a um filho que desejam viver. Agora, no confronto com a voz feminina, não se pode evitar a dor. Quando desaparece a insinuação de uma sutil necessidade de poder, oculta por trás das palavras da mãe ou de Helena, quando desaparece a intenção secretamente adversária na voz da mulher, restam a sinceridade e a melancolia que Heitor reconhece por que são suas também. Desaparece a contraposição, e resta a identidade.

Com a *Ilíada*, o poema épico e a própria literatura do Ocidente estão começando. Mas o amor parece logo terminar com essa obra. Por que o diálogo entre Heitor e Andrômaca anuncia a melancolia e o fim? Por que sua delicadeza não será jamais superada? Haverá ainda grandes paixões, mas jamais outra harmonia de sentimentos como essa. Homero não nos deixa só o cânone do poema épico, mas também do amor com o qual não se roga nem se discute. Ele canta-o pela primeira vez, mas suas palavras ecoarão por todos os tempos.

"Eu sei. Sei tudo isso. Mas teria muita vergonha dos troianos e das troianas se eu não estivesse na batalha. Desde sempre aprendi a ser forte [...] no fundo do coração, sei também que Tróia desaparecerá, e com ela Príamo e todo o nosso povo. Mas não penso em sua dor, na de meu pai, de minha mãe ou de meus irmãos: penso em ti [...] nos teus gritos quando os Aqueus te levarem embora. Nesse dia eu já estarei abraçado pela terra."

Ditas essas palavras, Heitor estende o braço ao filho. Mas a criança se refugia contra o peito da ama com um grito, amedrontada pela armadura e pelo elmo adornado por uma formidável crina de cavalo (figura 1).

Em Heitor, a figura paterna mostra uma unilateralidade singular. Como Abraão que, ao erguer a faca contra Isaac, tem um olhar pleno de respeito para o alto, e não para baixo. É exemplar quando honra o pai celeste, mas desajeitado quando é pai por sua vez. Retornando da batalha, Heitor dá prova de devoção para com Zeus, pai dos homens e dos deuses. Refuta o convite da mãe[42] para brindar em honra do deus, porque traz consigo o pó e o sangue da batalha. Mas a essa consciência da relação com o pai celeste não corresponde uma consciência da relação com seu filho terrestre: uma imagem clara de si como pai, portanto. Ele está consciente das incrustações de pó e sangue, mas se esquece que também traz consigo toda uma casca de defesa, a armadura. Ora, a couraça não o defende do inimigo, mas do filho.

Como em toda a existência complementar, para ser pai não basta saber o que é o pai: é necessário conhecer o filho e a relação com ele. Inesperadamente, esse homem sem arrogância não consegue inclinar-se sobre um menino. Isso significa que não sente mais a infância dentro de si, e a excessiva familiaridade com os adultos guerreiros tornam-no estranho à mesma.

Nesse momento, pai e mãe sorriem. Heitor retira o elmo, coloca-o no chão e pode abraçar o filho. Despertado pelo pequeno incidente, o troiano agora percebe o perigo de se fechar em uma melancolia, em que tudo já aconteceu. Formulando um augúrio para o futuro, ergue o filho com os braços e com o pensamento. *Esse gesto será por todos os tempos a marca do pai.*[43]

Heitor ora pelo menino, desafiando as leis do épico em seu favor:

"Zeus e vós outros deuses, tornai forte este meu filho. E que um dia, vendo-o retornar do campo de batalha, alguém diga: 'é muito mais forte que o pai.'"[44]

Palavras revolucionárias. A oração de Heitor supera a onipotência imóvel do mito tornando o menino filho, e o filho esperança em algo melhor que o passado mítico. Para dar força a um passado que devia ser modelo inatingível, o épico recordava sempre que os homens tornam-se mais frágeis com o passar das gerações:[45] o próprio Heitor atira uma pedra "que dificilmente dois homens robustos dos nossos dias seriam capazes de erguer."[46] Mas Heitor ora aos deuses para que aconteça exatamente o contrário: que seu filho se torne mais forte que ele mesmo. Hoje não é fácil imaginar um pai igualmente generoso. As interpretações que prevalecem atualmente enxergam nas relações entre pais e filhos uma constante presença de inveja e de ciúme homicida. Mas a mentalidade moderna, no mesmo momento em que levanta semelhantes suspeitas,[47] também procura negar que se trate de uma interpretação recente, atribuindo suas origens logo ao mito grego: segundo a teoria de Freud, a rivalidade homicida entre o pai e o filho homem remeteria ao rei grego Édipo. Segundo essa interpretação, a desconfiança entre as gerações tornou-se um fato estável: são justamente os pais modernos aqueles a quem não mais é concedido deixar-se surpreender sem armadura.

Astiânax, pelo contrário, conseguiu aquilo que para os gregos era quase impensável: ele fez que seu pai tivesse esperança no futuro, e por um instante conseguiu unir seu pai e sua mãe em um único sentimento. Dois seres tão diferentes, tão difíceis de se falarem, são unidos pelo filho que não fala. A cena rompe a austeridade com um anacronismo intimista e quase cristão.

A QUE FOI QUE Heitor disse *não* em seus encontros com as mulheres? A elas mesmas ou a algum sentimento que também ele possui, mas que é recusado por ser feminino? Ele sabe superar o medo do inimigo, mas tem medo de comover-se? O que significa esse excesso de defesa em um guerreiro que excedia em audácia?

E por que essa figura tão distante no tempo, na incomparável simplicidade de sua passagem, consegue comover-nos mais que os heróis de todas as épocas? As suas palavras nos atingem de imediato, como a voz de um amigo, como um som que nos chega da eternidade ou mesmo de ontem.

Heitor tornou-se um herói mítico porque Homero falou dele.[48] Ele não aparecia em muitas histórias, como os outros heróis dos gregos. Mesmo nesta, ele é um personagem anômalo, desprovido de arrogância. Todas as épocas posteriores fizeram dele seu herói.

É guerreiro e pai de família. Outros heróis épicos também têm filhos: mas entre essa condição e aquela do combatente não ocorre uma relação. Heitor é, no entanto, uma coisa em função da outra: guerreiro porque é pai. Fundada nos tempos épicos, a generosidade paterna é uma de suas anomalias escandalosamente inatual; e é um primeiro motivo para que possamos senti-lo como próximo.

Heitor desce a campo aberto quando poderia defrontar o inimigo ao amparo dos muros da cidade. Despreza a vantagem material porque a considera uma fraqueza moral. Ele é o primeiro da fila a dar o exemplo:[49] o temperamento do pai desprovido de *hybris* ressurge indiretamente na necessidade de ensinar sem comandar. Para Heitor, a espada não é um instrumento da glória, mas do dever. Apenas ao final de sua vida, quando derrota Pátroclo antes de ter sido ele mesmo morto,[50] o seu tom parece exaltado. Nesse ponto, o épico faz sentir a sua necessidade narrativa. Por ela, o carro do destino é guiado pelo sentido e não pelo acaso: se pouco depois Aquiles o matará, Heitor, herói humano e imperfeito, deve ter cometido o pecado do orgulho ao menos uma vez. Mas seria a exaltação de um homem orgulhoso ou simplesmente aquela de um desesperado, que, ao ver aquele carro avançando galopante, sabe que a próxima morte será a sua?

Com solitária consciência e ainda uma vez com radical anacronismo, combate para defender a família e a cidade —aqueles súditos que, em seu tempo, são uma espécie de extensão da família— do assalto mortal dos inimigos:[51] assim afirmam tanto o próprio Heitor, como seu pai, sua mãe, sua esposa e a voz externa do poeta. Heitor já é um pai no sentido afetivo e civil. Ele reúne em si duas coisas modernas: o pai de família e o pai da pátria. Sabe que não basta ter dado a vida aos filhos um dia: é necessário restituí-la todos os dias repetindo-lhes sua doação em outro plano. É preciso expor-se cotidianamente à morte para afastar dos filhos e súditos a mão dos gregos que os querem mortos. O épico e a tragédia transmitiram-nos as imagens do genocídio que depois se cumprirá: os gregos racham contra o solo a cabeça das crianças menores.[52] Os troianos conhecem esse vínculo de Heitor com a geração que se segue, e assim o afirmam no nome que escolheram para seu filho: Astiânax, o "defensor da cidade".[53] Não é apenas Heitor, mas a presença do filho ao seu lado que constitui a murada em torno de Tróia.

TUDO ISTO PODE parecer um tanto óbvio para a mentalidade moderna. Mas por trás da mentalidade que rege a sociedade micênica —onde os pais, mais que deveres, têm para com os filhos direitos arcaicos— é uma antecipação radical: é como se um protagonista da *Ilíada* acendesse uma luz elétrica. Em tempos em que se luta pela fama, pela honra ou pelo ouro, um homem tem a obscenidade sentimental de lutar pelas crianças.

Aquiles e Ulisses choram de maneira pouco decorosa por causa de si próprios. Deparam-se subitamente com emoções que normalmente conseguem evitar.[54] Heitor possui uma coerência nova para o herói antigo: coragem é enfrentar com seriedade não só as batalhas, mas os sentimentos e as lembranças. No sexto canto ele percorre os motivos da própria dor e escuta as dores de sua esposa com melancolia mas sem lágrimas. Essa sua dignidade evoca sentimentos de respeito e nos ajuda a identificarmo-nos com um personagem aparentemente diferente de nós como o herói antigo. Heitor, diferentemente dos outros guerreiros, de fato não conhece a ira. Talvez desejasse experimentá-la, e por certo ele poderia preferi-la de bom grado à sua melancolia. Mas sabe que não se pode fugir ao próprio temperamento e ao destino que o designou.

Enquanto Ulisses fascina e Aquiles exalta, Heitor traz consigo uma brisa cálida, como aquele imperceptível alívio que sentimos pelo retorno de uma pessoa que nos é querida. Representa algo de muito verdadeiro e, em sua verdade, de muito próximo.

Mas a nostalgia que Heitor emana indica apenas que ele sobreviveu em nossa psicologia, mas não na sociedade. Aquilo que percebemos de real e atual em sua trajetória não é sua vida nem sua presença, mas sua morte e sua ausência. Sua trajetória reassume ainda a intrínseca caducidade do pai de todos os tempos. Eis aqui um segundo motivo porque a história de Heitor nos toca. Não contém apenas uma descrição arcaica do pai responsável e providente: como uma profecia que antecipa um dos eventos mais irremediáveis da história, prevê ainda[55] o mal-estar e a morte. Heitor é a imagem do pai que desejamos, mas que foi destruída por formas masculinas mais violentas.

O Heitor que recolhe a lança e desce ao campo de batalha contra os gregos atravessa a paisagem das nossas mais fortes lembranças. É o pai que cumpre um gesto simples antes que heróico: como o camponês que entra com a enxada no campo em frente à casa e traz para sua família a vida que está visivelmente contida na terra. Uma realidade atualmente perdida, porque a moderna estranheza em relação à Natureza tornou a tarefa do pai cada vez menos notável para os filhos.

A generosidade de Heitor contém até mesmo um destino de morte. Ao final de um duelo honesto, ele dá sua espada a Ájax.[56] Mas quando Ájax cai em desespero, será justamente essa a espada que usará para matar-se, conforme nos conta Sófocles.[57]

A FAMÍLIA DE HEITOR certamente não se tornou célebre só por ser descrita por Homero: por que então são tão importantes esses versos, em meio a dezenas de milhares de outros? No clima heróico da *Ilíada*, esse grupo familiar é uma anomalia no igualmente anômalo sexto canto: é quase um episódio judaico-cristão que errou de século, terra e livro. Em um certo sentido, eles representam uma sagrada família onde o pai é bastante presente e real, não metafísico, nem representado por delegação por um humilde padrinho como José. Em um outro sentido, antecipa em milênios a solidez da família nuclear, descrevendo-a em uma época em que o organismo básico da sociedade era a tão complexa estirpe. Mas se o encontro de Andrômaca e Astiânax com Heitor prepara a família patriarcal e restrita, isso anuncia também o seu mal-estar.

Nessa família era tradicionalmente o pai quem deixava diariamente o lar para enfrentar o mundo com as armas, não importa se materiais ou simbólicas. Além da capacidade agressiva, representada pelas armas ofensivas, o pai devia possuir uma capacidade defensiva, encerrada na couraça, no escudo e no elmo. O endurecimento e o enferrujamento dessas defesas em torno do pai tornaram seus movimentos mecânicos e infligiram-lhe um mal milenar.

Em todos os tempos tentou-se embutir nos pais estas duas qualidades de combatente. A primeira, a postura agressiva, pode manifestar-se não apenas na atitude batalhadora mas também no tom de voz fechado, na capacidade de decisão imediata. A segunda, a defensiva, é a resistência não só aos inimigos mas aos sentimentos e às demandas dos familiares ou, em sua própria personalidade, às concessões que a alma requer à razão. Posto que a doçura pode romper com a ordem e o planejamento, deve-se-lhe opor uma dureza compacta e fria, como a superfície de uma couraça. Desse modo, o mundo patriarcal nos acostumou ao lado externo da couraça, fazendo-nos esquecer que o seu sentido encontra-se no lado interno: segundo um mito etimológico, couraça é aquilo que protege o coração (em latim: *cor*).

Como sabemos, o pai é uma camada tênue e recente no longo fluxo evolutivo da humanidade. Mesmo a especialização agressiva do macho não é algo permanente nem estável, tampouco encontrado em todas as espécies pré-humanas. Naquelas em que os machos competem pelo acasalamento, isso ocorre de forma ritualística, com danos normalmente muito limitados. Nas espécies que vivem da caça, a morte da vítima pode ser provocada tanto pelo macho como pela fêmea. O monopólio do macho na caça e na guerra não é herança da Natureza: é invenção humana. E mais especificamente, é cultural a especialização agressiva do pai.

Os pais, que por sua vez são filhos da cultura e da História, certo dia estipularam o primeiro pacto de responsabilidade em relação às mulheres e às crianças. Na falta de uma base instintiva, o ensinamento e, na psique de cada um, a autodisciplina tiveram de insistir constantemente sobre essa tarefa paterna. Esse pacto é ameaçado não apenas de fora, por possíveis refluxos por parte da civilização, mas também pelas tentações de regressão a uma atitude não providente na alma de cada pai.

Com os antigos, o retorno a um individualismo desprovido de responsabilidades é aos poucos exorcizado, atribuindo-se ao pai honras cada vez maiores, que por sua vez eram assimiladas nas divindades. E a precariedade dessa condição paterna se oculta por trás de uma armadura autoritária e belicosa pois, além da autoridade e da guerra, era gradualmente atribuído ao pai o poder de monopólio. O endurecimento desse aparato nos primórdios da História não revela a *natureza* do pai, mas exatamente o seu contrário: um terror de regredir à Natureza e de retornar a um estado de insignificância. Se a mãe perde uma autoridade que lhe fora conferida pela cultura, ela continua a ser mãe. Se o pai a perde, perde também a certeza de continuar a sê-lo.

É então significativo que essas qualidades paternas sejam expressas nas armas e nas armaduras. Estas nunca poderão crescer naturalmente tal como os chifre, as presas ou as garras de um animal. Todo filho que um dia vai se tornar pai deverá também encontrar suas próprias armas. Tampouco a couraça substitui à pele com o tempo. Ela é construída para ser novamente vestida só no momento de se preparar para o combate: repousar, dormir e fazer amor vestido em uma couraça, além de não ser natural, seria um tormento insuportável.

A armadura é uma metáfora complexa da instituição paterna. Como todas as construções recentes e frágeis, que devem ser reinventadas a cada sociedade e em todas as famílias, a autoridade do pai permanece como um colosso de pés de barro. Mesmo o pai mais arrogante sente-a como tal, no ângulo obscuro do assim chamado inconsciente. Quer tenha sido submetido ou não a uma educação que transmite valores militares, o pai percebe a fragilidade de sua condição e mesmo assim sente-se tentado a circundá-la com suas defesas armadas.

O pai de família não se defende apenas contra o mundo externo, do ataque de outros pais. Defende-se no interior da própria família, dos filhos que crescem e da companheira que venha a assumir atitudes competitivas. Os filhos, porém, têm sua condição baseada no instinto —nos impulsos naturais de crescimento e de afirmação—, sem a necessidade de uma invenção cultural, como é o caso da autoridade para sustentá-la e perpetuá-la. O pai, no entanto, tenta exercer uma repressão unilateral sobre todas as coisas não respeitáveis que se manifestam em sua personalidade. Mas uma vez que a autovigilância não equivale a um verdadeiro conhecimento de si, e como a longo prazo a repressão nunca é mais adequada que a prevenção, ele é também induzido a cortar cada vez mais próximo da raiz todas as coisas não respeitáveis ou simplesmente sentimentais que residem em sua personalidade. Em outras palavras, o pai "monobloco", não só no sentido social mas também psicológico, precisa vestir sua armadura não apenas perante os outros pais ou seus familiares, mas também perante si próprio. Por isso, o tempo e a civilização edificaram nele algo que pode ser facilmente chamado de couraça interna.

Um pai coerente não muda de postura de acordo com as circunstâncias. Alternar as vestimentas e as atitudes torna mais difícil conservar a própria personalidade: isso vale para todos e em particular para o pai, que tem a firmeza entre seus dotes constitutivos. Não é possível abandonar de repente aquilo a que se habitua por tanto tempo. Não se abandona a armadura: veste-se a couraça mesmo perante a companheira ou o filho que nada têm de agressivo. Quem sempre veste a couraça habitua-se a movimentos limitados, rígidos, esquecendo que, como seu nome diz, ela está a serviço do coração.

A relação paterna com o filho traz consigo o signo da invenção e da vontade. O pai que age como tal não é "instintivo". A criança pequena, porém, mesmo que seja do sexo masculino, ainda não atravessou esse estrangulamento e essa deformação da personalidade natural. Enquanto a criança pode prolongar, mesmo depois do parto, a simbiose com a mãe, ela não é naturalmente predisposta a se comunicar com a conduta socialmente construída do pai. O próprio *intento* paterno de assumir para si uma responsabilidade em relação ao filho cria obstáculos ao caráter imediato da comunicação: pai e filho devem primeiro estudar-se para que se possam conhecer. É por isso que a ingenuidade de Heitor, que se esquece de remover o elmo ao abraçar o menino, surpreende a nossa fantasia e nos faz sorrir.

Heitor é portanto uma antiquíssima metáfora do pai tradicional, mas também de seu irremediável distanciamento do mundo da mãe e da criança. Enquanto mãe e ama lidam com o pequeno Astiânax sem problemas, a imagem tão diferente de Heitor assusta-o. Antes de abraçá-lo o pai deveria remover a armadura. Ele se esquece de fazê-lo porque se tornou inconsciente de portar as vestimentas do guerreiro.

COMO CRISTO, mas muito antes de Cristo, Heitor encontra-se sozinho na hora da morte.

Aquiles retornou à batalha para vingar a morte do amigo Pátroclo, que Heitor, obedecendo às leis da guerra, desafiou e matou. Como antes lutava pela própria glória, agora Aquiles combate para saciar uma sede pessoal de vingança. Sob seu ataque furioso, as tropas troianas debandaram e se refugiaram em desordem atrás das muradas. Na planície restou apenas Heitor, que se recusa a esconder-se por trás das portas de Tróia. Ele sente-se em débito com os troianos porque os instigou a se expor, convencido de que Aquiles não retornaria ao campo de batalha. Sabe que é ele quem Aquiles procura e que é seu dever não se subtrair ao desafio.[58]

Os genitores imploram-lhe, gritam para que se esconda dentro das fortíssimas muradas da cidade. Ao enfrentar o macho instintivo —a regressão à animalidade—, o pai frágil e solitário deveria refugiar-se em um útero inexpugnável. Mas Heitor refuta. Aquele não seria o seu lugar. Não se deve defender-se de uma regressão com uma outra regressão.

Heitor sabe também que é menos forte que Aquiles. É tentado pela possibilidade de um acordo. À voz das mulheres que o impeliam a buscar a paz correspondia evidentemente algo que se encontra dentro dele próprio: ele luta demoradamente contra seu próprio coração[59] (*thumos*), que lhe sugere um pacto com o inimigo. Ele rejeita os argumentos não porque seu orgulho os exclua, mas porque sabe que Aquiles não é acessível à voz dos sentimentos.[60]

Aquiles coloca-se a sua frente. Nesse ponto, reafirmando-se como uma figura mais complexa que simplesmente gloriosa, como ocorre com o outro, Heitor é tomado pelo medo. A vontade do pai defensor de todos cede perante o impulso primordial da conservação.

Acossado pelo seu rival, Heitor dá três voltas em torno de Tróia, de cujo amparo ele acreditara que pudesse se abster. Se a cidade com seu abraço protetor era a imagem emblemática da mãe, do lado de fora de sua murada até mesmo o mais forte dos pais cai em solidão.

Na quarta volta, Zeus pesa com a balança de ouro as sortes dos dois guerreiros: a de Heitor precipita-se em direção ao reino dos mortos. Os deuses o abandonaram.[61] A deusa Atena desce ao campo de batalha para o embuste final, assumindo o aspecto do irmão de Heitor, Deífobo (nome que significa "medo dos deuses"). Assegurado por essa presença que ele considerava amiga, Heitor decide lutar. E ressurgindo nele o homem do dever, antes de passar às armas propõe um pacto com ao inimigo. Se conseguir matar Aquiles, promete não abandonar seu corpo à mercê dos cães e aves de rapina e restituí-lo aos gregos. E que o mesmo fosse cumprido também pelo adversário.

Porém Aquiles é o homem da ira, não do compromisso civil. Suas palavras são carregadas com imagens de animais que rasgam suas vítimas em pedaços: mas em vez de um horror a ser evitado, elas representam a lógica controladora da conduta do macho pré-paternal. Não podem existir alianças entre o homem e o leão — responde — nem pactos entre o lobo e o cordeiro.[62] Subitamente, Aquiles arremessa sua lança para matar. O golpe não atinge o adversário. É então a vez de Heitor, que não consegue perfurar o escudo do inimigo porque esse objeto, exatamente como a cilada em que caiu, é obra de um deus. E então Heitor pede a Deífobo uma segunda lança: mas encontra-se só, enquanto Atena confortava Aquiles e entregava-lhe a sua.

"Ah, agora entendo: os deuses me chamam para a morte [...] É terminado o tempo em que eu fora caro a Zeus e a Apolo [...] Mas se morte deve ser, que seja morte com glória."[63] Heitor prepara-se para deixar uma recordação honrosa de seu próprio fim. Empunhando a espada, desfere contra o adversário como uma águia: mas a lança de Aquiles interrompe seu vôo. Do pó em que se contorce ainda por alguns instantes, Heitor suplica-lhe que aceite o resgate que seu pai Príamo oferecerá pelo seu corpo. Aquiles repete que o prefere ver despedaçado por cães e pássaros.[64]

Sobre as ameias de Tróia debruçam-se a chorar os familiares de Heitor, enquanto Aquiles cumpre até o final o rito com que devolve Heitor à condição animal: perfura-lhe os calcanhares, atravessa-os com uma corda e amarra o corpo ao seu carro, repetindo o gesto de um caçador após abater a presa. Andrômaca anuncia aos gritos uma profecia sobre o futuro de Astiânax: "Nunca mais serás vida para ele, Heitor, nem ele para ti." O menino sem pai torna-se um mendicante. Todas as indignidades recaem sobre ele, de todos os banquetes ele é expulso: "Fora! Teu pai não está sentado conosco."[65] No cruel código da Antigüidade, *a criança sem pai fica também sem identidade e sem honra*. Já que pai e sociedade são uma só coisa, sem pai caímos fora da sociedade, fora do respeito, no nada.

TUDO QUANTO podíamos temer terminou por acontecer. Os dois homens mais representativos das nossas origens afrontaram-se. Aquele que seguia a via do pai foi esmagado pelo outro, que confiava seu comportamento a um instinto. Esse é o verdadeiro perigo que Homero, o organizador dos nossos antigos mitos, deseja nos contar. De resto, toda a guerra de Tróia simboliza a precariedade do pai e o perigo de regressão ao estado animal; a longa luta de infinitos guerreiros por uma mulher, Helena, é um retorno em massa às origens, à época em que os machos lutavam pela fêmea.

Aquiles é o herói guerreiro que está fora da dimensão paterna. A tradição antiga fala, é verdade, de um filho; mas não de uma relação entre os dois. Seu filho, Neoptólemo, é tão feroz quanto o pai:[66] será ele que massacrará o pequeno

Astiânax, retomando entre os filhos o horror que havia unido os genitores. É justamente a ele, quando as troianas forem distribuídas entre os vencedores, que Andrômaca será dada como escrava.

Heitor, o pai que ainda é frágil, enganado pela deusa Atena, calculista e nada maternal, foi morto justamente por Aquiles, o macho violento. Depois foi despido de sua couraça, a defesa com que havia ingenuamente contado, e abandonado às mordidas de cães e abutres. Os animais que despedaçam Heitor são a metáfora da possibilidade de regressão por responsabilidade do instinto, e portanto da dissolução do projeto paterno.

AO COMPILAR gradualmente as histórias da tradição que compunham o ciclo troiano, Homero reservou ao capítulo decisivo uma legenda que não possuía apenas uma natureza militar: ela descreve, como emblema, o risco de que a antropologia reverta seu curso em direção à zoologia.

Porque nem a sua história, nem a nossa, é um percurso que chegue a uma conclusão definitiva, Homero de certa forma endireitou a profecia negativa com uma intervenção divina e duas mudanças de pensamento humano. A intervenção é a dos deuses, que protegem o corpo de Heitor dos maus tratos de Aquiles. O próprio Zeus decide que Príamo levaria presentes para Aquiles a fim de resgatar o corpo do filho; e que Aquiles não se lhe opusesse.[67] A primeira mudança do pensamento humano é a do rei Príamo, que aceita humilhar-se perante o inimigo e beijar a mão que arrancou a vida de Heitor e de outros filhos seus. E depois será Aquiles a mudar de pensamento. Príamo pede a ele que respeite sua dor de velho pai, convidando-o a recordar que também seu pai, embora idoso, aguarda seu retorno.[68] Aquiles se comove.

A *Ilíada*, então, é concluída com um nexo problemático de símbolos. Heitor é morto, esmagado por uma figura mais primitiva do que ele. Mas de Heitor permanece vivo justamente aquilo que ele simbolizava: o pai. Invertendo a ordem das gerações, ao final da *Ilíada*, é chegada a hora de Príamo. Seguindo a via sugerida pelo pai divino, Zeus, esse pai terreno presta homenagem à invencível qualidade barbaresca que existe em Aquiles. De fato, nada pode avançar de modo estável ao longo do assim chamado desenvolvimento civil sem uma percepção da intransigente persistência do instinto, de uma necessidade natural que o repropõe e uma civil que impõe um compromisso com este. Quando isso ocorre, a besta pode ser domesticada por sentimentos civis. Aquiles reconsidera sua posição por respeito ao próprio pai e a Príamo, genitor inimigo e genitor do inimigo. O resultado que não foi atingido por Heitor é obtido por seu pai. Príamo é fisicamente débil, mas não moralmente.

Pode apertar uma mão selvagem sem se deixar contaminar. A sabedoria é mais forte que o heroísmo.

Heitor é morto, seu filho Astiânax terá vida breve. Se o mito da *Ilíada* queria nos falar do destino do pai, como pode mover-se contra a corrente do tempo e entregar-se ao pai do pai, Príamo, cuja vida, por sua vez, será breve?

Os emblemas que o final nos apresenta são incertos. Mas a tarefa do pai é justamente a de contrastar com o tempo: instituir uma responsabilidade que não se altere com ele, construindo, assim, a continuidade e a memória; e rejeitar o retorno à estaca zero que ocorre com cada nova geração.

## 2.5. ULISSES

SE HÁ UM HERÓI mítico que se tornou modelo para homens históricos e reais, se há um personagem da remota civilização grega, protótipo de ocidentais antigos e modernos, esse é Ulisses.

Foi dito que Ulisses é, depois de Cristo, a figura mais conhecida e citada de todos os tempos. Cristo, porém, tem por trás de si a religião mais poderosa da Terra. Ulisses está só. Cristo é real, histórico, realizou talvez a maior reviravolta de todas as épocas. Para a História, Ulisses não conta porque pertence à narrativa fabulosa. Não há qualquer novidade que ele nos tenha deixado: Ulisses não foi um renovador, mas apenas o rei de uma pequeníssima ilha. No entanto, dito isso, ainda nada se disse sobre seu personagem. Se é tão importante, muito além de sua consistência histórica, evidentemente ele nos transmitiu uma herança psicológica.

Ulisses não é heróico senão em circunstâncias particulares: de resto, ele é rigorosamente humano, portanto imperfeito, ambivalente e absolutamente incorreto.

O estereótipo quer que Ulisses seja o campeão da esperteza. Mas esse é um ponto de vista limitado. Ulisses permanece confiável e corajoso, não obstante seus subterfúgios. A sua novidade psicológica está justamente no ser complexo e contraditório: semelhante a nós. Com ele, identificamo-nos sem repudiar nossa miséria; deparamo-nos com panoramas aventureiros que o resgatam. Protótipo do engano que todos praticamos, revela-se o único modelo modesto, redimindo a si próprio e a nós com essa honestidade.

Ao contrário do herói tradicional ou do benfeitor, para Ulisses —assim como para nós, homens comuns—, a ação nobre em si não interessa tanto quanto a vantagem: o conhecimento no momento imediato e a vitória no longo prazo. Por essas coisas ele está disposto a pagar o preço.

E como Ulisses não é apenas heróico, sustentado por um único e límpido agir, mas também ambíguo, sujeito às asperezas da contradição, assim o seu querer não é unitário e nítido, mas ambivalente. Cristo vacila nos momentos extremos, na dor ou na solidão. Ulisses, sistematicamente. Nos momentos de dúvida, de medo ou simplesmente de impossibilidade de decidir, o seu pensamento balança *kata phrena kai kata tymon*, entre duas margens opostas da alma, que hoje mal sabemos como traduzir: entre a mente e o coração.[69]

Seria essa mais uma das inúmeras idéias fixas de Homero? Não: essa é uma descrição que Homero atribui somente a Ulisses. É a pré-história do diálogo interior. As duas margens —entre as quais o pensamento e o ato devem repercutir para que sejam movimentos, e não pontos isolados— tornam-se visíveis na anatomia da alma, o mapa mítico do espaço interior. Como Ulisses durante a viagem, assim também a reflexão realiza infinitos desvios e reviravoltas em sua alma. Quando finalmente chega em casa, percebemos que durante aquele serpentear ela mudou. Não é mais uma idéia vaga: nós a reconhecemos como pensamento concluído e a distinguimos claramente do querer do herói arcaico que, embora a princípio tão sólido e decidido, revela-se excessivamente simples, pura reprodução mental de um instinto.

Diversamente do comportamento do herói arcaico, o querer de Ulisses é pensamento, e não mais pulsão. Portanto pode ser contido. Isso aporta duas novidades que são também dois adiamentos: a espera pela ocasião externa propícia quando ela ainda não está disponível; e a paciência devida até que as duas alternativas encontrem uma síntese interior.

Em Ulisses, a memória não é um repositório de segredos arquivados, mas sim o fluxo de uma criação que avança; não registra aquilo que está morto, mas alimenta o que está suspenso, que é vital cumprir e ao qual é essencial retornar. É a primeira verdadeira memória do mundo, e a nós parece que a sua potência esteja na capacidade de reunir de uma só vez a coragem absoluta, que em épicos anteriores era evocada com muita facilidade, e a invenção da fidelidade a si mesmo e ao próprio mundo interior. Essa era a audácia de Aquiles, desobrigada da coerência e cegamente autodestrutiva; ela se deve a uma contabilidade interna que avalia não só o ato, mas os seus custos e os seus tempos. O herói primordial luta contra adversários, e nós o admiramos de modo abstrato. Mas Ulisses luta para transformar o herói primordial, que sente envelhecer por dentro, em um novo homem histórico: e nós nos identificamos verdadeiramente com ele porque essa é uma tarefa que diz respeito a todos.

O herói arcaico comporta-se como se estivesse sempre na batalha, cujos rumores são os únicos que conhecem: retumba com orgulho e grita o próprio nome. A sua fama deve ser constantemente reconhecida, pois é tão frágil que não pode existir sem uma confirmação pública. Ulisses sabe que essa debilidade é de todos e a supera aproveitando-se dela. Quando se encontra em situações novas, quando não se sente seguro, inventa um personagem com que se apresentar, muito mais anônimo do que ele. Pensa no futuro e prevê riscos inúteis. O herói arcaico eleva-se: tal como certos animais machos inflam-se antes do duelo para se imporem visualmente. Ele traz consigo escudos cintilantes e elmos emplumados para impressionar o adversário. Pelo contrário, tal como o herói moderno que usa roupas miméticas, Ulisses se faz pequeno: quando diz ao Cíclope que seu nome era Ninguém,[70] ele não estava simplesmente adotando um ardil qualquer, mas levava ao extremo exatamente essa estratégia.

O caráter de Ulisses recolhe-se em suas mãos não quando empunha a espada, mas quando estrangula a garganta de alguém para conter-lhe as palavras. Isso acontece com Anticlo, um companheiro grego que quase se revela no momento mais perigoso, o momento que decidirá a sorte de Tróia. Os gregos acabaram de abandonar o assédio, deixando sobre a praia apenas o enorme cavalo de madeira. Sob o olhar dos troianos, Helena circula em torno daquela "armadilha oca" e, um a um, chama os gregos escondidos em seu ventre, imitando a voz das mulheres. Em um instante, como cães que imediatamente respondem se fingimos latir para eles, pois é o instinto que decide suas ações, os gregos esquecem a identidade de guerreiros: sentem-se em uma atmosfera familiar e gostariam de gritar, responder àquela voz de mulher. Ulisses impõe o silêncio: ordena que cada um torne-se Ninguém e com suas mãos sufoca Anticlo que não consegue se conter.[71] De volta à casa disfarçado de mendigo para enganar os rivais, ele estrangulará do mesmo modo a garganta da velha ama que o reconhecera e poderia traí-lo com gritos de felicidade.[72]

Somente Ulisses controla-se e controla seus companheiros. Ele também deseja a família acima de qualquer coisa: mas sabe que a satisfação imediata é exatamente a tempestade que separa o pai dos seus entes queridos. O reencontro com a família não se dá pela satisfação de um impulso, mas pela privação e pelo planejamento.

CONTROLAR, RECORDAR e subjugar o ser arcaico que pulsa de dentro. Momento de pensamento ou de ações desenvoltas ao logo de anos: não faz diferença, ao destino final tudo está ligado por um único objetivo. O herói é às vezes domador, às vezes pedagogo, às vezes pai de si mesmo. Ao mesmo tempo a criança e a mão adulta que a conduz.

Algumas vezes mostra a insensibilidade do guerreiro. Outras, inverte-se e demonstra uma sensibilidade feminina. Imerso na guerra, endurecido, Ulisses quase esquecera seu próprio sofrimento: quando inesperadamente volta a contemplá-lo, porque a voz de um contador de histórias recita suas aventuras, é surpreendido pela compaixão por si mesmo e derrete-se em lágrimas, revertendo inteiramente os papéis. Naquele momento ele chora "como a mulher que chora a morte do marido".[73]

Ulisses pode ser criança e adulto, homem e mulher. Com ele nasceu um ser complexo que procura administrar todos os recursos do caráter alternando-os no tempo devido. Somente a partir dessa economia interna poderá nascer a externa. A personalidade é agora um sistema educativo e social em miniatura: não será mais, como para os heróis precedentes, um colar de caprichos unidos ao acaso pelo fio da vida.

Quando Ulisses retornar à casa disfarçado de mendigo, a sua atitude certamente não será unitária, e sim calculista. O coração impetuoso e imprudente desejaria logo a ação.

"Seu coração latia por dentro, como uma cadela." Mas ele o repreendia, domesticava. E "apertando o peito, dizia: 'suporta, coração, sofreste um mal mais atroz quando o Cíclope furioso devorava seus companheiros: suportaste-o, até que o pensamento te libertou da sua caverna.'"[74] Com essa autodisciplina, tiveram início o confronto e o diálogo interior como base para a poesia,[75] a narração introspectiva moderna e a psicologia.

Ulisses é também a mente que domina e educa o corpo. Mas não é um pensamento ingênuo ou anoréxico, pelo qual o corpo possa ser tratado com desprezo. O corpo também precisa de continuidade, como o pensamento. Na *Ilíada*, Aquiles, impaciente pela vingança, queria iniciar o ataque antes da refeição diária. O horizonte mental de Aquiles, longe de um projeto, não consegue chegar até o fim do dia: que guerreiro pode combater durante toda uma jornada com o estômago vazio? Após longa e cautelosa argumentação, prevalece Ulisses como resposta:[76] quem pensa também na comida pensa mais sinceramente na vitória. O adulto precavido havia domado a criança caprichosa. O estômago, repete Ulisses na *Odisséia*, é cão que ladra tanto quanto o coração.[77] Grita sem cessar, e é preciso inclinar-se para escutá-lo. A cada cão, sua ração cotidiana. Ulisses, adulto e criança, homem e mulher, é também humano e animal.

No fundo, a força de Ulisses está numa faculdade muito simples. Ele sempre tem presente a alternativa, a outra possibilidade que não é somente a nova e entusiástica descoberta, mas também a velha realidade estabelecida que somente os tolos negligenciam. Costuma-se dizer que Ulisses representa a necessidade de descoberta e que, com sua febre de inovação, ele é o protótipo do homem moderno ocidental de todos os tempos. Mais profética ainda é sua necessidade de continuidade: a necessidade de unir o antigo ao novo; a necessidade de formas de renovação que não eliminam os escombros do que é antigo. A audácia já existia, mas falhava no projeto e extinguia-se com seu próprio ímpeto.

Esse novo percurso, não tanto rumo à inovação quanto à construção, nasce nas oscilações interiores de Ulisses: nele não se esconde uma hesitação, mas descobre-se uma escolha. Enquanto Aquiles faz estardalhaço, Ulisses silenciosamente faz distinções. Até mesmo quando a situação é avessa a ponto de anular todas as alternativas, é como se o herói, apesar de tudo, reconstruísse para si uma possibilidade extrema de fazer escolhas. Mesmo no desespero (*verzweifeln*), deseja ser ativo. Nesses momentos ele receia (*zweifeln*) entre aceitar as circunstâncias ou esquivar-se da passividade inventando mais uma nova manobra: a do suicídio.[78]

Ulisses prossegue adiante e decide: inventa a escolha. É a novidade falível mas vitoriosa, contraposta à imobilidade perdedora de quem é infalível porque não escolhe. Nele, vontade e autoridade nunca são definitivamente adquiridas. O retorno de Ulisses é atormentado porque o seu propósito é um decurso. A dimensão doméstica do pai é também a continuidade do aventureiro. Sua oscilação é contínua. Ele coloca-se a caminho de casa, não de maneira unívoca e direta, mas escolhendo uma ambivalência a cada etapa do percurso, repetindo sempre o processo de decisão. A aventura e o retorno conjugam-se assim em uma substância: a viagem.

O propósito da vida de Ulisses é "morrer para ver a fumaça que emana de sua terra", como o poeta coloca, desde o início, nas vozes dos deuses.[79] Ou, como ele diz ao morrer "depois de ter revisto aquilo que é meu, meus servos e o grande palácio".[80] Nada é para ele mais invejável do que uma família harmoniosa.[81] E no entanto, como lhe profetiza Tirésias, sua vida incontestavelmente permanecerá uma aventura até a sua morte. Ítaca não restitui a casa e a terra: ensina a viagem.[82]

MESMO QUANDO essa novidade —a ambivalência— não aparece de forma psicológica como movimento interior do protagonista, é fácil percebê-la na comparação entre ele e os companheiros de viagem, naquelas oposições simbólicas que fazem da *Odisséia* um conto tão imediato.

Ulisses percorre 20 anos: primeiro de guerra, depois de peripécias, desviado por obstáculos, pela curiosidade invencível, por paixões que nos fazem indagar se a sua verdadeira vida não se encontra ali mesmo. Durante essa quase eternidade —não muito inferior àquela que então podia ser a existência média de um homem— mantém íntegra dentro de si uma prioridade: acima de tudo o que conta é o retorno, é preciso pensar no retorno ao empreender cada nova ação. É esse o seu código de conduta. Mas ele tem consigo companheiros toscos, de horizonte mental infinitamente mais estreito. Por fome, por cansaço ou por avidez de riqueza, dificultam seu programa e atrasam sua realização.

Essas características são resumidas em Eupenor.[83] Jovem, não muito audaz na guerra nem, claro, nos pensamentos, chega com Ulisses até a ilha da feiticeira Circe e lá adormece sobre o telhado, embriagado. Quando finalmente é hora de partir, Eupenor, como tantos adolescentes, tem um despertar incompleto. Ainda desorientado, ele erra o degrau da escada e cai, quebrando o pescoço.

Em algumas linhas, o adversário interior foi descrito: inexperiência, pouco espírito de luta, embriaguez, pés afastados da terra (a escolha do telhado), dificuldade para se livrar da sedução (a casa de Circe), ilusão de que se possa repousar e retornar instantaneamente aos deveres (a queda, e não a escada).

A autodisciplina de Ulisses é um processo que não é concluído definitivamente. Assim, de vez em quando os papéis se revertem. Agora, os companheiros tornam-se sábios e suplicam-lhe que não esqueça a doçura da terra pátria.[84] Eles imploram pela volta para casa.[85]

Os companheiros representam a fidelidade ao projeto de retorno, por exemplo, quando Ulisses entra na monstruosa gruta do Cíclope. Ele, no entanto, é dominado pelo desejo de explorá-la, possuído por uma curiosidade adolescente: sua culpa não é a indiscrição, mas o ímpeto que anseia pela satisfação imediata.

A partir do momento em que os gregos estão na gruta, o mito muda mais uma vez os pólos entre os quais se desenrola a ação. A oposição entre Ulisses e os companheiros cessa. O confronto entre a previdência e a irresponsabilidade continua, mas esta última é atribuída a um novo inimigo. Entra em cena Polifemo, o sujeito bruto desprovido de sociedade civil e de família, que dorme junto ao rebanho, compartilhando da existência animal. Gigante nas dimensões, na alma o Cíclope é prisioneiro de um problema paterno não digerido, que muito evidentemente impediu-o de se transformar em adulto. Quem não sabe tornar-se pai impede o desenvolvimento das gerações e torna-se, por sua vez, um refém do pai. Polifemo vive para o dia, na satisfação dos desejos elementares. Quanto menos o pai internalizado se encerra no Cíclope, mais externo e inatingível permanece seu próprio pai: o deus Poseidon, senhor das águas. Polifemo aprisiona os gregos e assim passa dois dias embriagando-se —embriaguez, inimiga constante da figura paterna— e devorando os prisioneiros.

O conto se conclui com uma dupla apelação ao pai: como se fosse a estrela polar a que se agarra aquele que foi chacoalhado pelo destino. Fugindo do antro de Polifemo, após tê-lo cegado, Ulisses coloca os pés de volta em sua embarcação. Vivendo na caverna, lutando com ele, fora contagiado pela mente do Cíclope: nele desencadeia-se algo de igualmente primitivo. De repente, cede à tentação do heroísmo que habita cada instante. Os companheiros tentam detê-lo apelando ao seu bom senso: louco, não provoca aquele monstro! Porém, mais forte que a prudência, como fora uma vez a curiosidade, é agora o orgulho: "Cíclope, se algum dia alguém perguntar da ferida em seu olho, responde que quem o arrancou de ti foi Ulisses, filho de Laertes."

O retorno requer disciplina, não tolera semelhantes concessões. Sobre isso, a Odisséia é muito clara: o instante de impulsividade será de fato pago com anos de tortura ao longo do caminho de volta à casa. "Eis que uma antiga profecia se cumpre!", grita Polifemo, a quem um adivinho havia previsto que um homem com aquele nome o teria cegado: mas poderia aquele que vive para o momento ocupar-se com profecias que se cumprem apenas em tempos posteriores? O Cíclope confessa sua própria impotência clamando à única potência que reconhece. Como um menino que faz birra para ganhar um presente, assim o gigante suplica ao pai que lhe dê a vingança: "Escuta, pai Poseidon que penetra a terra. Se sou verdadeiramente teu, rende justiça a mim: pune Ulisses com os piores males."[86]

É EVIDENTE QUE o poeta da Odisséia teve aqui a intenção de apresentar nesses dois personagens uma representação do confronto entre duas personalidades masculinas que insidiosamente vivem lado a lado na alma do protagonista: entre a necessidade imediata, juvenil, pré-paterna, e a fidelidade ao futuro; entre o desejo de aventura e o empenho em retornar à família. Às vezes, os dois pontos de vista diferentes estão no interior do sujeito, outras vezes estão representados em sujeitos diversos. Por vezes, Ulisses assume o compromisso da realização gradual de um projeto, outras vezes opta pela audácia.

O próprio destino parece modelar suas regras nessa alternância. O destino —autoridade máxima para os gregos, a que até mesmo os deuses deviam se submeter— prevê para Ulisses, o mestre da duplicidade, essa dupla sorte.

Na Odisséia a vitória pertence à paciência, ao programa que se desenvolve fielmente no curso do tempo; mas o seu alternar-se com a excitação fugaz, proporcionada pelos episódios de exaltação, não cessa jamais. Na aventura,

Ulisses fixa seu coração na busca do caminho de volta à casa; no caminho do retorno, revela-se a ele o retorno da aventura.

Segundo as indicações da divina Circe, Ulisses deve descer ao reino dos mortos para buscar junto a Tirésias, o adivinho, uma profecia sobre sua volta ao lar. Mas quem o encontra primeiro? Eupenor.[87] Sua sombra vaga em um espaço perante os infernos, e ali não pode entrar e encontrar a paz porque seu corpo ainda não foi sepultado. "Suplico a ti —diz ele dirigindo-se a Ulisses— pela tua família, que é o que tens de mais caro. Retorna à casa de Circe, dá-me o rito fúnebre e finca sobre meu túmulo um remo, para que eu seja recordado como o marinheiro que fui."

Com a promessa de Ulisses, fecha-se um ciclo e os símbolos retomam uma ordem funcional em favor da viagem de volta à casa. Aquele que representa a imprudência será sepultado: com uma única ação ele é eliminado e as pazes são feitas. Eupenor não mais simbolizará o inimigo da coerência necessária ao retorno. Ele representará a primeira etapa, aquela marcada ainda pela ingenuidade.

Finalmente Ulisses pode interrogar Tirésias. E Tirésias responde[88] que seu retorno a Ítaca será possível apenas a custo de enormes tormentos. Tão logo a justiça seja restabelecida em seu palácio, terá a ordem de caminhar cada vez mais para longe do mar, trazendo consigo um remo sobre os ombros. Somente quando encontrar pessoas que nunca viram um remo a viagem estará cumprida e ele poderá retornar para junto dos seus. No final, a morte o encontrará docemente, após uma longa velhice.

Agora que a viagem ao Hades havia cumprido seu propósito, Ulisses poderia então retornar para os vivos. Mas Homero o retém ainda entre os mortos para fazer-lo encontrar outras sombras. Ele então tem uma conversa com Agamêmnon. Que notícias quer dos vivos o rei dos reis gregos? Deseja saber de seu filho Orestes. Mais adiante, Ulisses encontra Aquiles, que pede notícias do pai Peleu e do filho Neoptólemo. Somente depois dessas indagações os espectros dos dois heróis são aplacados; somente a este ponto a viagem no Hades é verdadeiramente cumprida. O poeta nos fez saber que o vínculo entre os vivos e os mortos e aquele entre pais e filhos são a mesma coisa. Com os pais podemos contar sempre, porque mesmo nos reinos dos mortos seu pensamento está conosco.

A VIAGEM DE ULISSES é o nascimento atribulado da responsabilidade familiar e, ao mesmo tempo, da capacidade de escolha. A viagem recapitula com a força do sofrimento e da contradição o desaparecimento da figura paterna e o seu código de fidelidade. E o faz com intensa dramaticidade, a ponto de se tornar quase cômica.

Quando quer convencer a belíssima e divina Calipso a deixá-lo partir,
Ulisses não se esconde das diversas luzes que a figura feminina lança sobre ele.
"Grande deusa, não me queira. Eu bem sei que comparada a ti a minha sábia
Penélope não é uma beleza. É mortal, enquanto tu és imortal e a velhice não
te atingirá. Todavia desejo, clamo todos os dias, para retornar à casa, para ver o
dia do meu retorno."[89] O que poderíamos responder aos materialistas modernos que se aborrecem com os poemas míticos porque lhes falta um transcurso
de tempo em que se possa crer? Que nos recordam que Penélope, 20 anos após
a partida do esposo, seria àquela altura quase uma velha? Diremos que a *Odisséia*
é mais complexa que o literalismo daqueles que a questionam e que o poema
já levou em consideração todos os fatos: os Pretendentes cortejam essa rainha
de meia-idade por uma questão de conveniência, ao passo que Ulisses está
consciente de que se deitará com uma mulher repleta de rugas. Mas em suas
expressões de respeito em relação a Calipso, a verdade deixa-se escapar: se eu
não retornar ao meu posto, de que me valerá a tua pele eternamente fresca?
Eu desejo minha esposa.

De que modo a imortalidade prometida por Calipso poderia atraí-lo?
Não é um dom que fortalece, mas uma sedução que enfraquece. São as
dimensões do tempo, a desobrigação da continuidade do sistema familiar (*oikos*,
donde *oikonomia*: governo desse sistema, economia), o eterno adiamento do
confronto com os Pretendentes. Ulisses dá as costas à deusa e principalmente
às mais arcaicas e voláteis fantasias masculinas.

Mesmo quando conta ao rei dos Feácios sobre as adversidades de sua
viagem, o herói não volta atrás e diz com sinceridade o que Circe e Calipso
representaram para ele. Certamente não fala dos filhos ilegítimos que nelas
semeou —ao contrário do que faz Hesíodo na qualidade de notário dos mitos—,[90] mas inicia o elenco de suas desventuras a partir daquelas duas armadi-
lhas de sedução. E ele tem motivos para tanto. O terrível Cíclope conseguiu
detê-lo como prisioneiro apenas por duas noites. Circe, um ano, Calipso, sete.
"Lá me queria aprisionar a divina Calipso, em suas grutas profundas, querendo
fazer-me seu esposo. Também Circe detinha-me em sua morada, a encantadora
ilha de Aiaie, disposta a fazer de mim seu esposo. Mas nunca persuadiram o
coração que está em meu peito. Porque se vives distante, nada é mais doce que
a pátria e os teus; mesmo se vives em uma casa belíssima, porém em terras
estrangeiras, longe dos teus."[91]

Onde está nessas palavras a esposa Penélope? Somente a pátria é nomea-
da, não ela. Ulisses rejeita as outras mulheres, não tanto por elas como pessoas,
quanto pelo tormento impessoal do retorno: *nostos*,[92] a palavra da qual todas as

línguas retiraram "nostalgia" — a dor do retorno. Mas as palavras da *Odisséia* nos dizem algo mais importante.

Naturalmente Penélope está no centro da ordem e da pátria a que Ulisses deseja retornar. Aquela, porém, é uma ordem paterna que Ulisses invoca constantemente. Retornar à terra dos pais, é o que diz sua cantilena. Nós dizemos pátria mas esquecemos o que essa palavra quer dizer. Em grego, *pater* é pai (da raiz *pa-*: possuir, nutrir, comandar). *Pátria* ou *patris gaia* não significa "minha terra", significa "terra dos pais". A pátria não é minha, é dos pais, e eu faço parte da pátria apenas se pertenço fielmente aos pais. A minha pessoa física e aquela terra concreta estão unidas por uma aliança metafísica: a idéia paterna. Assim, Ulisses não viaja rumo à terra da esposa, mas para o lugar *pátrio*. Palavra que quer dizer: onde habitam os pais desde tempos infinitos, e onde podem existir pais para sempre. Toda a *Odisséia* é percorrida por esta advertência e por este grito: ai de quem se esquece da terra dos pais!

Quando Ulisses, flagelado pelas ondas durante dois dias, está para se afogar, mas consegue chegar até a praia, o poeta faz uso de uma analogia que para os gregos não poderia evitar um duplo sentido: para o náufrago, a vida da terra é como, para os filhos, a vida do pai curado após uma doença grave.[93] O pai é força e doçura, sociedade e terra, disciplina e alimento: é pai e mãe juntos. Portanto, a praia tão desejada não é, como diria um moderno, a mãe terra, mas novamente parte dele: do pai que tudo contém.

Nessa ordem, qual o lugar do filho Telêmaco? Logo no início, como em um programa, a *Odisséia* deixa subentender a sua hierarquia de valores. Telêmaco é ali descrito como um continente mental sem conteúdo: não consegue imaginar como é esse pai de quem ele desejava receber proteção.[94] Ulisses lhe falta nos planos da realidade e da mente. Telêmaco encontra-se em um estado de suspensão e espera: não tanto por um homem —de quem não tem recordação porque partira quando ele era muito pequeno—, mas de uma *imagem* do pai, nobre e admirada.[95] Somente a sua descendência real —indiretamente, a instituição-pai— oferece-lhe a proteção externa de que ele precisa. Em seu íntimo, Telêmaco é um jovem desajustado, um possível farrapo social. Ao partir, Ulisses havia deixado ao filho tudo de material que um príncipe pudesse desejar: palácio, riquezas, uma mãe irrepreensível, amigos, aliados e a legitimidade do trono. Mas Telêmaco é órfão do ponto de vista existencial.

Só há um modo de fazê-lo mover-se: a deusa Atena deve continuar a transformar-se em figuras masculinas que dão a ele direção e conselho. Os primeiros cantos do poema —que talvez tenham sido acrescentados em um segundo momento— formam a assim chamada Telemaquia: a viagem de Telêmaco desde Penélope até Ulisses, ou seja, seu percurso simbólico de criança até tornar-se homem. Essa viagem marca o amadurecimento e a iniciação do filho em um movimento oscilatório, análogo aos percursos do pai. Telêmaco busca-o no exterior e confronta-se com sua imagem no interior.[96] Ao longo de milhares de versos,[97] a Telemaquia determina ao filho desorientado que celebre o rito do pai perdido. Apesar de se encontrar no início, seria lógico pensar que a Telemaquia teria sido acrescentada quando o poema já havia sido completado: de fato, o pai vem primeiro, seguido então pelo filho.

"Se aquilo que desejam os mortais pudesse se realizar —diz Telêmaco—, desejaria, em primeiro lugar, o retorno do meu pai."[98] É nesse ponto que Ulisses, disfarçado de mendigo, livra-se dos trapos para se revelar apenas ao filho. Temos a impressão de que Homero compusesse nessa passagem uma imagem de nossos tempos modernos e nos advertisse: o pai nunca está completamente desaparecido. Mas não acreditem poder reencontrá-lo nos machos espalhafatosos: eles são os Pretendentes, os eternos não-adultos. Se, no entanto, um homem for humilde, paciente, poderia ser ele o pai, sobrevivente de guerras e tempestades.

A esposa, o filho, os inimigos, os servos, o cão: tal como uma matilha à espera do líder, estão todos contidos na ordem do pai, que se encontra petrificado pelo afastamento. Hoje, a etologia de Lorenz nos ensina que o cão doméstico oferece ao homem uma obediência que é continuidade de sua obediência natural, instintiva: dele depende, do mesmo modo como —na Natureza— o cão se submeteria ao líder da matilha. A *Odisséia* descreve uma situação similar. Em torno de Ulisses, tanto os familiares como os animais fazem parte dessa ordem primordial, suspensos pela espera do pai e chefe de grupo. Argos é o cão de Ulisses: um sobrevivente arcaico desse modo de fidelidade. A vida do cão também permaneceu suspensa. Ele era muito novo quando Ulisses partiu. Quando este retorna, Argos já é um animal debilitado e vegeta deitado sobre o esterco. Ele volta a viver por um instante, levantando as orelhas e a cauda para então morrer subitamente de emoção quando ouve a voz do "patrão" —o "pai" humano do animal— que irrompe subitamente após 20 anos de silêncio.[99]

A luta contra os inimigos se aproxima para pai e filho, e o amadurecimento de Telêmaco é posto à prova. Devemos ter cuidado para compreender que o propósito dessa passagem não é apenas apresentar a utilidade de uma aliança entre os dois, mas principalmente a dignidade redescoberta pelo pai, que se fingia de mendigo, e descoberta pelo filho, até então prisioneiro na alma de uma criança. Ulisses não deseja ver um filho que atue externamente na defesa do pai. Ele pretende, como pai, tornar-se um princípio ativo no inconsciente do filho. É essa a aliança entre ambos, algo completamente interno. Mesmo para Telêmaco, mais importante que socorrer o pai material será o ato de dar a si próprio um pai interno. "Se os Pretendentes ultrajarem-me —determina Ulisses—, que o teu coração suporte [...] mesmo se me ferirem, olha e suporta."[100] E assim acontecerá. Ao não intervir para defender o pai, Telêmaco permitirá que ele não revele sua presença até o último momento e que assim apanhe os inimigos de surpresa. Ao contrário do guerreiro arcaico, para ele, pai é invisibilidade e força.

TELÊMACO TAMBÉM participa da prova final com o arco de Ulisses, que ele chama de "a bela prova do pai".[101] Se um dos Pretendentes vencer, receberá aquilo que foi de Ulisses: as riquezas, a posição de rei e Penélope como esposa. Telêmaco tenta flectir o arco por três vezes. Na quarta vez, ele está prestes a conseguir. De longe, o pai faz sinal de "não".[102] O não paterno é comunicado sem palavras, quase sem movimentos. É um não também para o gesto supérfluo.

Se Telêmaco tivesse vencido a prova, teria salvo a mãe e o palácio das garras dos Pretendentes, mas também teria salvo estes últimos da morte que mereciam. Em termos simbólicos, se o filho vence, o confronto conclui-se precipitadamente e o adversário interior sobrevive intato.

Os Pretendentes inquietos, que se debatem para alcançar o leito da rainha e o trono do rei, são a massa supérflua que imediatamente preenche todo o vazio do poder social. Mas, na psique, eles representam o adversário interno, a desagregação da responsabilidade que, na falta de uma vontade solidamente estabelecida —o "rei legítimo" da hierarquia interior—, destrói todas as conquistas acumuladas pela civilização. O palácio de Ulisses é frágil, é uma construção recente, e deve ser regenerado para dar continuidade à sua edificação. Os Pretendentes são a ausência de projeto que se insinua caso essa renovação não seja celebrada. O que deles Ulisses odeia fervorosamente não é a arrogância —que não lhe é tão estranha—, mas as ações precipitadas, sem objetivo: o ato supérfluo (*anenysto epi ergo*).[103]

Os Pretendentes zombam do velho mendigo, cujos trapos são o disfarce de Ulisses que ocultam a sua força por trás da paciência e da humildade. Os jovens príncipes encobrem a sua indecisão instigando uns aos outros e esse comportamento afasta-se cada vez mais da sabedoria bem-comportada que o velho representa. Atena, que deseja a destruição dos Pretendentes, encolhe ainda mais seus horizontes mentais afogando-os na idiotice: uma risada devastadora abala-os, enquanto seus olhos vertem lágrimas.[104] Eles continuam a morder mecanicamente os pedaços de carne sangrenta. Eles nada mais são do que o latido do cão: não passam de estômagos.

Talvez esses homens pudessem se tornar mais corajosos, mais generosos: em alguns momentos, eles não estão distantes dessa possibilidade, assim como podem ser quase simpáticos em comparação com a seriedade grave de Ulisses. Mas isso que representam não muda e não pode ser readmitido na civilização, pois implicaria um risco de desagregação: a maneira hilária com que os imaturos escondem seu medo; a obstinação pela conquista da mulher e da casa, a rainha e o palácio, sem a disposição para organizar o sistema familiar e econômico. Mais uma vez, eis aqui a imagem do jovem desajeitado. A sociedade desses homens —e não aquela das mulheres, como havia mencionado Hesíodo— era uma sociedade de zangões e os gregos não podiam admiti-la: não por machismo, ao menos desta vez, mas por paternalismo.

QUANDO A *Odisséia* foi escrita, inscrevendo-se entre os "mitos de retorno" então difundidos, a possibilidade de um regresso devia ser sentida como algo próximo. O risco de que a recente ordem do pai fosse superada por um retorno à horda primitiva e à promiscuidade (uma fantasia sobre tempos pré-históricos que era muito cara aos antigos, mas tão arquetípica a ponto de ainda estar viva na época do Oitocentos) é expressa indiretamente, mas com clareza, através dos números. Ulisses luta sozinho contra 108 pretendentes.[105] A prudência e o autocontrole são as únicas coisas que adensam a vontade —de que a horda não dispõe— e compensam essa desproporção numérica.

Com uma descrição mais direta, a qualidade degenerativa daquele período era narrada em outras versões do mito, as quais Homero dificilmente devia desconhecer mas que talvez tenha descartado porque seriam incompatíveis com a sua imagem solene da família. Enquanto Ulisses estava distante, Penélope teria sido levada pelos Pretendentes de volta a uma promiscuidade primordial e com eles teria concebido Pã,[106] o próprio deus animalesco do instinto que não aceita postergações. Sob a disciplina do pai, encerrada no mito oficial de Homero, está a anarquia do mito oculto: nas versões mais extremas, Penélope teria gerado Pã porque havia se deitado com todos os Pretendentes. Pã, que é totalmente instinto, filho de todos: o seu nome, de fato, significa em grego "tudo". Mas se todos o conceberam, falta a Pã justamente o pai.

A PROVA COM o arco[107] é a recapitulação final do confronto entre a imprudência dos Pretendentes e a disciplina paterna. Enquanto Ulisses assiste disfarçado, os Pretendentes tentam envergar a sua arma que há 20 anos encontrava-se adormecida e guardada. Tentam os mais fortes, com todos os expedientes, impacientes. Eles besuntam o arco com óleo, aquecem-no junto à lareira: tal como o caráter de seu dono, o arco não se dobra. O desânimo penetra os Pretendentes um a um e quase começamos a sentir respeito por eles, à medida que se tornam sérios e colocam-se de lado: "Vergonha de mim, que falho onde Ulisses tinha êxito!"

Mas o mais tagarela, Atínoo, logo encontra a solução: não para envergar o arco, mas para distender a mente: "Hoje, é a festa de Apolo, patrono dos arcos; só ele pode manejá-los, e nós não o ofenderemos. Adiemos para amanhã: hoje, prestemos libações aos deuses."[108] Um aplauso o acolhe e o vinho é servido. O que pode ser mais agradável que adiar uma tarefa? Dia após dia, sem estabelecer vínculos, essas borboletas humanas não voam para uma condição adulta mas rumo a uma flutuação psíquica sem origens e sem fim.

É então a vez de Ulisses, que faz o contrário. Estuda com paciência a arma —a autoridade paterna— para ver se os anos —os longos anos da ausência do pai— ou os cupins —as forças que corroem o mundo paterno, os Pretendentes— não a haviam corroído. Terminada a inspeção, ele verga o arco e retesa a corda sem esforço, assim como um menestrel encordoa sua lira.[109]

A referência à música não acontece por acaso, mas decorre da intenção do poeta de conjugar em Ulisses a força e a doçura, que, segundo a tradição grega, são qualidades paternas. Quando a elas é acrescentada a inteligência — protegida por Apolo, a quem o arco e a lira eram justamente os elementos consagrados—, eis o momento em que Ulisses retorna verdadeiramente e retoma aquilo que lhe pertence.

Em um instante ele vence a prova. Em poucos instantes, recarrega o arco e, livrando-se do disfarce, inicia o massacre. A doçura floresceu em suas mãos apenas o suficiente para não corromper o código viril do pai. Agora é a vez do rigor sem concessões. Ulisses não se detém até que os adversários tenham sido mortos um a um. Não aceita a oferta de quem se declara vencido e disposto a ressarcir os danos.[110] Extermina, entre tormentos, até os próprios servos — novamente, contra o próprio interesse— que colaboraram com os usurpadores. Quem colaborou não é considerado culpado por haver servido ao inimigo, mas por não haver acreditado no retorno de Ulisses. O que não se pode aceitar é que esse compromisso com o futuro tivesse sido permutado por uma vantagem imediata, o que torna os servos totalmente semelhantes a maus-patrões.

A SITUAÇÃO TORNA-SE mais densa na cena final, que transcorre no interior do palácio. Ulisses restabeleceu a ordem e restituiu uma sociedade aos seus súditos. Iniciou o filho na vida adulta. Traspassou em lanças, espadas e flechas a horda dos Pretendentes. Ao contrário de Aquiles, que faz um estardalhaço com a morte de Heitor, Ulisses pediu[111] que a vitória fosse celebrada com recolhimento, sem arrogância (*hybris*): ele assim confirmou que o disfarce de velho humilde era simbólico, e não casual. Precisamente por esse aspecto humilde, todos o reconhecem. Penélope, por sua vez, após 20 anos, hesita em acreditar que esse homem seja Ulisses.[112] Para vencer a dúvida não recorre ao amor, mas a uma pequena artimanha na qual Ulisses, totalmente absorvido pela sua autoridade há pouco redescoberta, cai imediatamente.

Telêmaco intervém: "Mãe obstinada! Mãe de pedra!"

Penélope pede tempo: "Meu coração está petrificado pelo assombro, deixem que retornem entre nós os sinais secretos."

"Os deuses tornaram duro o teu coração —grita Ulisses— se após tantos anos não te atiras para estes braços!" Depois, voltando-se à velha ama: "Prepara-me um leito distante, dormirei sozinho."

"Que assim seja — intervém Penélope. Leva o leito de Ulisses para fora dos nossos aposentos."

"Que disseste, mulher? Quem afastou o meu leito? Quem, se não um deus, poderia tê-lo feito? Dentre os homens, nenhum. Não foi meu leito que fora trazido para os aposentos, mas os aposentos ao leito. O quarto inteiro foi construído ao seu redor. Havia uma imensa oliveira no pátio, e em seu tronco escavei meu leito, diretamente, com as minhas mãos sem cortá-lo das suas raízes."

É aqui que se derretem os joelhos e o coração de Penélope. E ao reconhecer o sinal, cai em prantos: "Os deuses, não eu, invejam a nossa felicidade. Eu apenas coloquei-te à prova. O teu leito está pronto para ti desde sempre."

Mesmo durante os 20 anos da ausência de Ulisses, seu leito esteve sempre ali. Não poderia ser diferente, pois tinha raízes.

MAIS QUE EM SEU heroísmo e astúcia, a força de Ulisses está em sua presença. Sua derrota está em sua ausência.

Tal como o palácio vazio aguardava-o para ser preenchido, assim também os verdadeiros inimigos que Ulisses teve de combater não foram os monstros nem os gigantes, mas o vazio de vontade e de lembrança: o esquecimento. O leito de Circe e de Calipso (não basta dizer os amores: é o leito que circunscreve essa passividade). O canto sedutor e assassino das Sereias que atrai os marinheiros para um naufrágio sobre os rochedos (Ulisses tampa com cera os ouvidos de seus companheiros, mas não os seus próprios; ele se faz amarrar para escutá-lo, para conhecer diretamente o adversário, para suportar as aflições).[113] O excesso de vinho bebido pelos companheiros no território dos Cícones, que os expõe como Eupenor à agonia e à morte.[114] As flores de lótus que o fizeram esquecer do retorno.[115] Os fármacos das mulheres, instrumentos do esquecimento, que quase não se distinguem daquilo que elas são.[116] Tudo é perigo lânguido, muito mais mortal que as duras armas do inimigo ou de um Cíclope rochoso. Se esse é o verdadeiro adversário, tudo aquilo que combate constitui a verdadeira coragem. Mas é contemporaneamente medo e desconfiança supersticiosa do recém-nascido mundo dos pais com relação àquele perpétuo das mães.

QUANDO A HISTÓRIA de Ulisses assumiu a forma que conhecemos, o pai já devia ter estabelecido suas raízes no centro da Grécia arcaica. Por isso, a tradição que inconscientemente tentava narrar a ordem paterna não colocou seu acento final definitivo sobre a punição dos malfeitores ou o retorno do rei ao trono, mas sobre o reconhecimento que se dá em torno do leito: um artefato íntimo e ao mesmo tempo público, síntese da natureza contida pela família, foi entalhado a partir da planta que cresce sem lhe tolher as raízes. A civilização não possui vida autônoma como a Natureza. Esse leito, porém, foi construído com raízes naturais e mantém viva a civilização, mesmo enquanto Ulisses encontra-se distante.

SE É VERDADE QUE existe uma memória coletiva, que quanto mais antiga, menos pode ser consciente, mas por certo não menos influente, então é muito natural que a memória de Ulisses seja a lenda mais conhecida do Ocidente. Por trás dos irrelevantes conflitos armados ou amorosos de um nobre da província micênica (portanto, ocorridos há mais de 3000 mil anos) ressoa algo de muito mais importante, de infinitamente mais remoto: a contrastante, imperfeita, egocêntrica e civil invenção do pai.

Tal como nos indicava sua reconstrução, essa criação encontra-se no horizonte da Pré-história, entre a saída da zoologia e o ingresso na antropologia. Jamais poderemos dizer com certeza se o surgimento do pai foi a causa ou a conseqüência daquela reviravolta dos tempos, infinitamente mais importante que a queda de Roma ou a descoberta da América. Mesmo que não seja essa a sua razão, sabemos no entanto que ela é o signo sob qual nasce a civilização.

Essa epopéia primordial, para chegar até nós, deveria primeiro esperar uma eternidade para tornar-se narrativa e estabelecer-se em palavras. E para estar à altura de sua tarefa, devia aguardar uma narração solene e uma redação escrita. A ocasião apresentou-se quando os poetas mais antigos do Ocidente, os menestréis gregos, impulsionados pela crescente identificação daqueles que os escutavam, selecionaram dentre as tradições orais de heroísmo aquelas que não elogiavam simples aventuras, mas a fidelidade de alguns heróis que retornam à casa, restabelecem a justiça e restituem calor à vida da esposa e sentido à dos filhos. Não a história do guerreiro, mas a do pai. De boca em boca, o canto se compõe em uma epopéia, até que encontra o maior poeta da Antigüidade —aquele que convencionalmente chamamos de Homero— e os primeiros gregos que sabiam escrever.

A partir daí, aquele canto não pode mais ser apagado das nossas mentes. Pois com Homero, a literatura do Ocidente nasce ao produzir as suas obras-primas em seus primórdios, mas também porque os caminhos de vontade e fidelidade que narra já se encontravam nos corações de todos e correspondia ao aspecto solar da instituição paterna.

Portanto a *Odisséia* preserva a memória da afirmação do pai. Talvez fosse a verdadeira divindade, pois tudo acontece sob seu signo: o encontro do náufrago com a terra, aquele entre patrões e servos, e até mesmo entre vivos e mortos. Tudo é bom quando se visa reunir pais e filhos. Junto com o rastreamento da instituição do pai, a *Odisséia* preserva, sob a forma de fóssil literário, aquilo que poderia ser um das dádivas da civilização: a invenção do processo de decisão. Neste, o "eu" não é mais idêntico a um impulso, mas tornou-se um organismo psíquico que produz posições originais e independentes do instinto. Essa pré-história teve de aguardar o nascimento da literatura para ser compilada. Mas os instrumentos para narrá-la já se encontravam disponíveis e constituíam uma unidade com essa criação: ritmo ordenado, propósito e palavra que se propaga para além do ruído cotidiano.

A história de Ulisses é assim a forma recapitulada da autodomesticação do macho. Ousado, incerto e mesquinho como esse herói, o mito —assim como o herói— construiu mais por meio das perturbações nascidas da dúvida do que com as vantagens adquiridas pela coragem. Quando no naufrágio ele se dá conta de ter um lugar aonde retornar e um núcleo familiar onde fundar as raízes, esse sujeito masculino gera a imagem de Ulisses. Isso significa que o pai não é tanto a figura que institui, constrói, financia e governa o *oikos*, a casa. É quem a abandona para combater e depois combate para a ela retornar.

## 2.6. O MITO DO GENITOR ÚNICO

PARA A VIDA, os inícios não são simplesmente fabricações onde coisas que já existiam mudam de forma. Para a vida, os inícios são criações em que algo passa a ser o que antes não era. São prodígios, obras divinas. Segundo os gregos, porém, na Terra essa força divina é atribuída somente ao pai, não à mãe. Na Terra, somente o masculino é verdadeiramente *gênero*, porque só ele é capaz de gerar. Somente o pai cria. E posto que cria, como um deus, obtém aquela devoção que permanecerá longamente aos seus pés.

Um mito da criação dos deuses foi necessário à História para elevar Zeus dentre todas as figuras divinas. Um mito da criação paterna foi necessário à fisiologia para elevar o pai na sociedade.

Os gregos entenderam primeiro que havia algo que se podia chamar de "estado natural", dotado de leis próprias que o regulam e subtraído à irracionalidade das litigiosas forças divinas: a observação da constância da Natureza e da inconstância dos deuses, vistas paralelamente. Estas levaram prematuramente à invenção das ciências da filosofia, que substituíram a religião. Face à coerência científica e filosófica, os deuses agitavam-se como doentes mentais. Seu destino foi o dos dementes, que de início nos surpreendem, depois aborrecem e são, por fim, confinados. E confiná-los foi fácil porque a verdadeira fé não estava em torno deles, mas do mito.

As leis naturais, portanto, regulam a vida vegetal e animal. Aos gregos, era porém evidente que a sua civilização, particularmente avançada em relação a dos outros povos, não era uma criação espontânea da Natureza. Era um completamento da Natureza, uma tentativa de controlá-la.[117] Era, na verdade, uma *cultura* (em latim: *cultivo*), um fruto civil.

Eles também observavam que a sua civilização era uma floração que crescia sobre o tronco religioso do pai: a condição especial de todo o bosque: a sociedade grega se associava à condição privilegiada do pai: a planta dominante. O orgulho paterno estava em seu ponto mais alto. A descoberta da função geradora dos machos e a intervenção do papel social do pai eram recentes e dominavam a mente.

A memória da Grécia arcaica (em torno dos séculos VIII-VI a.C.) não podia remontar a algum tempo muito anterior a Hesíodo e Homero. Para além deles, havia uma civilização que não deixara textos escritos, cujo alfabeto era reconhecível nas lápides mas havia sido esquecido. Exceto por algum detalhe transmitido oralmente e eternizado no mito — o rapto de Helena, o cavalo de Tróia —, a lembrança do altamente civilizado milênio antecedente desaparecera. Justamente Homero e Hesíodo teceram o pano de fundo dos tempos, confundindo os fios da História e da tradição popular. E eram ainda mais desconhecidos o Neolítico e o Paleolítico, imensas extensões temporais sobre as quais apenas recentemente apreendemos alguma coisa.

Por sua vez, se por memória não entendermos uma lembrança em si consciente, mas uma estratificação de experiências através das gerações, um traço filogenético valorizado indiretamente por meio de suas imagens, eis que o patriarcado dos gregos pode realmente se revelar como continuação e vértice da revolução paterna iniciada na Pré-história. Eles comungam de um mito do pai não expresso diretamente mas sobre o qual tudo se apóia. Do ponto de vista exposto nas páginas precedentes —dos contos transmitidos sem uma intenção consciente e com a labilidade da cultura oral—, Homero poderia ter sintetizado a invenção da monogamia no épico retorno de Ulisses e a precariedade que assedia o pai, entrelaçada ao orgulho por tê-lo inventado, na licença lírica de Heitor.

Quando confiaram a Homero a pérola de seus contos, os gregos estavam se engajando no mais impressionante dos esforços jamais empreendidos para criar uma civilização. Saíam de uma época escura, a última em que toda uma sociedade havia desmoronado com seus palácios relegando os homens de volta para as cavernas de uma existência sem escrita e de uma pobreza quase animal (os chamados séculos das trevas ou da Idade Média Helênica). Sem deuses providentes, sem a orientação dos profetas, com uma concepção de mundo em que a melhor sorte é não nascer ou, se nascido, morrer o mais cedo possível, sentiam sobre eles as garras do destino e o hálito dos monstros: os leões descritos por Homero não eram, como para nós, alegorias, mas feras havia pouco extintas, que até algum tempo antes haviam aterrorizado os bosques da Grécia. A vida era trágica e precária, bastava um ínfimo evento para se despencar do reino luminoso de Zeus ao reino escuro de Gaia.

Justamente porque estavam convencidos de não haver nada a perder e de poder contar somente com suas próprias forças, na alternativa seca entre a regressão e o avanço, os gregos decidiram forçar o caminho da civilização. Em poucos séculos, venceram cada etapa inventando as ciências e a filosofia: o saber socorria-os bem mais que os deuses egoístas, invejosos da felicidade humana.[118] Depois deles, a aceleração se atenuará.[119]

COMO É EVIDENTE nas figuras de Gaia e das terríveis Amazonas, que sabiam desprezar o papel do macho, acabou-se fundindo à *lembrança* recente da perda da civilização (durante a Idade Média Helênica, seguida pela queda da sociedade micênica) as *imagens legendárias* de uma sociedade das Grandes Mães. Sabemos, por meio das representações, que no Neolítico a figura masculina, quando não ausente, era freqüentemente aquela de um pequeno ser ao lado da mãe grandiosa. Hoje nos parece impossível que os machos se tenham encontrado em uma condição tão dispersa e passível de castração. Mas para o novo e frágil guerreiro homérico pode ser que se tratasse de uma realidade psíquica terrificante, que se sentia quase fisicamente próxima. Independentemente de sua realidade histórica, ele lutava com todas as forças para não retornar àquela condição: a nossa imaginação pode amedrontar mais que o inimigo material. A Grécia havia recentemente saído de uma série de verdadeiros séculos de trevas. E, pela falta de profundidade do horizonte histórico, os gregos arcaicos podiam confundi-los com a época legendária das Grandes Mães. Eles ignoravam o fato de que esses séculos eram épocas bem mais recentes do período neolítico. Para além de Homero, todo passado era plano, equivalente.

Para se fortalecer contra aquele risco de regressão, a sociedade patricêntrica exaltou cada vez mais a si mesma: elevou o orgulho pela própria civilização, continuando a elevar também o pai e caindo no extremismo.

Assim, os gregos conseguiram emergir das trevas para sempre. De Homero em diante, não acontece mais de a civilização ser esquecida. Mas um dos altos preços para pagar esse esforço foi o desequilíbrio dilacerante entre pais e mães: a partir de Homero, a disparidade entre ambos, já forte, não fez senão crescer.

A democracia, que os gregos inventaram com extraordinária antecipação, foi gerada prematura. Não somente conservava-se a escravidão, como em todas as sociedades antigas, mas também as mães eram excluídas dos direitos de modo não muito diverso dos escravos. O saber nasce muito precoce. Mas a insegurança desses pais adolescentes, a sua necessidade de se sentirem os eixos do mundo, torna-os autores de uma ciência e de uma filosofia inicialmente intrincada, que explicam a fecundação e a geração revertendo a arcaica veneração pelo ventre das mães em seu contrário. O ultrapassado respeito pela capacidade geradora do feminino foi negado com um fanatismo cego, que se assemelha ao fanatismo racista que existe em todas as épocas, e substituído por uma fé na onipotência geradora dos machos. O colo materno é apenas um estábulo morno ou uma terra a ser arada: o pai, ao contrário, é o verdadeiro e único genitor do filho. Cumpriu-se aquilo que ontem Heráclito, e hoje Jung,[120] chamaram de *enantiodromia*: a reversão no oposto. Quando as coisas se invertem como espelhos que despejam em um a imagem do outro, sabemos que os dois extremos negam-se reciprocamente porque no fundo percebem que são muito similares: portanto, mutuamente substituíveis.

Assim como o último ato nas guerras antigas era espargir sal pela cidade derrotada e incendiada para impedir que seus palácios despontassem novamente, assim também a vitória do pai devia se completar derramando-se sal nos genitais da mãe a fim de que ali nada mais crescesse.

Ouçamos as vozes mais respeitáveis da tradição.

É Ésquilo quem fala na trilogia da *Orestéia*: *Agamêmnon*, *Coéforas* e as *Eumênides*.

Na primeira obra, Orestes encontra-se na obrigação de fazer justiça ao pai Agamêmnon, assassinado pela mãe Clitemnestra junto com seu amante Egisto. Para tanto, ele tem o dever de matá-la.

Orestes deve escolher. Não pode servir a duas autoridades: seu heroísmo consistirá no fato de escolher o pai.

O segundo drama, *Coéforas*, abre-se com o choro de Orestes e de sua irmã Electra sobre a tumba de Agamêmnon. Se perscrutarmos a fundo as suas invocações, não escutaremos o lamento de dois filhos sobre a tumba do pai, mas quase a prece de um fiel monoteísta perante o altar do seu deus.

Orestes: "É a ti que invoco, ó pai, socorre aqueles que te amam."

Electra: "Também eu te chamo, ó pai, banhada em lágrimas."

Coro: "Todos dizemos em coro, com um único grito:"

Orestes, Electra, Coro: "Sobe até a luz, ó pai, escuta as nossas preces..."[121]

[...]

Electra: "Escuta este grito, ó pai: volta teu olhar aos teus pequenos, debruçados aqui sobre tua tumba; tem piedade dos filhos da filha e dos filhos do filho."

Orestes: "Faz com que o sêmen dos Pelópidas [descendentes de Pélops] não se perca e exaure. Assim, serás vivo ainda que morto."

Electra: "Os filhos salvam o nome e a honra do pai morto. Como os sobreiros sustentam a rede e defendem o tecido das mordidas do fundo do mar."

Orestes: "Ouve-nos. A ti dirigimos este pranto."[122]

Fortalecido por esse diálogo com o espírito do pai, Orestes decidirá matar a mãe.

No drama que encerra o ciclo, *Eumênides*, ele é submetido a julgamento como matricida. É perseguido pelas Eríneas, divindades da vingança e do remorso, mas também sobreviventes ferozes do antigo princípio materno, rebeladas contra a nova ordem paterna. Orestes derramou o sangue da mãe por respeito ao sangue que corre em suas veias, o qual, segundo a crendice grega, une-o apenas ao pai (eis a continuidade da semente de que as palavras de Orestes nos recordaram há pouco). Ele será absolvido e as Eríneas desarmadas. As fúrias serão enclausuradas para sempre nos limites das novas instituições. A mãe é sacrificada ao pai: não só na vida individual de Orestes, mas na sociedade grega e nas raízes da sociedade européia.

Apolo, divindade mais recente, masculina e solar, aparentemente alheia à irracionalidade e à tortuosidade, protetora da civilização e das artes, assiste ao processo contra Orestes e aproveita a ocasião para dar voz a essa clamorosa vitória.

"Essa que é chamada mãe, não é a geradora do filho, mas apenas a alimentadora do germe nela recentemente criado. Quem gera é o semeador. Ela porém, salvo que um deus não a impeça, rende ao sêmen a salvação como hospedeira com respeito ao hóspede. Dar-te-ei uma prova disto. Pode haver um pai mesmo sem mãe. A testemunha está aqui: a filha de Zeus olímpio que não foi gerada na escuridão de um ventre materno."[123]

Essas palavras chamam em causa a deusa Atena que assiste ao processo.

"Eu sou inteiramente a favor do pai. Assim não terei em conta especial o destino de uma mulher assassina —intervém a deusa referindo-se a Clitemnestra— o que me interessa é o esposo, o custodiante da família."[124] Daí, procede a domar as Eríneas demoníacas com a ajuda da deusa Peitho (que significa "persuasão"). Elas aceitam não ser mais imprevisíveis e errantes, aceitam ser honradas em um lugar estável em Atenas, convertidas em figuras benévolas: em "Eu-mênides". O princípio masculino continua a vencer, ora com a força, ora com o compromisso.

NENHUM DEUS DO Olimpo grego foi merecedor de invocações como aquelas de Orestes e Electra a Agamêmnon. Somente o pai é ao mesmo tempo forte e bom. Somente o pai protege como força física e metafísica.

Mesmo Zeus, quando é respeitável e justo, parece uma extensão olímpica do pai, e não o pai um prolongamento terrestre do deus. Falando de Zeus, no início de *Prometeu Acorrentado*, Ésquilo afirma: "Não obedecer ao pai é grave."[125] A desobediência de Prometeu a Zeus é grave não enquanto pecado para com o deus, mas *enquanto desobediência ao pai*. Desobedecer ao genitor é mais grave do que desobedecer ao deus. Os deuses são indiferentes aos homens, somente às vezes esperam que lhes sejam submissos. O pai, no entanto, espera submissão sempre e invariavelmente.

Pouco mais adiante, no mesmo drama, Ésquilo declara: "Quem tem o poder há pouco é sempre duro."[126] Certamente alude ao primado de Zeus, que Hesíodo havia descrito como revolução recente. Mas para nós, diz algo de mais simbólico e mais significativo: o pai atingiu há pouco sua posição na sociedade e não há como não ser autoritário. Na mente dos pais, e na de Zeus, que é a projeção mítica da afirmação daqueles, está a consciência de haver conquistado o seu poder recentemente e com muita luta, e de que se deve enrijecer para defendê-lo: eis a couraça psíquica de Heitor, onde até os nossos dias encontra-se guardado o pai.

A ESTE PONTO, é preciso afastar um equívoco. O valor que se afirma com força nessa sociedade não é tanto o do macho em relação à fêmea no âmbito do casal. É antes de tudo o do vínculo de sangue, pelo qual o ser com quem compartilho a carga genética é parte de mim mesmo. A comunhão de sangue, por sua vez, essa sim com um machismo rude, é apenas aquela transmitida do pai ao filho.

Sófocles diz isso muito bem pela boca de Antígona. Ela não é uma heroína que venera o macho em si. Diz-se que ela nunca teria se sacrificado por um esposo. Mas oferece a sua vida para prestar honras fúnebres ao irmão. Ela tem um dever total em relação a ele porque, através de seu pai comum, compartilha do seu sangue.[127]

Poucos anos mais tarde, Eurípedes fará Orestes dizer algo ainda mais claro. O filho de Agamêmnon explica ao avô, pai de Clitemnestra, porque não pôde deixar de matá-la:

"Foi meu pai quem *me gerou*, tua filha não fez senão *parir-me*. Ela foi como o campo arado que acolhe a semente espargida por outros. Se faltar o pai, não há filhos."[128]

ALGUM TEMPO depois, um pensamento mais laico inicia um novo percurso na História. A nova verdade é expressa pela ciência e pela filosofia. No entanto, elas também repropõem, *sob o aspecto de argumentos racionais, a substância do mito paterno.*

Ouçamos Aristóteles em sua autoridade.

Como em outras ocasiões, o mestre de 2000 anos de pensamento ocidental não tem dúvidas em traduzir em ciência natural a imagem que Eurípedes havia criado para o teatro. A fêmea não produz sêmen, e este é todo do pai.[129] A contribuição materna na geração, complementar àquela do pai, é explicada em diversas passagens e mesmo com exemplos.[130]

O sêmen, portanto o pai, dá as características ao ser que é gerado. A mãe alimenta-o, dá a matéria —visível na menstruação— com que essa forma específica será plasmada. É possível colocar as coisas em um mesmo plano? Aristóteles é muito claro a esse propósito. Macho e fêmea concorrem para o nascimento de um filho tal como o carpinteiro e a madeira participam da construção de um móvel. O pai dá uma contribuição ativa; a fêmea é passiva. A coisa gerada terá os caracteres de quem lhe dá forma; a contribuição da matéria é indistinta. O ser que é gerado é filho do pai porque crescerá segundo a carga genética contida no sêmen; não é filho de sua mãe porque na matéria-prima pura e simples não estão contidos os caracteres genéticos. As expressões "casa de tijolos" e "estátua de madeira ou de mármore" não indicam quem gerou o produto, ao contrário da idéia contida em "o discurso *de Sócrates*". A qualidade inerente à madeira ou ao mármore é igual mesmo em objetos muito diferentes. Madeira, mármore, tijolos ou sangue menstrual não geram. Sócrates, o escultor, o carpinteiro e o esperma, esses sim. A mãe não gera, o pai sim.

A conclusão é claramente sintetizada por Aristóteles: "Há semelhança, mesmo nas formas, entre um rapaz [na puberdade] e uma mulher; a mulher é como um homem estéril. Ela de fato se caracteriza por uma impotência."[131]

O MITO DE QUE somente o pai é gerador atinge seu ápice com a civilização grega. Na Antigüidade, porém, isso era difundido nos lugares mais diversos: desde a Índia ("a mulher é o campo, o homem a semente"; "entre o sêmen e o útero, diz-se que o primeiro seja mais importante, posto que é o sêmen que dá o caráter aos descendentes"),[132] até o Egito ("os Egípcios [...] aderiram à idéia de que somente o pai procria e a mãe simplesmente fornece ao feto o alimento, o lugar onde viver, e chamam a planta com fruto 'pai' e aquela sem frutos, 'mãe'").[133] Ainda no século XX, a idéia da geração exclusivamente paterna é encontrada em sociedades simples ("pudemos chegar a uma clara compreensão da teoria indígena da concepção [...] somente o homem desempenharia um papel positivo, enquanto a mulher seria reduzida ao papel de mero receptáculo").[134] Mas o que surpreende é a tenacidade com que esse preconceito resiste no Ocidente, não obstante os avanços da ciência. Sustentado pela autoridade de Aristóteles, o mito da geração exclusivamente paterna persiste na Europa durante a Idade Média e em parte sobrevive até o início do Iluminismo.[135]

É bem fácil acompanhar a argumentação com que se racionalizava esse preconceito de base. Mais difícil é nos identificarmos com a profunda convicção que animava os gregos: para eles, não se tratava de um simples raciocínio apartado dos sentimentos. Era antes uma experiência afetiva primária. Tal experiência, conforme explica a história de Orestes, unia a criança ao pai e a distanciava da mãe. De modo mais geral, o mito oferecia uma aparente base objetiva para afastar do homem os sentimentos de amor pela mulher. Para os modernos, esse amor não poderia parecer mais "natural": com a palavra natureza, porém, referimo-nos ao instinto, enquanto o amor é ao mesmo tempo instinto e cultura. A possibilidade de amar deve se conformar às bases teológicas e filosóficas de quem ama. A idéia grega do amor feminino e, por conseguinte, a capacidade dos gregos de amar as mulheres, era mutilada por uma teologia e uma filosofia negativas. Os antigos gregos casavam para ter filhos, mas, por princípio, pouco tinham em comum com as suas companheiras. Essa estranheza dos afetos, projetada sobre a fisiologia, retornava-lhes como uma falsa confirmação de que a consangüinidade fosse exclusivamente transmitida pelo ramo paterno.

O efeito combinado da negação da capacidade criativa feminina com a ênfase sobre a cadeia hereditária dos pais conclui-se em uma desvalorização dos vínculos horizontais entre parceiros em favor de vínculos verticais, isto é, entre diferentes gerações. E do mesmo modo, dos vínculos heterossexuais em favor dos vínculos homossexuais. A pedofilia masculina era vista então como o vínculo mais difundido e mais sincero.

Tomemos um exemplo muito claro. Inicialmente, as cidades-Estado gregas baseavam sua economia no cultivo das terras circunstantes, mas sofriam recorrentes crises demográficas porque a população, que aumentava gradualmente e continuava a se concentrar no núcleo urbano, acabava se tornando excessiva em relação aos recursos alimentares disponíveis. Os gregos não queriam ampliar as dimensões das cidades-Estado pois viam com maus olhos essa forma de expansão.[136] Eles eram grandes navegadores e o Mediterrâneo apresentava grandes áreas ainda despovoadas. Era então natural, durante ao menos dois séculos (do VII ao VI a. C.), aliviar o excesso populacional com a fundação de novas cidades por meio de expedições de colonização. As colônias eram estados novos e independentes, mas que permaneciam ligadas à pátria-mãe pela consangüinidade de origem.

É muito significativo que, em sua maioria, essas expedições fossem compostas exclusivamente de homens.[137]

Decerto eram necessários marinheiros para a viagem, exploradores e guerreiros para tomar posse dos novos territórios e, por fim, construtores para dar continuidade ao estabelecimento. Mas como se reproduzir sem mulheres? Ao que parece, elas eram encontradas nas terras apossadas. Para os colonos que viviam numa situação radicalmente nova, o tradicional culto grego das origens e do sangue era particularmente importante. Mas para conservar o sangue em comum com a pátria-mãe bastavam os machos. A mulher era perfeitamente substituível, pois entre mãe e filho não há consangüinidade. Desde o momento em que ela, mesmo durante a gravidez, limita-se a nutrir o embrião, não faz diferença que seja grega ou bárbara, assim como pode ser indiferente que o leite dado a uma criança seja de cabra ou de vaca. O útero tem exclusivamente a função de alimentar o filho que o pai, o verdadeiro genitor, ali deposita.

COMO PUDERAM mentes tão elevadas cometer um erro tão baixo? Hillman nos fala[138] de uma fantasia "apolínea", a parte superior de uma idéia arquetípica que o florescimento da civilização grega havia perigosamente cindido em seu esforço para se elevar acima do que era terrestre, excessivamente pesado e material. Esse erro pode ser descrito como uma "analogia agrícola", conforme veremos mais adiante.[139] Ao forçar tal analogia, os gregos acreditavam demonstrar aquilo de que já estavam convencidos.

O ponto de partida é a fase de imensa criatividade que a cultura grega estava atravessando. Os homens desconfiam da aparente lentidão das mulheres nas suas contribuições. Devido à maior continuidade com que as mulheres agiam em relação ao instinto, os homens se convencem de que elas não sejam capazes de escolhas mentais claras, as quais podem ser traduzidas como a prática que se realiza com uma disciplina sóbria. As mulheres são humorais, barulhentas e desprovidas de austeridade exatamente como os bárbaros, que por sua vez são considerados irremediavelmente diferentes.[140]

As mulheres parecem ser indulgentes com relação às necessidades imediatas, enquanto os homens criam —logo, tornam-se simbolicamente pais—, limitando a própria satisfação externa para elaborar dentro de si o novo. Nos machos, o resultado é a sensação de uma diferença intransponível, constitutiva, fisiológica, como se homens e mulheres pertencessem a duas raças diversas. Hesíodo assim declara abertamente quando fala das mulheres como *genos* : é verdade que dessa palavra derivamos "gênero", mas para Hesíodo ela se referia a uma distinção de natureza, que passava muito longe da questão sexual.

Hoje sabemos que essa e outras diversidades consideradas intransponíveis e genéticas são na realidade transponíveis e culturais.[141] Mas o Ocidente foi permeado por uma permanente tentação de encouraçar e tornar inexpugnáveis suas próprias vantagens, justamente porque nelas não se percebe seu aspecto de precariedade.

Os pais da Antigüidade elevavam-se ao criar a cultura. E invertendo a ordem dos fatores, da cultura criada extraíam a prova de que a própria Natureza lhes reservara uma posição mais elevada. Milhares de anos antes que os Ocidentais construíssem teorias para se impor aos povos menos afortunados, os gregos já acreditavam que um "destino manifesto" os autorizasse a subjugar não apenas os bárbaros mas as próprias mulheres.

Começava a se conceber a existência de leis naturais, bem mais confiáveis do que as leis divinas. Para descobri-las, recorria-se à observação direta. E o estudo da natureza vegetal, com sua exuberante propensão a gerar, certamente inspirou os observadores. O que há de mais instintivo que comparar a semente da planta ao sêmen masculino? Portanto, o pai humano dá o sêmen como a planta genitora. Mas a que comparar então a função da mãe? Àquela da terra, que hospeda e nutre, primeiro a semente, e depois, sem interrupção, a planta mesma. A essa imagem não poderia corresponder primeiramente a gravidez e depois a amamentação? Ademais, para os gregos a função de simples ama não apenas parecia alegável pela correspondência com a agricultura, mas observável diretamente na mulher. Era só uma questão de reverter os tempos, começando pela observação da fase posterior à geração, ou seja, da mulher que amamenta. Uma vez que se percebia uma continuidade no comportamento da mãe, seja em relação ao próprio ventre inchado, seja em relação ao recém-nascido, por que não inferir que mesmo na fase inicial, que ocorre no interior do ventre, a relação mãe-filho não fosse um vínculo genético, mas meramente nutritivo?

Do ponto de vista moderno, aquilo que pretendia ser uma observação naturalista era somente a transposição em conceitos de uma fantasia arquetípica, isto é, de uma idéia autônoma e inconsciente. Esta reproduzia em imagens agrícolas o mito do pai criador e da mulher como *espécie* separada e inferior, o que por sua vez não é senão a conseqüência inevitável da enantiodromia pela qual a veneração pré-histórica da capacidade geradora feminina revertia-se em negação. Como disse Hillman: "A verdadeira origem é a própria fantasia arquetípica, não a cena objetiva em que a fantasia é 'observada' como 'fato'."[142] Com efeito, a mera diferença de *gênero* masculino ou feminino deveria permanecer intrínseca a toda e qualquer espécie vegetal ou animal. Mas os gregos temiam demasiado a força natural do materno e não podiam permitir que ela permanecesse tão próxima. Seu argumento partia da premissa de uma diversidade inconciliável, pois partia do medo de que, se o homem e a mulher compartilhassem a mesma natureza, as qualidades femininas teriam podido se manifestar também no homem, anulando a sua especificidade, que então se encontrava em franco desenvolvimento. As qualidades femininas, disso estavam convencidos, tinham um poder de sucção regressiva: do adulto para o útero, do espírito para a terra e da História para a Pré-história. Assim, o argumento não era aberto à observação e admitia apenas uma conclusão pré-concebida: no sentido de Popper, não era falsificável.

Não se tratava de uma convicção específica, referida apenas às funções genitais, mas de um sistema de valores global, no qual a mente estava totalmente imersa sem poder enxergar de fora. Tal como o filósofo da Idade Média não movia seu pensamento senão dentro dos limites do credo cristão, assim também Aristóteles não pensava o seu saber senão nos limites de uma *fé* quanto à superioridade do pai: implicitamente a genética, à qual ele dedica boa parte de seus escritos,[143] faz parte da filosofia da criação, e essa é uma capacidade exclusiva do macho.

A idéia da geração exclusivamente masculina decorre em grande parte da autoridade de Aristóteles. Sobreviverá durante milênios e será transplantada, na Idade Média, para a obra de São Tomás de Aquino. Somente em 1660, Nicola Stenone descreverá a natureza dos ovários. E apenas no século XIX será realmente explicado o mecanismo da fecundação humana.

Portanto, um preconceito de superioridade masculina foi ativado na Grécia mas percorreu posteriormente a cultura do Ocidente até penetrar a psicanálise.

Aristóteles e toda a sua época tinham como pressuposto invariável a concepção da primazia do homem sobre a mulher, e da geração —ou seja, da consangüinidade— sobre os demais vínculos humanos. Da união desses dois pensamentos sobrevinha uma fantasia ininterrupta da capacidade *geradora* masculina: uma obsessão não tanto *machista* quanto *paternalista*. Ela se manifestou como fé na capacidade masculina não somente de criar filhos, mas de conceber idéias, arte, sociedade. Uma cultura, em suma, que florescia com uma rapidez jamais vista, em que apenas os pais podiam gerar, uma vez que as mães, reclusas em um círculo vicioso, não podiam nem menos presenciar a vida social e cultural.

E ESSE CULTO EXCESSIVO à força geradora paterna —esse Zeus, representante do pai, que de sua cabeça gera Atena, emblema da inteligência— não seria uma transposição para o masculino do tripúdio sobre as mães grávidas ou da perplexidade com a fecundidade feminina que havia caracterizado o Neolítico e parte do Paleolítico superior? A imagem da fertilidade, originalmente percebida como algo totalmente materno, após percorrer um longo caminho até desaguar na *Teogonia* de Hesíodo, inunda com igual unilateralidade sua vertente oposta: a margem paterna. O extremismo era idêntico, mas um processo de enantiodromia havia revertido a ênfase de um genitor para o outro. Em tempos pré-históricos, a cultura afirmava-se ainda como continuação da Natureza, portanto suas imagens eram um prolongamento da força de geração mais visível, a materna. Na Grécia, a cultura logo se impõe como dimensão autônoma e mental: inconscientemente descreve a si própria com uma imagem na qual apenas a mente tem o poder de gerar. Como o pai-Zeus, que gera pela cabeça.

Em ambos os casos, a percepção inconsciente subjacente é a de encontrar-se no início de movimentos complexos que produzem o novo: gerar quer dizer trazer à existência algo que antes não havia. E tanto o Neolítico como a Grécia foram novidades espantosas. A diferença, no entanto, está no fato de que os gregos sentiram o desenvolvimento da sua civilização como algo impregnado de uma qualidade heróica e favorecido por uma autodisciplina quase militar. Para eles, essa virada implicava uma repressão das qualidades femininas e das imagens que as acompanham.

A ESTE PONTO é preciso esclarecermos uma coisa. Como todos os mitos, esse do pai criador conheceu um único verdadeiro momento de glória. Glória, porém, que continuará a ser narrada tempos depois.

O pai grego tradicional foi uma figura absoluta: institucional, mas também humana. Se ele freqüentemente encontrava-se distante da família e, ao menos até uma certa idade, confiava a educação dos filhos à mulher ou a um preceptor, essa família não concebia a si própria sem a presença do pai. Todos os afetos familiares lhe diziam respeito ou se encontravam nele, como os raios de uma roda em relação ao seu eixo.

De Homero à tragédia, a narrativa grega foi permeada pela imagem de um pai forte e bom[144] ou pela nostalgia deixada pela sua ausência. Não a relação entre homem e mulher, tampouco entre homem e homem ou entre homem e deuses (que, de todo modo, era feito de temor), mas o amor entre pai e filho era o sentimento central da alma e a coluna de sustentação da sociedade. Para a *República* de Platão, o próprio mal político da tirania provém de um regresso a formas pré-civilizadas da personalidade: que, do nosso ponto de vista, não hesitamos chamar de pré-paternas. E essa involução, por sua vez, parecia derivar do mal que os gregos mais temiam: o filho que, em vez de aprender com o pai, opõe-se a ele.[145]

A compostura, a delicadeza singular, o pudor como qualidade particularíssima do sentimento paterno eram alguns dos fatores que, embora menosprezados, contribuíram para a estética literária e artística daquele período. A ênfase contida assegurou o equilíbrio, salvou a dignidade e libertou a profundidade das criações: que desse modo trazem, indiretamente, a marca do pai. O amor materno, o enamorar-se, a adoração amorosa das divindades não estão sujeitas aos mesmos tabus de estrito decoro. Portanto, sua narração pode muito facilmente superar os limites e, nesse trasbordamento horizontal, perder profundidade. O antigo pudor dos pais gregos continuará a mover-se em regiões tão profundas a ponto de sobreviver a todas as épocas, mas também se tornar irreconhecível: nós o reencontraremos na modernidade, porém cianótico e doente.

O ideal total do pai, o momento em que o pai humano coincide com o seu mito, começou a deteriorar já na austeridade da tragédia[146] (no século v). O *Alceste*, de Eurípedes, faz irromper bate-bocas e crises de incompreensão na relação entre pai e filho, que até algumas décadas antes era imbuída de uma devoção religiosa.

Alguma coisa acontece então no breve piscar de olhos —pouco mais de um século— em que a comédia sucede à tragédia. A comicidade das situações descritas por Aristófanes é freqüentemente centrada sobre uma relação mesquinha entre filho e genitor: o jovem leviano e perdulário em confronto com o pai avaro e desconfiado. A sociedade grega, e então a sociedade do Ocidente que estava se helenizando a passos largos, rapidamente torna-se laica: abandona o vôo alto dos mitos e desenvolve o culto aos fatos e às cifras.

O *patriarcado* continua a ser a estrutura da sociedade. Mas o *pai* coincide cada vez mais dificilmente com o ideal do ego. O pai havia sido uma figura heróica e bela: havia orientado o ideal estético. Para o patriarcado é suficiente que o genitor seja forte: ou melhor, ele pode ser substituído por instituições porque, pouco a pouco, o próprio pai é cada vez menos objeto de afetos, como homem, e cada vez mais sinônimo de obrigações, como instituição.

Quando Grécia e Roma fundem-se, a nova força do pai romano se confunde com a antiga força do pai grego. Mas muito raramente nasce daí um ideal estético comparável ao pai forte e bom da *Odisséia*.

Quando a Roma helenizada se converte ao cristianismo, herda a veneração a um Deus-pai absoluto a quem era imputado o judaísmo. Mas a figura divina é tão potente a ponto de absorver e retirar para os céus a parte do mito paterno que mais nos concerne, isto é, a força geradora. Como nota Hillman,[147] ainda hoje herdamos da tradição judaica e cristã o axioma "primeiro foi Adão, depois Eva": disparidade que assegura uma superioridade do homem em relação à mulher, não do pai sobre a mãe; consiste em uma primogenitura, não em uma diferenciação da capacidade de gerar. Na narrativa bíblica, quem gera é Deus. O cristianismo, e em particular o catolicismo, desestabiliza a firmeza reconfortante de Javé com o dinamismo do triângulo edípico. A sagrada família parece reabrir uma porta aos antigos valores femininos e terrestres.

Mas então se trata de uma verdade psicológica ou de um preconceito cristão? Esse ponto de vista deixa para trás os judeus como cristãos cuja última evolução lhes falta. De outro ponto de vista, sobre a questão da geração, é Cristo —e portanto o cristianismo— que constitui um judeu incompleto, porque amputado da paternidade, a estrutura central do judaísmo e das religiões monoteístas, inclusive do cristianismo.

## 2.7. ENÉIAS

JUNTAMENTE com a *Ilíada* e a *Odisséia*, a *Eneida* compõe a base épica do Ocidente. Da Europa, e ainda mais da América, pois é o poema dos emigrantes que se embatem e depois se fundem com as populações originárias.

Virgílio, porém, encontrava-se em uma condição muito diferente daquela de Homero. Sabia distinguir entre narrativas míticas e narrativas históricas. E entendia o quão trabalhoso seria obter um poema unitário a partir de ingredientes tão diversos.

Virgílio vivia na História, consciente de que a História designa a cada um uma condição diferente na qual existir. Ninguém está no centro da História. Mas Virgílio sabia que ele se encontrava num vértice. Roma era a maior das pátrias e estava no ponto mais alto de seu próprio poderio. Acima do Estado encontrava-se Augusto, o maior chefe que Roma já conhecera. E Augusto dava a entender que um poema épico dedicado à sua grandeza e à de Roma o agradaria muito. Poetas não faltavam, mas encontrar-se no vértice dos vértices causava vertigens: suas mãos tremiam, e tremendo diziam "não".

Quando começou a escrever a *Eneida*, Virgílio já dera prova de sua capacidade muito tempo antes. Por muito tempo havia adiado o projeto: queria entender os vínculos a que deveria se submeter e verificar que espaço lhe deixariam para uma criação autônoma.

Antes de tudo, seria preciso estabelecer uma ligação com os mitos gregos e a épica de Homero. Roma era verdadeiramente grande desde quando conquistara a Grécia por meio da força militar e fora por ela conquistada pela força cultural. Na arte, na literatura, em cada expressão criativa, os romanos nutriam-se do alimento grego, com a *Ilíada* e a *Odisséia* inevitavelmente no posto mais alto da lista.

A outra margem entre a qual o poema devia correr era dada pela história de Roma e pelas expectativas de Augusto: as origens da cidade e suas instituições deviam resplandecer em luzes de nobreza.

Virgílio decidiu executar a obra ao estabelecer por conta própria um terceiro vínculo: evitar a ênfase na parcialidade e na adulação. Tinha demasiado bom gosto e sensibilidade para se permitir esses pecadilhos, e Augusto era demasiado inteligente para não compreender que isso era também em seu interesse. A essa combinação, raríssima em qualquer tempo, ainda mais há 2000 anos, devemos uma obra-prima.

A escolha de uma linguagem sóbria se propunha a cantar as origens de Roma com um estilo da Grécia, e assim colocava os dois primeiros vínculos em relação harmoniosa: os valores gregos eram o autocontrole, a luta contra a *hybris*, a humildade do homem perante os deuses.

Virgílio finalmente intuiu que a sua obra seria coerente e unitária se, além de respeitar essas qualidades no estilo, escolhesse como protagonista um herói que as personificasse. E assim compõe a *Eneida*, o poema épico de Enéias.

Que Enéias fosse troiano, isso de modo algum contrastava com a épica grega a que Virgílio desejava dar continuidade. Homero havia sempre colocado os gregos e os seus inimigos sobre o mesmo plano. Antes, havia dado a entender que o troiano Heitor era o personagem que mais amava. Os homens não passam de instrumentos ingênuos nas mãos dos deuses e do destino: se os heróis da Antigüidade devem ser exaltados não é porque os nossos representem o bem e os do inimigos, o mal, mas porque todos representam uma vida vivida com grandeza e glória.

Naqueles tempos, muitas lendas descreviam o perturbado retorno dos príncipes gregos após a guerra de Tróia. Outras contavam que alguns troianos sobreviventes haviam fugido para o Ocidente. A Enéias, filho de uma deusa e de um príncipe troiano, era atribuída a fundação de diversas cidades na Itália, dente as quais a própria Roma. Virgílio descartou essa versão muito direta: não só porque se sabia que a queda de Tróia e as origens de Roma estavam separadas por vários séculos, mas também porque preferia a linguagem alusiva da poesia àquela explícita e rude da propaganda.

De Roma, na *Eneida*, devia-se falar apenas indiretamente. Mas, de vez em quando, os deuses e o pai Anquises teriam encorajado Enéias a se estabelecer na Itália e ali estabelecer as bases para um grande reino futuro. O filho Ascânio teria fundado Alba, da qual por sua vez teria sido fundada Roma, criando assim uma lenta aproximação temporal e geográfica. O segundo nome de Ascânio, Iulo, descendia através dos séculos por essa linha. Dele se originaram os julianos, povo ao qual Augusto pertencia.

Desse modo, Virgílio conseguia harmonizar diversas exigências. Por um lado, respeitava a cronologia real dando ao poema um lugar na História; por outro, inseria as origens de Roma no ciclo épico grego. Ligava-as, portanto, a uma genealogia divina, pois Enéias era filho de uma das deusas maiores; e à vontade dos deuses em seu conjunto, que concordavam e insistiam para que ele fundasse na Itália uma grande estirpe. Aludia pois a Augusto, como pai nobre e natural de Roma. Finalmente, glorificando Enéias junto a Anquises e Ascânio, apresentava a sucessão dos pais como um fio que havia unido as gemas da sua genealogia e devia tecer a força da sua sociedade. Esse fio de continuidade é também o nosso.

DESEJANDO ATINGIR a grandiosidade de Homero, Virgílio era obrigado a respeitar diversos cânones estabelecidos para esse percurso. Dentre os poucos textos de relevo da Grécia arcaica, encontram-se os *hinos homéricos* (não nos interessa aqui até que ponto fosse correto atribuí-los a Homero): e um desses hinos descrevia justamente o nascimento de Enéias. Principal raiz de Roma, esse mito condicionava de modo decisivo a personalidade do herói à sociedade que ele teria fundado. No nascimento, os papéis de pai e mãe eram absolutamente singulares: assim Enéias teria transmitido à sociedade romana uma entrega aos braços do primeiro e uma desconfiança em relação à segunda.

O *Hino homérico a Afrodite*, a deusa do amor que os romanos chamarão de Vênus, narra o seu extraordinário poder. Afrodite dispõe ao seu bel-prazer da paixão amorosa, cujo controle escapa à vontade. A qualquer momento pode despertá-la no coração de um mortal ou de um deus, tornando-o escravo do desejo. Somente três deusas estão livres de seu poder: Atena, dedicada à guerra, Ártemis, totalmente voltada à caça, e Héstia, devotada à virgindade e à casa. A combinação dessas quatro formas de feminilidade incontrolável devia inspirar um terror supersticioso aos pais antigos: Afrodite e Héstia, porque femininas demais, muito diferentes do macho; Atenas e Ártemis, porque fortes demais, hábeis com as armas e concorrentes com os homens. Eles projetavam nas deusas o temor de que fugissem ao seu governo tanto a mulher na sociedade, quanto a parte feminina do espírito masculino. O mito devia se completar subjugando-se para sempre essa total autonomia feminina.[148]

Até mesmo sobre o rei dos deuses Afrodite tinha completo poder. A qualquer momento poderia fazer com que Zeus ou qualquer outra divindade caísse enamorado não só por uma outra divindade, mas também por um ser mortal: e para os antigos deuses, essa era a mais profunda das humilhações.

Para castigá-la, Zeus condenou Afrodite a enamorar-se de um simples homem: nobre, porém, e belo como um deus.

ANQUISES ESTAVA tocando sua lira no alto do monte Ida, que se ergue ao lado de Tróia. Afrodite aproximou-se dele sedutora e resplandecente de beleza. O nobre troiano foi imediatamente tomado de amor, mas teve medo que ela fosse uma divindade e pediu-lhe para ser benigna com ele: bem sabia, com a moral de seu tempo,[149] que desejar muita felicidade era o caminho para o infortúnio. A deusa mentiu: era mortal, disse, destinada a desposá-lo e ter com ele filhos esplêndidos; o destino e os seus pais consentiam e levariam a ele dotes de valor. Anquises não tinha desejo maior senão se entregar. Ele imediatamente a ama com paixão. E depois cai adormecido.

A este ponto, a vontade de Zeus estava consumada. Afrodite retirou o disfarce e despertou bruscamente o homem: "Filho de Dárdano, por que dormes? Olha-me e diz se sou a mesma de antes!"[150] Anquises compreendeu. Tomado pelo terror de haver ousado tanto, implorou à deusa que fosse misericordiosa com ele. Quanto a isso, pelo menos, Afrodite podia tranqüilizá-lo: ele era caro aos deuses.

E acrescenta: daquele amor nascerá um filho que levará o nome *Aineias*, de *ainos*, que significa "terrível". Porque para ela havia sido terrível amar um simples mortal.[151] As ninfas do monte Ida seriam responsáveis pela criação do menino. Ao completar cinco anos elas o levarão ao pai e este o trará consigo para Tróia. O filho será belo como um deus. Mas Anquises deverá sempre lhe dizer que é filho de uma ninfa. Ninguém poderá saber que sua mãe é a grande deusa. Todos deverão acreditar que a mãe é um espírito do bosque, mágico mas menor e impessoal. Caso ele revele a verdade, Zeus o atingirá com o raio.

Recordamo-nos desses detalhes porque dizem algo de importante sobre o herói e sua mãe. Uma mãe mentirosa. Uma mãe que nega o fato de ser mãe. Uma mãe que nunca lhe deu carinho, que ignorou sua infância. Deveria então surpreender-nos que o glorioso Enéias adulto conservasse um fundo de melancolia?

ATÉ AQUI FALAMOS da antiga história homérica. Virgílio retoma o mito a partir desse ponto. Em sua versão, o Zeus grego torna-se o Júpiter latino; Afrodite, Vênus; Hera, Juno; e assim por diante. Acompanharemos a narrativa utilizando esses nomes. Em meio a ela não há naturalmente um vazio, mas muitas outras histórias. Como era previsível, narrava-se que um dia Anquises, tornado imprudente pelo vinho, deixou escapar a verdade sobre a origem de seu filho Enéias. Júpiter então o atinge com o raio que lhe paralisa as pernas: na *Eneida*, será assim que reencontraremos o pai do herói.

Homero havia iniciado a *Odisséia* com Ulisses já bem próximo de sua meta e o fizera narrar boa parte da sua viagem em retrospecto. A *Eneida* retoma essa mesma técnica narrativa.

O PRIMEIRO CANTO abre-se com Enéias avistando a Itália. Juno percebe-o. A deusa não podia suportá-lo, e o leitor da Antigüidade sabia muito bem que suas motivações eram egoísticas. Por um lado, Juno já havia tomado partido de Cartago, que seria a grande rival de Roma. Por outro, odiava Enéias como a todos os troianos: eram de Tróia tanto Ganimedes, amado por Júpiter, esposo da deusa, como Páris, que como árbitro da beleza para as deusas havia preferido

Vênus. Com argumentos ainda mais egoístas —que eram normais no politeísmo greco-romano, onde os deuses não se preocupavam em ser morais, mas
apenas a fazer respeitar seu poder—, Juno convence o deus dos ventos, Éolo, a
ajudá-la. Se ele expulsar os troianos para a África terá como prêmio uma belíssima ninfa. Persuadido por esses argumentos divinos, Éolo faz surgir uma tempestade.

A este ponto, porém, é Vênus quem se encontra contrariada. E volta-se a
Júpiter, recordando-lhe sua promessa: Enéias chegará à Itália e fundará uma
grande estirpe.

Na resposta de Júpiter, o poeta une com mãos hábeis o mito ao programa
político de sua epopéia.[152]

Nenhuma das promessas é modificada: o glorioso destino de seu filho
pode ser revelado mais detalhadamente a Vênus. Enéias chegará à Itália e
após três anos de lutas será rei. Seu filho Ascânio —Ilo, porquanto vivera em
Ilio (Tróia), doravante Iulo— fundará Alba em 30 anos. De Alba, após 300
anos nascerá Roma. A ela os deuses não estabelecem limites de poderio nem
de duração. Mesmo Juno se converterá para apoiá-la: e seu chefe será Júlio,
descendente de Iulo.

O leitor já sabe que Enéias goza da proteção divina pois o poeta constantemente refere-se a ele com o adjetivo "pio", que significa: respeitoso dos
deuses. Nós, modernos, notaremos que esse personagem indiscutivelmente
corajoso e generoso não é pio apenas por livre escolha, mas por constrição
interior. Na constante inclinação perante os deuses externos, tenta aliviar o
peso de uma autoridade demasiado severa que traz em seu interior. Esse per-
feccionismo insatisfeito não é estranho ao seu aspecto melancólico. Em última
análise, Virgílio descreve exatamente o personagem que ele havia desejado
criar: um homem crescido ao lado do pai e que teve sua infância marcada pela
falta de um afeto incondicional por parte da mãe, a qual agora o procura apenas
porque no filho famoso poderá prolongar uma satisfação de si própria.

Os troianos desembarcaram em uma enseada em Cartago, cuja rainha é
Dido. Vênus pode então descer à terra para confortar Enéias. Mas essa mãe
solícita torna a usar com o filho o mesmo ardil que havia empregado com o pai
Anquises. Enéias não a reconhece, mas mesmo assim acredita que ela seja
mesmo uma deusa e assume perante ela uma atitude devota. Vênus lhe dá
informações sobre a terra em que chegou, mas nega sua própria identidade ao
lhe dizer que é apenas uma caçadora. Somente quando ela desaparece, Enéias
se dá conta de que havia falado com a mãe. Ele lamenta pelo afeto que mais
uma vez lhe faltou. "Por que enganas o teu filho de modo tão cruel? Por que

não posso apertar-te as mãos? E falar contigo? E ouvir de ti alguma palavra verdadeira?"[153] Devemos refletir a respeito dessa crueldade porque aparentemente nada a justifica, exceto o capricho divino. E com isso o poeta quisera dizer algo.

Enéias avança pela terra desconhecida. A rainha Dido é informada de sua chegada e está feliz em conhecê-lo porque a fama do herói o havia precedido.

Observemos atentamente o que acontece agora. Enéias imediatamente manda chamar Ascânio, porque "o amor paterno jamais deixa a mente em repouso". Nessa formulação[154] encontra-se resumida a concepção de Virgílio do pai romano e da imensa ordem histórica que dele provém. De modo paradoxal, esse amor é *mente*: não coração ou sentimento, mas pensamento, valorização, vontade. E é mente *incessante*: estabilidade, responsabilidade, segurança.

A rainha está bem disposta e Ascânio pode vir sem riscos: levará como presente para a rainha os ornamentos de Helena. O encontro entre o menino e a rainha estabelecerá uma atmosfera mais feminina, menos guerreira.

Vênus observa dos céus. Teme que Juno queira fazer de Enéias prisioneiro de Dido. É impulsionada pela rivalidade, por um afeto tortuoso pelo filho e por seu papel de deusa do amor. Semeia a paixão por Enéias no coração da rainha de Cartago. Usa de um estratagema cujos frutos perversos reconheceremos no quarto canto.

Enéias manda Ascânio até Dido, que o cobre de abraços e ternura. Mas, sob a aparência de Ascânio, Vênus esconde Cupido, o deus que provoca as paixões do amor. Devido à forte semelhança entre Ascânio e Enéias, a armadilha de Vênus prepara a transformação do sentimento materno de Dido pelo menino em paixão erótica pelo pai.

Juno e Vênus, deusas inimigas, combinam esforços para fazer com que Enéias mergulhe a fundo nos perigos insidiosos de Cartago e no coração delicado de Dido. Elas tentam afastá-lo do dever que lhe fora designado. Em seus atos não há nada de épico, nada de divino, nada de materno: um pai fundador sem o seu dever ou um herói sem o seu destino são inúteis como um arco sem flechas.

Ambas as deusas agem por interesse próprio e imediato. Não se preocupam com as tarefas milenares estabelecidas pelo destino. A *Eneida* é um poema patriarcal e parece nos recordar que a essas missões distantes somente os pais —Júpiter nos céus, Anquises na terra— dedicam-se. Os pais conhecem deveres e ideais. As mães, apenas desejos.

Todavia, para o nosso ponto de vista psicológico, Vênus não é apenas uma vontade autônoma, separada de Enéias. Ao contrário, ela representa justamente o lado sedutor do herói: tortuoso, indireto, incontrolado porque completamente inconsciente. Cindido de sua vontade demasiado linear, masculina, obcecado pelos deveres e previsível. Ao enviar Ascânio, o fulcro do estratagema, à corte de Dido com as jóias de Helena, o protótipo da sedução, Enéias revela uma intenção inconsciente em perfeita sintonia com a mãe Vênus. Enquanto declara formalmente a superioridade do amor paterno, o poema denuncia secretamente um lado obscuro, uma manipulação pouco consciente dos sentimentos.

Neste momento, Dido recebe Enéias com honras visíveis e sentimentos secretos, e depois o encoraja a contar tudo o que lhe ocorreu desde o dia em que fugira de Tróia. Virgílio pode assim reproduzir o estilo de Homero e narrar nos segundo e terceiro cantos os primeiros sete anos de viagem dos troianos em uma longa retrospectiva.

O SEGUNDO CANTO descreve o fim de Tróia.

Retornar àqueles eventos, diz Enéias, é voltar a derramar lágrimas. Mesmo assim, ele os contará.

A guerra de Tróia já se encontrava em seu décimo ano. Os gregos acabaram de abandonar a cidade, aparentemente desencorajados: afastaram seus navios apenas o suficiente para fazê-los crer que houvessem partido e deixaram sobre a praia um imenso cavalo de madeira, que em seu ventre escondia os melhores soldados.

Em frente ao cavalo aglomeravam-se inúmeros troianos, como crianças curiosas e ávidas. Aqui a família de Enéias, que em Homero era nobre mas não do primeiro escalão, começa a mostrar sua vocação pela boa conduta: sua função paterna em relação aos filhos e cidadãos. Laocoonte, sacerdote de Netuno e irmão de Anquises, dá um primeiro passo à frente e grita: "Como podeis deixar de ver o risco? Somente quem é louco aceita presentes do inimigo!"

E então desfere sua lança contra a estátua de madeira. De seu interior ressoa um rumor sinistro. Os troianos estão quase dando atenção a Laocoonte e a queda de Tróia está preste a ser evitada. Mas novamente os ouvidos das crianças, crédulas e inconscientes, voltam-se para uma nova armadilha.

Sobre a praia fora deixado um traidor que conta que o cavalo era uma oferenda dedicada a Minerva, e que era assim tão grande para que não pudesse passar pelas portas da cidade, mas iria beneficiar os troianos, caso eles conseguissem arrastá-lo para dentro. O traidor havia conseguido escapar a seu destino, pois fora escolhido para ser sacrificado junto ao cavalo. Ao final de sua história, duas grandes serpentes saem do mar, lançam-se sobre os filhos de Laocoonte e os devoram. Depois despedaçam também o pai, que correra para defendê-los. Pensa-se aqui que Laocoonte tenha sido punido por Minerva por haver ofendido o cavalo sagrado. A multidão infantil acredita naquilo que é mais fácil de acreditar: os gregos fugiram, a guerra terminou, o sinal da nossa vitória é o cavalo. Para fazê-lo entrar na cidade, uma parte dos muros é derrubada. Festejam, cantam e bebem. Vão dormir sem deixar mais sentinelas.

"Estava ainda —conta Enéias— no primeiro sono.[155] Aquele em que mais se é grato aos deuses: depois do longo dia, e depois de dez longos anos de guerra. De improviso, Heitor aparece-me em sonho: não o glorioso Heitor que havíamos sepultado e de quem todos nos recordamos, mas um Heitor massacrado por Aquiles, desgrenhado, ensangüentado e choroso. A imagem inesperada esmaga-me o coração e aos prantos pergunto: — De onde e por que vens até mim? O que significa este teu terrível vulto?

"Heitor não se ocupa com questões pessoais, mas com um murmúrio diz a mim: — Foge, Enéias, foge! Tudo está em chamas, o inimigo já se alastra pelas estradas, Tróia despenca do alto de suas torres. Pela cidade e pelo rei Príamo já fizemos o bastante. Agora é tarde demais. Se a fortaleza pudesse ser defendida, eu mesmo o teria feito. Foge! Tróia confia a ti as relíquias sagradas e seus Penates.

"Assim dizendo consignou a mim as imagens e o fogo sagrado do templo. A angústia não terminava: apesar de nossa casa ser apartada, eu ouvia gemidos cada vez mais próximos. Até que o tormento me despertou. Saio para o telhado. Está acabado o sonho, mas não a dor. O barulho é fortíssimo, mas é diferente. Tróia arde em chamas."

MAIS DO QUE as pessoas, o fogo sagrado e os Penates estão em uma posição central. Esses elementos ligam o pai ao filho, o mundo grego ao romano, a cidade destruída àquela que será fundada.

Os Penates geralmente não recebem nomes específicos. São as divindades que governam tanto a casa como a cidade, o Estado: a pátria, de fato, é uma família expandida. Os Penates romanos correspondem aos deuses pátrios dos gregos: mas em Roma, o seu culto se faz particularmente importante e expressa a força da sociedade e da família romana dos melhores tempos. Sua posição central é assegurada justamente pela *Eneida*, poema de caráter nacionalista e religioso, que, por sua vez, faz desses os guardiões da genealogia de Roma:

representam a sobrevivência material mas também espiritual da estirpe de Enéias.

Os Penates ocupam uma posição central apenas metaforicamente: *penus* é a posição mais protegida e central tanto da casa como do templo. Lá é preparado um pequeno lugar de culto, com estatuetas e outras imagens, dedicado às divindades que protegem a família e os cidadãos. De *penus* derivam o verbo *penetrar*, o nome *Penates* etc. Além da religião oficial —que também pode ser praticada apenas porque prescrita pela lei—, essa forma de culto exprime algo que é particularmente sentido, profundo e carregado de um caráter psicológico. Os Penates representam uma essência de nós mesmos, da família, da cidade. Algo tão íntimo, tão mais ligado ao sentimento, ao invés da razão, que parece indefinível: de fato, não possuem um nome específico. Eles tutelam a relação entre as gerações, sendo a parte mais verdadeira dessa identidade, portanto a mais vulnerável, a que menos gosta de se expor: seu culto é apartado, não exposto ao sol. Nessa obscuridade, recolhida da luz e das definições, o culto dos Penates mistura-se ao culto dos Lares e ao do fogo que arde ininterruptamente, devotado à deusa da intimidade:[156] a virgem e esquiva Héstia para os gregos, Vesta para os romanos, por todos respeitada. Essas formas de religião comportam uma fé devotada ao pai que não é apenas civil, mas também religiosa; e também uma clara separação entre tarefas masculinas e femininas. Os Penates não são apenas um mito romano: o próprio Hegel, cujo pensamento influenciou todo o Ocidente moderno, considera-os o fundamento da família.[157]

Os Penates são a semente da continuidade familiar romana, de um sentimento profundo que permitia elevar o macho ao estado de pai. Com seu aspecto prosaico, as línguas modernas nos indicam que atualmente ocorreu uma regressão, isto é, um rebaixamento do pai ao estado de macho. As palavras "penus" e "Penates" foram esquecidas, e as línguas ocidentais conservam somente os derivados "pênis" e "penetração". Para o imaginário coletivo que é subjacente à língua, a identidade masculina não conserva mais os valores de sentimento familiar e de continuidade (Penates), mas somente de sexo.

À MEDIDA QUE Tróia é consumida pelas chamas e invadida pelas hordas, também as emoções tornam-se ardentes e coletivas. Enéias esquece a sua tarefa de pai e regride ao papel de macho lutador.

"Aferro-me às armas —prossegue a narrativa— como um endemoniado. Ardo pela ânsia de combater, de organizar uma resistência: mas não tenho um plano. Quero apenas encontrar a mais bela das mortes: nas armas, em defesa da casa e de seus ícones. Corro pelos caminhos iluminados pelos incêndios. A meu encontro aproxima-se Panto, o sacerdote de Apolo, com as imagens sagradas e os Penates de Tróia.

"— Panto! Onde é o centro da luta? Qual posição pode-se defender?

"— Ah, Enéias, nada pode ser defendido. Tróia, os troianos, a glória: tudo se foi, tudo já é passado. Até mesmo os deuses abandonaram a cidade.

"Pelas estradas recolho ainda alguns jovens corajosos: — Quereis combater comigo, mesmo sem qualquer esperança? Os deuses já fugiram, defendemos uma cidade desaparecida. Nossa audácia é a falta de ilusões.

"Eles seguiram-me e precipitamo-nos pelas estradas que banhamos com o sangue dos gregos. Mas eles nos chegam sempre mais numerosos. Panto é morto. Eu também busco a morte onde o sangue corre abundante. A morte, porém, não busca a mim. Reencontramo-nos no palácio de Príamo, onde o embate é ainda mais furioso, onde como última defesa fazemos precipitar nossas próprias torres sobre os inimigos. Os familiares do rei aglomeram-se junto ao altar, esperando que os gregos respeitem o lugar sagrado e poupem-lhes as vidas. Surge o filho de Aquiles, Pirro (que Homero chamava Neoptólemo)."

Essa aparição é uma advertência: assim como o pai contém uma bênção que se transmite aos descendentes, o macho que não é pai contém uma maldição que também se transmite. Pirro é de fato uma máquina de sangue, tal como seu pai Aquiles. Persegue Polites, filho de Príamo, e massacra-o perante seus olhos. O velho rei berra:

"— Maldito seja! Profanaste o rosto de um pai, assassinando o filho à sua vista; mesmo o feroz Aquiles respeitara as súplicas."

(Ainda mais intolerável que o assassinato é a profanação do pai).

"— Vá agora até ele — responde Pirro. — Sê o mensageiro e conta a meu pai toda a minha crueldade. Junta-te a ele no reino dos mortos.

"Arrasta até o altar o rei Príamo, que treme e escorrega no sangue do filho. Ele então é feito em pedaços pela espada de Pirro.

E Enéias prossegue: "Súbito, e somente agora, minha mente apresentou-me a imagem de meu pai, que tinha a mesma idade de Príamo."

(Virgílio retoma assim a *Ilíada*, onde o encontro com Príamo havia recordado a Aquiles o próprio pai: nos filhos, o pensamento do pai anula o guerreiro e impõe um sentimento de compaixão.)

"Onde estará Anquises? Onde estarão minha mulher Creusa, e Ascânio? Recobro os sentidos, olho ao meu redor. Não tenho mais companheiros: estão todos mortos, ou fugiram, ou sucumbiram às chamas."

"Corro para a casa por entre a noite de Tróia. Mas súbito as chamas iluminam Helena, que se esconde na sombra. Ora, essa mulher por quem todos os nossos estão mortos retornará para a Grécia como rainha? Não. Não há glória em se matar uma mulher, mas é justo fazê-lo. Volto-me àquela direção.

"Em um instante surge minha mãe, Vênus: — Filho, por que perdes o controle e, com isso, o tempo que não tens mais? São os deuses, Netuno, Juno, Minerva e o próprio Júpiter — e aqui por um momento ela dissipa a fumaça dos incêndios e mostra-os a mim— quem destroem Tróia, e certamente não a frívola Helena. Foge! Vai até teu pai, salva a tua família!"[158]

(Isso que nos parece como a primeira intervenção sensata e amorosa da mãe de Enéias é na realidade mais uma atitude interessada. Diversamente do leitor moderno, o da Antigüidade imediatamente entendia que Enéias ignoraria Helena porque ela era a prova viva do egoísmo de Vênus. A deusa, na verdade, havia comprado a sentença proferida por Páris: para ser julgada a divindade mais bela, prometeu-lhe o amor da mulher mais bela do mundo. Esta era Helena, casada com um rei grego: o seu rapto dera origem à guerra de Tróia.)

"Vi então que Tróia desabava como uma árvore altíssima sucumbida pelas lâminas de um machado. Corri sem fôlego até minha casa. Mas meu pai, que eu queria salvar primeiro,[159] recusava.

"— Meu lugar é aqui, na cidade morta, pois que já estou morto. A salvação é para vós, os jovens.

"— Pai, e como pensaste que eu partiria sem ti? Se os deuses e tu quereis que aqui se morra, a morte torna-se a única escolha. Visto novamente minha armadura e voltarei às armas com os gregos."

("Os deuses e tu."[160] As vontades do pai e dos deuses encontram-se no mesmo plano. O destino quer a morte junto aos pais: Polites junto a Príamo, Príamo junto ao altar dos pais; Enéias junto a Anquises, Ascânio junto a Enéias.)

"Creusa aproxima-se de mim chorando: — Por que te separar do pai, do filho e da esposa que contam contigo? Defende primeiro a tua casa![161]

"E eis que, como ajuda inesperada às palavras de Creusa, uma luz baixa sobre os cabelos de Ascânio: depois, um estrondo à esquerda, um claro sinal de Júpiter. Anquises, conhecedor dos prodígios, grita: — Os deuses voltam-se a nós! Pedem-nos para salvar o neto e com ele a estirpe. Deponho a minha obstinação: partamos. Que toda a família parta!

"Jogo uma pele de leão sobre minhas costas, inclino-me e convido-o — Rápido, pai, coloca-te no meu pescoço. E leva contigo as imagens sagradas e os Penates: as minhas mãos estão sujas de sangue, não posso tocá-los.

"Com o velho paralisado sobre as costas, com o menino tomado pela mão, com a mulher que segue, lanço-me outra vez às estradas em chamas."

(A cena ainda é a mesma: as estradas riscadas pelo fogo e pelo sangue. Mas Enéias é outro, sua natureza foi revertida. Até poucos momentos antes, os estalos das armas excitavam-no: voltava-se de repente em direção à batalha. Aquela visão dos gregos era odiosa mas feliz: cruzar as espadas com eles em um instante redimia toda uma vida destinada a terminar no nada. Enéias era Aquiles. Então qualquer som de alerta, o próprio assovio do vento, sugeria-lhe a prudência ou a retirada.[162] Enéias calcula, Enéias escapa. Enéias é como Heitor em fuga. O que acontece com ele? Onde estão sua força e sua coragem? Nós o havíamos visto sempre a oscilar entre o dever da luta —instintivo, imediato, individual, *aquíleo*—, e o dever da salvação — complexo, que se estende a seus familiares e no tempo, *heitóreo*. Nós o veremos dividir-se em macho e pai.)

"COM A MINHA carga, ultrapassei as portas de Tróia e cheguei ao templo demolido de Cibele onde havia dito aos sobreviventes que me encontrassem. Anquises, Ascânio e os Penates estão salvos. E Creusa? Olho para trás: Creusa desaparecera. Desesperado, uma vez mais visto a armadura, uma vez mais retorno à cidade e seus becos, até a casa que uma vez fora serena: vejo apenas os gregos que contam os espólios da guerra, as mulheres e as crianças levadas como escravas. Despreocupado com o risco, grito pelas estradas o nome de Creusa. E o espírito de Creusa me aparece: — Não te desesperes, Enéias: não vale a pena. Não podes fazer mais nada por mim. Minha vida se foi. Tenha certeza: nunca me tornarei prisioneira de guerra de um grego. O meu espírito aqui habitará sereno, teve a honra de permanecer por estas terras junto à deusa Cibele. Tu, salva a família, Ascânio, o nosso amor por ele: um dia terás uma outra terra e outra esposa.[163]

"Ela desaparece, deixando-me com armas e lágrimas inúteis.

"A noite, que me protegia, estava prestes a se dissipar na manhã que chegava. Apresso-me para fora da cidade, para o nosso esconderijo.

"Aqui encontrei muitos troianos sobreviventes e fugitivos, que quiseram me seguir. Essa surpresa me dá forças. Atrás de nós, Tróia era fechada pelo cerco dos gregos: não tínhamos possibilidade de retorno nem esperança de que outros se unissem a nós. Retomei meu pai nas costas e afastei-me para as montanhas com os debandados."

O SEGUNDO CANTO, o mais dramático de toda a *Eneida*, chega à conclusão da aventura.

Aqui faremos uma pausa e indagaremos. Por que Virgílio deu a Enéias uma personalidade tão cindida?

O poeta quis descrever dois temperamentos que se combatem de modo ainda mais desapiedado que os gregos e os troianos. Duas personalidades psicológicas, rigorosamente masculinas, similares àquela já narrada por Homero no contraste mortal entre Heitor e Aquiles, e na oscilação entre dois modos diferentes de ser que não se conciliam no âmago da personalidade de Ulisses. Mas na escrita mais consciente, mais pedagógica e menos fatalista de Virgílio, já podemos discernir uma intenção e uma escolha de campo.

Por um lado, Enéias é submetido constantemente a um impulso para combater, que o possui em um instante e a todo momento, sem que haja uma solicitação externa. É seu dever mais simples, imposto pelos valores do tempo, pelas expectativas daqueles que ouvem sua história, pelo seu juízo interno, seu superego. Sua história recorda-o continuamente e ele quase se escusa por não ser morto: atirava-se para onde o perigo fosse maior, mas os deuses haviam decidido que sua hora ainda não era chegada. É uma luta travada com a ajuda de todos os seus companheiros, contra todos os seus inimigos; amigos e adversários apenas ocasionalmente têm nomes e não adquirem um relacionamento pessoal com o sujeito que narra a história. A ação e o encontro com o outro — amigo ou inimigo — não fazem parte de uma continuidade, pois estão presentes apenas no instante. Todas as relações são horizontais no grupo. Antes: na horda.

Não no sentido pré-antropológico de Freud ou de Engels, mas justamente em um sentido psicológico emprestado do comportamento animal. O grupo de combatentes nos faz recordar o bando formado exclusivamente de machos (que já vimos em ação quando falamos dos macacos mais próximos ao gênero humano), aliados na busca por alimento e pela fêmea, prontos para desafiarem-se quando surgisse a ocasião. Essa aproximação parece casual? No entanto, vimos que o ciclo épico de Tróia é a metáfora mítica de uma imensa contenda primordial entre os machos pela posse de Helena, a Mulher.

Ao contrário de Homero, Virgílio adere a uma ideologia: contribuir para a força da sociedade romana. Ele percebe — em muitos aspectos acuradamente — que essa se estenderá pelo mundo. Para Virgílio, o grupo impulsivo pertence ao passado, e a sociedade dos pais responsáveis, ao futuro. Eis a trama com que Roma decidiu enredar-se, o eixo sobre o qual faz rodar seu sistema de leis. Portanto no segundo canto da *Eneida*, enquanto nenhum dos gregos escapa à condição da horda, os troianos, porquanto debandados, revelam um projeto e dispõem-se ordenadamente em torno de Enéias.

Junto com o impulso de combater, Enéias é submetido àquele de salvar sua família e a estirpe. Esse estímulo é mais complexo que o primeiro. Contém algo do projeto de Ulisses. Nunca é imediato. Foram necessárias as intervenções de Heitor, da mãe Vênus e do espírito de Creusa para convencê-lo: a paternidade, como sabemos, é algo que começa a existir com a família e a sociedade. Ele parece continuamente voltar as costas para essa tarefa, arrancado do dever instantâneo do combate: como se a salvação comportasse um raciocínio demasiado abstrato para uma mente submersa no fogo e no sangue, que aludem a uma luta animal. Esse impulso construtivo é apresentado como algo fortíssimo: mas de todo modo não definitivo, ainda não maduro.

O poeta quis descrever-nos uma evolução decisiva, porém incompleta: na personalidade de Enéias (ontogênese) mas também, sendo ele mesmo o símbolo de uma nova sociedade, nos fundadores de Roma (filogênese).[164]

É justamente esse desenvolvimento que interessa tanto a nós como a Virgílio.

Enéias é chamado a escolher. É o momento da última defesa. Tempo e energia estão terminando: ou ele luta contra o inimigo, ou salva a estirpe. A contraposição indissolúvel é aquela entre um dever tão simples a ponto de constituir um mero prolongamento do instinto (que em todos os tempos impeliu os jovens a se deixarem matar como voluntários, e que para os mais velhos é visto confortavelmente como uma escolha livre) e um dever construído com a luta contra o próprio instinto. Aqui a satisfação do impulso imediato é rechaçada. O esforço é canalizado em uma operação composta, que pode ser momentaneamente gratificante apenas se se possui o sentido abstrato de intento e de projeto. Tudo aquilo que resta é adiado.

A mente não está naturalmente pronta para funcionar com essa complexidade. É preciso ela ser preparada por meio da escuta de diversas vozes: da mãe, do pai, da mulher Creusa, do modelo ideal de Heitor (pouco importa aqui se tratam-se de pessoas reais ou de diversas autoridades interiores). Sendo uma intenção sem base instintiva, não provê segurança imediata. Os sentimentos de Enéias quando alça a lança e quando alça o velho pai não são análogos. O primeiro é simples e gratificante. O segundo se atinge pelo aprofundamento mental, com uma investigação. Somente aqui a força adolescente, horizontal, do guerreiro é amadurecida e torna-se a força vertical do pai.

Horizontal é a combatividade dos pares, dos jovens leões que saltam ligeiros porque ainda não carregam consigo o peso da responsabilidade. Eles são belos e gloriosos, mas nenhum é si mesmo. No momento de estagnação, eles são o grupo; na hora de avançar para o ataque, são a horda. Vertical é a força da árvore, que procura o céu mas escava a terra. Vertical é a pressão do pai sobre as costas de Enéias. Vertical é a necessidade de aprofundamento que vem com a assunção de seu peso: do leão —combatividade juvenil— restou somente a pele, o acolchoado simbólico para a carga que o adulto escolheu suportar. O filho coloca-se por baixo do pai, que não pode mais se sustentar por sua própria conta. Todos possuem um instinto de sobrevivência, mas apenas um deles tem forças suficientes para sobreviver. Secretamente, o vínculo vertical é também hierárquico, e sustentar o peso traz como compensação uma elevação. O ato de encarregar-se do outro nasce da consciência da diferença e da complementaridade: é um modo seco de se livrar do sentimento de dispersão que se experimenta no grupo dos jovens, no anonimato dos iguais.

Enéias, jovem leão, perde-se. Mas Enéias, homem, não cai no vazio. Levanta-se tomando o seu posto na cadeia dos pais: Anquises acima dele, o filho Ascânio logo abaixo. Os três são uma árvore genealógica em marcha rumo ao futuro. O que os une é esse desaguar da paternidade que escorre de uma geração a outra. Uniram-nos o sêmen e o nascimento, passando por seus corpos. Enquanto fogem à morte, o que os une é um renascimento que passa através das mãos que se seguram umas às outras.

A IMAGEM DE ENÉIAS, em fuga com pai e filho, é o elo central na cadeia dos pais (figura 3) de onde foi forjada a sociedade. Poucas imagens foram tão carregadas desse intento (figuras 4 e 5).

Os braços do herói fundador —o direito que conduz Ascânio, o esquerdo que segura Anquises sobre as costas— foram para a antiga Roma o símbolo dos mais elevados valores, tal como os braços abertos de Cristo para os cristãos. Em estátuas, pinturas, mosaicos, moedas (que remontam até o século VI a.C., quando Roma era recém-nascida e ainda faltava meio milênio até chegar a Virgílio), essa foi uma das figuras mais reproduzidas da Antigüidade.[165] Augusto, inspirador da *Eneida* e do triunfo do patriarcado romano, quis justamente uma estátua da fuga de Enéias com o pai e o filho no centro do fórum de Roma.

Por que a apoteose do herói fundador representa-o em fuga? A resposta é clara se, em vez dos dados burocráticos da História, voltarmo-nos aos símbolos profundos a que tanto Virgílio como Augusto eram sensíveis.

A luta decisiva não é aquela ocasional e breve entre troianos e gregos (que a partir do oitavo canto da *Eneida* tornam-se por fim aliados). É o embate estrutural, milenar e ainda indeciso entre o macho da horda primitiva e aquele individualmente responsável, que a sociedade romana queria fazer encarnar nos pais.

O verdadeiro percurso de Enéias não é a breve viagem de Tróia até a fundação de Roma (que, conforme veremos, tem um caráter circular, de ida e retorno a um mesmo ponto de partida). É o ato de se afastar para sempre das chamas — que não são apenas indício da destruição de Tróia, mas também os ardentes impulsos do grupo horizontal do jovens— com a intenção de fundar compromissos não reversíveis e verticais, como a genealogia.

A generosidade de Enéias era uma fortaleza guardada pelos muros da sua piedade: e, na fuga fatigante, ele expressava sua generosidade com o pai e como pai, com a mesma coerência com que quotidianamente voltava-se para os deuses. Os antigos povos mediterrâneos — não apenas os romanos— guardavam essa virtude como algo insuperável. Na Antigüidade teve grande difusão uma outra lenda — omitida por Virgílio provavelmente porque tornava menos heróicos os inícios da viagem de Enéias— segundo o qual os gregos viram-no fugir carregando o pai e o filho. Eles teriam ficado tão impressionados que, mesmo embriagados pela vitória e pelos espólios da guerra, permitiram que somente ele dentre os troianos escapasse: na verdade permitiram que Enéias levasse consigo as suas riquezas.[166] Uma narrativa que constituiria um caso único na história dos antigos saqueamentos e que nos diz muito a respeito do mundo clássico pelas virtudes condensadas naquela cena.

SE A PARTIR DESSE início a *Eneida* procurou traçar o programa da sociedade romana, ele não deu forma apenas à figura do pai, que a regerá, mas também a uma figura feminina complementar, destinada a confirmar o papel do homem.

Ainda antes de se deparar com o poema, o público devia tomar conhecimento das origens do seu protagonista: uma origem divina, a mãe, mas radicalmente estranha ao ente materno, ao contrário de Anquises — responsável por Enéias desde a chamada idade da latência—, de quem se subentende uma relação com o filho ainda mais inexpugnável que a fortaleza de Tróia.

Na *Eneida* as figuras femininas são claramente divididas: uma parte suscita desconfiança imediata; as outras têm papéis de apoio aos machos, isentas de qualquer espécie de concorrência com eles.

O início da obra é dominado pela deusa Juno: personagem que mais se aproxima, na mitologia greco-romana, das figuras da Grande Deusa Mãe das culturas precedentes, mas que aqui mostra a sua potência apenas no aspecto devorador, infernal, destrutivo. Ela encontra-se em contraste radical com seu esposo Júpiter, que decreta o luminoso destino de Enéias e, lá das alturas, observa atentamente a sua realização. O rei dos deuses perde seus traços adolescentes que havia conservado no mito grego. Torna-se mais paterno e ao mesmo tempo diferencia-se cada vez mais da sua contraparte feminina. Juno, por sua vez, degrada o arquétipo da mulher-mãe, tal como Vênus, estranha à mãe, rebaixa aquele da mulher-amante.

Esperamos que a figura feminina central seja a mulher do protagonista. Creusa é descrita rápida, mas suficientemente, para intuirmos uma mulher com voz e sentimentos complexos. Dessa premissa descende, porém, a possibilidade de que ela de algum modo condicione Enéias, o evangelista do patriarcado puro. É agora inevitável que, nas numerosíssimas representações de Enéias fugitivo com pai e filho, Creusa esteja ausente ou representada como figura que segue o outro.[167] Torna-se lógico que ela morra subitamente ao início do poema: sua função fora a de reclamar a defesa específica da família a Enéias, que combatia com um furor adolescente e genérico. Feito isso, ela não deve oferecer mais obstáculos ao destino, que reserva ao herói outras aventuras e uma nova esposa absolutamente submissa.

A figura feminina é então simplificada. Ela não pode possuir aquela complexidade que abre caminho para uma personalidade individual. À frente das perigosas Juno e Vênus vêm à cena duas divindades ainda mais unilaterais no sentido positivo. Estas, símbolo significativo, habitam as alturas, acima de Tróia. Aqui, de fato, está o antigo templo de Ceres, a deusa das colheitas, que é mãe generosa, desprovida de um lado terrível. Pouco acima, sobre o monte Ida, está a sede da deusa Cibele, outra boa mãe que abrigará Creusa para sempre, deixando o caminho de Enéias livre para uma vida nova.

Se ao pai piedoso e generoso corresponde de modo quase esquemático uma mãe de pouca confiança ou malvada, Virgílio traça implicitamente o programa da romanidade exortando os cidadãos machos a desenvolver uma personalidade complexa e individual: tais homens deverão carregar consigo a responsabilidade da família e da estirpe. Às figuras femininas, no entanto, é concedido apenas ser generosas e úteis, ou danosas e destrutivas: uma carência de profundidade não menos problemática do que uma explícita subordinação. Em relação à Grécia, Roma concede às mulheres mais direitos. Mas não faz concessões à compreensão psicológica da figura feminina.

A VIAGEM DOS PAIS se fortalece à medida que Enéias prossegue em seu percurso na busca da terra nova: para Virgílio, o avanço das naus troianas é idêntico ao da nova sociedade.

No terceiro canto, a frota é ainda dirigida por Anquises. É o velho patriarca quem indica quando devem alçar as velas e fornece a rota às naus até o final da viagem. Surpreendentemente será Enéias quem dará a direção decisiva: mas a sua contribuição ainda é indireta e passiva.

"Procura a antiga mãe", disse a voz do deus Apolo.[168] Sua profecia promete aos troianos que a nova pátria surgirá exatamente no lugar de onde os fundadores da cidade de Tróia haviam partido em tempos muito remotos: um motivo ao mesmo tempo poético e psicológico, envolvendo toda a estirpe no *nostos* — o arquétipo do sofrido e ansiado retorno— que havia acompanhado Ulisses, Agamêmnon e os maiores heróis. Anquises acredita, com base na memória histórica, que esse lugar de origem deva ter sido Creta. Portanto aqui os viajantes desembarcam e constróem uma nova Tróia.

Mas Enéias sonha. Aparecem-lhe as imagens sagradas e os Penates que lhe foram confiados por Heitor, quando se encontrava moribundo, e que acompanham a viagem dos exilados. Anquises, posto que é o patriarca, interpreta o sonho, mas como é obediente à vontade dos deuses reconhece a voz deles que fala através da visão do filho. A mente inconsciente, arquetípica de Enéias é mais forte que a mente consciente, histórica de Anquises. A antiga —e a nova— pátria não é aqui. É preciso continuar em direção ao Ocidente, até a terra que os gregos chamam de Espéria, ou Itália. Em tempos longínquos fora esse o lugar de onde partira Dárdano, o genearca dos troianos. Lá será encontrada a cidade de Corinto.

Enéias mostra novamente um caráter de sonhador profético: e como é comum aos visionários, ele nos parece apaixonado pelas emoções, mas ainda incapaz de transformá-las em vontade sozinho. O pai é complementar a ele: a recordação que Anquises conserva da História é inferior à visão de Enéias; mas o velho mantém seu posto de chefe na hierarquia porque sabe transformar a visão em fatos.

Corinto é o antigo nome da cidade de Cortona, na Toscana. Virgílio coloca essa imagem no sonho de Enéias porque o culto aos pais fundadores e à "antiga mãe" é para ele a verdadeira religião. O poeta aprofunda-o, carrega-o de duplo sentido. Corinto era etrusca assim como Mântova, a pátria da qual Virgílio sentia orgulho porque os etruscos eram antiquíssimos e foram assimilados mas não apagados pelos romanos: e uma outra lenda sugeria que os etruscos fossem originários do Oriente, da Lídia, terra fronteiriça de Tróade, com a qual era parcialmente unificada. Portanto as pessoas deslocam-se circularmente ao infinito, as destinações coincidem com as origens e a cadeia dos pais é a expressão terrena da divina eternidade.

Esse culto, de que Enéias é o devoto modelo, mas que evidentemente vem de Virgílio, interessa muito à nossa análise. Formalmente é uma religião dos descendentes que olham em direção aos ascendentes, em direção aos arquétipos maternos e paternos. Mas ao passo que fora da cadeia dos pais se encontrem pessoas reais, que pouco a pouco tornam-se mais míticas, até se tornarem elos de conjunção entre a humanidade e a divindade, na ascendência materna em vez dessa continuidade encontra-se uma ruptura: há subitamente uma deusa que se ocupa apenas de si própria ou uma antiga mãe que não é personificada em figuras femininas reais. A vertente paterna desse culto é a devoção pelos pais verdadeiros. O lado materno é um vazio.

A VIAGEM SEM FIM é retomada. Ao longo do mar Jônio, uma parada nas Ilhas Estrófades provê os troianos de um gado abundante. São preparadas oferendas aos deuses e banquetes fartos. O Mediterrâneo parece ter se tornado a Grande Mãe que nutre. Surgem divindades femininas. São, no entanto, as hárpias. Mulheres até o peito, aves de rapina mais abaixo, e modos ainda mais ávidos. As hárpias, sempre famintas, roubam e devoram o alimento. Em vez de nutrição, seus corpos produzem ininterruptamente o oposto: excrementos que tornam irrespirável o ar e intragável aquilo que não foi rapinado. Gritam aos troianos uma profecia de fome. "Fora, fora daqui, mães que oferecem a fome em lugar de alimento!", ordena Anquises, invocando uma benção dos deuses.

O velho continua a guiar as naus. Mas os machos não são apenas bons pais que fogem das mães devoradoras. Como havia feito o grego Homero, também o romano Virgílio deseja que recordemos. Escondida nas cavernas, fora da vista do cotidiano e dos hábitos civis, mas pronta para nos atacar, sobrevive uma personalidade masculina não paternal e não redimível. Esse pano de fundo da *Eneida*[169] é idêntico ao da *Odisséia*, que é pelo menos 600 anos mais antiga e, por sua vez, composta pelo enredamento de várias narrativas que datam de muitos séculos antes. A natureza dupla do masculino é um arquétipo que não se alterou através das mudanças de lugares e de épocas.

Estamos na Sicília, aos pés do vulcão Etna, fogo que nasce do ventre da Terra, imagem do impulso visceral que irrompe diretamente nos fatos, sem se expor ao céu, sem passar através da luz, sem atravessar a região ou o olhar dos deuses. Os troianos descem nessas praias e encontram um miserável que quase não pode mais ser chamado de humano. É Aquimênedes, um grego que foi companheiro de Ulisses em sua aventura na caverna de Polifemo. Fugindo deste, na pressa os companheiros embarcaram sem ele. Desde então ele levou uma vida horrenda, nutrindo-se com raízes e sementes e tentando manter-se fora do alcance do monstro cego e de sua fome de carne humana. Em vez de continuar naquela vida, prefere entregar-se aos inimigos troianos, que talvez o matassem por ter sido um dos saqueadores de sua cidade. No entanto, Enéias o acolhe porque o homem piedoso é atento às súplicas.

Mas se o mito assim nos conta, cremos que Enéias salva-o porque atrás dele se encontra Virgílio, que quer nos advertir de maneira inequívoca: a luta decisiva não se desdobrará entre gregos e troianos, mas entre o macho bestial e a piedade paterna. Os machos —romanos ou bárbaros, gregos ou troianos— devem fugir do monstruoso e eterno adolescente, que vive de impulsos, e entregar-se sem reservas ao pai. Em sua direção deve navegar a História. A viagem infinita, símbolo desse esforço que jamais se completa, não admite compromissos.

Neste ponto morre o patriarca. Assim a *Eneida* coloca um fim ao terceiro canto e à vida de Anquises.

O QUARTO CANTO é um dos maiores contos de amor de todos os tempos.

Caso contrário, Virgílio, poeta dos sentimentos mais que das batalhas, não o teria escrito. E nós evitaremos falar disso, porque, embora se inclinando ao céu, aos deuses e ao destino, o que ocorre sobre a terra tem uma autonomia própria: e sobre a terra, perante Dido, Enéias não mostra nem generosidade nem coragem.

A noite dissolve-se na luz. Enéias completara sua narrativa e Dido, enquanto escutava, apaixonara-se. Dido, jovem viúva, prometeu renunciar ao amor que o marido morto levara consigo. Rainha que detém o comando e a espada, mulher que acolhe o hóspede com delicadeza e ama o companheiro com paixão, Dido é uma pessoa repleta de oscilações, complexa ao menos tanto quanto Enéias. Nos dias seguintes ela está atormentada. Ana, sua irmã e confidente, tem menos dúvidas: por que renunciar para sempre ao afeto, aos filhos, às vantagens políticas da união com o troiano? Por que sobreviver como mulher solitária, ainda mais sozinha no vértice de um reino circundado por povos hostis? Não se trata só de construir a vida sobre um projeto, como talvez faria um homem: uma intensa paixão de amor toma conta de Dido. Ana a compreendeu.

A *Eneida* descreve a rainha cada vez mais excitada, febril. Absorvida pelo amor, esquece os cuidados de governo. Mas não é apenas a irmã quem a estimula. Vênus preenche as fantasias de Dido com a lembrança de Ascânio, tão doce e tão parecido com o pai. Virgílio observa comovido a intensidade desse sentimento feminino. Mas os mitos e as instituições patriarcais decidiram o final antes do autor. O poeta trata o acontecimento como um dado de fato, sem tentar corrigir a injustiça que atinge Dido. A rainha é sincera, humana e apaixonada; mas a *Eneida* nos conta que ela está possuída. Aquele que é tomado por uma paixão e pelos deuses que se escondem por trás desses sentimentos, para o pensamento da Antigüidade, está "em culpa". Precipita na tragédia mesmo que, do nosso ponto de vista, essa punição não tenha sido merecida por más intenções.

Quando Virgílio descreve Dido abraçando Ascânio,[170] ele nos faz entender que o amor do pai romano pelo filho não se limita a "não deixar jamais a mente em repouso": esse amor é superior a qualquer outro afeto e portanto despreza a possibilidade de ser colocado no mesmo plano daquele da mãe. O afeto da mulher não cresce de uma vontade, de uma intenção ou de um projeto. Nela, mesmo os cuidados com o filho são instinto e paixão. Nesse episódio o amor materno não é mais distinguível de uma possessão erótica. Trata-se de um único e incontrolável frenesi. Se o sentimento é reassumido em uma única figura, seja o menino, seja o amado, ele também é unificado. Ascânio é uma criança e assemelha-se intensamente ao pai: e eis que é amado sem que as duas paixões sejam mais distinguíveis. Virgílio parece subentender que o amor de um pai é muito diferente, capaz de controle e de distinções. Imagine um homem que se inflama por ter sobre os joelhos a filha da mulher amada? A sociedade antiga o teria considerado ridículo. A moderna, perverso.

Enquanto isso, Juno e Vênus tramam a derrocada da dignidade divina e dos sentimentos humanos. Juno finge desejar o casamento de Enéias com Dido; Vênus finge acreditar e consentir. Virgílio apresenta o mito de maneira que a terrível desilusão da rainha não pareça ter sido causada por Enéias, mas por um princípio feminino passional e caprichoso. As duas deusas armam um temporal; em conseqüência, Dido e Enéias encontram refúgio na mesma gruta: quando saíram, a rainha havia renunciado à fidelidade pelo marido morto. Ela mesma acrescenta à trama uma outra culpa feminina, porque imediatamente, sem refletir o bastante, anuncia que se casará com Enéias.

O pai Júpiter observa esses caprichos e recorda a Enéias o seu dever de prosseguir a viagem.[171] Depois Anquises, o pai terreno, aparece-lhe em sonho e adverte-o.[172] Para nós, modernos, é espantoso observar como aqui o destino e o dever são correspondentes: Enéias tem um dever moral não só com o filho mas também com descendentes muito distantes, não nascidos mas *destinados* a nascer.

Subitamente Enéias é mais uma vez tomado pela dúvida. Não se sente tentado a permanecer em Cartago com Dido: sua angústia é como e quando dizer à rainha que partirá. Em relação à coerência e às qualidades morais normalmente apresentadas por Enéias, esse drama é exagerado. Indiretamente, Virgílio nos descreve ainda o lado obscuro do pai inabalável e justo. Se tomamos a narrativa ao pé da letra, perguntamo-nos onde estará a virilidade do herói que tem tanto medo de ser repreendido por uma mulher. Se, em vez disso, nós o tratamos psicologicamente, compreendemos que a passionalidade não é estranha ao ânimo do protagonista: a paixão também pertence a Enéias, que de imediato intui sua dramática importância. Mas o seu modo de se relacionar com a paixão é negando-a.

Dido também tem em sua mente uma imagem de descendência: um filho futuro que poderia ter com Enéias, em tudo semelhante ao pai.[173] Mas é também muito evidente que, na *Eneida*, as coisas não se encontram em um mesmo plano. Enéias tem um dever de pai fundador, pelo qual é responsável perante toda a sociedade; Dido tem apenas uma tarefa de mãe que se define pelo instinto, e portanto diz respeito apenas a si própria.

O amor, recorda-nos Virgílio, não pode ser enganado. Assim, Dido percebe que os troianos preparam-se para partir. Afronta Enéias e o repreende. Ela sai correndo e então repreende a si mesma. Tenta a reconciliação, tenta retardar a partida. Começa a delirar. Levanta acusações ainda mais atrozes. Ela ressente não ter assassinado o amado e desmembrado seu corpo, não haver esquartejado Ascânio para servi-lo ao pai como comida. Declara a Enéias e aos seus descendentes o seu ódio eterno: um ódio que os historiadores interpretam como profecia das futuras guerras mortais entre Roma e Cartago, mas que nós vemos como símbolo da inimizade entre os mundos paterno e materno, psicologicamente divididos. E enquanto o vento infla as velas das naus de Enéias, ela se atira sobre uma espada e sobre uma grande pira que havia preparado para si, para que os troianos pudessem vê-la mesmo à distância.

No QUINTO CANTO a viagem prossegue. Tendo parado na Sicília por causa do mar bravio, os troianos celebram com competições o aniversário da morte de Anquises. Ascânio, já crescido, distingue-se dos demais: aproxima-se ao pai e ao pai do pai.

Mas o mundo antigo é feito de dois mundos. As mulheres troianas celebram o aniversário em outra praia, apartadas dos homens. Elas choram e esperam por uma pátria. A terrível Juno não perde a ocasião de fazer mal a Enéias. Ela chama a deusa Íris: ordena-lhe que assuma o semblante de uma troiana. Íris desce até a praia e instiga os ânimos femininos.[174]

"Mulheres —ela grita—, há sete anos viajamos de uma terra a outra. Trouxemos conosco os Penates de Tróia para carregá-los através dos mares? Por que não poderia surgir aqui a nova Tróia? Por que nunca surge a nova Tróia? Aqui estão as tochas!". E acende-as com o fogo.

As troianas hesitam. Depois, quando percebem que quem lhes falou foi uma deusa, tornam-se decididas e exaltadas. A praia se enche de mulheres obcecadas. Parecem as antigas bacantes; mas a paixão erótica pelos machos aqui se transformou em ódio. Com um grito, as chamas são atiradas sobre as naus, corpo de madeira de um programa paterno muito complexo e desapiedado. Os cascos das naus começam a crepitar.

A cadeia dos pais deve imediatamente retomar a ação para contrapor o destino e o projeto a essa impaciência ardente. Dessa vez começará pelo mais jovem.[175] Ao avistar as chamas de longe, Ascânio é o primeiro a acudir: "Desgraçadas, aqui não queimais os gregos mas as vossas esperanças." Enéias roga a Júpiter: "Pai, se ainda somos caros a ti, dá-nos um sinal; do contrário destrói-nos." O líder está preste a perder a autoridade e, com ela, a esperança. Mas Júpiter, o pai celeste, auxilia-o fazendo cair uma chuva que apaga as chamas do incêndio e da exaltação. A maioria das naus é salva.

Neste momento floresceu uma ruptura irreversível, pois os pais jamais estiveram tão distantes das mães. O mito que os descreve indica esse perigo e excogita um compromisso. Anquises aparece em sonho para o filho e lhe sugere que permita àqueles que quiserem fundar uma cidade naquele lugar, não mais prosseguindo. Somente Enéias e os mais corajosos retomam a viagem.

No SEXTO CANTO Enéias chega ao seu encontro com o mundo dos mortos. O herói visita-o para encontrar Anquises e dele obtém instruções para a viagem. Mas ao visitar os espíritos dos mortos, Enéias não pode evitar um encontro com o espírito de Dido. Sobrepujado por sentimentos de culpa, Enéias tenta falar com ela. A rainha se afasta sem dizer uma palavra. Mesmo além da morte, a inimizade entre seus mundos mantém-se completa.

Nossa tarefa não é analisar a condição que os romanos e Virgílio atribuem aos finados. Essa condição não é muito diferente daquela dos gregos. Interessa-nos, no entanto, o fato de que a visita a Anquises e ao mundo inferior sejam formas metafísicas da cadeia dos pais. O espírito de Anquises é indispensável para completar o programa da viagem: muito antes de ser um percurso geográfico, ele é um percurso através da árvore genealógica. O velho não dá ao filho, que ainda vive, indicações sobre as próximas etapas: pelo contrário, mostra-lhe as almas que em séculos futuros serão encarnadas e se tornarão personagens romanos.

Ao longo de 130 versos, a *Eneida* apresenta o elenco dos descendentes que Anquises mostra a Enéias e que tornarão ilustre a sua estirpe. E a este ponto nós não nos surpreenderemos ao notar que nenhum deles é mulher.

E ASSIM TRANSCORRE a primeira metade do poema, os seis cantos dedicados à viagem. Em uma única obra, Virgílio queria reavivar na atualidade e na romanidade aqueles dois poemas gregos insuperáveis: a *Ilíada* e a *Odisséia*. A primeira parte da *Eneida* constitui a "Odisséia" de Enéias. Nos seis cantos seguintes, do sétimo ao décimo segundo, o herói firma sua terra na costa do Lácio e aqui seus troianos devem combater com as populações locais em uma guerra mortal instigada por Juno: a segunda parte do poema pode ser considerada uma "Ilíada" sobre terras italianas.

Com relação à primeira parte, devido ao seu caráter mais militar e coletivo, essa segunda *Eneida* contém menos referências ao mito do pai romano. Vamos nos deter, todavia, apenas em algumas passagens que dizem respeito aos temas já discutidos.

RETOMANDO TAMBÉM aqui a *Ilíada*, dentre os motivos centrais do embate está uma figura feminina por quem combatem os homens. O rei Latino perdeu seus filhos homens. Nessa terra tradicional da Grande Mãe, Latino é o símbolo da precariedade do patriarcado, que para se fortalecer aguarda a chegada do patriarca Enéias vindo do Oriente. Sua única herdeira é a doce Lavínia: a princesa que sorri, chora, enrubesce, mas nunca fala. Do nosso ponto de vista psicológico, a princesa é um pouco doce demais, submissa, carente —ao contrário de Dido—, de um temperamento próprio: não é uma mulher real, mas uma mulher-objeto criada pela fantasia masculina que conduz o poema e que nele modifica o mito para seus próprios fins. Seja na sociedade, seja na psicologia do indivíduo, espera-se que o feminino não traga mais surpresas.

Turno, o rei dos rútulos, desejava desposar Lavínia e unir os dois reinos. Porém, uma profecia anuncia que se deve aguardar a chegada de um estrangeiro. O rei Latino é um personagem benévolo e pelo modo como recebe Enéias o leitor logo compreende que o rei se prepara para acolhê-lo como genro; o velho pai sábio e benévolo, um pai mais jovem e guerreiro, mas piedoso, uma princesa que se guarda no silêncio e obedece: eis as premissas para o início do patriarcado romano.

Mas os tempos ainda não são propícios. Primeiro é preciso enfrentar as mães terríveis. Juno[176] envia a Fúria Alectó para a terra: sob forma de serpente ela penetra no coração da rainha Amata, mãe de Lavínia, e inflama-a de ódio por Enéias. Amata é calculista: rejeita Enéias, um exilado sem terra, e prefere Turno, titular de um sólido reino. E depois a Fúria voa até Turno e inflama-o do mesmo modo. A *Eneida* não poupa ocasiões para dizer-nos que pai e mãe são inimigos: mesmo os de Lavínia, mesmo aqueles de uma mesma família. O bem é paterno, a maldade é materna.

Em breve tem início a guerra mortal entre os aliados itálicos e os troianos. Estes são inferiores em número e são assediados por Turno. A situação torna-se desesperadora porque, enquanto os troianos estão entrincheirados no campo, os rútulos aproveitam para incendiar suas naus ancoradas no rio. Mas aquelas não são meras naus, pois são feitas de troncos de árvores do monte Ida, sagradas a Cibele. A antiga Deusa Mãe não aceita a destruição e transforma as naus em ninfas, que nadam para a liberdade. Quando necessário, portanto, os troianos ainda podem contar com a deusa, cujo bosque ajudou-os a construir as naus — unilateralmente boa, prestativa com Enéias—, e com as mulheres ocultas na natureza — as ninfas—, que criaram-no quando era pequeno.

Enquanto isso, Enéias conseguiu firmar aliança com Evandro, rei de uma colônia grega vizinha, que lhe concede reforços guiados pelo seu filho Palante. Mas a guerra prossegue duríssima e incerta; Palante é morto por Turno.[177] Aqui irrompe novamente o forte senso de obrigação e o caráter melancólico de Enéias, que se sente culpado por essa morte, como já havia ocorrido por ocasião da morte de Dido.

Dentre os aliados de Turno, o grupo mais perigoso é o das guerreiras, as míticas Amazonas (em grego *antianeirai*, que pode ser traduzido tanto como "iguais aos homens" quanto "inimigas dos homens": uma ambigüidade significativa, pois dois conceitos muito diversos condensam um medo idêntico do feminino independente). Em seu comando está a invencível Camila.

Mas também Camila cai por um capricho banal, e isso lhe custará a vida.[178] Ela não morrerá pela mão de um herói, mas de um guerreiro menor, banal. Para a psicologia masculina da *Eneida*, essa fraqueza corresponde a uma espécie de fenda na personalidade guerreira que deixa emergir a vaidade feminina. Camila persegue um troiano que tem armadura e ornamentos reluzentes. Deseja-o como troféu: descuida de sua própria posição no combate, deixa seu flanco desprotegido, não ouve o sibilo de uma lança até que ela lhe atravessa o peito.

Um episódio revelador. Para a mentalidade da *Eneida*, tanto a mulher muito forte quanto, simbolicamente, uma feminilidade muito forte na psique do homem são perigos graves. Ambos, o perigo externo e o interno, podem ser eliminados justamente entregando-se à racionalidade superior e à capacidade de planejamento da mente patriarcal. O feminino, por sua vez, perde a visão do todo e da finalidade última. É a borboleta que voa para a flor mais próxima.

Ao final do poema, os exércitos troiano e rútulo encontram-se em situação de risco. Tudo se decidirá com um duelo pessoal entre Enéias e Turno. A luta tem altos e baixos porque Juno e a irmã de Turno intervêm de forma desleal. Finalmente, o príncipe rútulo cai por terra e Enéias brande sua espada sobre o oponente.[179] Turno implora para ser poupado: "Pensa no sofrimento do meu pai, que poderia ser o teu." Já na *Ilíada* sabíamos que as lembranças dos pais evocam um sentimento de compaixão ao qual não se pode refutar. O piedoso Enéias, que tem respeito pelas súplicas, detém sua lâmina. Olha o homem derrotado e começa a experimentar piedade. Subitamente, porém, vê o cinto do falecido Palante, que Turno trazia consigo como troféu. Seu pensamento volta-se do pai de Turno ao pai de Palante. E no pensamento retorna-lhe o furor. Sua espada é desferida sobre Turno. Destemidamente o herói corta o bem do mal. Ele haveria poupado Turno devido à lembrança do pai. Mata-o pela lembrança de outro pai.

A *Eneida* TERMINA DE forma decisiva com o seu programa paterno solar, no mundo das categorias claras e distintas. Os Penates de Tróia encontraram sua nova morada. Com a *Eneida*, tem-se a impressão de que a épica luta entre formas masculinas opostas —paterna e não-paterna— encontrou um desfecho. Dessa vez, a constância de Heitor venceu Aquiles. Com a *Eneida* se encerra também a poesia épica propriamente dita pois termina a grandiosa, trágica e profunda polivalência das narrativas gregas, deixando abertas as vias que conduzem a instituições justas mas abstratas, para as quais o sistema de leis romano é uma pedra angular.

À medida que separa o bem do mal, a conclusão da *Eneida* faz o mesmo com o mundo dos pais em relação ao das mães. Cada traço de feminilidade dotado de personalidade, como por exemplo Dido, ou de independência, como no caso das Amazonas, foi eliminado ao longo do poema. A única mãe boa que sobreviveu até o final foi Cibele: instrumento consciente nas mãos dos pais. É objeto, madeira que se dobra ao desejo e à necessidade masculina. É o meio —de transporte, mas não apenas— levado consigo por Enéias ao deixar a terra paterna.

O pai divino, Júpiter, e o rei Latino colaboraram com a empreitada. A mãe divina, Juno, opõe-se com uma atitude ferrenha que, ao final do poema quando a Fúria Alectó e a rainha Amata tornam-se extensões do seu ódio, assume tonalidades infernais.

Um desdobramento assim tão radical da vitoriosa psicologia paterna contra a materna não pode durar indefinidamente. A *Eneida* tem consciência desse fato e termina então com um compromisso: Juno colaborará para a grandiosidade dos descendentes de Enéias; em compensação, Júpiter concederá aos latinos vencidos, que antes eram defendidos por Juno, a conservação do seu nome e uma identidade de povo. A cisão definitiva é evitada, assim na terra como no céu.

Anuncia-se aqui que a política de inclusão encontrará seu lugar em Roma. Mas trata-se, de fato, de um estratagema político. Espremido em poucas dezenas de versos ao final do longo poema, esse fato nos parece artificial. Isso não significa que não seja crível: em parte essa política será realizada. Há porém o caráter de uma intenção abstrata. Não descreve nada de profundo e permanecerá superficial como todos os compromissos de poder.

Uma parte da inclusão terá sucesso e coincidirá com os melhores aspectos de Roma: os povos vencidos não serão radicalmente dizimados, mas gradualmente assimilados. A outra parte, aquela que mais diretamente nos diz respeito, não terá a mesma sorte. A Grande Deusa Mãe continuará a ser reprimida pelo vitorioso Júpiter e, nos séculos seguintes, pelo deus pai do monoteísmo que começará a tomar-lhe o lugar. As divindades femininas que recebem a adoração dos romanos pagam pelo seu culto com a remoção dos principais aspectos da Grande Mãe originária. Se ela continua presente na mente do povo, será principalmente uma presença no mal, associada a medos supersticiosos de regressão em contraposição à História.

O Ocidente sempre evitou chegar a um acordo com essa parte profunda de sua mitologia. Pela consciência patriarcal que plasma a cultura, o feminino de modo geral e o materno em particular continuarão a ser tratados com a crescente simplificação que encontramos na *Eneida*. Uma mãe resplandecente, conquanto dure a sua luz. Uma mãe demoníaca, tão logo caiam as trevas. Para além de qualquer consideração religiosa ou poética, a figura de Maria e a mulher angelical do *Dolce Stil Novo* ressurgirão nesse esforço de simplificar a feminilidade. Isso tornará inevitável que se viva no terror da vertente feminina reprimida e infernal. As fogueiras das bruxas permanecerão acesas durante toda a Idade Média. Séculos depois, o arquétipo do mal feminino —a Rainha da Noite— dominará ainda a *Flauta mágica* de Mozart.

# 3. Modernidade e decadência

3.1. DO PAI ROMANO, AO FILHO, À REVOLUÇÃO FRANCESA

*Deus enviou aos nossos corações o espírito de seu filho que clama: "Aba! Pai!". De sorte que já não és escravo, porém filho.*
— SÃO PAULO, *Epístola aos Gálatas*, 4, 6-7

*Pai é aquele que possui a mãe sexualmente (e os filhos como propriedade). A questão da geração por parte do pai não tem de fato qualquer importância psicológica para o filho.*
— FREUD, carta a Jung (14 de maio de 1912)

ROMA, NOS SÉCULOS de seus maiores sucessos, que preparavam o futuro da Europa, absorveu tanto quanto podia da cultura grega. O próprio pai romano é uma continuação dessa cultura. O horizonte mítico dos romanos é grego. A *Eneida* o confirma. Roma escreve a continuação dos mitos helênicos das origens, assim como o cristianismo acrescenta o Novo Testamento ao livro sagrado hebraico. Roma prolonga a Grécia em uma sociedade vasta, complexa, e em uma ordem jurídica sistemática como jamais se viu na Antigüidade e que por certos aspectos não reencontraremos até tempos mais recentes.

As generalizações acerca do mundo romano são perigosas pois ele se estende por milhares de anos e sobre três continentes. Todavia, pode-se dizer que o pai romano corresponda à coluna sólida da ordem, seja pública ou privada, diversamente da ordem grega, que era relativamente ausente da vida em família. O pai, em Roma, tem direito de vida e morte sobre o filho não apenas até a independência deste, mas por toda a sua existência: somente a morte do pai extingue esse poder extraordinário. O mundo romano representa o vértice da autoridade paterna sobre o filho, embora não necessariamente sobre a mulher.

A força e a complexidade de Roma se fazem sentir também na figura paterna. Ser pai é um fato social e legal bem definido. Não se é pai por via biológica, mas por ato formal. A paternidade não consiste no fato de se haver concebido uma criança com uma mulher, mas na sinalização de que se deseja ser pai: o pai eleva publicamente o filho (no caso de uma filha, limita-se a ordenar que ela seja alimentada), indicando, assim, que assume a responsabilidade por ele. Ao contrário do pai grego, será também o seu mestre. Nesse sentido, em Roma, toda paternidade "verdadeira" é uma adoção, enquanto que a simples paternidade física não é a verdadeira, logo não é levada em conta.

Esse pai que ergue o filho ao céu representa o prolongamento do gesto eternizado por Heitor. Tem uma importância que vai muito além da jurídica e muito além dos tempos antigos. É supratemporal e supra-institucional.

Somente diante da confusão dos costumes, da multiplicação dos divórcios e dos filhos ilegítimos, a partir do século II d.C., Roma introduz a obrigação de dar alimento a quem é colocado no mundo.[1] A novidade, porém, não concerne à paternidade, mas apenas a esse mínimo de assistência social. A obrigação corre nos dois sentidos e associa sempre os direitos aos deveres. Portanto, os filhos também assumem a obrigação de alimentar os genitores. E pouco a pouco, ampliando os deveres e as garantias, a obrigação é estendida a um círculo cada vez maior de parentes.

Surge assim, ao lado da figura do *pater*, a do *nutritor*. Trata-se, porém, de algo técnico, institucional. Enquanto ao pai corresponde o mais autoritário dos arquétipos do imaginário coletivo, essa nova figura é abstrata, psicologicamente pouco relevante: e as autoridades devem freqüentemente esclarecer os deveres que lhe são atribuídos. O genitor ligado ao filho pela obrigação de prover-lhe com os alimentos não é, portanto, algo recente: em Roma, assim como hoje, ele é um remédio paliativo à fragilidade da família. O homem não pode mais perder por completo o seu interesse por um filho. Nada o obriga, porém, a declarar-se *pater*. E o que importa mais é ser pai, não genitor. Para ser pai não basta *ser* genitor, reconhecer o fato natural. É necessário cumprir um ato, mostrar ativamente sua vontade de *tornar-se* pai daquela criança: exatamente como a adoção corresponde para nós a um ato de vontade.

SEGUNDO O DIREITO romano, o que dá início a toda paternidade singular corresponde exatamente àquilo que, na reconstrução aqui proposta, deu início à paternidade humana na Pré-história: é o ato de vontade que, embora simples, não é apenas físico. É a intenção masculina não somente de conceber o filho, mas de formar com ele um vínculo estável. Para nós é significativo que essa regra do direito romano não seja abstrata e arbitrária, mas que repita a gênese pré-histórica da família. A difusão e a duração dessa lei não se devem apenas à força político-militar de Roma, mas principalmente a essa capacidade de reproduzir os antiqüíssimos motivos que retiraram o homem da vida animal e o introduziram na família monogâmica.

Podemos observar em Roma que o estabelecimento progressivo de deveres por parte do pai era solidário à enorme extensão de seus direitos[2] e implicava uma ilimitada capacidade de afeto: constitui uma única e altíssima torre, tão forte como jamais vista na História. Encontramos isso claramente no poeta Catullus, a voz lírica da época romana mais gloriosa. Para exprimir à amada a intensidade de sua paixão, diz que a ama não "como todos amam um amante, mas como um pai ama cada um de seus filhos". Porém, esse amor paterno era sempre o efeito de uma livre escolha. Do nosso ponto de vista, notamos nessa imagem algo absurdo. De fato, se o vínculo de sangue entre pai e filho era considerado o mais forte dentre aqueles que unem os seres humanos, o único inquestionável, qual seria o sentido desse direito de colocá-lo em discussão? Mas, do ponto de vista romano, tal poder era conseqüência justamente da indiscutível autoridade do pai.

Considerando que a concessão jurídica romana obteve uma extensão e uma penetração na modernidade como nenhuma outra na Antigüidade, pode-se pensar que essa faculdade de escolha tenha permanecido durante milênios associada às qualidades do pai no nosso inconsciente coletivo. Isso certamente não se passou sem deixar conseqüências.

*Suscipere*: elevar. Esse verbo era muito importante porque o ato de elevar fisicamente uma criança no ar por um instante significava transferi-la social e moralmente para um plano mais alto para toda a sua vida. Esta era a escolha do pai: um dom de vida social e moral para o filho, o que era muito diferente do primeiro dom, aquele da vida física que lhe havia sido concedido pela mãe. Todas as crianças recebiam o primeiro dom. Nem todas o segundo.

Isso continha uma intuição fundamental.

O filho cujo pai não o desejasse escolher era deixado de fora dos recônditos da paternidade. Uma vez que reconhece uma série de direitos de nascimento a todas as pessoas, a nossa sociedade considera intolerável semelhante exclusão de seres humanos que se dá sem qualquer sentimento de culpa. Mas, na época, esse ato estava vinculado à lógica na qual, também sem culpa, muitas pessoas nasciam escravas. Não era o nascimento que dava direitos: eles eram transmitidos apenas por quem já os detivesse. A paternidade era um direito do pai, não um direito do filho. Uma vez pago tal preço, que era aceitável para a sociedade antiga, a relação entre o pai e o filho "elevado" tinha o valor de um rito de passagem: uma qualidade psicológica que se perdeu ao longo de sucessivas paternidades. Sob esse aspecto, o modelo moderno da paternidade, na intenção de tolher os privilégios injustos, restringe a si próprio. Relativiza o papel cultural dos genitores. Para estabelecer um ponto de partida, retorna à fisiologia como se fôssemos animais. Pai é quem intervém no início da vida do filho com o ato da concepção. Ele é uma figura limitada. Depois, passa-se à mãe. Para a cultura, por sua vez, seja na vida de uma simples criança, seja na história da formação da família humana, o pai intervém depois da mãe: a partir daquele momento os dois papéis se completam.

Sabemos que os seres humanos distinguem-se dos animais porque, após nascerem fisicamente, adquirem em cada cultura uma identidade psicológica através dos rituais de iniciação, não importa se religiosos ou laicos. A natureza já prepara para a mulher uma série de etapas em que a iniciação é vivenciada no corpo: depois do momento da concepção, a gravidez, o parto e a amamentação celebram com rituais naturais a passagem da mulher à mãe. O homem, por outro lado, precisou inventar um grande número de rituais não naturais para demarcar os degraus escalados durante o crescimento para uma vida física relativamente simples.

Tornar-se pai em Roma era algo que fazia coincidir um ato solene com um ato jurídico: enquanto iniciava a criança na condição de filho, diferentemente do estado garantido pelo nascimento, o próprio homem era ritualmente iniciado na vida como pai, vértice da sua vida privada e eixo da sociedade. Milhares de anos antes que Margaret Mead o escrevesse, já se sabia que a paternidade é ensinada individual e culturalmente.

Séculos mais tarde, no intuito de tutelar os crianças e a família legítima, Justiniano e, posteriormente, o direito canônico intervieram com o intuito de prevenir o nascimento dos filhos extramatrimoniais e tornaram automático o fato de que os filhos nascidos dentro do matrimônio tivessem como pai o marido da mãe. Assim obteve-se para a família maiores garantias, sejam econômicas, sejam contra o excesso de liberdades sexuais. Mas, desse modo, o ritual que delimitava o crescimento dos machos e a *via regia* que conduzia à paternidade acabaram se perdendo.

A Igreja confirmou a solenidade do *matrimônio* (palavra que indica os direitos da mãe na legislação romana), do nascimento espiritual com o batismo e assim por diante. Por sua vez, o ato de tornar-se pai foi decapitado do ritual (a palavra correspondente aos direitos do pai, *patrimônio*, refere-se de fato apenas à administração dos recursos econômicos). A autoridade eclesiástica afirmará que o homem é automaticamente pai de todos os filhos nascidos dentro do matrimônio, mas ele não se ocupará com os filhos naturais e com a adoção. Até hoje, o "dia dos pais" é celebrado no dia de São José. Ele é pai não porque houvesse gerado, mas porque "teve" um filho no matrimônio. Ao mesmo tempo, ao se exaltar São José celebra-se indiretamente o "dia do pai adotivo".

O espelhamento entre pai e filho macho, já fortíssimo na Grécia, tornava-se com o rito da elevação um evento único, um momento irreversível de individuação: tu, filho, és único para mim, pai; escolhi a ti, elegi a ti. A elevação, enquanto ato não compulsório, é também eleição. Com aquela escolha o filho será "único", mesmo se o pai posteriormente tiver outros filhos. E por sua vez, também o pai tornará único a si próprio.

A consciência desse gesto perdeu-se, mas mesmo em tempos modernos, nas mais diversas imagens coletivas, é sempre o pai quem eleva o filho. Nunca a mãe. Assim o veremos mais adiante.

O que tornou único o povo judaico senão a eleição, o ato de ser escolhido e elevado pelo Pai? E o que tornará devastadora a conquista romana de Israel? Por que os romanos acharam impossível assimilar os judeus, ao contrário do que ocorreu com outros povos conquistados? O que poderia ter sido senão a exigência romana de honrarias divinas para o imperador, pai espiritual de todos, uma vez que os judeus já haviam sido eleitos por um Pai e que essa escolha, única e eterna, não admitia outras?

NA PALESTINA, que naqueles tempos era uma pequena periferia do império, Jesus de Nazaré começou a abalar as colunas que representavam o pai.

Ele sustentava, é verdade, a obediência ao imperador e a fé no Deus único. Mas a primeira limitava-se ao respeito da ordem do Estado: prenunciava o Estado laico, cujo chefe é apenas um funcionário de grau mais elevado. Quanto à relação com Deus, Jesus reportava-se de forma direta, saltando a mediação rabínica.

Esse novo mestre falava *do* pai porque se comunicava *com* o pai: não dialogava com seus representantes de carne e osso, mas dirigia-se às alturas dos céus ou às profundezas do coração (conforme nosso ponto de vista, ou melhor, nossa metáfora do mundo). De todo modo, sua atitude com relação ao pai terreno era revolucionária: ele começou a vê-lo como um problema psicológico. Além disso, seu pai terrestre, José, não surgia suficientemente como autoridade.

Sem declarar intenções antipaternas, insistindo antes na virtude da obediência tradicional, a passagem de Jesus a Cristo, e portanto a fundação de uma impetuosa religião, começou a abalar o patriarcado de um modo que a Roma distante nem podia suspeitar. No entanto, o povo das vizinhanças de Israel pressentiu a inquietação, e essa suspeita foi um dos fatores que os levou a refutar os novos ensinamentos.

Os conceitos cristãos de caridade e amor ao próximo anteciparam o princípio moderno da igualdade e, indiretamente, o antipaternalismo que a acompanhava ao longo da História. O mesmo ideal de fraternidade não hierárquica que desafiava os pais de Israel animará, no século XVIII, as revoluções européias e americana. O mesmo espírito se expressará no século XX nas agitações das universidades da Califórnia e de Paris. Ao caráter imutável do Deus único substituía-se o dinamismo das gerações. Cristo era Deus e filho de Deus ao mesmo tempo. Isso significa que *o pai não era mais a imagem exclusiva de Deus na terra, nem Deus a imagem do pai no céu*: as duas realidades, terrestre e celeste, incorporavam a nova igualdade radical que colocava o filho —como valor último, mas não em termos de um golpe na vida cotidiana— no mesmo nível do pai. Cristo, pelo fato de não se tornar genitor por sua vez, fechou o ciclo das gerações por parte do filho.

Essa mudança também aconteceu com as novas escrituras sagradas. Invertendo o Antigo Testamento, o texto do pai, os evangelhos foram escritos por parte do filho. O "escândalo" (nas palavras de São Paulo, que invadiu o modo antigo com a nova fé)[3] da nova doutrina não envolvia apenas a regra genérica, mas também afirmações precisas. Não haveria nada de novo em um texto sagrado que acusasse os filhos de esquecimento do pai celestial. Por outro lado, o fato radicalmente novo é que o filho, ainda que em um momento de desespero, reprove o pai por havê-lo abandonado.[4]

A palavra do Cristo-mestre sustenta incondicionalmente o Pai. Mas a presença do Cristo-filho tira de cena o pai.

Essa antinomia é preservada na Igreja de Roma. De um lado, ela é filopaterna, a ponto de seus sacerdotes receberem o apelativo de "pai" e seu chefe o de "papa" — palavra que por sua vez deriva etimologicamente de pai. De outro lado, esses pais não são autorizados a ter filhos, embora a Igreja como um conjunto venha a ser progressivamente engrandecida como "mãe" de todos. Na liturgia permanecerá a exaltação de Maria, a Mãe de Cristo: e um dia se proclamará que ela mesma houvesse ascendido aos céus.

Nos PRIMEIROS séculos, as heresias infestavam o cristianismo. A mais sofrida foi a de Ário, que afirmou que Jesus não era igual, mas subordinado ao Pai. Do nosso ponto de vista, essa heresia era uma expressão das resistências do inconsciente coletivo em colocar a imagem do filho no mesmo nível da imagem paterna. O imperador Constantino não se limitou a escancarar as portas para o cristianismo ao fazer com que ele se tornasse a religião de todos os súditos de Roma: ajudou também a promover o Filho ao dirigir o Concílio de Nicéa, no qual Ário foi derrotado. As disputas teológicas não tinham fim. Mas a igualdade radical do pai e do filho estava decidida: embora por séculos operará oculta nos subterrâneos da História e nos laboratórios da teologia.

Durante a Idade Média, a autoridade da Igreja atinge seu apogeu. O seu código moral, a sua ordem jurídica e o seu sistema social estendem-se pela Europa. A sexualidade e os nascimentos foram em grande parte reconduzidos —ao menos formalmente— para os recônditos da família. Esse mundo é paterno em um sentido para nós impreciso e pouco usual. A sua dimensão é vertical, ascendente: volta-se para Deus e quando possível retira-se para as montanhas. A mobilidade horizontal é muito reduzida. Vive-se em espaços restritos e em restrições materiais para os quais pouca atenção era dada. Observa-se com devoção as hierarquias, fortes e concêntricas —o nobre, o vassalo, o rei, o imperador— mas pouca atenção é dada ao pai de família. Os pobres vivem em grupos vastos, quase como rebanhos. Os aristocratas definem-se, por sua vez, tendo por base uma entidade muito maior do que a família moderna: o sangue, a estirpe, a linhagem.

Por volta do final da Idade Média e início do Renascimento, a Igreja de Roma dá forças à Mãe por meio da figura de Maria. Ela traz em seus braços a criança divina. As representações das artes reproduzem praticamente apenas essa díade. A imagem do homem concentra-se na imagem do filho, que por sua vez está contida na imagem da mãe.

O RENASCIMENTO e a Reforma constituem um ponto de mutação para a situação paterna.

A nova curiosidade intelectual, a mobilidade, a urbanização, as novas atividades econômicas e o nascimento de uma burguesia criam as premissas para um tipo moderno de família, não excessivamente grande e caracterizada por certa intimidade. Na chefia dessa entidade relativamente nova encontra-se seguramente o pai: embora não tão seguro de sua posição quanto poderíamos supor. Para alguns se trata de um fenômeno novo, de uma ascensão.[5] Para outros, essa família, que antes era uma possibilidade relativamente abstrata, agora se difunde e em sua chefia não poderia estar outro senão o pai, porque assim já previa o código: mas o pai prossegue em sua lentíssima decadência.[6] As diferenças de avaliação da situação paterna podem ser compreendidas pela observação de que nenhum estudo parte exatamente do mesmo objeto: do ponto de vista social, a família nuclear patriarcal se fortalece até o século XIX e mais firmemente no século XX;[7] a autoridade do pai na família permanece forte até a Revolução Francesa; do ponto de vista psicológico, a imagem do pai, a imagem celeste que orienta as instituições terrestres, atinge seu ápice na Antiguidade e a partir de então sofre uma interminável seqüência de contrações. É esse o ponto de vista expresso nestas páginas.

Assim como o homem imita Deus (*imitatio christi*), assim também o filho imita o pai. O pai é o bispo da família.[8] Todavia, diferentemente do modelo romano, o *pater familias* do Ocidente medieval, do Renascimento e da Reforma permanece sempre na condição de filho nos confrontos com o Genitor divino, até a morte. Pouco a pouco, cede terreno tanto às novas figuras dos familiares, como à imagem infinita de Deus. Silenciosamente, primeiro as ordens monásticas (principalmente beneditinas) e depois as Universidades retiraram-lhe o pedestal que o sustentava na posição de mestre. Gradualmente realiza-se o programa do filho, que havia aludido à destituição da autoridade paterna e à sua transferência aos céus: "Não chamais ninguém sobre a terra de vosso pai, porque vós haveis um único pai, aquele que está nos céus."[9]

As VANGUARDAS da família e da classe média combinaram-se com o advento da Reforma em uma mistura poderosa que devia marchar a passos cada vez mais rápidos rumo ao mundo moderno. O protestantismo reestabelece o impulso para uma vida ativa, volitiva e sóbria — portanto a uma atmosfera simbolicamente masculina e paterna. Os seus ministros foram autorizados a ser pais também no sentido material, em contraposição à esterilidade do clero católico, que para alguns também era simbólica. Na família ordinária, o pai assumiu uma função de ministro do culto privado, que no judaísmo sempre esteve presente mas que é carente na sociedade católica.

Diz-se que o mundo nórdico no qual amadureceu e afirmou-se a Reforma jamais teve superabundância de imagens, como ocorrido no Mediterrâneo, onde ela não conseguiu penetrar. Apesar disso, queremos procurar uma imagem significativa daquilo que estamos discutindo.

Enquanto o Renascimento italiano produzia infinitas imagens da *Pietà*, que consistem em Maria tomando nos braços o filho Cristo morto (basta um exemplo famoso como a escultura de Michelangelo: figura 6), na Alemanha podia-se admirar o inverso: a piedade paterna (na escultura de Tillman Riemenschneider, feita por volta de 1515 e atualmente exposta no Kunsthistorisches Museum Preussischer Kulturbesitz, de Berlim: figura 7), em que o Pai segura o Filho no colo, com um gesto absolutamente correspondente às Madonas mediterrâneas. Supõe-se ainda que essa escultura fizesse parte de uma Trindade da qual foi perdida o Espírito Santo. Mas isso ainda não diz nada sobre o gesto do Pai. Trata-se de fato de uma díade completa em si. Mesmo se fosse parte de uma tríade a ação se desenvolve entre o Pai e o Cristo. Por que tudo se concentra na imensa piedade do pai pelo filho, a quem nada pode restituir pois pende morto? A milhares de quilômetros de distância, sem se conhecerem e na mesma época, os escultores exaltam com impressionante simetria dois afetos não simétricos mas complementares: o amor paterno e o amor materno. Quando Riemenschneider esculpiu a sua obra em madeira, Lutero ainda não havia afixado suas teses na porta do duomo de Wittenberg. Mas é justamente esse o ponto que nos diz respeito. O giro em direção ao pai, que deveria acompanhar o movimento da Reforma, não era nem uma construção abstrata, tampouco uma invenção privada de Lutero: correspondia evidentemente a sentimentos e imagens difundidos no inconsciente coletivo norte-europeu. Esse pressuposto psicológico, ausente no sul da Europa, facilitou a afirmação da pregação protestante.

Ao LONGO do decurso histórico, as igrejas reformadas curvaram-se perante a imagem paterna. Até mesmo certos movimentos que corriam em direção oposta —a exemplo da admissão do sacerdócio feminino— foram uma evolução mais característica do direito do que do campo dos símbolos: uma evolução, portanto, interna à mentalidade do pai, que desde sempre deteve a administração das leis.

Façamos então uma constatação paradoxal. Se o processo de secularização foi mais rápido e radical nos países protestantes, isso ocorreu em parte porque, ao se apoiar na tradição do pai, a sociedade reformada apoiou-se também em seu lento e milenar declínio. Entre os símbolos coletivos ocidentais dos últimos séculos, o pai estava destinado a uma profunda decadência em relação à estabilidade da mãe: algo que poderíamos prever sabendo o quanto ele é recente, artificial e estreitamente relacionado à cultura. Além do mais, o próprio pai, enquanto animador da consciência coletiva, prefere o "progresso" da racionalidade à estabilidade dos símbolos. As Igrejas protestantes deram prosseguimento ao declínio da figura sobre a qual, ao contrário da Igreja católica, estavam apoiadas quase que exclusivamente.

A Europa e a América protestante sobremaneira, com sua orientação ativista e liberal, mais harmônica com um tipo de ética viril, favoreceram a modernização e a separação entre Estado e Igreja. Isso tornou a vida pública mais laica e enfraqueceu as bases metafísicas próprias daquela autoridade paterna que havia dado início às mudanças.

O CONCÍLIO de Trento é conhecido por todos como um outro ângulo da história vivida pelo catolicismo. A trincheira entre a Reforma e o Concílio de Trento não separou apenas dogmas e normas religiosas. Cortou a História em duas: e dividiu a Europa com uma cortina de incenso tão densa que ainda hoje constitui uma fronteira, cinco séculos depois — período esse dez vezes mais longo do que aquele que viu nascer e desaparecer a Cortina de Ferro.

A Igreja de Roma acentuou sua atenção aos ritos e aos símbolos contrapondo-se à maior racionalidade e liberdade interior do protestantismo. Mas mesmo em seu trunfo de símbolos e santos, o papel de São José como pai adotivo de Cristo permanece submerso. Raras são as imagens em que ele tenha um papel (figuras 8 e 9).

O culto a Maria pareceu superar quantitativamente o culto a divindade: calcula-se que em diversas localidades italianas mais de 90% das igrejas sejam dedicadas a ela, enquanto Cristo e todos os outros santos juntos devem se contentar com os 10% restantes. Qualitativamente, essa devoção ofereceu uma forma de continuidade, seja às deusas do politeísmo greco-romano (Deméter e Ceres, principalmente), seja à Grande Deusa da Pré-história mediterrânea. Nos dois casos, tratava-se de uma figura feminina valorizada como mãe, não como companheira, e do retorno de uma imagem arquetípica que perdera suas formas oficiais mas nunca fora esquecida. As terras romanas que fizeram de Enéas o seu santo padroeiro não o viam mais como um símbolo absoluto: redescobriam Creusa, a esposa que fora "deixada para trás", e o seu forte culto a Cibele. De resto, o império romano, fortaleza da imagem paterna, tinha se distanciado de Roma há mais de mil anos e renascido como o Sacro Império Romano-Germânico, justamente na terra de Lutero.

Intimamente ligada à Reforma, a Revolução Inglesa havia soado o alarme para a Europa. Havia estabilizado as disputas teológicas. Havia colocado em discussão as hierarquias tradicionais. Havia despertado os direitos e os apetites dos filhos-irmãos. Havia retirado a sociedade da imobilidade e começava a redescobrir seu mérito: o correspondente moderno da eterna luta zoológica entre machos. Havia, finalmente, matado o seu rei.

O poder do soberano na sociedade e o do pai na família, de absolutos, faziam-se relativos. Nesse processo, porém, os passos graduais prevalecem sobre as inversões súbitas, de maneira harmônica com o temperamento de John Locke, o seu principal pensador.

Até então, a insurreição não se difundira por todo o continente. Havia, no entanto, marcado a relação entre a Inglaterra e as suas colônias americanas. Estas traduziam em atos as formas do patriarcado protestante direto, edificado sobre a família e sobre representantes próximos do povo, enquanto colocavam em discussão a autoridade do rei que se encontrava muito distante.

Nos PRIMÓRDIOS da Época Moderna, a sociedade francesa elaborou uma renovação mais radical e com pretensões universais. No século XVIII, em Paris, as mulheres de boa condição econômica e cultural empenharam-se em secularizar a maternidade. Os filhos passam anos junto às amas de companhia, enquanto as mães afastam-se do mito unilateral de Maria e começam a entrar na vida intelectual.[10]

Depois, o Iluminismo sai da elite e penetra na sociedade. Para o pai, essa foi outra reviravolta e outra perda. Os seus ensinamentos e a sua dificuldade de relação com o filho tornam-se objeto de discussão e parte de um amplo debate público.[11] Na literatura, com Diderot, Rousseau, Restif de la Bretonne, e na pintura, com Greuze, irrompe violentamente o tema da maldição paterna ao filho. Reprimida durante milênios por trás de uma imagem unilateral, porque demasiado positiva, emerge a figura demoníaca do pai destrutivo. Com a maldição ocorre uma inversão, uma literal *reviravolta de imagens*: a descida do filho às profundezas infernais, em vez de sua elevação. O símbolo coletivo anuncia uma crise irremediável.

A nova mentalidade põe em discussão a autoridade, pública ou privada, que até então não havia admitido discussões porque se acreditava imbuída desse poder "desde as origens": de maneira inata ou por concessão da graça divina.

A mudança da relação com o pai durante o Iluminismo ocorre em dois planos que se influenciaram circularmente. De um lado, mudam por via política as normas que concernem ao pai e à família; de outro, a renovação política é influenciada pelos sentimentos privados: cada um associa a autoridade, e principalmente o rei, às próprias recordações familiares, à própria imagem do pai. Esse aspecto privado e psicológico não é quantificável, mas coloca no mesmo patamar revoluções muito diferentes entre si. Foi algo essencial para a Revolução Francesa, não menos que para a Revolução Americana, quase contemporâneas.[12] As teorias políticas desse período deveriam ser lidas em conjunto com as biografias privadas dos seus protagonistas.

Para os dois principais pensadores que acompanharam a França rumo à revolução, o relacionamento com o pai foi decisivo.

Voltaire (Jean-Marie Arouet) combateu seu pai com todas as forças na tentativa de renegá-lo.

Aqui também, no comportamento de um indivíduo que se tornou símbolo, oculta-se uma imagem coletiva. O dom que sempre coube ao pai era o do reconhecimento público do filho: a outra possibilidade era o desconhecimento, a destituição de vínculos que cabia sempre ao pai. Voltaire busca a alternativa real: se o reconhecimento ou o desconhecimento constitui uma escolha, ela poderia igualmente partir do filho. Nessa condição de espírito, Voltaire rebelou-se contra o pai. Para uma compreensão psicológica e ao mesmo tempo histórica da revolta moderna dos filhos, deve-se recordar que quase dois séculos antes de Freud e como sua primeira obra escrita (1714), Voltaire coloca em cena o drama de Édipo. Um *Œdipe* maldito, porém heróico e substancialmente inocente. Foi um prenúncio dos novos tempos. Foi sua primeira obra e assegurou-lhe um sucesso extraordinário.

A biografia de Jean-Jacques Rousseau, por sua vez, revela uma posição inversa. Mas que novamente orbita em torno do pai.

Sua mãe perdeu a vida ao lhe dar a luz. O pai, um relojoeiro conscencioso, demonstra seu afeto pelo filho e oferece-lhe a paixão pelos livros. Talvez essas duas heranças tenham sido tão grandiosas que Jean-Jacques não conseguiu combiná-las dentro de si. Ele escolheu os livros e recusou a vivência do amor pelos filhos. Teve cinco deles e, um a um, com uma cadência terrificante, confiou-os aos monstruosos institutos para crianças abandonadas.[13] Rousseau era dominado pela idéia de reformar a educação e isso pode explicar, paradoxalmente, a sua incapacidade em se ocupar dos filhos. Talvez suas faculdades paternas já se encontrassem tão absorvidas por essa tarefa que não lhe restava mais nada para dedicar aos filhos de carne e osso. Talvez em sua infância seu pai tivesse sido tão estranhamente bom a ponto de fazê-lo sentir-se inadequado: ocupar-se das questões da educação teria sido o modo mais natural de expiação que seu intelecto lhe permitia considerar.

Voltaire lutou contra seu pai externo e derrubou-o. E Rousseau, contra o pai interno. Como pano de fundo desses eventos opostos encontramos uma época da História em que, de todo modo, era chegada a hora de se distanciar da autoridade paterna.

Quando surge *Emílio* (1762), o tratado de educação de Rousseau, em um instante desabaram os séculos anteriores que haviam conduzido à edificação romana da fortaleza paterna a partir da sólida base grega. O pai grego era forte na sociedade, no mito, nas letras, mas quase ausente na educação do filho, que era confiado a um preceptor. O pai romano era forte no seio da família porque também ocupava o papel de educador dos filhos. Subitamente, Rousseau trouxe de volta à cena a Grécia antiga: o seu jovem Emílio recebe de um estranho a educação da qual deveria tornar-se o novo paradigma. Nas gerações seguintes, a criação do sistema escolar traduzirá em prática essa intuição narrativa, separando para sempre os filhos da autoridade familiar total. O fim do absolutismo do pai em casa e do rei no Estado deviam ocorrer ao mesmo tempo.

A REVOLUÇÃO Francesa espalha-se radicalmente pela Europa e ataca os princípios que até então orientavam o continente. Além das cabeças que caem nas cestas com um rumor surdo, também os símbolos são decapitados: eles que até então constituíam o eixo vertical da humanidade. A psicologia é convocada a se juntar às lâminas que colocam um fim aos privilégios do rei e que também retira Anquises das costas de Enéas.

A máquina ceifadora derruba o soberano absoluto do alto de seu poder — e ainda hoje a palavra que mais é proferida com relação às figuras de autoridade é: "abaixo com...". O seu poder havia sido constituído pela combinação de fragmentos de uma figura divina e uma paterna, oscilando entre as duas. Com o desaparecimento do rei, nem as partes divinas retornam a Deus, nem as restantes ao pai. Por um lado, as Igrejas perdem poder e o laicismo avança. Por outro, aquilo que o pai havia concedido ao monarca permanece no Estado, que por sua vez passa a cortar da família a autoridade para prover educação aos filhos. Em vez da sempre presente submissão vertical em relação ao pai, agora os meninos são equiparados horizontalmente aos colegas de mesma idade nas escolas, do mesmo modo pelo qual cada vez mais regularmente os jovens são agrupados com seus coetânios no serviço militar. O matrimônio torna-se um contrato privado e laico. Novamente é previsto que os filhos sejam adotados ou nasçam fora dessa forma de união. Para remediar esse ou outros inconvenientes foi introduzido o divórcio: os contratos, de fato, podem ser renegociados. O pai permanece na chefia mas, ao menos em teoria, a mãe também adquire uma mobilidade horizontal a partir do momento em que pode se casar novamente. Também nesse caso a Inglaterra teve um papel antecipador: é a França que abre o caminho para o divórcio, mas a idéia da renegociação do contrato é influenciada pelo pensamento de Locke.

*Liberté, egalité, fraternité.* O novo eixo do mundo é horizontal. Cumpre-se aquilo que já estava prefigurado em *A última ceia.* As três palavras o anunciam com a força de um ideal e um furacão militar que varrem a Europa.

O projeto luminoso dos filhos-irmãos é criar um mundo livre da resignação, onde o que não é justo possa ser modificado, onde a justiça não seja apenas metafísica. Os filhos não esperam mais que o pai os eleve: querem elevar-se a si próprios.[14]

Do ponto de vista material, devemos a esse projeto a sociedade moderna e a justiça que nela se encerra: muita ou pouca, é de todo modo mais do que havia antes da revolução. Do ponto de vista psicológico lhe devemos a abertura às liberdades internas e também uma instabilidade mais difundida: seja porque a justiça nunca atinja uma medida satisfatória, seja porque o primado do pai era fixo e estável, menos fluido que a igualdade dos filhos-irmãos. O lado obscuro da medalha onde reluziam as novas idéias era a tempestade deixada pela decapitação não do Velho Regime, mas do pai. Outros, na ausência do rei, poderiam restituir a estabilidade ao Estado. Mas quem poderia trazê-la de volta à família? O pai autoritário sempre foi uma imagem arquetípica. Mas não os filhos.

Uma expressão desse desespero íntimo, nascido francês mas rapidamente internacionalizado, pode ser vista no museu do Louvre em Paris, no Salão do 1806 (figura 10).

O quadro de Anne-Louis Girodet de Roussy apresenta um grupo familiar aglomerado em torno do pai em uma condição desesperadora. Um velho, o pai do pai, pende-lhe das costas: não mais como um Anquises que deu a vida e a quem ela foi restituída, mas como um fardo que o arrasta para o precipício e para a morte. A mulher —que, em nome da nova igualdade, o homem segura pela mão para que não tenha o mesmo fim de Creusa— parece tão presa ao próprio sofrimento que constitui apenas um obstáculo, apesar do seu corpo musculoso. (Teria talvez, como Creusa em uma antiga representação, a intenção de sê-lo?). Os filhos não estão em contato direto com o corpo do pai. Unem-se à corrente por intermédio do corpo da mãe. Inconscientes de confiar sua insuficiência a quem, por sua vez, também é insuficiente, parecem adorá-la, entregando-se a ela também psicologicamente. Não é fácil apontar uma imagem mais negativa da mãe do que essa. É um corpo que renuncia à própria salvação, intransigente em uma resistência passiva, concentrado apenas em si mesmo, histérico. O pai infla os fortes músculos, mas seus olhos enchem-se de terror: o ramo a que se prende e a pedra sobre a qual se equilibra não o sustentarão por muito tempo. Abaixo, uma ravina e um inferno de ondas. O título diz: *Cena do dilúvio* (1806), e não faz diferença se o autor pensava na destruição dos homens segundo os registros da Bíblia, ou do pai conforme se verificava na sociedade, pois sabemos que as intenções inconscientes são tanto ou mais eficazes do que as conscientes.

## 3.2. Da Revolução Francesa à Industrial

Com o início da Revolução Industrial, a jornada do pai chega ao seu crepúsculo.

A sociedade européia era camponesa em sua base e aristocrática nos vértices, separada por uma camada de pessoas da classe média. Apesar dos limites introduzidos pelo Estado e pela escola, o pai continuava a ser o modelo nas famílias de todas as classes. Para desempenhar esse papel de modelo, o pai devia oferecer-se ao olhar do filho. E para permanecer sob esse olhar, devia ter como trabalho uma atividade que não o afastasse para muito longe.

Em muitos países os camponeses constituíam mais que 90% da população. O restante era composto principalmente por artesãos, poucos profissionais liberais e muitos pequenos comerciantes. Quase sempre, portanto, o ofício do pai estava sob o olhar do filho. Os divertimentos eram pouquíssimos e as relações entre crianças da mesma idade eram limitadas em quantidade e qualidade. Na zona rural o trabalho era muito duro durante a estação propícia, mas podia se amenizar nas demais. Grande parte do tempo livre era passado em família, ouvindo-se os genitores ou os avós que, na escassez extrema de livros e no analfabetismo dominante, conservavam a memória da família e do mundo. Esse silencioso modo de vida industrial, subdividido em infinitos grupos familiares, cada qual com seu comandante, conservava a autoridade do pai mais do que as próprias leis que o reconheciam como tal. O homem, normalmente, e o jovem, atualmente, buscam símbolos: não da forma como poderíamos discutir de modo abstrato, mas encarnados em outros homens. Sem que educação alguma nos ensine, escolhemos um modelo e nos esforçamos em repeti-lo, desde o dia em que, como crianças, começamos a imitar um adulto ou um irmão mais velho.

Até menos de dois séculos atrás nos países mais modernizados, e poucas décadas na maioria dos demais, essa inspiração nos mais velhos avançava gradualmente desde a infância até a idade adulta, e era ao mesmo tempo a fonte da identidade e da educação: algo que não era provido pela escola e que ainda hoje se consegue fazer apenas ao custo de muito esforço (pensemos na naturalidade com que se aprende a língua materna em família, em comparação à dificuldade com que a escola ensina uma língua estrangeira).

Para os meninos havia de fato uma interrupção na linearidade desse processo, mas tratava-se de um estrangulamento previsto e orientado por todas as sociedades tradicionais, normalmente sem grandes inconvenientes: depois de passarem algum tempo atrelados à mãe, passavam a seguir o pai — com os olhos, com os pés, com as mãos e, em alguma medida, com o pensamento.

Isso fundamentava a identificação dos jovens com o genitor masculino. Ao mesmo tempo eles gradualmente se transformavam em adultos e também aprendiam um ofício: "o" ofício, aquele do pai, como queria a regra. Força, destreza e capacitação profissional —ou a falta delas—, tudo provinha do pai. A imagem paterna absorvia essa função e não era colocada em discussão, senão excepcionalmente. O jovem quase não encontrava outros adultos que pudessem lhe representar modelos alternativos: nem ao menos sob a forma de imagens ou narrativas, como ocorre atualmente através dos meios de comunicação infinitas vezes ao dia.

A economia camponesa era pobre. Menos pobre para quem possuía um pouco de terra, muito pobre para quem não tinha posses, mas na maior parte dos casos auto-suficiente. O filho do camponês tornava-se camponês porque já sabia o ofício; porque esse ofício lhe dava uma magra segurança econômica e um respaldo psicológico, talvez mais consistente; ou então, porque não havia alternativa. Ele, em geral, simplesmente não *imaginava* poder fazer qualquer coisa diferente. Para se realizar passagens importantes —o matrimônio, o sacerdócio ou uma nova identidade profissional— é necessário primeiro fortalecer-se psicologicamente com uma ginástica mental: ter e exercitar uma imagem de si próprio nessa nova condição. Para tanto contamos com a fantasia. Nos jovens, a imagem de si como camponeses era dada pela observação do pai, do avô: da vida patrilocal, patrilinear, patriarcal. A vida era uma narrativa patricêntrica.

A REVOLUÇÃO Industrial destrói essa estabilidade. Perturba as relações sociais. Com o tempo, a nova riqueza produzida permitirá corrigir muitas das novas injustiças econômicas. Ou melhor, elevar o bem-estar a níveis antes impensáveis. Mas a novidade também perturbou as relações familiares, e elas entram, por sua vez, em uma condição de instabilidade que perdura ainda hoje.

A revolução começa por baixo, pelos estratos sociais mais pobres. O pai é atirado para o desconhecido: ele não tem uma imagem formada dos novos ofícios, não pode ter uma fantasia de si como operário.

O aumento da miséria no campo, o crescimento generalizado da população e as novas oportunidades impulsionam as massas para as fábricas. Por razões que fazem parte da história da economia, o processo continua sem interrupção e se estende a novos países e classes sociais antes intocadas. Para o campo não há retorno, a urbanização intensificou-se e, posto que nas cidades o espaço é limitado, inicialmente as condições materiais de vida tendem a piorar ainda mais. A história dessa mutação avoluma-se nas bibliotecas.[15]

INICIALMENTE, em especial na Inglaterra e nas indústrias têxteis, as manufaturas preferiam empregar mulheres e crianças porque custavam menos, embora as condições de trabalho fossem extenuantes.[16]

A nova realidade rompe violentamente com o convívio familiar que o pai —uma vez que essa convicção era essencial para sua identidade— acreditava ser eterno. Arranca do amparo de sua autoridade esposa e filhos, entregando-os a uma hierarquia externa, sem qualquer relação pessoal, e que do pai conservava apenas a severidade. Pela primeira vez era possível que os ganhos dos familiares fossem superiores aos seus. Ele subitamente perde a soberania e a dignidade.

Depois, à medida que a industrialização se expandia e com a generalização da vida operária e o surgimento das primeiras normas de proteção da mão-de-obra, os trabalhadores adultos do sexo masculino tornaram-se novamente a maioria, e assim permaneceram até tempos recentes. Nos Estados Unidos, que arrebataram da Europa o primado da industrialização, durante o século XIX e parte do XX o percentual de mulheres que trabalhavam era muito baixo (9,7%, em 1870). Novamente a renda passou a se concentrar nas mãos do pai. Mas a "caça" à renda leva-o cada vez mais para longe.[17]

Começa aqui o fenômeno que nos interessa mais diretamente e que recebeu o nome de "invisibilidade do pai".[18]

A partir do dia em que o camponês depõe a enxada e entra na fábrica, subitamente e de modo radical ele não mais se encontra sob o olhar do filho. Pouco a pouco o mesmo fenômeno ocorre com o artesão, o ferreiro ou o carpinteiro. Seus produtos são expulsos do mercado por obra de outros artigos que as máquinas fabricam a custos menores. Para esses pais começa um exílio nas oficinas em que são trabalhados a madeira ou o ferro, onde as pessoas servem a máquinas que, por sua vez, servem a um estranho patrão. Freqüentemente perdem a habilidade pessoal porque se adaptam a tarefas limitadas e repetitivas. Freqüentemente perdem a iniciativa pessoal porque não se deparam com imprevistos e não recebem responsabilidades além da repetição de um gesto. Quase sempre perdem o orgulho pela própria profissão, já que o profissionalismo se definha porque o produto do trabalho não mais lhes pertence e muitas vezes nem mesmo o vêem acabado. Certamente, mesmo que não percam tudo o mais, perdem a autoridade sobre os filhos e o porto seguro em sua imaginação e seus corações: pois as suas ocupações, as suas jornadas, os seus próprios sentimentos voltam-se para o longe e tornam-se estranhos aos filhos. Produzem renda, mas não produzem mais o ensinamento direto e a iniciação dos filhos na vida adulta: funções fundamentais que não podem ser substituídas por intervenções profissionais e institucionais, do mesmo modo pelo qual o mestre-escola não pode suprir o aprendizado da primeira língua, pois ela deve ser transmitida nos recônditos da família.

Por certo esse papel paterno arcaico também foi idealizado. Boa parte dos pais eram toscos, brutos, pouco envolvidos afetivamente na iniciação e na educação dos filhos. Mas é certo também que houve uma perda irreversível na psicologia coletiva, independentemente da pequenez dos indivíduos. Existe um mundo dos mitos e das imagens que contribui para o equilíbrio da sociedade e da família não menos que as experiências particulares. A figura do pai era um símbolo, ou seja, algo mais que a simples somatória dos pais individuais. Essa imagem elementar fragmenta-se e começa imediatamente a se misturar com símbolos infernais.

O filho da era industrial não vê e não conhece mais a atividade do pai. Não tem mais uma imagem dele como adulto e chefe de família, no ato de sustentar os familiares com o trabalho, tal como Enéas havia sustentado os seus com o corpo. Logo, mesmo o mundo circunstante não tem natureza, tampouco iconografia. Ninguém dá ao jovem as cores com que pintar mentalmente sua fantasia de homem adulto, suas tarefas e sua força, que constituem a ligação com as qualidades eternamente fixadas nos heróis míticos.

Com a industrialização o pai pode ser sugado de dia na fábrica e de noite em um dormitório para homens, que lhe permite ficar, por um momento, a uma distância mais aceitável com relação ao trabalho. Para o filho, o pai torna-se um desconhecido. Com o tempo, às custas de sofrimentos materiais e psicológicos, a família consegue se reunir. Mais que o fim de uma separação, porém, esse pode ser o fim de uma ilusão. Reconstrói-se uma unidade geográfica, mas não psíquica.[19] Uma vez penetrada nos movimentos urbanos, a psicologia atemporal das famílias rurais é arrebatada de uma vez por todas.

A mobilidade, a precariedade, a ausência de ritmos naturais seguros e preestabelecidos aterrorizavam tanto os filhos quanto os genitores. No imaginário coletivo, para além do fundamento real, a estabilidade relativa do pai e da vida agrícola ficam associadas porque perderam-se juntas, e colorem-se de uma nostalgia análoga.

Em uma industrialização que até então não havia distribuído bem-estar à população, a vida da família não é somente mais desequilibrada do que no campo. Existem pela primeira vez termos de comparação que permitem que as pessoas percebam sua degradação. Dependendo da idade, o filho perambula por becos lamacentos ou trabalha em uma fábrica. Nos dois casos, pela primeira vez ele passa a ter contato com outros rapazes degradados, que fazem dele não mais um imitador, mas uma pessoa competitiva, senão um delinqüente. Na cidade, seus olhos abrem-se para outros adultos. Encontra infinitos tipos de homens: percebe o quanto seu pai não é um modelo absoluto. Alguns são mais fortes, outros mais inteligentes, muito mais ricos do que seu pai, que especialmente nos casos em que tenha chegado recentemente à nova condição, distingue-se justamente como exemplo negativo.

Por sua vez o pai é —como diremos hoje— estavelmente deprimido. Perdeu o interesse pelo trabalho e também uma grande parte da sua relação concreta com a família. No campo ou no artesanato havia a sazonalidade que lhes deixava momentos livres para passarem juntos: agora o trabalho é cada vez mais longo, normalmente acrescido de um longo trajeto a ser percorrido diariamente. Mesmo quando podia, o pai não tinha mais desejo algum de retornar ao pardieiro insalubre, junto a familiares espremidos e lamentosos a que ele nada tem a dizer: nem como ele rasgou a terra com o arado, nem como partiu a lenha por intenção própria. A única coisa que pode trazer consigo é o dinheiro ganho. Mas uma vez que não tem mais nada a compartilhar, até mesmo essa divisão lhe é estranha. É fria como a divisão de números, e não algo quente como a sopa compartilhada no campo, ou fumegante como a carne abatida para o jantar e alegre como o vinho das parreiras. O pai urbanizado esconde pela primeira vez algum dinheiro e gasta-o na embriaguez da bebida. Ele redescobriu o vinho mas não a videira, e seu consolo dura apenas pelo tempo em que permaneceu na taberna. No dia seguinte retornará ainda mais tarde, esconderá mais dinheiro para gastá-lo com uma ex-camponesa rebaixada a um ofício ainda mais humilhante, a uma outra linha de montagem.

No LUGAR DE UMA imagem do pai, os órfãos encontram um buraco mental. Mas para o filho desse homem as coisas não são assim.[20] É diferente porque não pode ignorar o fato de ter um genitor. Pela primeira vez na história o filho *envergonha-se* do pai. Não ocasionalmente: envergonha-se de ter um pai e de ser seu filho. Nesse dia nasceu o problema dos rapazes que não querem crescer: e a partir desse problema, em linha direta, a sociedade moderna dos adultos que procuram não crescer.

Uma figura sem precedentes surgiu no imaginário da sociedade ocidental: o *pai indigno*. As narrativas, as ilustrações e por fim as leis do século XIX começam a se ocupar com a proliferação dessa figura. A putrefação do tecido familiar —em parte real, em parte fantasiada pelos mais conservadores, amedrontados pela incógnita que está se formando na sociedade e na psique— encoraja o Estado a substituir a autoridade paterna na vida cotidiana, depois que a revolução já a havia colocado, por princípio, em discussão. Assim o processo segue sua circularidade e a ordem paterna desaba como uma avalanche. Embora tivesse produzido no mestre uma figura que concorria com o pai, a escola inicialmente limitava-se a oferecer às famílias a possibilidade de enviar o filho a um lugar onde podiam ser educados. Obriga-os aos estudos para afastá-los do pai que os deseduca, e o faz em nome de um direito infantil ou do próprio Estado.[21]

O pai pobre, urbanizado, privado da familiaridade do campo, da sua tradição de trabalho e de sua identidade, perdeu o respeito dos outros e de si próprio. Ele torna a existir quando, na nova situação que o coloca em contato com infinitos outros, sente-se parte de uma massa: que compensa com sentimentos momentâneos de potência aquela outra impotência permanente. Essa compensação alimentará o sindicalismo e lentamente vencerá a pobreza. Mas, como pai, a sua miséria é sem precedentes e talvez não a perceba porque não sabe mais o que significa ser pai. Os filhos e a esposa não o compreendem ou o desprezam; o patrão lhe seqüestra o tempo mantendo-o preso à fábrica, e a fábrica lhe seqüestra o pensamento mantendo-o preso ao labor; os revolucionários o querem como parte do movimento, mas não como um pai —uma função que Marx via como ultrapassada—, porque agora estão dedicados a propor estruturas estatais que supram sua crescente inadequação e poupem-no da ilusão de imitar a família burguesa.

O PROBLEMA, PORÉM, não é apenas material e não se limita apenas às classes pobres. Todos foram afetados, seja na prática seja espiritualmente. A ausência física do pai passa dos estratos sociais baixos para os mais altos, na mesma medida em que seu desaparecimento cultural desce dos altos estratos sociais para os mais baixos.

De sua posição inferior, a imagem do pai indigno —a desconfiança generalizada em relação aos pais e deles em relação a si próprios— amplia-se para outros estratos. A classe média urbana não sofreu a miséria dos proletários, tampouco perdeu o prestígio e a identidade do chefe de família juntamente com a terra e o ofício. Quem herdava a profissão paterna tinha interesse em mantê-la: no entanto o número de mercadores de Paris, que em três quartos dos casos durante o século XVIII deixavam o trabalho para os filhos, reduz-se a pouco mais de um terço no século seguinte.[22] A fuga do pai não atinge só os desafortunados: não faz parte apenas de uma crise econômica, mas de uma mudança de época. Não se escapa apenas do beco sem saída da pobreza, mas de um símbolo antes bendito e agora maldito.

Mesmo nas classes superiores os pais podem se contentar cada vez menos com rendimentos passivos. Para conservar suas posições, eles são absorvidos por atividades sempre mais complexas, por viagens que os levam a lugares cada vez mais distantes, tornando-os invisíveis e incompreensíveis para os filhos. A perda de relacionamento ocorre mais tarde, mas não menos radicalmente que entre os proletários. Aqui a família aparece mais forte. Mas aqui as idéias que circulam tornam a imagem coletiva do pai mais vulnerável à crítica que investe contra a autoridade tradicional. A nova cultura dos valores horizontais afirma-se primeiro nas pessoas mais cultas, depois desce ao nível dos desesperados. A secularização da sociedade prossegue sem cessar. Se no plano filosófico a morte de Deus é discutida pela primeira vez por Nietzsche no final do século XIX, no plano simbólico ela representa o resultado da execução do rei: e, junto a esta, compõe a grande metáfora do desaparecimento do pai.

Enquanto essas questões se entrelaçam, diferenciando os grupos sociais, para posteriormente reuni-los, e alimentando-se circularmente, intervém uma novidade que torna muito mais simples, evidente e democraticamente universal a ausência dos pais: a guerra mundial dividida em dois tempos, separada por uma geração, o que possibilitou a esses homens, ao mesmo tempo, a condição de filhos abandonados pelos pais e a de pais afastados dos filhos.

### 3.3. O DESENCANTO DA GUERRA

> [...] *Ac nunc horrentia Martis arma cano* [...]
> [...] *E agora canto as terríveis armas de Marte* [...]
> — *Eneida* I, D-1

> [...] *jovens vidas, que eram abatidas no imenso império,*
> *onde reina somente a morte* [...]
> — de uma carta aos familiares de D. G., condenado
> por difamação pela Corte Marcial do
> XXIV Corpo de Armas, em agosto de 1917

ASSIM COMO o filho de Ulisses, meu pai era recém-nascido quando meu avô partiu para a Grande Guerra. A Itália abriu a temporada de caça ao homem um pouco mais tarde que os outros países, mas o período de instabilidade do pós-guerra fez da remoção das tropas armadas um processo muito demorado. Milhões de crianças tinham todo tempo do mundo para perceberem-se órfãs de pai. Intervém depois a gripe mortal que entrou para a história como a "gripe espanhola": e meu avô, que era oficial da Saúde, permaneceu no exército mesmo após o armistício.

Quando finalmente seu pai retornou, o meu tinha mais de quatro anos e havia sido educado entre mulheres: a mãe, as irmãs mais velhas, duas criadas e a professora do jardim-da-infância. Seu dois avós já eram mortos, alguns tios ainda restavam vivos, mas naturalmente todos eram militares: um deles estava no exército havia muitos anos, porque a Itália havia lutado contra a Turquia na conquista de terras no norte da África antes de fazer a guerra contra os austríacos.

Meu pai, obviamente, sabia que existiam homens adultos; mas homens eram apenas seres que passavam rapidamente pelas ruas do lado de fora do cercado. O mundo normal era feminino. E o mundo feminino, unido à segurança de uma família burguesa, era protetor e indulgente com ele, até mesmo para compensá-lo da insegurança que girava em torno do pai. A falta do chefe de família tocava-o de modo especial.

De qualquer modo, quando meu avô retornou foram as mulheres de casa que se comoveram. Meu pai aborrecia-se com todas aquelas celebrações dedicadas a um estranho. Somente quando o jantar teve início começou a retomar a vitalidade, um pouco porque a mesa estava finalmente farta, com coisas gostosas, um pouco porque desejava retomar o centro das atenções e quem sabe conquistar um novo interlocutor.

Na metade da refeição a sua alegria já era mais barulhenta e meu avô, proveniente do Oitocentos e da vida militar, expulsou-o para a cozinha. O menino começou a protestar sem conseguir compreender o motivo daquele tratamento. Mas uma pergunta em especial fez com que ele explodisse em lágrimas: "Quem é esse aí?" — indagou meu pai. E as criadas, fazendo-lhe sinal para ficar quieto: *"No ti o sa? Xe 'l paròn!"* ("Não o sabes? É o patrão!", em dialeto vêneto, pois o italiano era reservado para as comunicações oficiais do chefe de família).

O episódio foi contado por minha avó, não por meu avô ou meu pai, que por sua vez conservaram o hábito de utilizar pouquíssimas palavras.

Na história das guerras, a mobilização dos cidadãos sempre prevaleceu em relação ao uso de mercenários. E a partir do momento em que a história das guerras passa a acompanhar quase ininterruptamente a história verdadeira e própria, era considerado normal que os pais jovens fossem afastados dos filhos para serem incorporados pela força militar e de lá não mais retornassem.

Mas as duas guerras mundiais assinalam uma nova fase dessa velha privação.

Sem entrarmos em uma inspeção histórica, vamos reflitir sobre o sentido das duas guerras experimentadas na Europa e na Itália como continuação direta do fio que nos levou da Grécia à Roma. Hoje a sociedade italiana reproduz o Ocidente, e principalmente a América, com um certo atraso; mas no início do século XX produziu antecipadamente alguns fenômenos que o marcaram por completo. Primeiro, com a guerra e sua cultura característica; depois, com os veteranos sobreviventes; e por fim, com aquela regressão psíquica coletiva denominada ditadura e que castiga o século à morte.

Na época moderna, somente as guerras napoleônicas na Europa e a da secessão na América do Norte envolveram a população tão profundamente, e por tantos anos, como nos conflitos mundiais. Mas agora a nova dimensão global passa a se combinar com uma nova experiência psicológica.

No ato de entrar para a guerra, as populações experimentam em profundidade o sentimento de pertencer a uma mesma nação. O verão de 1914 assiste à encarnação de uma "comunidade de agosto".[23] As pessoas saem às ruas levadas por um "espírito fraterno". Não devemos esquecer essas palavras. O sentimento difundido não é o de depender de um chefe, mas de pertencer a uma grande comunidade de irmãos.

Há uma nova consciência em relação à guerra. Na alvorada do primeiro conflito mundial, o nível de organização atingido pelos partidos políticos e a difusão dos jornais envolvem grande parte da população em um debate sem precedentes. Na Itália, a opinião pública discute furiosamente se o país deveria entrar na guerra e parece dividida em duas facções. Não apenas os meios militares e nacionalistas posicionam-se favoráveis à guerra, mas também muitos intelectuais. "A guerra é a única higiene do mundo", prevê o *Manifesto do Futurismo*, publicado em Paris em 1909. O movimento, fundado por Filippo Tommaso Marinetti, propõe um novo embasamento estético e ativo para o homem. É vitalista, integralista e supera as fronteiras italianas. Antecipa imagens latentes no inconsciente europeu.

No PASSADO, a maior parte das guerras foi sentida pela maioria da população como tempestades de granizo: se possível, busca-se abrigo; do contrário, espera-se até que passe e então começa-se a reparar os danos causados. Em ambos os casos não se perde tempo a discutir se ela foi justa, porque isso não muda a natureza danosa da tempestade.

Ora, visto que a guerra é do povo, o povo pela primeira vez tem opiniões sobre a guerra. Na Itália, a parcela da opinião pública favorável à um posicionamento hostil toma a dianteira quando o primeiro conflito mundial já se encontrava em andamento havia um ano. A guerra começa e, como ocorre nos inícios, tem-se a impressão de que o entusiasmo guerreiro seja prevalecente.

Mas o conflito mostra-se muito mais longo e destrutivo de como havia sido apresentado. Durante o ano de 1916, na frente franco-alemã começa a se difundir o boato de que os combates durariam infinitamente.[24] Passam-se os anos. O pontífice da Igreja Romana, criticada no passado pelo apoio a uma das partes engajadas na guerra ou pelo fato de não se manifestar expressamente, define o conflito como um "massacre inútil".[25] Nos lares da Itália as famílias amaldiçoam a guerra. Mesmo nas frentes de combate não é fácil controlar os sentimento de desaprovação. As cortes marciais atacam severamente os discursos e as correspondências pessoais dos soldados. Cresce, todavia, o número de membros que se recusam a partir para novos ataques. Em conseqüência, vários dissidentes são imediatamente condenados à morte e a execução é feita pela própria polícia militar. Mesmo assim, na impossibilidade de se punir todo um regimento, o nome dos homens destinados ao fuzilamento são sorteados. Nesse anonimato da morte, o vínculo pessoal entre o soldado e seu superior parte em pedaços. Fragmentos esses que não podem ser reunidos e que são símbolos dos novos tempos. Se os fuzilamentos restabelecem uma aparente disciplina na frente de combate, a idéia do heroísmo não voltará jamais ao seu lugar de origem.[26] A guerra teve início em nome da solidariedade nacional, mas para continuar exigiu que soldados italianos matassem soldados de seu próprio país.

O passo seguinte à desobediência é a deserção, que de evento individual amplia-se para tentação em massa e aumenta a passos largos: 28 mil casos em 1916, 55 mil em 1917.[27] Em cada soldado, individualmente, a autoridade interna não mais coincide com a autoridade externa dos oficiais do exército. A desagregação do pai na vida civil encontrou a sua expressão militar.

Dos planos mais remotos da alma emerge novamente o comportamento da horda, tanto em seus aspectos trágicos como irônicos.

A guerra deveria colocar alguns Estados em confronto com outros. Mas de modo geral, ela tem o efeito de colocar — de modo indistinto, e para além das frentes de combate — os filhos-irmãos em oposição aos pais simbólicos. Os oficiais permanecem fiéis ao rei. Mas os soldados passam a incitar os demais a disparar suas armas contra os oficiais. A fraternidade entre aqueles que eram resistentes às ordens paternas ultrapassa as fronteiras. Nas trincheiras que se opunham, tão próximas e tão semelhantes, os soltados italianos e austríacos trocam saudações e objetos pessoais. Esse é o sintoma extremo de uma fraternidade horizontal que substitui a hierarquia vertical. E é também uma atitude a ser condenada com particular severidade.[28]

Após a desobediência e a deserção serem duramente reprimidas, nasce a tentação de render-se. O risco é mortal. Os oficiais — tanto compatriotas como inimigos— freqüentemente ordenam que os soldados disparem contra os que se rendem: os primeiros, para desencorajar a atitude; os segundos, para não perderem tempo com os prisioneiros. Mas a náusea da guerra e da obediência extrapola mais essa barreira, especialmente nos países onde a velha ordem patriarcal está para ser destruída: são feitos prisioneiros entre 530 a 600 mil italianos, 2,2 milhões de austro-húngaros e entre 2,5 a 3,5 milhões de russos.[29]

Na Rússia, a insubordinação dos filhos culmina em uma das maiores revoltas da época. O imperador, a aristocracia e a velha ordem são esmagados. O poder passa às massas, ao menos nominalmente, mas sem a presença de um pai em seu comando. A novidade difunde-se para as tropas de outros exércitos e excita a tentação de se partir para uma rebelião definitiva. As hierarquias são alvo de rejeição por parte do povo. Não mais se deseja restabelecer as fronteiras geográficas, como até então esperava-se conseguir por meio da guerra. Deseja-se traçar uma nova geografia interior, uma nova relação entre o ego e a autoridade.

O desencanto com a guerra foi um dos processos mais rápidos que levaram ao estabelecimento do secular mundo moderno. A guerra não era mais um inebriante deus pagão, resumia-se a estatísticas e tecnologias de massacre. Pela primeira vez, "a pátria torna-se mais estranha que qualquer inimigo."[30]

Muito antes do Vietnã, o sentimento tipicamente moderno de desconfiança da guerra, acompanhado de um esvaziamento dos mitos heróicos e por uma contra-mitologia pacifista, penetrou na Primeira Guerra Mundial: na Itália, esses sentimentos eram particularmente vívidos e difundidos com violência, embora tenham sido mantidos ocultos antes pela censura militar e depois pelo fascismo. Retornada a paz, Hemingway, que havia combatido pela frente italiana, escreve *Adeus às armas* (1929) que vigorosamente representa esses sentimentos. O sucesso desse livro e de *Nada de novo no fronte* (1929), de Erich Maria Remarque, recordam-nos que, pela primeira vez, as descrições negativas da guerra encontram espaço e conseguem tornar-se mais conhecidas do que as versões positivas.

MAS EXISTE também uma vertente inconsciente da experiência bélica. Ela é mais relevante para nós pois, por sua natureza irracional, sua crítica aos comandos militares e aos governantes acabou por devastar também a família. Isso teve efeitos mas duradouros e mais íntimos. Criticar os governantes pelos males trazidos pela guerra logo se tornou um exercício vazio. No fim da Primeira Guerra Mundial, os quatro grandes impérios que dela haviam participado não existiam mais, ao passo que o número de Estados na cartografia européia havia aumentado bastante. E mesmo onde a forma de Estado não foi modificada, os governos o foram. Os pais, no entanto, quando não haviam morrido, continuavam no comando, exatamente do modo pelo qual meu avô queria nos deixar claro.

A tensão entre os veteranos de guerra e seus filhos, e entre os veteranos e o ambiente em que viviam, atinge um ponto sem precedentes. Os símbolos coletivos já haviam assinalado a destituição do pai. Ele, por sua vez, não queria saber nada a esse respeito, pois se encontrava longe no momento em que foi decretado o fim de sua posição.

Não apenas os pais estiveram ausentes durante um período particularmente longo, em comparação com outras guerras: o fato de não estarem distantes em um período de estabilidade de valores, mas sim no momento em que a crítica a toda autoridade patriarcal atingia seu ponto máximo, era sem precedentes. Em uma sintonia não programada, a pedagogia e a psicologia dissolviam o absolutismo do chefe de família, ao mesmo tempo em que os novos movimentos políticos faziam o mesmo com os governantes, e o positivismo e a secularização com o Pai celestial.

Na Itália, o início do século XX não foi celebrado com fogos de artifício, mas com os disparos do anarquista Bresci ao matar o rei publicamente, em frente ao palácio real de Monza. Naturalmente a grande maioria da população opunha-se a semelhantes métodos. Mas esse não é o ponto. O imaginário coletivo encontra-se agora dominado por figuras de autoridade em agonia, enquanto um rei, para ser rei de fato, deve ocupar um trono e deve ser inatingível: ele pode se inclinar para tocar os súditos, mas estes não devem, por iniciativa própria, levantar-se para tocá-lo. O mesmo precisa ocorrer em relação ao patriarca em sua família. Um rei sob o disparo de uma arma, um pai que briga pela sua autoridade, não fazem jus ao posto.

Segundo Mitscherlich, com a chegada do século XX os pais afastam-se gradualmente de casa devido à Revolução Industrial: e na psique dos filhos, que não mais observam o trabalho dos pais, surge um vazio que pouco a pouco será preenchido com fantasias preocupantes. As guerras mundiais podem ser consideradas uma repetição dessa perda de modo súbito e total: não com o caráter de um problema gradual, mas de trauma próprio e verdadeiro, que pode arrancar as raízes até mesmo de uma personalidade sadia. Justamente pela sua ruptura com a vida ordinária e pela sua qualidade trágica e total, a guerra não estimulou somente a imaginação individual. Fez nascer infinitas formas de fantasias populares coletivas: verdadeiras lendas povoadas de imagens monstruosas e anti-heróicas,[31] alternativas às verdades oficiais nas quais já não se podia acreditar. O caráter "regressivo" dessas vozes pode ser muito claro: dizia-se que a "terra de ninguém", compreendida entre as trincheiras opostas, fervilhava de desertores que viviam como vermes nos buracos. Em pleno século XX, isso representou um inesperado retorno às produções espontâneas, às fábulas, à cultura oral que superava misteriosamente as trincheiras difundindo-se por entre os exércitos inimigos e que tornava impotente qualquer tentativa de controle por parte das autoridades bélicas.

Essas lendas são conhecidas especialmente como criações dos soldados nas frentes de combate. Mas houve contribuições também por parte daqueles que ficaram em suas casas, com a diferença que, neste caso, não havia o confronto com o conflito real e portanto a fantasia era mais livre e a motivação mais complexa. A combinação do caráter anti-heróico dessas criações inconscientes com a crítica consciente à autoridade produz uma mistura destrutiva que dificulta a reinsersão dos pais sobreviventes da guerra, os quais, em inúmeros casos, ao término das cerimônias oficiais não foram recebidos da maneira como esperavam.

Aqui tocamos no ponto nevrálgico do paradoxo do pai que apontamos desde o início. O dever de um militar é claro. O pai que é soldado sabe o que os oficiais esperam dele. Mas quando volta para casa as coisas são muito mais complicadas, agora que as vivências da guerra tornaram-se tão contraditórias. Aos seus amplos poderes de genitor corresponde uma expectativa ampla: além do afeto, os filhos pedem-lhe que tenha sucesso como soldado e como chefe de família. A ausência dos pais havia sido tão longa que levara a fome ao estômago dos filhos, e a psicologia desses mesmos filhos a um estado semelhante à depressão de Telêmaco. Além da mediação da mãe, que certamente tem um papel importante, é muito difícil para o pai explicar à criança que ele havia abandonado a família porque esse era o seu dever de soldado. Sem a corporeidade visível das imagens, tal dever evapora-se em uma mera abstração.

A necessidade de uma criança não é apenas material. Um pai-herói podia, em alguns aspectos, compensar a distância tornando-se alimento mental. Mas a guerra mundial assinala uma reviravolta. Por um lado, a imagem coletiva do conflito se faz infinitamente complexa e também, pela primeira vez, abertamente anti-heróica. Nesses casos, a crítica à guerra que a criança percebe em sua própria casa impede-a de ver no pai militar uma figura positiva; e muitas vezes em seu inconsciente, onde o comandante em chefe do exército e o simples pai soldado são dois formatos diferentes da mesma *matrioska*, a hostilidade aos comandos militares associa-se à hostilidade ao genitor que os acompanha em suas operações perversas. Devemos repetir de novo: para o filho, aquilo que o pai faz *objetivamente* não pode ser negligenciado. Em definitivo, o que tradicionalmente o filho podia *receber* do pai que se encontrava na guerra —uma imagem para pensar com orgulho— é, pela primeira vez, rejeitado.

Por outro lado, aquilo que o filho *perde* atinge proporções jamais vistas. Não apenas a ausência era tão longa que os prejuízos econômicos da família podiam se tornar enormes como também o pai praticamente cai no esquecimento. Pela primeira vez, a pedagogia e a psicologia difundem-se na sociedade e enfatizam o quanto a privação de um genitor prejudica o desenvolvimento da criança. A novidade desse ponto de vista está no posicionamento a partir do olhar da criança face à tradicional autoridade do chefe de família. O pai italiano comum não é atingido pela pistola do anarquista Bresci, mas pelos livros de Maria Montessori.

Se o pai partia para a guerra, faltava ao filho o seu apoio nos anos decisivos. Se não partia, sentia girar em torno da cabeça uma vergonha mais tradicional, mesmo que os motivos de sua permanência em casa não fossem vergonhosos: de fato, esse era o ponto de vista universalmente difundido. Talvez o melhor exemplo dessa situação seja demonstrado em um cartaz de propaganda inglesa (figura 11). Um pai visivelmente burguês tem dois filhos tranqüilos, mas não vive em tranqüilidade. O menino brinca no chão com figuras de guerra e a menina, sentada no colo do pai, lhe pergunta: "Papai, o que fizeste *tu* durante a Grande Guerra?". A sensação de culpa no olhar do pai é entendida como simétrica à inocência da pergunta, e sua boca calada como a contraposição a uma expectativa de se ouvir histórias heróicas. O interessante desse cartaz não está na pressão chantagista da propaganda, o que não seria nenhuma novidade, mas no fato de ser exercida por uma criança. A novidade certamente não é a expectativa de que o pai *descreva* a guerra ao filho, mas que deva *prestar contas* da guerra ao filho, e desse modo ser *julgado* por ele.

Enquanto esse era o tumulto que se agitava na alma, não era muito diferente o tumulto nas ruas.

Em toda a Europa a estabilidade social estava abalada. Contestava-se o patronato das fábricas (naturalmente nas línguas latinas as palavras "patrão" e "pai" têm a mesma etimologia), onde as condições de trabalho ainda estavam agravadas por causa da guerra. O que havia acontecido na Rússia fazia pensar na possibilidade de uma revolução em nome do comunismo. Em um país vencedor como a Itália, a guerra, iniciada com o propósito de trazer a população italiana de Trento e Trieste à comunidade nacional, teve como resultado final a expulsão definitiva de um número muito maior de pessoas: os mortos, os inválidos, os mutilados e os permanentemente alienados. As ruas apinhavam-se de veteranos de guerra impossibilitados de serem restituídos à vida civil.

Um hábil político ex-socialista, que deixou seu partido em favor do ingresso da Itália na guerra, enfrentou os dois problemas ao mesmo tempo: fundou um novo movimento que contava principalmente com o apoio dos veteranos e tornou-o um instrumento de supressão das greves. O seu sucesso lhe proporcionou consenso e seguidores na Europa, bem como o apoio dos pais de famílias burguesas. Empenhou-se para dar uma mitologia ao seu grupo e a esse propósito valorizou a herança da Roma antiga: a supremacia do Mediterrâneo no mundo exterior e a força do *pater familias* no mundo privado. A pólvora dos sentimentos anti-heróicos não explodiu, mas foi varrida para debaixo do tapete da censura. A ditadura funcionou principalmente no sentido negativo, administrando interdições e restituindo uma certa ordem. Muito menor, embora não negligenciável, foi a sua capacidade de se apresentar como autoridade positiva. De fazer propostas concretas e de restituir ideais aos pais humilhados: não obstante as fortes pressões para fazer reviver o antigo sentimento romano que havia dominado o Mediterrâneo, apenas uma centena de milhares de italianos transferiram-se para o norte da África, enquanto no mesmo período milhões emigraram para aquela América que oficialmente era criticada porque anti-heróica e materialista.

Poderíamos supor que a irrupção de Benito Mussolini no século XX assinalasse também o retorno de uma figura paterna. Trata-se de uma impressão que não resiste a uma análise, pois a ascensão de Mussolini fez acelerar o declínio do pai.

O final da guerra corresponde ao fim de quatro grandes impérios —russo, austro-húngaro, germânico e otomano— sancionado por grandiosos eventos públicos e exposto amplamente de um modo sem precedentes pela comunicação de massa, que nascia na época.

Porém, no sugestionável imaginário coletivo, não eram apenas os pais inabaláveis que chegavam a um declínio. Afirmava-se subitamente um novo protagonista masculino pronto para lhe tomar o posto: uma figura antipaterna, descendente remota, mas direta, de Aquiles.[32] Embora Mussolini se colocasse em uma grandeza hierárquica inatingível, em seus discursos ele se dirigia acima de tudo aos "camaradas": aos companheiros do sexo masculino que, no imaginário fascista, combatem ao seu lado e com relação aos quais coloca-se como o primeiro entre os iguais. Enquanto isso, instituía grupos de colaboradores e legiões de militantes: a horda dos irmãos, porém submissa à disciplina. Alargando cada vez mais o cerco, as massas foram submetidas a uma mobilização psicológica que visava estimular um heroísmo juvenil em todos, independentemente da idade. Essa mobilização tomou de surpresa as democracias burguesas e encontrou imitadores, por todo o século, nos regimes totalitaristas de direita e de esquerda: nesse mundo de imagens coletivas até mesmo Pol Pot — que se atribuía a alcunha de "primeiro irmão" —, descendia de Mussolini. Mas a história heróica de Roma também trazia consigo, inadvertidamente, a narrativa popular de Collodi: a fábula é autônoma em relação às palavras oficiais e invencível porque constitui seu complemento espontâneo e inconsciente. Sob as bandeiras do César romano, a ditadura também mobilizava inconscientemente os arquétipos de Pinóquio e Lamparina. "Irmãos" como esses estavam destinados a deslizar em comportamentos efêmeros e anti-sociais.

Ao novo modelo masculino contribuíram figuras intelectuais poderosas: Gabriele D'Annunzio, o poeta sedutor estetizante que o fascismo tornou ídolo literário; e Filippo Tommaso Marinetti, o profeta do Futurismo. Este último intervém na fundação dos *Fasci di Combattimento* (Milão, 1919), fazendo do Futurismo algo que vai muito além do tradicional agrupamento de intelectuais. Ele é um dos primeiros a intuir os potenciais da comunicação de massa. Por meio dela são unidas a cultura, a política e a vida pública, na tentativa de se obter, com proclamações provocantes, um *movimento* total. O nome do movimento fala de um "futuro". Mas a sua intenção é negligenciá-lo, vivendo-se no presente.

Sua palavras inauguram um novo homem: que para nós, porém, não é desconhecido.

Palavras proferidas entre os filhos-irmãos:

"O mais ancião dentre nós têm 30 anos [...] Quando tivermos 40 anos, outros homens mais jovens, mais válidos que nós, atiram-nos ao cesto como manuscritos inúteis — nós assim o desejamos!"[33] Essas palavras penetraram no DNA dos filhos rebeldes desse século. Repetidas, como sabemos, duas gerações mais tarde por aqueles que se opunham à guerra do Vietnã: *Never trust anybody over thirty!* (Nunca confie em alguém com mais de 30 anos!).

Palavras inimigas da feminilidade:

"Nós queremos glorificar [...] o desprezo pela mulher."

Inimigas da paz e de toda forma de masculinidade não-destrutiva:

"Os períodos [...] que renegaram o instinto heróico e que, voltando ao passado, aniquilaram-se em sonhos de paz, foram períodos em que dominou a feminilidade.

"Nós vivemos no fim de um destes períodos. *O que mais falta às mulheres e aos homens é a virilidade.* [...]

"As mulheres são as Erínias, as Amazonas [...] as guerreiras que combatem com mais ferocidade que os homens."[34]

Palavras inimigas de toda forma de estabilidade, da relação duradoura
entre homens e mulheres. Palavras que anunciam uma futura analogia com os
funcionamentos mecânicos:

"Velocidade terrestre: amor da terra-mulher, disseminação mundo afora
(luxúria horizontal) = automobilismo que acaricia amorosamente as estradas
curvas, brancas e femininas. [...]

"A velocidade destrói o amor, vício do coração sedentário, triste coágulo,
arteriosclerose da humanidade-sangue."[35]

Palavras —proféticas— de desprezo pela natureza.[36]

De desprezo radical pela continuidade, fidelidade e conservação: mesmo
para a preservação urbana de uma cidade única no mundo.[37]

De náusea pela estabilidade e coerência também no campo cultural:

"Nós queremos destruir os museus, as bibliotecas..."[38]

Palavras —sinceras— de negação da existência dos pais, em favor dos
novos filhos-heróis que rejeitam o casal:

"Mulheres [...] fazei filhos, e destes, em holocausto ao Heroísmo, fazei a
parte do destino. [...]

"Em vez de reduzir o homem à servidão das execráveis necessidades sentimentais, lançai vossos filhos e vossos homens à auto-superação.

"Sois vós que os fazeis. Tendes sobre eles todo o poder."[39]

Palavras —assustadoramente coerentes— de retorno do pai ao macho
meramente fecundador:

"É normal que os vencedores, selecionados pela guerra, cheguem a estu-
prar para recriar a vida nos países conquistados."[40]

Muitos delírios de fim de milênio —ecológicos, ambientais, raciais—
são aqui antecipados juntamente com uma identidade masculina radicalmente
nova e, ao mesmo tempo, antiqüíssima. Uma identidade que vive no instante,
que deseja anular o tempo. Para esse macho, *os filhos, e com eles simbolicamente
as gerações futuras, são coisas apenas de mulher.*

Em março de 1909 é publicado o *Manifesto do Futurismo*, e com ele
nasce o novo modelo masculino que o fascismo disseminará pela Europa ao
longo do século. Em novembro de 1916, o imperador Franz Joseph desce para
a tumba e sai definitivamente da dimensão temporal — que para ele parecia
congelada, fixa. E com ele sai de cena o antiqüíssimo modelo paterno. Menos
de dois anos depois, morrem os Impérios. Após o mais velho dos imperadores,

desaparece o mais velho Estado imperial europeu, que se considerava o verdadeiro continuador do Império Romano.

As diversas expressões de arrependimento que hoje circundam-no não correspondem à nostalgia daquela monarquia, mas de uma imagem masculina que dominava o imaginário coletivo e que agora é constrita a se agitar desordenadamente no inconsciente europeu.[41]

A mania substituiu a melancolia. O mundo dos deveres celebrado por Roth, Werfel e Zweig, judeus cultuadores da memória e cidadãos daquele momento de declínio, foi substituído pelo mundo dos prazeres e do instante, celebrado por Marinetti e D'Annunzio, escritores laicos e hedonistas, tais como o século que inauguraram. O que resta é o mundo da velocidade — proclamado significativamente por um *movimento*— e da explosão das emoções. Que prenunciam a paixão do século por espetáculos de forte impacto, barulhos estridentes e drogas, e pela instantaneidade. Que substituem a autocontenção e o planejamento que foram administrados, talvez com demasiada parcimônia, no tempo dos pais.

### 3.4. O DECLÍNIO DO PAI PÚBLICO

*A imagem materna [...] conserva o caráter da imutabilidade porque encarna o princípio interno e onicompreensivo que cura, nutre, ama e salva [...] Por sua vez, além da imagem arquetípica do pai, a imagem pessoal também é significativa, embora não seja determinada tanto por sua pessoa individual quanto pelo caráter da cultura e dos valores culturais em transformação que o pai representa.*
— E. NEUMANN, *Ursprungsgeschichte des Bewusstseins*

HÁ UMA RELAÇÃO entre os sentimentos que um rei inspira aos cidadãos e aqueles que, no mesmo período e local, um pai inspira aos filhos. Freqüentemente esse processo é circular: um soberano de grande prestígio estimula as famílias a reproduzi-lo como modelo; por sua vez, uma fase de forte expansão do patriarcado nas famílias pode favorecer a elevação da posição do rei. Também encontramos o processo inverso. Com a modernização, o Estado tende a substituir o pai, principalmente na educação. Mas é difícil dizer quando a autoridade pública influencia a autoridade privada e quando ocorre o contrário. A relação entre elas pertence à psicologia dos símbolos, que não se deixa quantificar nem reduzir a causas e efeitos.

NOS PAÍSES do Ocidente, o pai descreve um lento e longo crepúsculo: desde o início da Era Moderna, certamente, e mais visivelmente nos últimos dois séculos. Mesmo a figura de autoridade religiosa ou estatal que consideramos metáforas coletivas do pai seguem um declínio paralelo.

Todavia, o século terrível é assim considerado justamente pela presença de tremendas autoridades masculinas. Se atribuirmos à relação entre símbolos públicos e privados um vínculo direto e rígido devemos supor que o pai tenha subitamente erguido a cabeça. De onde vêm os "pais terríveis"? Seu devastador poder sobre as massas tem alguma relação com a psicologia do pai individual?

Se o crepúsculo do pai pode ser representado por um longo diagrama descendente, ele certamente não é formado por uma única linha reta. Durante o último século essa imagem do pai tem se fragmentado como nunca antes, e seus estilhaços se fazem pontiagudos como punhais. O adjetivo "reacionário", atribuído ao fascismo e às ditaduras nacionalistas geradas a partir do seu exemplo, está correto do nosso ponto de vista psicológico. Depois de ter representado a voz dos humilhados e da burguesia assustada pelas greves, o movimento de Mussolini utilizou crescentemente o desejo de retorno à ordem tradicional da família: a reação, portanto, à decomposição do patriarcado. Nesse sentido, a palavra reacionário pode ser utilizada também para ditaduras de diferentes origens políticas, como a de Stalin, o ditador que foi chamado de "pequeno pai".

Ao atingir o ápice do poder, Mussolini profetizou (Milão, 25 de outubro de 1932): "Em uma década a Europa será fascista." Assim como a fila de ratos que seguiam o flautista mágico, os anos que o sucederam deram-lhe razão. Passados dez anos, as democracias do Velho Continente não eram mais que umas poucas ilhas assediadas.

O que havia feito o ditador para conhecer essas coisas antecipadamente? Como ele podia prever que dali a pouco as ditaduras teriam se disseminado, assim como podemos prever que os cogumelos brotem depois da chuva? Por certo não foi através de uma acurada consciência das condições internas dos outros países: quando decidiu ingressar na Segunda Guerra Mundial, Mussolini não conhecia a fundo nem mesmo a condição de seu próprio país, que se revelou despreparado material e psicologicamente.

Mas agora o que aproximava a micro-Áustria humilhada aos sobreviventes italianos desorientados, à catastrófica inflação da Alemanha de Weimar, ao sono agrícola de Portugal, à desunião étnica da Hungria? A resposta é muito simples e em parte já foi constatada pelas análises psicológicas de Reich, Jung e Fromm: a nostalgia de uma autoridade paterna que estava se tornando universalmente exaurida. Mussolini logo percebeu tal fato e isso transformou a sua previsão em profecia.

O profeta é aquele que enxerga ao longe porque seus pés não se apóiam no chão mas em algum lugar mais acima. Assim a imagem de Mussolini foi designada como suspensa entre o céu e a terra, como uma figura de santo-laico. Depois de haver mobilizado os irmãos colocando-se como o primeiro dentre eles, o ditador constituiu para si um posto de pai da pátria semidivino. Mais que a um novo regime político e econômico, o fascismo dedicou-se à produção deste homem exemplar: ele devia constituir o paradigma para o crescimento dos filhos varões, o arrimo dos pais. O tempo livre desses filhos foi retirado da família privada e revertido à família pública, nas concentrações dominicais em torno do Pai da Nação. O movimento nascido dos veteranos de guerra, filhos-irmãos normalmente violentos e rebeldes à ordem do pai, buscava a estabilidade pela correção do seu pecado original e pela busca do consenso entre a maioria de famílias confusas.

A reprodução do modelo fascista por parte de outros países europeus não se limitou à ditadura política, mas incluiu essa nova ditadura psicológica. Ela permitia manobrar as massas com maior rapidez e profundidade, ao passo que, de modo circular, regenerava a função política. Isso mobilizou acima de tudo uma imensa e barbaresca psicoterapia coletiva que funcionava sem que os próprios terapeutas-chefe a percebessem. A necessidade de pai, que o século instigava ardentemente, para milhões de jovens foi saciada de modo repentino e disfuncional por meio dos ditadores, arrancando cada vez mais as suas raízes da família. Essa laceração psicológica foi ainda mais duradoura que aquela política, mas ainda espera ser classificada.

POR QUE AS ditaduras não ajudaram o pai a recuperar sua autoridade no seio familiar nem mesmo durante seus momentos de maior sucesso? O fascismo e o nazismo podiam formalmente louvar as virtudes tradicionais do pai, mas implicitamente preferiam ter os filhos diretamente a seu próprio serviço.

As biografias de Hitler e de Mussolini receberam uma atenção ilimitada. Mas suas qualidades paternas pessoais são facilmente reduzidas.

Hitler dedicou sua vida à política, renunciando à família e aos filhos. Mussolini foi um pai prolífico mas substancialmente ausente. Teve cinco filhos legítimos,[42] muitos ilegítimos e um número incalculável de amantes. A última foi fuzilada junto ao ditador e com ele exposta em praça pública suspensa pelos pés.

ASSIM COMO Cronos, a ditadura assumiu o aspecto do Pai Terrível que, nos mitos, atribui aos filhos tarefas impossíveis.[43] Assim como Cronos, deixava-os nascer apenas para os engolir mais tarde. Eles não podiam crescer, ter uma vida autônoma, mas somente uma existência sufocada no interior do corpo da ditadura.

Assim como Polifemo, esses filhos deveriam ser fortes, mas permanecendo em um estado semi-bárbaro, e não como adultos: eles ajudavam assim a autoridade suprema contra as hierarquias intermediárias ou contra os próprios pais de família que tentavam conservar alguma autonomia. A mobilização dos jovens contra os genitores, que será retomada em massa pela Guarda Vermelha chinesa, é reassumida com força em um desenho alemão que remete ao Terceiro Reich (figura 12).

"Por coisas como esta aqui, o nosso papai põe em jogo a reputação da família!", dizem os filhos vestidos com o uniforme nacional-socialista ao descobrirem na biblioteca do pai burguês textos de Thomas Mann e Stefan Zweig. A situação é clara. Segundo a tradição, o pai alimenta a própria autoridade elevando-se acima de outros pais espirituais e gradualmente convidando seus filhos a segui-lo. Entretanto os filhos prediletos da ditadura não cresceriam, pois ela os autoriza desde o início a julgar os pais e a evitar a lenta ascensão em sua árvore genealógica. Dos pais adota-se a pior parte — a chantagem da reputação. Descarta-se o respeito pelo desenvolvimento gradual, pela experiência, pelo projeto de elevação cultural.

Com o advento do fascismo e do nazismo aquele espaço do pai que já se atrofiava na velhice torna-se ainda mais reduzido. De fato, por um lado o antifascismo torna-se antipaterno, na medida em que se opunha ao excesso de autoridade, ao paternalismo e ao machismo violento da ditadura. Por outro, a ditadura exaltou o pai abertamente, mas apunhalou-o pelas costas ao se opor à autonomia cultural da família e seus sentimentos privados.

A penetração do paternalismo fascista foi aperfeiçoada principalmente na Alemanha. Na Itália, o ditador custava a reunir em torno de si todos os filhos da nação, seja porque havia deixado esse encargo a um outro pai coletivo —o rei—, seja porque na tradição mediterrânea a mãe ocupava um posto de maior poder. Isso correspondia a um modo arcaico de se experimentar a política: a identificação dos cidadãos com o Estado era e ainda é limitada, substituída por vínculos insuperáveis tanto com a Igreja como com a família. Nesse sentido, os italianos podiam facilmente retirar a confiança depositada no pai adotivo porque sabiam para onde retornar: e, embora tardiamente, retiraram-na quando ele ainda estava no poder. (Até mesmo o modo pelo qual eles se voltaram a novos partidos de massa é um indicativo desse retorno, na medida em que o pertencimento a esses reproduzia o modelo do pertencimento milenar à Igreja.)

A situação na Alemanha era diferente. Hitler intervém antes de tudo no preenchimento do vazio deixado por uma crise econômica sem igual. Culminou posteriormente em um vazio de fé devido a uma religiosidade tradicional menos estável e ao fracionamento em diversas igrejas. Substituiu uma ausência estatal —a desconfiança na república de Weimar tivera poucos precedentes— resultante do desaparecimento do Império e do imperador. Por fim, agiu em uma sociedade onde é mais difícil que a mãe substitua silenciosamente o pai: para analisar o modo pelo qual as duas ditaduras originariamente unidas foram separadas, seria oportuno partir dessas considerações e não da tautologia segundo a qual os alemães obedeceram à ditadura mais que os italianos porque possuem um maior senso de autoridade.

Sabemos que Hitler e Mussolini perderam a guerra porque lançaram-se em campanhas cada vez mais impacientes, ávidos de vitória. Hitler, maldito pelo mundo e perdido em contradições, decide pela "solução final" quando a guerra ainda estava na fase inicial (1942). Mas a idéia de pai implica projeto e distribuição de forças ao longo do tempo. E os ditadores causaram sua própria ruína porque, de fato, não eram paternais: eram guiados pela impaciência.

O FINAL DA Segunda Guerra Mundial representou uma prestação de contas para a imagem do pai. Os saldos obtidos não se compunham apenas dos horríveis massacres ou dos danos da devastação social, mas também dos desastres psicológicos resultantes do colapso da crença na autoridade. Os pretensos "pais da pátria", os pais públicos, revelaram-se bastante destrutivos, a ponto de arrastar consigo os pais de família a um descrédito generalizado.

Essa prestação de contas ocorreu indistintamente em todos os países ocidentais: tanto aqueles que haviam instaurado os regimes do Pai Terrível, como os que desde o princípio tinham sido seus adversários. E referiu-se tanto ao fascismo como ao nazismo, que haviam atraído para si o ressentimento do mundo e cometido assim um suicídio militar, tal como o comunismo soviético, que posteriormente aniquilou-se com um suicídio econômico.

Uma morte pública da sua imagem condena o pai de modo ainda mais definitivo do que poderia ter ocorrido com a mãe: ele está mais ligado às circunstâncias históricas.[44] Assim como o pai individual, o pai coletivo deve responder à expectativa de ser um vencedor. No caso dos ditadores, todavia, aquilo que chamamos de "paradoxo do pai" —a expectativa contraditória de que seja subjetivamente justo ao mesmo tempo em que objetivamente vencedor— passa por uma simplificação radical. O fascismo, o nazismo e o comunismo, pelo menos na versão stalinista, declaram que o direito não decorre dos princípios, mas da vitória objetiva. Assim, quando sua força diminui, condenam-se por si só.

Às vezes observamos quase incrédulos manifestações de nostalgia declarada pelos terríveis regimes ditatoriais. Ficaríamos menos surpresos se não as observássemos do ponto de vista político, mas como manifestações de um certo saudosismo em relação ao pai. Esse sentimento desempenhou um papel profundo no nascimento daquelas ditaduras e teve uma função ainda mais relevante na explosão dessa nostalgia: com relação àqueles tempos, de fato a ausência dos pais e das imagens paternas agravou-se dramaticamente. Na realidade, mesmo aqueles que declaram haver conservado o bom senso porque não sentem saudade dos pais terríveis são freqüentemente atraídos pela sua grandiosidade negativa. Assim como um passatempo universal das crianças é discutir se "meu pai é mais forte —corajoso, rico etc.— que o teu" (a força, o poder objetivo), assim também essa carência de pai é tão forte que, ao buscarem a onipotência na destrutividade, muitos perguntam: "Quem foi responsável por mais mortes, Stalin ou Hitler?".

No nosso imaginário coletivo encontra-se acomodada, na primeira fileira, a imagem do pai que *ceifa* a vida. Desde os tempos em que ele se tornou o companheiro da mãe —que ainda hoje dá a vida—, desde os tempos em que surgiu a palavra "pai" —que, como vimos, significa nutrir, prover—, a inversão está feita. A imagem pública dominante é a negativa. Contudo, esses pais assassinos exercem um imenso fascínio coletivo. Desde que existem livros, a ninguém foram dedicadas tantas biografias quanto a Adolf Hitler. Não nos tranqüiliza observar que esse público, grande consumidor de recordações dos tiranos, declare-lhes sua desaprovação. O *voyeurismo* está habituado a se revestir de trajes morais. Se o público assiste a numerosos espetáculos que narram violências sexuais, a psicologia preocupa-se com esse fenômeno mesmo se os espectadores se dizem favoráveis a penas mais severas para tais crimes.

A EXPERIÊNCIA única dos países europeus que passaram pela ditadura em seu corpo social está no fato de eles terem convivido intensamente com um pai terrível em carne, osso e sangue: na humilhação sofrida com a *experiência coletiva e histórica do pai indigno*, que desde um século antes havia começado a infectar a vida em família.

Antes da metade do século, Mussolini, pai da nova Roma e dos outros ditadores da Europa, já havia chegado ao final de seu percurso. O evento psicológico é mais significativo do que o evento político, a imagem é mais significativa do que a História.

Em uma praça na periferia da minha cidade, de onde havia partido a menos de uma geração a caminho de se tornar chefe-de-Estado, ele foi elevado a uma posição entre o céu e a terra, como já o vimos quando se encontrava no ápice do sucesso. Nesse meio tempo, toda a situação se reverteu. Este pai torna-se um modelo ao contrário. Modelo de morte, exibido morto em praça pública; modelo negativo, dependurado pelos pés, invertido.[45] Modelo para não mais ser adulado, alvo de pauladas, cuspe e urina; profeta da mística do sangue, foi atado a uma bomba de gasolina, o líquido que pulsa nas artérias da nova sociedade. Benito Mussolini havia tentado ser um exemplo total em vida[46] e agora torna-se um seu reverso na morte (figura 14).

Há evidentemente um inconsciente coletivo, e ele foi o regente daquela representação. E se o inconsciente coletivo existe, aquela imagem era infinita-mente mais vasta que uma praça de Milão, infinitamente mais duradoura do que a primavera de 1945, infinitamente mais significativa que a historiografia que distingue a direita da esquerda: no período entre 1989 e 1991, não terá sido com o mesmo furor que presenciamos a destruição das estátuas dos ditadores na Europa Oriental?

O retorno do pai forte havia se exaurido em poucas décadas. De maneira correspondente, a inversão do seu exemplo arrastava para a negatividade tam-bém o modelo que fora construído para os filhos. Precursores da guerra psi-cológica e empenhados em mobilizar as massas, os regimes fascistas haviam provocado uma inflação da figura do herói: o heroísmo constantemente evocado não era mais o evento excepcional, sagrado e perturbador como observamos nas culturas tradicionais; era antes a execução cotidiana do dever sob a direção da ditadura.[47] O heroísmo era a chama mais luminosa que os pais deveriam passar aos filhos: porém, mais que construtiva, revelou-se uma força destrutiva. Se a psicologia consistisse em adições e subtrações, como na contabilidade, o herói poderia ter sido eliminado. Mas considerando que ele existe desde sempre em todas as culturas, tal como o pai, o herói tornou-se tabu assim como aquele pai onipresente: ocultou-se nos porões da alma, misterioso e demoníaco, e pelo fato de permanecer ignorado passou a causar novos danos.

SE O PAI TERRÍVEL é visto principalmente de dentro para fora, então foi justo começar pelos países que o tinham para si como o coração para o corpo: desse modo desloca-se para a sociedade o olhar da psicologia, que parte necessaria-mente do mundo interno.

Mas esse imponente fantasma já domina o imaginário do Ocidente, mesmo quando não domina a sua história. Até mesmo os países anglo-saxões, que em termos políticos permaneceram muito distantes daquelas formas de ditadura, sentem a sua presença no cerne de sua psique coletiva. Sabem que a figura do chefe supremo tem um potencial destrutivo na sombra, e a sua fantasia o concebe com extrema facilidade, tanto que a literatura e o cinema encontram nele uma fonte de inspiração infinita: ao passo que nenhuma fantasia correspondente tenha concebido, até o momento, uma figura feminina como chefe supremo, como mãe terrível.

O diagrama que descreve o pai ao longo do século é simples. Onde ele se resume a uma tragédia política coletiva, a linha que descreve o seu colapso é menos uniforme. Onde a ditadura chega apenas como imagem, como narrativa, a sua curva é descendente e mais linear. Mas, de modo geral, o traçado é igual porque parte do alto no início do século e desce em uma profunda depressão nos momentos seguintes: eis uma outra imagem que a sociedade toma emprestada da psicologia.

A América —o alfa do mundo ocidental—, ensina-nos muito bem o que acontece. Nas democracias liberais consolidadas, as imagens coletivas não recebem as pressões unitárias de um regime, mas pressões diversas compostas dos meios de comunicação de massa. No entanto, em sua imensa pluralidade, com o passar dos anos esses meios atravessam uma transformação comum que culminará no atentado ao presidente dos Estados Unidos, Richard Nixon. De voz dos pais, os meios de comunicação transformam-se na voz dos filhos.

Isso não significa que a comunicação de massa de uma sociedade liberal retira o pedestal do pai como havia ocorrido nas ditaduras. Na crise, os meios de comunicação podem regenerar a sua criatividade e oferecer tanto estímulos como denúncias. A maioria das redes de informação, a americana em particular, aperfeiçoou sua capacidade de avaliar profundamente a autoridade. Abandona uma atitude complacente e adota um olhar curioso. Se no passado aprovava as guerras contra as populações nativas (os "índios"), a partir de um certo momento critica a Guerra do Vietnã.

Estende-se assim aquele desencanto da guerra que, na primeira parte do século, havia penetrado a América de forma menos profunda em comparação à Europa devido à distância dos campos de batalha. A diferença é que na Europa isso ocorreu em meio a solavancos, na medida em que se tropeçava nos escombros e nos corpos extirpados pela guerra. Na América torna-se um processo estrutural, mais meticuloso e sistematizado no espaço pré-formado do código puritano.

É então natural que esse filtro moral mais exigente passe a reexaminar as guerras do passado: o que os pais dos pais fizeram com os índios? Exterminaram também as mulheres e as crianças? Mesmo nesse aspecto os pais se diferenciam das mães: a sua herança, por seu caráter primariamente cultural, mesmo à distância constitui um peso para os filhos, como uma antiga maldição. A máquina filtrante não cessa de trabalhar. Se a guerra não mais é justa mas no máximo justificável, isso exonera o seu princípio mas deixa de avaliar as conseqüências do prosseguimento. Depois dos filhos, que durante a Guerra do Vietnã não queriam ser heróis de modo algum, depois dos pais dos pais que com muita facilidade o foram contra as tribos de nômades que ainda viviam na idade da pedra, é chegada a vez do heroísmo dos pais. Por que então o Vietnã é passível de críticas, mas não Hiroshima? Era mesmo necessário usar a arma mais potente de todos os tempos contra casas de madeira e papel? Na América, a revisão do percurso do pai não abala apenas uma geração mas toda a árvore genealógica.

Não temos como saber até que ponto esse movimento de autocrítica histórica se estenderá para a Europa e o resto do mundo. Mas sabemos que nos transmite um questionamento: para além do aspecto político, seria justo afirmar que está ocorrendo uma mudança na atitude —cujo modelo mais profundo considerávamos eterno— do filho em relação ao pai? Se é fato que hoje avalia-se o genitor público —político ou militar— pela sua moral, deixando de lado o seu sucesso, isso significa então que um dia os filhos deixarão de pedir ao pai privado que lhes assegurem ao mesmo tempo os lucros e a retidão? Que Freud seja mais benevolente ao ponderar sobre o episódio do chapéu de seu pai? Talvez o pai não tenha apenas *perdido* o poder. Talvez ele tenha *adquirido* uma relação mais verdadeira com o filho. O contrapeso oculto em seu exagerado poder do passado encontra-se agora nas exageradas e contraditórias expectativas do filho.

EM UM ANO particularmente significativo, 1968, o ano da contestação, foi enunciada na França uma hipótese.[48] O ponto de partida é a teoria de Freud contida em *Totem e tabu* (1912-13), segundo a qual as primeiras forças de vida social e as formas primitivas da religião teriam surgido da colaboração dos filhos-irmãos que, depois de terem eliminado o pai, conseguiram controlar juntos a rivalidade recíproca e os sentimentos de culpa em relação à sua memória: a internalização milenar da sua imagem teria possibilitado a constituição do superego no interior da personalidade, e as instituições civis e religiosas no mundo externo. Uma vez que tudo isso se afirmou e se consolidou, o mundo assumiu um forte cenho paterno: visível nas religiões monoteístas, nas instituições patriarcais e, pouco a pouco, na orientação sempre mais racional e científica da cultura. A este ponto a dívida para com o pai estaria quitada, ao mesmo tempo em que se começa a sentir um arcaico sentimento de culpa em relação à mãe, na qual é identificada a Natureza agredida e desfrutada durante a construção do mundo paterno.

Semelhante hipótese deve ser depurada quanto aos limites da sua origem. O texto de Freud comete uma falha no plano antropológico. E a revolta de 1968, na qual se insere a hipótese, fundou um movimento juvenil europeu que na Alemanha e na Itália, elos pouco cicatrizados dessa cadeia, intoxicados pelo sentimento de culpa por terem permitido o surgimento de duas ditaduras desastrosas, desembocou em organizações terroristas de filhos que disparavam suas armas contra os pais.

A análise das mudanças históricas como mudanças psicológicas é muito mais profunda que as usuais interpretações políticas, justamente porque não visa às inovações efêmeras, mas aos movimentos caudalosos que trazem consigo as imagens coletivas do pai e da mãe. Nos anos seguintes, um retorno à Grande Mãe Terra era previsto pelo mesmo Toynbee, com a autoridade do historiador que examina a civilização humana como um único e longo processo e como simbiose com a crosta terrestre.[49] Na última geração, o movimento ambientalista construiu teorias que criticam o antropocentrismo consignado diretamente de Deus aos homens no início do *Gênesis*. A isso se uniu a crítica feminista às instituições patriarcais em um ataque combinado ao racionalismo masculino do Ocidente, que rapina a terra, a mulher e as outras formas vivas.

Essas reflexões, acredito, estão destinadas a perdurar justamente porque estão em sintonia com as ondas mais longas da História e não podem ser contraditas por variantes efêmeras, próprias de cada geração. Por outro lado, o que podem oferecer os *men's movements* além das fortes emoções dos veteranos de guerra? Além de não poderem se estabelecer sobre uma crítica correspondente ao matriarcado, esses movimentos também não sabem em que ponto se situam nos imensos diagramas da História. A História nos deu o pai. A História o está retirando de nós.

Dos céus do cristianismo até mesmo Deus parece encerrar um ciclo correspondente, como se Ele próprio quisesse privar-nos do pai.

Com a visão do imperador Constantino, o cristianismo foi reconhecido como religião e instantaneamente fundiu sua força com a do Império Romano. No sonho de Constantino, Deus lhe confiava a cruz e ordenava que a colocasse em suas insígnias: no sinal da cruz estava a vitória (312 d.C.). Essa foi a primeira comunicação oficial que descia dos céus até o Ocidente. A última foi a profecia de Lourdes. No período que as separa, tudo se inverteu. Lá, nos vértices masculinos, Deus falava ao imperador de Roma. Hoje, na remota província francesa, o céu voltou a falar. Calou-se o imperador, calou-se o próprio Deus Pai. Das alturas falou a Mãe, e, para ser escutada, ela escolheu uma simples mocinha.

### 3.5. A VIAGEM DOS JOAD

JOHN STEINBECK amava os poemas épicos. Ele bem sabia que após a Antigüidade os poetas haviam entrado em um imenso afunilamento onde a liberdade experimentada por Homero tornava-se cada vez mais estreita à medida que o poeta tomava consciência de sua própria relatividade histórica — a lâmina que ceifa as inspirações e a linguagem grandiosa. Assim, o mundo produzia poemas cada vez menos épicos, cada vez menos poéticos: poemas nacionais, cantonais, provinciais, poemas que não se ligavam mais à época, mas sim à geração. Sempre mais afastados da grandiosidade do homem, porque tinham a intenção de tornar grande apenas *aquele* homem e *aquele* momento. Sempre mais distantes da tragicidade da épica, porque pretendiam narrar a vitória de um determinado bem contra um determinado mal, enquanto a essência da tragédia é a consciência de que o homem é sempre o bem e o mal juntos.

Por fim os poetas abandonaram a épica.

Mas Steinbeck não acreditava que essa renúncia fosse definitiva. Que emoções podem ser narradas sem a percepção da grandiosidade trágica do homem? Que tipo de literatura poderia se tornar algo mais que uma espécie de prêmio de consolação?

Aquele afunilamento —na realidade, qualquer espécie de afunilamento—, mais cedo ou mais tarde, também chega ao seu fim. E onde poderia a grandiosidade alçar vôo novamente senão nos grandes espaços abertos da América? Onde poderia o paradoxo trágico extravasar senão na miséria do país mais rico do mundo durante a Grande Depressão?

Em uma narrativa verdadeira a linguagem é sempre nova, o episódio é sempre um arquétipo. Era preciso narrar novamente para as massas as batalhas da *Ilíada*, enquadrar a injustiça social nos moldes de uma *Odisséia*.

Justamente porque a épica é grandiosa, não se pode narrar uma única coisa, pois assim o poema se tornaria um conto com um único ponto de vista, ou seja, uma tese. Justamente porque é trágica, não pode apalpar um *happy ending*, mas deve roçar o desespero: à medida que se aproxima de uma meta é preciso se afastar de outra.

Era chegado o momento de narrar a miséria, o assédio à Tróia dos pobres. Mas isso ainda não era suficiente para uma epopéia. A odisséia social por si só não bastava. O programa de redenção era positivista e os desesperançados em marcha eram em si uma esperança. Quando começou a escrever, Steinbeck sabia que a redenção estava em curso: o *New Deal* já estava lavrando o continente, e o temido espírito empreendedor, tal qual uma deusa que tem na América o seu templo, assim como Apolo o tem em Delfos, completaria os trabalhos da terra. Entrelaçada com a migração dos *Okies* rumo à terra prometida deveria se inserir uma outra narrativa: sem meta, sem uma Ítaca aonde chegar. Impresumível, porém gritante. Secreta, mas não desconhecida. Íntima, mas tão comum e unânime que nela todos poderiam se reconhecer. Uma queda maior ainda que a de Tróia. A queda de uma classe social, a queda de toda uma América.

Assim o autor decidiu recolher em sua obra não apenas o colapso do mundo camponês mas também do mundo paterno.

Ele lembrou que havia lido a narrativa de uma viagem épica que alçava o pai à posição mais elevada de toda a sua história. Era preciso derrubá-lo, percorrer essa viagem no sentido inverso. Apanhou de sua estante a *Eneida*, pousou-a sobre a escrivaninha e começou a reescrevê-la.

O HERÓI NÃO deve corresponder ao príncipe, mas às massas: Tom Joad é pai de uma família de camponeses. O reino de Tróia é, aqui, um pedaço de terra da região centro-sul dos Estados Unidos. Quando ainda pertencia ao avô, a terra havia sido hipotecada devido ao aumento das dificuldades financeiras da família. Tróia era assediada pelos gregos; o campo, pelos bancos. A colheita já não dá conta de enfrentar essa forma de agressão. A fortaleza já não é expugnada pelos atos calculistas de Ulisses, mas sim pelos de um funcionário anônimo. O cavalo de madeira é agora um trator de metal, consagrado a Minerva, assim como toda forma de tecnologia. Tal como o cavalo dos gregos, quem o dirige é um traidor, um homem pobre que está do lado dos ricos. Alguns corajosos desejariam afrontá-lo com as armas, mas só conseguem atrair para si um castigo tão incompreensível como aqueles atos divinos que fulminaram Laocoonte.

Tal como os heróis trágicos, os Joad não compreendem as intenções imprevistas do destino. Antes a vida era possível e serena, agora é preciso escolher entre a fome e o desconhecido, entre a morte e a fuga. A queda não é a punição por um erro cometido, mas um capricho de deuses que não merecem o céu, porque —egoístas como os deuses antigos— tomam o partido daqueles que já são fortes e vencedores.

Sobre Tom Joad sabemos muito pouco. Ele é moderadamente autoritário, justo e loquaz. É afeiçoado à terra e à família, mas sem fanatismos.

Ele tem seis filhos. Os primeiros três homens são extensões do pai, e o poeta moderno evidentemente pensa em fazer reviver nesses personagens o papel de Ascânio. Mas ao passo que o jovem troiano reassume as virtudes do pai e as fará reviver em uma estirpe, uma cidade, um império, os três rapazes representam defeitos de caráter, imaturidade, fendas na saída para a idade adulta que nunca poderão ser reparadas, pois na personalidade do pai —a escada natural para os filhos— faltam os degraus correspondentes.

A epopéia tem o papai Joad como protagonista e emblema da ruína social que Steinbeck quer apresentar ao mundo. Para representá-la ele poderia deter-se no pai, analisar as facetas de seu caráter. Desse modo, porém, ele se aproximaria dos romances psicológicos, afastando-se da epopéia das massas miseráveis e da família patriarcal. O autor escolhe tratá-la por meio de uma espécie de coro teatral. Para representar o protagonista —o pai que se perde—, ele parte do fato de que todos transmitem uma parte de si aos filhos: a descrição de cada um dos filhos contém, portanto, uma faceta do caráter de Tom Joad, do quanto resta do patriarca camponês em decomposição.

Noah, o filho primogênito, não é brilhante em nada. Não porque fosse de fato deficiente: ele sabe fazer contas e executar os trabalhos na lavoura. Executar, enfim. Falta-lhe a iniciativa, o entusiasmo, o sentimento. Apesar de sua idade, o amor por uma mulher está tão distante dele como outro planeta. Ou melhor, ele nem mesmo consegue imaginar que papai e mamãe Joad possam ter feito amor para concebê-lo. (Apesar dos seis filhos, nem uma linha sequer do longo livro alude a uma qualidade erótica desse pai: de fato, o autor não poderia ter sido mais claro ao construir nesse personagem um oposto do filho de Vênus.)

Portanto Noah representa muito bem uma qualidade central do pai. Uma qualidade que ainda não pode ser chamada de depressão, porque na depressão há algo de uma presença: a melancolia, os sentimentos crepusculares, não obstante, intensos. Noah é a renúncia sem desencorajamento porque nunca conheceu a coragem. Nem ao menos o medo, enfim. É a renúncia sem frustração, já que lhe falta a consciência de que a vida poderia ter algo mais a oferecer.

Esse filho representa um traço silencioso mas constante na história psicológica do macho humano. Os longos milênios já percorridos deterioraram seu caráter. De uma parte, milênios de cansaço pela responsabilidade assumida. De outra, milênios de egoísmo insinuado no hábito de comandar a família. Os milênios achatam as coisas. A areia, com o tempo, faz abaixar até mesmo as pirâmides. Esse representante do mundo masculino extinguiu até mesmo as responsabilidades e o ego. Ele não sabe como ser pai, e menos ainda ser companheiro: pode-se, no máximo, imaginar Noah na companhia de prostitutas.

Ele é estéril biologicamente porque não terá filhos, e é estéril também psicologicamente. Ele não produz mais a inovação, a iniciativa, a vontade. Ele se encontra em um beco sem saída da civilização e, uma vez que da condição de pai ele regrediu à de simples macho, leva-nos ao desalento acreditar que os milênios tenham passado em vão. Noah representa a falência de seu pai e a falência do pai. É com preocupação que percebemos que seu pai é mais indulgente com ele do que com os outros filhos: na linguagem do símbolos, Tom Joad nada faz para combater a bancarrota que Noah representa. Para ele, é doce render-se à ruína.

Mas prestemos atenção aos bastidores dessa falência, pois aqui também há algo a aprender. Quando a mãe estava para parir Noah, o pai estava "sozinho em casa". (Por que essa passagem é colocada desse modo? A mulher não é, portanto, uma presença para o papai Joad?) A parteira estava atrasada. Perturbado pelo sofrimento da esposa e da vulva escarranchada, Tom Joad suscitou uma saída prematura àquele intolerável banho de feminilidade arcaica: quase voltando-se para o lado oposto, ele introduziu sua mão na mulher e forçou-lhe a saída do filho.

Talvez nessa cena a cadeia dos pais contestasse sua própria continuidade, e então obrigou-se apenas ao ato da reprodução. Mas as continuações artificiais têm seu preço. O menino sofrera as conseqüências: as feridas não eram visíveis em uma parte do corpo, mas em todo seu comportamento.

Os antigos patriarcas olhavam para o feminino com o desinteresse da superioridade. Este pai em início de carreira conserva uma forte distância do feminino — o parto é para ele revoltante—, mas não um desinteresse. No pai que colabora com o parto está representado o patriarca que não pode mais viver de renda. O esvaziamento das suas possibilidades econômicas retoma a idéia do fim das possibilidades culturais. Ele é chamado a colaborar com a presença indelével da figura materna. Arrastado pela corrente da vida feminina, o pai assimila da mulher os lados supostamente mais frágeis — a emoção incontrolada, a histeria—, mas não a capacidade de confiar no instinto: disso nasce um menino — Noah— mental e materialmente estéril.

O segundo filho chama-se Tom, assim como o pai. Ele tem talentos e iniciativa. A sua cabeça freqüentemente ergue-se acima do mar de lama da epopéia; a intuição, a capacidade de escutar, tornam-no um personagem simpático. Tom Júnior inesperadamente se reúne à família bem no momento em que ela se prepara desesperadamente para partir. Os familiares estão enrolando os colchões que levarão consigo. Ele esteve distante durante os últimos anos porque havia também encontrado seu beco sem saída: em uma briga de bêbados, Tom acabou matando um homem. Para se defender, assim o dizem. Após alguns anos na penitenciária, ele agora se encontra em liberdade vigiada.

Todos teriam agido assim. A família está do seu lado, a começar pela mãe: Tom repaga-lhe ao dar a reconfortante sensação de ter em casa um homem que enfrenta os problemas. Sem que isto seja declarado, percebe-se que o pai não é mais capaz de proporcionar essa sensação: fora vencido pela crise econômica, e para os pais o insucesso é quase uma culpa. Assim, para a mãe esse filho é abertamente o preferido e, com ele, ela compartilha uma cumplicidade de casal que não seria possível com o próprio marido.

Tom Júnior representa o jovem macho cheio de qualidades. Assim como Ascânio, ele inicia a viagem tomando a mão do pai: na verdade, muitas vezes parece ser ele quem guia o genitor. Mas Ascânio, e todos os filhos de heróis que querem por sua vez tornar-se heróis, fixa os olhos curiosos nos modelos masculinos para introjetá-los e fazer deles sua própria autoridade interior; ou talvez, em tempos de confusão e regicídio, perscruta o pai para explorar seus códigos. Nada disso é encontrado em Tom Júnior, que não é nem a continuação do pai nem a revolta contra ele. É apenas filho da "de-generação", ou seja, da ruptura com os vínculos de geração. Filho das brigas, do alcoolismo, da desordem: motivos pelos quais a geração dos pais foi devastada e que reencontraremos principalmente na figura do tio.

Como em muitos casos análogos, sob a pele rude do homem violento refugia-se também o filho da mamãe: quando falta a evolução das qualidades paternas, não é de se estranhar que se encontre um excesso de vínculo materno. Suspeitamos que a persistente maternagem que se oculta no jovem Tom favoreça suas explosões de violência: pois, sem que esteja consciente disso, de modo primitivo o rapaz ainda busca uma identificação masculina, mas até o momento não aprendeu a conter de maneira ritualística seus impulsos agressivos.

Esse personagem nos remete à possibilidade de uma agressividade masculina "boa", que, no entanto, no momento em que são necessárias a estabilidade e a transformação simbólica do macho em pai, pode levá-lo a ser expulso da sociedade. Sem uma autoridade interior construída a partir de uma autoridade externa não é possível a transformação em um adulto completo: aquele que não se pode contentar em ter a consciência limpa e dar conta de seus ideais, mas deve também auferir, em nome da família, um sucesso objetivo que nada tem a ver com a moral.

O terceiro filho é Al. Podemos descrevê-lo com poucas palavras. Ele também possui traços vivazes e simpáticos, adora mecânica e ocupa-se com a manutenção do velho automóvel que transporta a velhíssima família. Mas, ao mesmo tempo, ele é imaturo. Estupefato pelos eventos, encontra segurança somente pela regressão ao estado masculino animal. O seu ideal é o temor inspirado pelo irmão porque este foi capaz de matar. A crescente fragilidade dos machos perante os imprevistos faz emergir as mulheres: Al sente-se secretamente amedrontado com isso. Elas são misteriosas e a dependência em relação às mulheres é algo temível. O seu esforço misógino para restabelecer a distância é um dos mais antigos do mundo: com sua lábia e promessas fantasiosas, chegando logo àquilo que lhe interessa, consegue levar para a cama uma moça diferente todas as noites para depois abandoná-la na primeira oportunidade. Esse pedaço de masculinidade pede e não dá. A contabilidade que se desenvolve ao longo do poema nos revela que ele não será capaz de saldar suas dívidas. Encontramos em Al outro símbolo da dificuldade do filho em se tornar pai.

Segue-se então a primeira filha, Rose. A princípio ela parece uma personagem oca: em um mundo camponês arcaico, parece antecipar os jovens consumistas que pedem cada vez mais e não assumem responsabilidade alguma. Mas essa não é uma qualidade que caracterize verdadeiramente a moça, tampouco uma qualidade feminina: é uma tentação que diz respeito ao percurso dos Joad. De todos os "Joad" que existem entre nós.

Rose havia se casado recentemente com Connie. Eles esperam o nascimento de um filho e contam um com o outro. Connie oferece seu braço forte e sua coragem a Rose e dela recebe uma feminilidade cada vez mais redonda. Parece ser o único jovem que está se transformando em pai.

Os dois últimos filhos da família Joad são um casal. Eles ainda são muito pequenos e irresponsáveis, representantes da inconsciência que acompanha a viagem e que é condição para se lançar na aventura.

Do que já foi dito sobre o papai Joad há pouco a se acrescentar. Essa é a epopéia negativa do pai e o poema deixa as coisas bem claras desde o princípio. Joad é um homem que sabe cumprir com seu dever. Lavrou a terra, fez filhos. Agora ele tem cada vez menos afazeres. O campo e a família camponesa estão em seu crepúsculo.

A mãe também faz o que deve: cumpre com os seus deveres femininos e nos momentos solenes encontra-se a poucos passos atrás do pai. Face ao perigo a família parece regredir a um comportamento animal. Assim como nos bandos de herbívoros quando percebem a aproximação do lobo, os machos alinham-se à frente das fêmeas e dos filhotes. Quando o gerente do banco vem negociar a cessão do patrimônio agrícola, é o pai que vai ao seu encontro. Pouco depois é o conselho de família que discutirá: novamente um grupo masculino que inclui o pai, o avô e o tio.

Também em relação ao avô, Steinbeck se inspirou na *Eneida*, invertendo, porém, o sentido do poema épico. Anquises era sábio, nobre, reto, glorioso. O vovô Joad é velhaco e mesquinho, transgressivo e sujo. Anquises era solene, eloqüente. O avô é obsceno de modo um tanto confuso. Anquises estava paralisado por castigo dos deuses. A punição divina para os pecados do avô consiste em fazê-lo saltitar continuamente, apesar da idade, como o menino hiperativo que vive dentro dele.

Na figura do grande patriarca dos Joad expõe-se um temperamento paterno degenerado e um avô que não representa a sabedoria: ele não é exatamente indigno e até mesmo pode parecer simpático, mas é irremediavelmente estranho à profundidade de caráter e à responsabilidade dos comportamentos. Nele não se exauriram apenas as virtudes mas também os pudores que os pais encerravam. Sua figura nos revela que a queda do pai não decorre das fendas que agora podemos deduzir, mas dos cupins escondidos no tronco da árvore genealógica. De uma fraqueza que já se instalara irreversivelmente em outros tempos.

O tio John é o irmão mais velho do pai. Ele talvez tivesse mais caráter e mais profundidade que o outro. Mas não conseguiu se tornar chefe de família. Ele de fato não tem uma família.

Aqui também a falência decorre de uma história pessoal antiga.

O tio era casado e talvez amasse sua esposa. Mas sorrateiramente a arrogância patriarcal entrou em sua casa e quebrou-lhe as pernas. Certa noite a mulher acordou com uma forte dor de barriga. Ela lhe pede para chamar o médico. "Não se preocupe, você apenas comeu demais." São vários os códigos que sugerem ao tio uma resposta como essa. O código viril, que requer a minimização da dor. O código patriarcal do camponês, que quer fazer tudo por conta própria e poupar suas economias. O código do parceiro, que sente ciúme se durante a noite sua mulher chama de salvador a um outro homem e expõe a ele o seu corpo. No dia seguinte a tia estava morta. Desde então o tio John não foi capaz de se relacionar com outra mulher. Periodicamente, a sua vida de solteirão deprimido busca alívio na voracidade da gula. Ele leva uma existência regular, mas em alguns momentos atira-se aos bordéis mais encardidos e se afoga nas bebidas mais fortes que encontra em seu caminho. O dia seguinte imita o precedente: em um sentido oposto, mas com igual masoquismo, ele afoga-se não no vício, mas na vergonha. Bate forte no peito, implora um perdão que ninguém lhe concede já que não ofendeu a ninguém senão a si próprio.

O tio não quer expiar — já o fizera bastante —, mas sim reparar o passado, restaurá-lo como o casebre no qual um dia iniciou sua vida de bom patriarca, e ali estabelecer sua morada.

O tio também traz à cena as fendas antipaternas que se insinuam na personalidade masculina: a propensão à desordem, a penitência que em vez de o redimir afunda-o cada vez mais, faz voltar-se contra si mesmo e explodir em um grito egoístico. De todas as insuficiências paternas descritas pela família, a sua é a mais desesperadora: não só porque comunica um desespero, mas porque se volta para o passado, para uma qualidade paterna que poderia ter sido, mas nunca será. Pede perdão a uma autoridade sábia que saiba perdoá-lo. Mas não se pode dirigir àquele pai que ele próprio jamais foi. Nem ao seu pai pessoal, que está ali, mas é o contrário da sabedoria. Tampouco à figura coletiva do pai forte e bom, o qual a História está apagando da existência.

A sensibilidade do tio, ainda que exasperada, não é suficiente para a redenção. Porque lhe falta a consciência. Não da culpa, mas da responsabilidade, que é algo bem diverso. A psicologia adulta e paterna pede para não nos atermos ao passado, mas assumirmos instantaneamente — com preocupação, mas sem reservas — os novos encargos que a vida nos atribui. Somente a criança, ao se recordar daquela plena proteção característica da infância ou da vida intra-uterina, responde com pontapés àquilo que modifica o equilíbrio do seu conforto. Naquela noite, da qual a recordação o atormenta, o tio não queria pagar o preço psicológico da doença já presente e da serenidade já ausente. Morta a esposa, ele não sabe pagar o preço psicológico da mudança: aceitar que o luto é inevitável mas tem fim, que é preciso expor-se ao novo, e que os custos iniciais da transformação superam os do luto.

O tio representa importantes aspectos da personalidade masculina da época. Embora próximo à paternidade — pois é o irmão mais velho do pai e estava para se tornar pai por sua vez —, ele não a alcança e apresenta traços do "pai indigno". A escravidão do álcool e da glutonice: é quase como se a degeneração fosse um ato de desespero diante da ausência de renovação, e essa ausência, a punição pela degeneração. Um círculo vicioso emaranhado demais para ser desenredado e que só podemos chamar de complexo de indignidade do pai. Para além dos seu aspectos mais humilhantes, encerrado por sorte em um proletariado que em grande parte desapareceu, essa figura é a metáfora de um permanente sentimento de culpa dos pais pela falta de assistência e pela falta de assunção de responsabilidades perante o feminino. Hoje, com as responsabilidades masculinas históricas cada vez mais discutidas e com as culpas que se tornam mais conscientes, esse é um símbolo terrivelmente atual.

Reunimos a família —ou melhor, os machos adultos— ao redor de um automóvel vacilante ao qual eles estão prestes a confiar a busca por uma vida menos desesperadora. A época e o país do progresso tecnológico escancararam as portas: o veículo é também carregado de emblemas. Nascido tempos atrás como automóvel, renascido como meio de transporte pelas mãos de Al, que instalou em seu capô um engradado de tábua. A tecnologia que conquista a América nas décadas que intercalam as duas guerras está ali para servir ao homem. Agora as mãos do homem devem regenerá-la para que se preste aos objetos, transformá-la de veículo de passageiros a veículo de coisas. Os homens estão agora a serviço dos objetos. Durante a viagem, eles devem cuidar do veículo diariamente pois ele se torna mais importante do que seus passageiros. Perderão continuamente pedaços da família sem se revoltarem, mas sempre salvarão o automóvel em primeiro lugar. É o único membro da família do qual dependem totalmente. Eles se desvencilham dos mortos clandestinamente para evitar os custos dos funerais, mas gastarão algum dinheiro na manutenção do carro.

Os JOAD ESTÃO prontos para partir. O governo da família, o núcleo do patriarcado está reunido — o avô, que preside embora não governe mais, o tio e o papai Joad. Em torno deles, em círculos, encontramos os filhos homens, as mulheres, as crianças. No último momento, um ex-orador religioso de nome Casy deseja se unir à família.

O jovem Tom, dando precedência à atitude de simpatia, avança um passo e em nome do estranho apresenta à família sua proposta. Papai Joad, dando precedência aos seus princípios enraizados na terra, faz os cálculos e conta o pouco de dinheiro que lhes resta e o número de pessoas que deverão embarcar na jornada. Ninguém responde a ele: todos preferem se comprazer hoje da própria generosidade, conforme proposto pelo filho, em vez de pensar como o pai no amanhã. A viagem mal começou e o chefe já perdeu o controle das dimensões da família, e com isso escreveu a primeira linha da sua carta de demissão.

Casy é incluído no grupo: e talvez o papai Joad hesitasse porque sentia nele uma nova alternativa à sua autoridade. O ex-orador era moralista e acreditava na expiação dos pecados. Hoje ele compreende o tio John, com quem tem muito em comum, até mesmo o fato de ter sido tragado pelo pecado. Mas ele encontrou um caminho próprio a partir do dia em que entendeu que não se pode prescrever aos outros o caminho a ser seguido. As pessoas devem auxiliar, caso sintam necessidade. O caminho, cada um deve encontrá-lo por si mesmo. Todos, porém, negligenciam aquele "ex-": tratam-no como guia e *pai espiritual*; uma figura sempre procurada, um arquétipo que torna a brilhar quando os pais não têm mais nada a dizer.

Casy, que salta à bordo no último momento, representa precisamente essa tentativa de flexibilidade cada vez mais difusa nos nossos dias. Todos o desejam consigo para a grande partida. No momento da incerteza, quando arrancamos os nossos pés das raízes para iniciar a viagem, para a grande renovação, enterramos um punhal em nossas almas e cavoucamos, cavoucamos cada vez mais. Não até atingir a autoridade interior — o superego que faz as interdições —, mas muito mais a fundo em busca de um pai espiritual que nos fale de justiça e nos diga o que fazer, e não apenas o que não fazer: que fale como eu devo agir, e não como todos nós devemos nos comportar.

Com a partida dos Joad rumo ao Oeste, com a viagem do patriarcado rumo ao Ocidente, com a sua caminhada rumo ao crepúsculo — Ocidente quer dizer: (sol) cadente —, a autoridade paterna percorre efetivamente um caminho descendente: *torna-se dócil*, não porque o pai tenha adquirido a doçura, mas — como a raposa que tenta alcançar as uvas — porque perde a força. É um enfraquecimento que não pode ser efetivamente remediado pela mãe. Seja porque a autoridade tenha diminuído em ambos genitores, seja porque a cultura — uma cultura paterna situada no interior de uma materna — não pode ser reescrita em poucos anos como se fosse um tratado teórico. O vazio é incompletamente preenchido com dois fragmentos do pai: por um lado, confia-se no guia interior do superego, que desampara e diz apenas o que não se deve fazer; por outro, muitos colocam-se em busca de um novo personagem, de um guia espiritual que conjugue autoridade com presença afetuosa e diga a mim o que devo fazer. Do ponto de vista psicológico, o crepúsculo do pai não nos deixa sem autoridade: pelo contrário, deixa-nos a sós com o superego que funciona como uma gaiola para o ego. Já temos a autoridade que é antagonista do ego, falta-nos agora aquela que esteja em sintonia com ele e que lhe dê o calor que necessita. Contrariamente ao que se costuma pensar, hoje o que tende a faltar é justamente a autoridade boa — interna, psíquica —, e o vazio é combatido principalmente pelo pedido de que essa autoridade provenha novamente do mundo externo. E a demanda, voltada ao mundo externo, que é o mundo da economia, gera a oferta conforme as leis do mercado. Afloram os mestres. O mercado dos gurus torna-se cada vez mais rico. O pai, cada vez mais pobre.

O CAMPO FOI expugnado, os troianos sobreviventes escapam em busca de sua Itália: as planícies do Oeste, a Califórnia. O automóvel aquece o motor mas não parte em movimento. Steinbeck deixa-o funcionar à toa; e pensa.

Onde está Anquises? O antigo coração dos pais, e dos pais dos pais, se deixará extirpar pela pátria? Substituirá o orgulho de uma morte no lugar em que viveu pela conveniência da fuga? Não. O chefe dos Joad é o avesso de Anquises na sabedoria e na autoridade, mas não no orgulho. O avô, com todo seu cinismo, acredita que as gerações e a terra são os únicos elos de continuidade da vida. E, assim como Anquises, ele jamais partirá. Nunca.

Na *Eneida*, Júpiter havia persuadido o velho troiano a ir-se embora. Mas nos Estados Unidos do século XX, os deuses raramente descem à terra para convencer os homens teimosos. A narrativa o substitui pelos familiares que fazem descer o deus Baco no estômago do velho: depois de se embriagar, o pai do pai deixa de resistir; finalmente os familiares colocam-no a bordo e partem para a jornada.[50]

Cambaleando, os emigrantes avançam. E subitamente o cachorro cai, o último elo da família, o único animal que a teria seguido. O mito de Steinbeck diz claramente que a família está morta nos símbolos, antes ainda que na economia. O cão é o elo de conjugação entre a vida campesina e a Natureza. Quando ele é atropelado pelo carro, sabemos que essa existência é descartada pela tecnologia que avança.

Como já havia ocorrido na *Eneida*, poucos tempo depois o chefe da família morre. Já que ele é o avesso de Anquises, também a sua morte é o inverso do fim solene do personagem de Virgílio. O coro de celebrações, com provas grandiosas, são revertidas em uma sepultura clandestina pois faltam os recursos financeiros para os rituais. A tumba gloriosa é substituída por uma fruteira posta nas mãos do cadáver contendo um bilhete com sua identificação, a última atitude possível para que a morte não fosse uma simples morte anônima.

"O avô não morreu agora —comenta Casy—, ele morreu no momento em que vocês o arrancaram de casa."[51] Nessa migração, nenhuma profecia e nenhuma fé indica aos judeus ou troianos a terra prometida. Parte-se em viagem por um motivo exclusivamente laico, por um cálculo materialista. Para fugir da miséria, e não rumo a um destino. Por uma mentira que se conta a si próprio: "Lá encontraremos uma vida melhor". E desde quando os cálculos podem substituir a fé? Sem pronunciá-la, Steinbeck insere essa pergunta nas entrelinhas.

A viagem avança. Rose lastima-se pelo desconforto. Ela jura que descerá do comboio na próxima estação e incita o marido às comodidades burguesas:

ele se tornará um técnico, comprará uma geladeira para a esposa e eles terão uma vida diferente. Os homens, enquanto isso, discutem entre si, resolvem problemas técnicos da viagem.

Um arquétipo, como indica a palavra, sobrevoa os milênios e aterrissa firmemente, sem se modificar. Vamos pensar mais uma vez na *Eneida*. Lá também as forças hostis eram femininas, tal como Juno e as Hárpias. Lá também as mulheres desejavam descer, ateavam fogo aos meios de transporte, sabotavam a viagem. E também os heróis deviam lidar com a impaciência e o saudosismo das mulheres. Mas os arquétipos se apresentam travestidos com as indumentárias do tempo. E como os mantos dos príncipes foram transformados em trapos nessa *Eneida* americana, assim também a força dos heróis se dissolve na capitulação, enquanto a inconstância feminina se transforma em estabilidade grandiosa.

Rose não desce do automóvel. É na verdade a força masculina que pouco a pouco abandona o pai, na pessoa dos homens que, depois do avô, deixam-no sozinho. O grupo dos machos, a síntese de um pai mais amplo com muitas facetas e potenciais, descompõe-se lentamente.

A unidade masculina se esvazia junto com a pirâmide do patriarcado. Alarga-se horizontalmente e cada um dos seus fragmentos segue seu próprio curso. O primeiro a descer é Noah. O simplório. O camponês que chega ao fim da linha, isto é, ao capítulo 18. Nesse ponto da viagem, após encontrar um riacho onde se pode sobreviver pescando, ele senta à sua margem para nunca mais partir. As aspirações dos demais —encontrar um trabalho, refazer a vida adaptando-se à sociedade em transformação— não lhe interessam. Não lhe interessa viver, mas sobreviver. O primogênito, o aço da corrente paterna, não mais pertence à saga dos Joad. Nem menos um funeral maltrapilho acompanha essa partida.

Rose lamenta-se e conforta-se no privilégio de sua gravidez. Mas ainda não cede. A este ponto não ficaremos surpresos ao saber que não é ela mas Connie —o marido, o novo pai— quem desce do automóvel e escapa.

Enquanto isso, nas discussões ocorridas ao longo do percurso, o chefe da família é cada vez mais condescendente, incerto, conformado com o grupo que toma as decisões em meio à desunião. A mãe avança das bordas do círculo para o centro: primeiro silenciosamente, depois deixando claro que quando ela fala não dá margem a discussões. Não defende nem um nem outro, mas a família como unidade e a unidade da família, que gradualmente reconhece como sua essa força. A Grande Mãe —ou talvez a Grande Juno— agora orienta a viagem.

O poeta continua a tomar a *Eneida* em suas próprias mãos, a sacudi-la com os músculos do mito e restituí-la em uma imagem invertida.

John Joad bebe e se rebela, rejeita a viagem. O tio sensível, o mais velho da família depois da morte do avô, descobre a velhice não como forma de sabedoria, mas como teimosia e renúncia: as qualidades que haviam transformado o avô na versão negativa de Anquises. Assim como o velho patriarca, tio John é enfiado no carro contra sua vontade.

Casy não se pronuncia quanto ao desejo de deixar o grupo. É o destino épico que decidirá por ele.

Os troianos chegaram à terra cujos habitantes enxotam os estrangeiros. Os Joad desembarcam na Califórnia e lá encontram uma autoridade externa — os xerifes —, que assim como a interna — o superego — tem sempre a função de dizer "não". Casy se entrega à prisão no lugar de Tom, que ainda tem contas a prestar com a justiça; e com isso a personalidade masculina cumpre seu movimento regressivo. O orador representava o elemento capaz de preencher a cavidade paterna. Sabe escutar, é perspicaz, acredita na capacidade de ensinar aos outros como definir regras pessoais e justas para si. Ele não apenas acredita: sabe convencer e é eficaz. Reúne um ímpeto juvenil ao comportamento que o pai deve ensinar por meio dos princípios. E de modo juvenil, Tom júnior sente uma aspiração semelhante na justiça: mas isso que se traduz nos fatos é o excesso que leva conseqüentemente à autodestrutividade. O orador, que — no lugar de Tom — entrega-se à prisão, ilustra o modo pelo qual a possibilidade de sermos nós mesmos pode ser aprisionada pelo superego: e o grito de protesto contra essa obstrução dos afluentes que desembocam na maturidade é a liberdade que Casy consigna a Tom, que por sua vez incorpora a desordem generosa.

Na prisão, Casy descobre em si o renascimento do orador: da justiça social. Retorna à liberdade. Mas, em nome do equilíbrio da narrativa psicológica, ele deve desaparecer. Um homem não pode assumir o papel de Júpiter, o deus que ensina aos exilados o caminho justo.

Em seu percurso Tom encontra Casy, que está organizando uma greve. Mas os reacionários tomam o orador de assalto no meio da noite e arrebentam sua cabeça. Naquele momento a família Joad perdeu seu segundo filho: para vingar a morte de Casy, a mão de Tom novamente empunha o bastão para matar. Mas como poderia ser identificado pela marca do golpe de bastão que ele mesmo havia tomado no rosto, o jovem se entrega desesperançosamente à sua sina de foragido, sabendo que agora sua permanência junto à família não traria união, mas sim danos.

Poderiam os troianos restabelecer a sua estirpe nas distantes costas italia-nas se não tivessem Ascânio entre eles? Poderão os Joad recriar a vida dos Joad agora que não têm filhos, agora que lhes resta somente Al? Al cresce: ele enfrenta as avarias das máquinas —a técnica— com uma habilidade cada vez maior, mas não sabe como consertar as avarias do pai.

A viagem está cada vez mais cansativa. A esta altura, os homens reúnem-se para tomar decisões somente quando as mulheres —isto é, a mãe— os obrigam. Sem um guia espiritual, sem uma destinação —que significa: ponto de chegada traçado pelo destino—, a família não encontra metas, apenas as duríssimas circunstâncias do mundo material. Aquilo que o pai mais teme, mais ainda que as dificuldades e as constrições, é a necessidade de decidir: ter de afirmar em alto e bom tom que as alternativas acabaram, que é preciso partir novamente. E desde o momento em que se dobra perante o terror, ele não é mais pai.

Nós havíamos sido avisados: é o pai quem ensina aquilo que é certo e dá à família os recursos para estabelecer esse ensinamento no mundo. Ele não oferece idéias ou amor, senão em conjunto com as ações. O paradoxo é que o pai esteve sempre habituado a essa ordem e portanto não tinha consciência de cumpri-la. Se agora falha em suas ações, disso também ele não se dá conta pois as sua fraturas já atingiram a alma: recebeu os estigmas psíquicos antes ainda que os materiais.

O papai Joad procura deslocar sua falência culpando o mundo externo: "Antes era o homem que decidia [...] Agora parece que é a mulher quem dá a última palavra. Acho que já está na hora de os maridos pegarem o chicote". "Pega o chicote, então —responde a mulher—, mas enquanto você não con-seguir comida e um lugar pra gente viver, juro que você não terá a ousadia de usá-lo".[52]

Talvez antes as mulheres gastassem suas energias com comentários e interpretações. Mas não o pai, ao menos enquanto não tivesse cumprido o seu trabalho. Agora ele duvida —balbucia, o que significa hesitar com os sons— que o tempo não coincida com os fatos. No final ele se entregará àquela que é a menos paternal de todas as formas de perda de tempo: ele começará a se desculpar.

A viagem prossegue ainda por algum tempo. Rose não se lamenta mais. Para ela chegou a hora de dar à luz. Sob o assalto das privações, o bebê nasce morto.

A família Joad perdeu tudo. Ela encontra os restos de outra família arrui-nada. O pai é um homem de meia-idade como o papai Joad. Carcomido pela fome, à beira da morte. Não consegue mais comer e vomita qualquer alimento sólido. Era preciso comprar-lhe alguma coisa, ao menos um pouco de leite.

Esse pai desconhecido reflete no corpo o estado em que o pai Joad havia chegado no espírito. O estado terminal. Os homens gostariam de fazer algo por ele. E as mulheres agora sabem o que fazer. A mãe traz a filha para um canto, ao lado do moribundo. Rose lhe dá o seio: ela tem leite mas não tem um filho. A última nutrição do pai provém da mãe.

ESSA OBRA É *As Vinhas da Ira* (1939): a história dos camponeses na Grande Depressão, a história da estiagem do pai.

Para lhe conferir a profundidade épica, John Steinbeck inspirou-se na *Eneida*, de Virgílio. Ou talvez as coisas não tenham acontecido exatamente assim, mas não importa. Porque —não cansaremos de repetir— as intenções inconscientes chegam muitas vezes a resultados mais profundos do que as conscientes, com seus propósitos otimistas. E o fato de *As Vinhas da Ira* ter sido um dos livros mais famosos do século, muito além dos limites daquela geração perturbada e dos grandes países para os quais fora escrito, significa que, independentemente de suas qualidades literárias, essa profundidade foi atingida. A onda que o carregou não é apenas a daquele breve ciclo econômico descendente, mas aquela milenar, do crepúsculo patriarcal. O fato de normalmente prestar-se atenção somente à primeira significa apenas que preferimos removê-la de nossas vistas. Esse livro atingiu o leitor porque afinal retoma à cena os temas supratemporais da *Eneida*: o pai e a viagem.

Sua narrativa é épica, pois descreve um evento universal e milenar. A viagem dos Joad é uma migração não apenas social, mas psicológica. Sua decadência é algo mais que os detritos de uma economia agrícola. É o distanciamento definitivo de um pai que recebia suas tarefas dos céus e devia realizá-las na terra, mas que hoje se ocupa com as contas bancárias.

# 4. O pai hoje

*Fora daqui: teu pai não celebra conosco.*
— Ilíada, XXII, 498

Parecia que, com a civilização européia, também o pai houvesse conquistado o mundo. Em vez disso, em um número impressionante de casos, ele até mesmo deixou de existir. O mundo somente percebe as coisas depois que elas já aconteceram.

Foi dito que[1] o pai talvez esteja em vias de se tornar um luxo. Suas funções psicológicas tradicionais são exercitadas cada vez menos. Suas obrigações materiais transferem-se às mães ou a algumas instituições. Sua corrosão psicológica já está acompanhada de um desaparecimento concreto. Quantos pais encontram-se longe de seus filhos, e por quanto tempo? É chegado o momento de observarmos alguns dados.

Durante o último século as mudanças de profissões no Ocidente foram superiores àquelas ocorridas em todo o restante da História. A enorme diminuição de camponeses e artesãos no total da população parece um genocídio das profissões tradicionais. Essas mudanças de atividade tiveram o efeito de afastar os filhos de seus genitores, especialmente do pai. Portanto, o desaparecimento do chefe de família tradicional assemelha-se quase a um genocídio dos pais. Eles, porém, não foram exterminados: estão sempre mais distantes, ou então foram definitivamente embora de casa.

Essa mudança se tornou cada vez mais veloz e, a partir do Ocidente, estendeu-se a outras partes do globo. O pai destina cada vez mais dinheiro aos seus filhos, porém cada vez menos tempo . Ele conta os recursos financeiros *para* a vida do filho, mas conta sempre menos *na* vida do filho. Segundo alguns estudos, em qualquer época o empenho dos pais com as crianças é sempre drasticamente inferior ao da mãe.[2] Calcula-se que os pais americanos dediquem-se aos filhos cerca de sete minutos por dia.[3]

Nos PRINCIPAIS países do Ocidente esses poucos minutos constituem a vida *com* o pai. Muitos filhos não conseguem nem mesmo isso. Em quantos casos as crianças vivem *sem* o pai? Já nos anos 1970 as estatísticas indicavam que, desde o início do século, os divórcios nos Estados Unidos haviam aumentado cerca de 700%. A cada dez crianças nascidas naquela década, quatro teriam passado parte da infância com apenas um dos genitores: ou seja, quase sempre com a mãe.[4]

A progressão desse fenômeno não foi gradual. No ano de 1900 calculava-se que apenas três entre 1000 casais se divorciavam, e em 1960 esse número correspondia a nove por 1000.[5] Nos anos 1950 houve realmente uma regressão e, por causa do prolongamento da expectativa média de vida no final da década, o percentual de crianças que viviam com ambos os genitores era o mais alto de todos os tempos.[6] A rarefação do pai atinge a sociedade americana dos anos 1960, 1970 e 1980 com a explosão dos divórcios e dos nascimentos fora do casamento.[7] Uma projeção sobre os nascidos em 1980 previa que antes de chegarem aos 18 anos, 70% das crianças de famílias brancas e 94% das de famílias negras permaneceriam com apenas um dos pais.[8] Somente nos anos 1990 observamos novamente uma desaceleração ou uma inversão dessa tendência.

Nada, em qualquer outra época, havia causado tamanha reviravolta na vida privada: mesmo depois das guerras civis, das epidemias de peste ou das invasões bárbaras a família lentamente retornava às condições de antes. Em vez disso, ao final do século XX, mais da metade das crianças americanas atravessavam a infância —parcial ou totalmente— com apenas um dos genitores,[9] enquanto os nascimentos fora do casamento haviam superado a marca dos 30%.[10]

(A situação na Europa tem mais variações: os nascimentos fora do casamento chegam quase à metade do número de registros na Escandinávia, à cerca de um terço na França e no Reino Unido, mas é muito inferior nos países mediterrâneos.)[11]

Segundo um estudo sobre os filhos de pais divorciados, realizado nos Estados Unidos durante os explosivos anos 1980, mais de 50% deles não viam o pai havia mais de um ano, enquanto apenas um terço encontrava seus pais ao menos uma vez por mês.[12] Outro estudo sobre essa década[13] indica que apenas 20% dos pais divorciados viam os filhos ao menos uma vez por mês, e metade deles havia interrompido qualquer tipo de relação no momento em que os filhos ingressaram na adolescência. Poderíamos pensar que essa escassez de afeto espontâneo seja uma reação ao fato de que os divorciados são legalmente obrigados a alimentar seus filhos. Mas apesar dessas obrigações legais, os pais tornam-se cada vez mais invisíveis: outros estudos[14] nos informam que 10 anos após o divórcio 79% dos pais americanos não cumprem com os pagamentos previstos ou simplesmente desaparecem.

Além dos resultados estatísticos, os textos nos indicam também que os pesquisadores estão longe de chegar a um acordo quanto às diretrizes empregadas em seus estudos. Dependendo da pesquisa, um contato com o filho com quem não se convive realizado na freqüência de dois fins-de-semana por mês e um jantar por semana é considerado *"relatively limited"*, *"frequent"* ou *"very frequent"*[15] (relativamente limitado, freqüente ou muito freqüente). Diferentes estudos definem de modo completamente diferente o mesmo tema. Uma vez que o tema em questão é a relação com o pai, isso significa que ela pertence à dimensão da ideologia, das convenções subjetivas que não se verificam ou que não chegam a um acordo. A relação pai-filho não chega a se apresentar como uma realidade prática, sobre a qual se discute de modo prático.[16]

TAL COMO OCORRE sempre que uma revolução está em curso, não é possível manter os dados atualizados nem os recolher com métodos constantes. Os três grossos volumes de Michael L. Lamb constituem o estudo mais completo sobre o papel do pai americano no desenvolvimento infantil. Entre o primeiro volume (1976) e o terceiro (1997), Lamb constata um ligeiro, mas encorajador, aumento da dedicação dos pais aos filhos com quem convivem. Essa melhora é porém acompanhada de um aumento explosivo do número de famílias em que os pais estão ausentes.

Por trás desse último dado encontram-se realidades muito diferentes.

Nas classes alta e média-alta, a ausência do pai é devida especialmente à escolha pela ruptura de casamentos insatisfatórios. Nessa parcela da sociedade a prática do divórcio difundiu-se com grande rapidez. E mesmo que tenha sido freqüentemente degenerado em um "consumismo das alternativas familiares", essa opção ainda hoje constitui o exercício de um direito e a expressão da liberdade. O seu resultado é também uma recusa da paternidade, mas essa não-paternidade parece ser uma escolha.

Nas classes pobres, por outro lado, a ausência de pai corresponde a uma falta de alternativas, mais que a uma escolha. Corresponde quase que a uma situação dada. Esse estrato social concentra-se nos guetos de população negra. Casais extremamente jovens que não são economicamente auto-suficientes e que de fato não vivem juntos, geram filhos embora não sejam casados, ou então se casam por força das circunstâncias, pressionados por uma fatalidade.

De todo modo, desde o início existe uma possibilidade altíssima de que a nova mãe fique sem seu homem. Ela continua assim a viver ininterruptamente com sua família de origem: ou melhor, com a mãe, a avó e assim por diante, pois a ausência do pai repete-se ao longo das gerações. A paternidade pode faltar desde o nascimento da criança ou mesmo de sua concepção.

Em 1965, D.P. Moynihan publicava, para o governo americano, um estudo intitulado *The Negro Family. The Case for National Action.*[17] A Guerra da Secessão, na qual a América havia derramado mais sangue do que nas duas guerras mundiais juntas, fora sustentada em nome da libertação da população negra escravizada. Cem anos mais tarde, o relatório Moynihan afirmava que as cicatrizes da escravidão ainda eram perfeitamente visíveis na família afro-americana e constituíam o maior problema com que a América teria de lidar no futuro.

Metade da população negra já havia chegado à classe média. Para conquistar essa posição, a família negra havia dispensado ao pai uma importância de fato superior àquela que lhe é atribuída na família tradicional branca: isso confirmaria que no Ocidente, e na sociedade americana em particular, existe uma relação entre o sucesso de um grupo étnico e uma forte presença paterna. A outra metade do grupo afro-americano decaía desesperadamente na escala social: tornou-se urbanizada, morava nas favelas, os nascimentos ilegítimos aumentavam e a presença dos pais diminuía. Esses problemas eram acompanhados de outros fenômenos, tais como a delinqüência e o uso de drogas. Recorrendo também à antropologia,[18] Moynihan afirmava que essa situação desastrosa tinha suas origens em épocas remotas.[19]

O papel dos pais atuais foi ensinado pelos pais da geração precedente. Como foi dito no primeiro capítulo, Mead afirma que houve uma decisão primária logo no início da civilização, quando os machos escolheram alimentar a fêmea e seus filhos pequenos: os machos dos animais não o fazem. Esse ato foi uma intenção que se tornou tradição, ou seja, algo que é transmitido ao longo das gerações. Se não se insiste nessa tradição, corre-se o risco de esquecê-la. Não se trata de um ato instintivo, como o da mãe que dá o seio ao filho: depende da regra da sociedade e do ensinamento. Durante a escravidão essa regra se modificou — pois os escravos constituíam uniões de fato, sem normas, não reconhecidas como famílias— e o dever paterno (*pa* = nutritivo) deixou de ser ensinado. O pai escravo podia não pertencer ao mesmo senhor da mãe; de todo modo podia ser vendido e separado do filho pequeno ao contrário do que ocorria com a mãe. Essa condição perdurou durante séculos e enfraqueceu a identidade paterna. A responsabilidade pelos filhos era deixada às mães.

Para o nosso olhar psicológico, cumpria-se assim uma espécie de regressão à vida animal. Os senhores de escravos favoreciam-na e em seguida, em um círculo vicioso, obtinham dela a confirmação de sua própria superioridade. Mas a proximidade e a dependência recíproca entre escravo e patrão também os tornavam inconscientemente muito semelhantes. Ou melhor, os homens brancos regrediam de maneira muito mais completa a uma fase pré-paterna: copulavam com as escravas e as engravidavam. Nascido o filho, não só ele não era reconhecido, como podia também ser vendido pelo pai-patrão junto com a mãe-escrava. Como na sociedade animal, o filho estava ligado somente à mãe. Para o pai, esses filhos eram apenas mercadorias.

MOYNIHAM FOI criticado sobretudo porque havia subentendido um causalismo evidente, segundo o qual a ausência do pai era o que provocava a marginalidade. Outros estudiosos invertiam a relação e afirmavam que era o empobrecimento sócio-econômico que causava a miséria da família.[20] Seguramente pode-se observar que nos Estados Unidos ocorre apenas uma dessas faltas: quanto mais um grupo é marginalizado, tanto mais freqüentemente falta o pai nessas famílias. De todo modo, o alerta dado pelo relatório de Moynihan era dramático; e tinha o mérito de abrir uma discussão sobre a qualidade da miséria, mais do que sobre a sua quantidade.

Nas décadas seguintes a gravidade do problema não fez senão crescer bruscamente.[21] Uma pesquisa constatou que, quando de sua realização, 85% dos jovens negros que haviam se tornado pais com menos de 20 anos não viviam com o filho. Os jovens pais da classe média branca[22] que se encontravam na mesma situação correspondiam a 23%. Ao mesmo tempo, a difusão das drogas e da criminalidade juvenil aumentou vertiginosamente, sendo que os adolescentes sem pai correspondem sempre ao maior grupo envolvido nessa classificação. O estudo também aponta que 85% dos detentos americanos do sexo masculino não têm pai.[23] O alarme acionado por *The Negro Family. The Case for National Action* provou-se justificado.

Por outro lado, Moynihan pecou pelo otimismo. Ele havia denunciado o caráter desumano da escravidão nos Estados Unidos, estabelecendo uma contraposição dela com a situação brasileira e com a tradicional maior tolerância verificada na América Latina.[24]

NO BRASIL, a gravidade da rarefação dos pais está fora de discussão mesmo porque é difícil dizer qual parcela desse fenômeno é herança da escravidão e qual depende do fato de a imigração européia ter sido, em sua origem, quase exclusivamente masculina. Isso paradoxalmente criou uma tradição de famílias sem pai. Os europeus, de fato, tomavam as mulheres indígenas como suas concubinas, mas dificilmente formavam com elas uniões legítimas e estáveis. Com toda probabilidade, o percentual de famílias sem pai foi dramaticamente alto durante toda a história do Brasil. Os últimos estudos indicam que, nas cidades brasileiras da primeira metade do século XIX, cerca de 30 a 40% das famílias tinham uma mulher como chefe.[25]

Hoje, na zona metropolitana de São Paulo, cujas condições de moradia mais se aproximam das favelas norte-americanas, as famílias de pele negra e sem pai estão presas a um círculo vicioso que se repercutirá sobre a próxima geração: nas famílias negras de igual pobreza, quando o pai está presente, é mais provável que os filhos estudem; onde ele está ausente, que trabalhem.[26]

O Nordeste brasileiro, em certos aspectos, passou da sociedade colonial às modernas favelas sem atravessar verdadeiramente a modernidade. Nos bairros pobres de Recife, foi estudada a condição familiar *matrifocal*.[27] Entende-se por matrifocalidade uma condição familiar em que o pai não está necessariamente ausente mas, de todo modo, sua presença não é decisiva: o vínculo entre mãe e filha é forte, ao passo que entre pai e filho é muito fraco; a própria família é apenas materna e todas as decisões importantes são tomadas pela mulher, e assim por diante.

Nas famílias matrifocais de Recife, o pai é uma presença intermitente: ele existe, mas durante certos períodos pode desaparecer. Dentro de casa ele é passivo. A casa é das mulheres: e conseqüentemente, é também delas o projeto de vida de seus residentes. A vida dos homens, não importa a idade nem que isso seja verdadeiramente posto em questão, acontece fora de casa, em grupo ou à caça de aventuras sexuais. Com o tempo, dentro de uma geração familiar e, de modo mais geral, com o passar das gerações, os homens perdem o controle tanto da casa como da própria mulher: "corno" é o insulto mais típico. Arrebatados de volta à Pré-história, de sua condição de pais eles voltam a ser apenas machos. No final, quando a situação econômica da família se consolida e quando talvez os filhos já tenham condições de ganhar dinheiro, as esposas se livram definitivamente dos homens tal como fazem as abelhas com os zangões, os machos parasitas.

A relação entre marginalização e ausência paterna assume aqui uma direção autônoma, inesperada. Pensou-se que a pobreza seria a causa de sua ausência. No entanto, superada a pobreza, o pai não retorna: ao contrário, sua presença é declarada inútil e definitivamente eliminada. É quase óbvio dizer que não retorna porque a figura de pai já não existe, pois em seu lugar encontra-se apenas um espaço masculino em branco. Mesmo que provenha de uma cidade brasileira pouco desenvolvida, esse é um exemplo tipicamente *moderno*. E nenhum outro exemplo da nossa situação moderna revela tão claramente a precariedade animal em sua base, a trágica condição do macho como figura substituível.

Ulisses fez sua família aguardá-lo por 20 anos, mas retornou de sua viagem e conseguiu eliminar os parasitas que haviam dominado sua casa. Se em vez disso, após centenas de anos, o pai continuasse ausente, Penélope se juntaria a Telêmaco e afugentaria os parasitas por conta própria.

SABEMOS QUE existe[28] freqüentemente uma relação entre ausência do pai e miséria familiar. Devemos agora propor uma reflexão comparada entre a América anglo-saxônica e a América Latina. Na América do Norte, esse problema se refere principalmente à população negra que vive em condições de miséria urbana e que, por sua vez, constitui não mais do que 5 a 6% do total de habitantes. Até há pouco tempo, a maior parte dos Estados Unidos não tinha consciência desse problema. A tradição protestante havia valorizado a figura paterna a ponto de fazer com que ela se acreditasse invencível.

Na América Latina, a combinação entre ausência do pai e marginalidade possui aspectos diferentes, normalmente mais trágicos e mais amplos. Aqui as classes menos favorecidas têm uma maior consistência percentual e não são tão claramente separadas da classe média, que por sua vez se esforça para atingir a situação socioeconômica estável conquistada nos países mais ricos. A falta do pai não é decorrência do divórcio ou de seu distanciamento de casa: é um fato presente desde o nascimento do próprio filho, senão antes. A relação entre a pobreza e a ausência do pai é tragicamente evidente. Não é "apenas" uma herança da escravidão e não se limita aos guetos.

No México, são 2,8 milhões as famílias chefiadas por mulheres, praticamente 17,1% do total. Mas o fato mais impressionante é que a renda média das famílias chefiadas por mulheres corresponde a praticamente um terço da renda média daquelas que têm por chefe um homem.[29]

Do ponto de vista da psicologia, na América Latina a tentação de se refugiar na matrifocalidade foi favorecida também pela influência da Igreja Católica ao longo dos séculos. A Igreja nunca atribuiu à imagem paterna em geral, tampouco ao pai de família em particular, todo o peso que eles encontraram nas tradições puritana e judaica. Obviamente a Igreja de Roma jamais desvalorizou o pai. No entanto, não se empenhou de modo específico para propô-lo como modelo para o filho. Mas é justamente essa árdua educação que não pode ser negligenciada, caso concordemos com a hipótese de Margaret Mead de que o pai não é um dado natural. Para existir o pai é necessário insistir em sua imagem, muito mais do quanto se deve insistir para existir a mãe.

A este ponto podemos observar a diferença de desenvolvimento entre as sociedades norte-americana e latino-americana, também através da imagem do pai. É correto explicar a defasagem entre ambas a partir de questões como diferenças políticas, religiosas, culturais e ambientais: mas a elas poderíamos adicionar a diferença do papel dos pais. Nem a tecnologia, nem os recursos naturais, nem o acúmulo de capital, tampouco os outros aspectos culturais são espontaneamente suficientes para nos fazer compreender a distância que separa os dois semicontinentes. O Rio Grande é também a fronteira que divide os pais. *Na ausência de uma classe média forte, valorizada por um pai forte, nenhum país ou grupo étnico parece, até o momento, haver entrado inteiramente na modernidade.*[30] Os latinos que superam a fronteira com os Estados Unidos geralmente se integram à sociedade americana e conseguem uma mobilidade social melhor do que os afro-americanos, mesmo porque têm estruturas familiares e pais mais sólidos.

Tocamos aqui em um aspecto raramente tratado: a divisão do continente e a difícil tarefa de se modificar a fronteira cultural do Rio Grande. As famílias que entram nos Estados Unidos pelo sul são normalmente aquelas dotadas de um projeto: providas simbolicamente, mas também materialmente, de um pai forte. O pai-zangão, aquele dedicado ao álcool e às caçadas sexuais, permanece em seu lugar de origem. No plano da antropologia repete-se assim, de modo inconsciente, aquilo que já havia sido criticado no plano da economia: o mundo rico obtém a baixo custo os melhores recursos do mundo pobre, e esse último deve se contentar com os bens inferiores.

ALÉM DA ENORME diversidade entre norte e sul do continente, entre afro-americanos e nativos, pode-se intuir um enfraquecimento semelhante do pai, causado pelas centenárias pressões exercidas pelos imigrantes europeus. Para ascender socialmente era necessário o pai. Mas já que os estratos médios e altos da sociedade eram reservados aos brancos, não era necessário que negros e nativos tivessem presente essa figura: ou melhor, em certo sentido, sua ausência tinha uma função na manutenção da ordem social. Embora com enormes diferenças, nos primeiros séculos a imigração européia nas Américas do Norte e do Sul procurou monopolizar a ordem patriarcal da família para reforçar seu próprio domínio sobre dois outros grandes grupos étnicos. O corpo do homem, sobretudo do negro, devia estar disponível para a prestação de trabalhos; o corpo da mulher, sobretudo da índia, devia estar disponível tanto para o trabalho como para o sexo.

Nas Américas espanhola e portuguesa essa foi uma prática comum durante muito tempo, uma vez que, em sua origem, a imigração européia havia sido principalmente masculina: no século XVI, a população espanhola do Peru distribuía-se à razão de sete a oito homens para cada mulher.[31] Brutalizada e humilhada, a mulher indígena passou a se tornar indispensável ao homem branco: tanto para lhe dar alimento como para lhe dar filhos.[32] O colonizador permitia à mulher de cor, em sua condição de concubina mais ou menos consciente, um grau de poder relativamente grande que, por sua vez, era negado ao macho da mesma etnia. O homem, seja índio, seja negro, introjetou durante séculos essa castração e assim perdeu a imagem de si como sujeito capaz de fazer escolhas e assumir responsabilidades, como homem que ensina aos filhos a vida adulta e é efetivamente pai. Diversas interpretações históricas consideram o machismo e a inveja violenta que ainda hoje são encontrados nas classes populares latino-americanas como uma herança direta da Conquista, em que também as mulheres foram "conquistadas" pelos europeus.[33]

Em situações extremas, tais como as de colonização e de vida na fronteira, em que os vencidos são tratados como algo intermediário entre o ser humano e a besta, pode-se observar certo retorno à sociedade animal. Rompe-se o contrato civil da monogamia segundo o qual a cada macho é atribuída uma fêmea. Tal como ocorre entre os primatas, um grupo de machos mais fortes tenta controlar o maior número possível de fêmeas, enquanto ao grupo dos mais fracos restam apenas as migalhas do universo feminino.

A hierarquia patriarcal assume nesses casos uma curiosa estratificação. No alto estão os homens brancos. Depois vêm as mulheres européias. Devido ao seu número inferior, logo abaixo delas encontram-se as mulheres de cor. Os homens de cor estão abaixo de todos.[34] A eles era impedido ser pai mais do que às suas mulheres era impedido ser mãe. Por motivos psicológicos, sociológicos e, infelizmente, zoológicos: já sabemos que para toda regressão à sociedade animal ocorre também uma regressão da paternidade.

Depois da primeira colonização, a América Latina conseguiu restabelecer o equilíbrio entre o número de homens e de mulheres europeus. Por motivos estatísticos mais do que legais, a violência contra a mulher de cor diminuiu. Mas elas normalmente não puderam reconstruir verdadeiras famílias com os homens de seu próprio grupo étnico pois eles haviam desaprendido como ser pais. Na parte mais inferior da pirâmide os antigos males permaneceram: as famílias matrifocais são ainda um sinal de sua presença contínua e, ao mesmo tempo, uma tentativa de remediá-los livrando-se do pai.

COMO TAMBÉM sabe o leitor não-italiano, no meu país há uma fratura entre o norte e o sul que, embora não seja tão dramática como aquela do Rio Grande, certamente tem suas bases em um passado remoto. Também nesse caso o atraso da região sul em relação aos caminhos da modernidade tem sido estudado principalmente sob o aspecto econômico, mas não é estranho às questões psicológicas consideradas anteriormente.

É claro que na Itália meridional não se encontram massas de crianças sem pai, mas há freqüentemente uma responsabilização desproporcional das mães, o que nos remete às famílias matrifocais, e uma expectativa "materna" com relação às instituições —a espera de que estas alimentem os cidadãos, que sejam caridosas, tolerantes—, influenciada pelo fato de que durante milênios a Igreja católica foi o único poder ininterrupto e indiscutível, enquanto outras correntes mais recentes, a exemplo da Reforma e do Iluminismo, praticamente não atingiram essa região. A própria máfia já foi estudada[35] como uma sociedade fundada em um código arcaico da Grande Mãe, cínico e indiferente à moral, onde homens que se pretendem viris ignoram as igualmente antigas conquistas do pai: o esforço para a civilização, o sentido das leis. Em vez do pai, aqui encontramos o padrinho.

O norte tem uma história diferente, mais influenciada pelo Renascimento, que, por sua vez, devido ao seu interesse pelo homem em si, abriu os caminhos para a própria Reforma protestante. Mas ao longo dos séculos, aqui também a Igreja de Roma —pela sua própria definição de Madre-Igreja— tem sido o único poder estável e continuamente influente.

Na Itália como um todo, o desaparecimento do pai, trazido pela industrialização que seguia o modelo de Mitscherlich, começou mais tarde do que na Europa do Norte e na América do Norte. No entanto, favorecido pela predisposição da Igreja e do exemplo negativo de Mussolini, no espaço de uma geração o país já havia recuperado o atraso. Uma paciente minha, comentando sobre a história de sua família, ilustrou esse tema com uma certa tristeza: "O pai camponês era um tirano, mas era pai. O pai operário é um cretino sentado em frente à televisão."

ESSAS BREVES considerações já nos fornecem uma imagem da rarefação do pai no mundo moderno.

Uma análise de cada país individualmente apenas serviria para assinalar as variações locais de uma mudança de caráter mundial. Durante anos, na Alemanha, Tellenbach promoveu conferências sobre o pai.[36] Nos dois extremos da escala social — os jovens esquizofrênicos provenientes das classes menos favorecidas e os líderes de 1968, que provinham das classes mais privilegiadas—, o psicanalista alemão observava que a ausência do pai era muito superior à média geral.[37] Essa afirmação está em perfeita sintonia com a ausência dos pais nos extremos da sociedade americana, sobre a qual discutimos há pouco.

É certo que, em um país, os pólos superior e inferior da sociedade podem ser facilmente aproximados. O pai, nas classes baixas, pode ser uma figura completamente ausente, e o filho, um criminoso ou doente mental. Nas classes alta e média-alta, o filho é desajustado, e o pai se encontra distante porque é divorciado ou simplesmente porque está sempre muito ocupado. Mas é justamente nesses casos que encontramos uma ameaça presente e uma possível degeneração futura.

Os trabalhadores braçais, vítimas de uma situação objetiva que havia bruscamente separado os pais dos filhos logo no primeiro movimento do processo de industrialização, obtiveram pouco a pouco melhores condições de vida, de modo que lhes restava algum tempo livre para desfrutar com suas famílias. Mas para aqueles de condição social mais elevada aconteceu praticamente o oposto. O pai das classes altas se divorcia mais facilmente que os outros. Até que ponto os meios culturais e econômicos lhe permitiram conservar o contato com o seu filho?

Houve um tempo em que ele possuía terras ou uma fábrica. Sua casa situava-se nas vizinhanças, o que lhe permitia supervisionar de perto seus interesses e ainda assim conviver com a família. Hoje, seu descendente — seja ele empresário, administrador, profissional liberal ou homem de negócios— leva uma vida muito mais complexa. O horário de trabalho escapa-lhe ao controle, tornando-se irregular e se estendendo de modo a lhe ocupar praticamente todos os intervalos, enquanto as viagens de negócios, sempre importantes e imprevisíveis, afastam-no seguidamente de casa. Sua comunicação com o filho torna-se problemática também no aspecto cultural, pois nesses estratos sociais as mudanças ocorrem com maior rapidez. Ele não consegue ensinar ao filho seu ofício porque sua profissão modifica-se de uma geração a outra de maneira mais radical do que aquelas mais simples. Ele também não consegue iniciar o filho em um grupo social porque, com a globalização, o grupo se torna fluido e a família muda freqüentemente de cidade. Não consegue transmitir-lhe os valores porque eles se tornaram relativos devido a todas as outras mudanças.

São essas as origens do novo impulso para o desaparecimento do pai. Calcula-se que nas maiores cidades do Ocidente cerca da metade dos atuais núcleos familiares apresentem configurações diferentes daquelas originariamente estabelecidas. Nesses casos, as crianças quase sempre seguem o rumo da mãe.

Tal fenômeno partiu essencialmente dos dois extremos da sociedade e agora caminha para o centro: tende a penetrar gradualmente na classe média. Mas a classe média se deixa afetar pela novidade porque esta vem de cima: tal classe jamais sonharia imitar o comportamento das classes inferiores. As populações marginalizadas das grandes cidades —onde sobrevive o "pai indigno", originário do século passado— tendem a se reproduzir sozinhas, mas não "contagiam" outros grupos sociais e dificilmente aumentam além de certa medida. Para a população de modo geral, são um modelo negativo reconfortante, e em muitas metrópoles sua quantidade está até diminuindo. A rarefação do pai é alimentada principalmente pela difusão dos exemplos de "liberdade" das classes superiores.

Pelo mundo afora, portanto, o pai ausente segue este modelo de penetração: da América para a Europa, e para o Terceiro Mundo; das metrópoles para as cidades menores, e para a zona rural; por fim, do alto da escala social para os estratos mais baixos. Enquanto o alerta para essa rarefação aumenta, novamente ocorre-nos um paralelo zoológico: freqüentemente percebe-se que uma espécie animal está em via de extinção quando já é tarde demais para intervir e lhe assegurar a sobrevivência.

Essa comparação parece-nos verdadeira. Como foi dito na Introdução, uma história psicológica não pode senão partir de um passado muito distante. Constatamos que o declínio do pai começou há séculos, ou mesmo milênios. Porém a maior parte dos pais se manteve alheia a essa percepção até que o declínio deu lugar ao colapso da figura paterna. Pode parecer inútil estudar uma construção depois que ela já desabou. Mas o colapso não corresponde à história da erosão, quanto menos à história da edificação: coisas que desejamos conhecer, não com o propósito de alterar o rumo da história, mas para transmitir essas memórias para nossos filhos. No fundo, ensinar-lhes a memória é justamente o ato de lhes fornecer o pai. É o olhar do pai que a transmite, e que ao mesmo tempo transmite a si próprio. O olhar paterno vai além do momento presente e constitui assim o tempo. Lançado para o futuro, cria o projeto. Lançado para o passado, constrói o sentido daquilo que transcorreu: no passado, o equivalente do projeto é a memória.

Nosso olhar retrospectivo não poderia nos conduzir a falsos otimismos. A ausência e a indignidade do pai haviam explodido junto com a pauperização do proletariado em decorrência da Revolução Industrial. Mas mesmo depois que essa classe social saiu da miséria, o pai permaneceu ausente e não recuperou sua dignidade.

O segundo afastamento violento atingiu o Ocidente com as grandes guerras do século xx. Mas, restabelecida a paz, os pais não retornaram. Embora houvesse saído vivo da guerra, nesse caso Ulisses encontrava-se exausto e não sobreviveu à viagem de retorno. As guerras mundiais não foram apenas conflitos em que a morte privou de pais milhões de crianças. Foram também as primeiras guerras em que milhões de veteranos vivos foram privados de filhos. Eles, na verdade, nunca chegaram a se tornar pais. Para a família, enfim, isso fez pouca diferença. De todo modo, a paternidade encontrou a morte: senão na guerra, no retorno para casa.

### 4.2. As resignações do pai: fuga para o passado

Experimentemos agora uma reflexão que vai além das cifras. O desaparecimento dos pais significa um colapso psicológico tanto para as suas mentes como para a imaginação coletiva. E ameaça também o equilíbrio daqueles que haviam sofrido com o patriarcado.

Os pais constituíam uma base de segurança para a psicologia coletiva. No imaginário coletivo, sua presença correspondia à presença da responsabilidade, ainda que jamais pudéssemos compreender o quanto isso correspondesse a uma realidade cotidiana. A rarefação dos pais provoca confusão e recriminação porque a responsabilidade é, por definição, aquilo de que não se pode escapar. A desordem e as críticas geram um círculo vicioso: nelas os pais encontram novos motivos para se afastar e evitar o ato de ser pai. Nestes tempos marcados por fatores econômicos brutais, o pai se comporta tal qual uma empresa em crise: se todos falam mal dele, as suas ações são depreciadas, depois entram em colapso e por fim passam a valer tanto quanto uma nota promissória; ninguém lhe dá mais crédito, todos exigem que ele pague imediatamente as suas dívidas. Ele vai à falência e é cancelado da existência.

Naturalmente não estamos afirmando que as coisas aconteçam sempre dessa maneira: melhor dizendo, as coisas tendem a acontecer assim, mas de modo genérico e ao longo de um grande período de tempo, em um grandioso processo de degradação inconsciente. Visto de fora, de um dia para o outro tudo é mais difícil de se observar. Haverá também alguns pais que, ao conseguirem sê-lo com sucesso e responsabilidade, terão a ilusão de que seu papel não esteja de fato atravessando uma fase de decadência.

Na prática cotidiana o analista encontra indícios contínuos de que a resignação do pai se oculta em formas inconscientes, porém radicais, que marcam a geração circunstante. Situações em que o homem regride ao estado animal e torna-se simplesmente um macho, recusando-se a ser pai e marido. O instinto do animal macho vai em busca da fecundação da fêmea sem a necessidade de estabelecer um relacionamento com ela ou de assumir a paternidade dos filhos. Se esses casos repetem-se no consultório dos analistas, que normalmente não têm uma clientela tão numerosa, é porque não se trata de um mal individual. É um sintoma mais geral de uma fuga masculina do estado civilizado. A promiscuidade consumista enfraquece a monogamia, e isso, por sua vez, ameaça a existência do pai que a havia inventado.

UM EXEMPLO é encontrado em homens que não desejam mais a própria mulher no momento em que ela entra na gestação. Repentinamente eles não entendem mais a si próprios.

Com o início da gestação, a vida sexual do casal encontrará muitas novidades. Não se pode prever com certeza quais sejam. Para muitos parceiros, o desejo sexual diminui, enquanto para outros, aumenta. Não é isso que nos interessa. Podemos supor que, na maioria dos casos, juntamente com a gravidez, tanto o instinto como as poderosas imagens arquetípicas do eros conduzam cada vez menos à união porque sua intenção principal já se cumpriu. O animal, ou o quanto resta do animal no humano, voltaria a sua atenção para outras coisas: a fêmea, para proteger o embrião; o macho, para fecundar eventualmente outras fêmeas. Portanto, as regras da civilização confirmam esse instinto feminino embora procurem inibir o instinto masculino, que ameaça provocar a desordem na sociedade. O casal é levado a permanecer unido somente pelos arquétipos materno e paterno: à condição de que o macho continue a se reconhecer neste último.

É também por isso que acreditamos que as civilizações tribais forcem o marido a se identificar com a tarefa da esposa por meio da *couvade*,[*] arrebatando drasticamente o interesse por novos encontros sexuais. Na *couvade* o homem é de certa forma envolvido pelas tarefas voltadas ao filho. Ele sofre todas as dores e preocupações da esposa. Pode afastar-se das ocupações cotidia-

---

[*] Processo no qual o homem, por identificação inconsciente com a mulher grávida, experimenta sintomas característicos da gestação. Do francês *couver*, "chocar o ovo". (N.R.T.)

nas e passar mais tempo na cama do que a própria mulher. Em geral, a civilização tribal não valoriza o pai da mesma maneira como o fez o Ocidente: podemos então pensar que, nos momentos em que se torna indispensável reforçar o seu papel de genitor, a tribo lhe pede para mergulhar na força indestrutível da mãe. Desse modo, a tribo, que vive talvez em condições mais próximas às da Natureza, coloca em evidência a parte temível do instinto e reforça o contrato monogâmico.

E por que um "primitivo", cuja capacidade de atribuir voluntariamente tarefas a si próprio é considerada limitada, consegue controlar completamente uma pulsão tão potente como a sexual? Porque, em seu círculo, ele dispõe de mitos e rituais que trazem à cena o mundo dos arquétipos, cuja força é superior à do instinto. Tanto o marido europeu como o americano que fecundavam a esposa, embora vivendo em um mundo que aboliu os mitos, até há algum tempo tinham a proteção de uma figura arquetípica extremamente poderosa: a do pai, que conservava entre suas associações inconscientes a autoridade de Heitor, Ulisses e Enéas. Um modelo coletivo e eterno que compensava as inevitáveis fraquezas do indivíduo. Mas a partir do momento em que a condição de pai traz consigo mais sentimento de culpa do que de coragem, aquelas associações aprofundaram-se no inconsciente a ponto de se tornarem quase imperceptíveis.

NATURALMENTE aconteceu em todas as épocas que muitos homens, logo após terem cumprido o "dever" de conceber um descendente, partissem em busca de outras mulheres. A disparidade de poder entre o homem e a mulher dava a eles uma ampla liberdade; em muitos casos (por exemplo, na Grécia), a sexualidade e as responsabilidades para com a família eram coisas distintas. Em outras circunstâncias, como em Paris ou Veneza no século XVIII, também as mulheres podiam se permitir a uma liberdade sexual. Não é disso que estamos falando. Não queremos discutir a respeito de indivíduos cujo comportamento encontra-se em sintonia com os valores coletivos de seu tempo, e que por essa razão não sofrem conflitos internos dilacerantes. Nessas condições, os homens podiam trair sem graves desconfortos a esposa que estava grávida, pois sua cultura os autorizava e porque já se identificavam com a paternidade: eles continuavam a se sentir civilizados.

Nós vimos anteriormente que, em Roma, o ato de elevar a criança servia para o nascimento psíquico do filho como filho e *do pai como pai*. O homem moderno, embora tenha a intenção de construir a paternidade, ainda possui o instinto, por um lado, e, por outro, uma civilização onde os ritos reservados ao pai desapareceram. Se a fantasia desse homem volta-se agora para outras fêmeas, isso não ocorre *no âmbito de sua civilização, mas pela resignação de seu status de pai civilizado*. Tal como um retrato retirado da parede e arrancado de sua moldura, a paternidade não é mais uma imagem significativa. O homem concebeu biologicamente, mas psiquicamente não foi batizado nas águas da paternidade.

Despojada dos parâmetros culturais que conduzem à paternidade, e freqüentemente privada da experiência paterna também no plano pessoal — não é por acaso que muitos tenham tido pais ausentes ou demasiado submissos à mãe—, a psique desses homens regride ao estado do macho animal.

O instinto desses homens visa criar outra gravidez semelhante à primeira: mais filhos, mas na ausência da paternidade, que o impeliria a permanecer ao lado da criança já concebida para alimentá-la. Por isso a civilização deve controlar esse instinto masculino de modo mais radical do que o faz com o feminino. Por isso um homem que percebe esse instinto é capaz de sentir sob seus pés a terra que treme e abala as colunas da civilização. Quando isso ocorre já é tarde demais: não basta que ele corrija seus modos, porque não é a ele que falta alguma coisa, mas a toda a sociedade.

A civilização, disse Freud, é constituída pela repressão dos instintos.[38] Mas o indivíduo não a pode edificar sozinho. Ele precisa de regras coletivas e de celebrações simbólicas. E também a passagem do macho para a civilização — da simples fecundação à paternidade— sempre necessitou de rituais: na cultura tribal, os da *couvade*; em Roma, os do *paterfamilias*, em que o pai erguia o filho e lhe atribuía significado: "Eu não somente concebi esta criança: eu a alimentarei". E o mesmo ocorria ao longo da história do Ocidente, onde o pai celebrava a prece da ceia, partia o pão e dava às crianças sua bênção.

Desde que esse contorno ritualístico desapareceu, pois o pai passou de autoritário a indigno, o homem encontra-se só. Não consegue fazer-se pai por espontânea vontade, justo no momento em que a esposa está prestes a torná-lo pai. Ele se sente sugado de volta a uma condição passada, a uma condição pré-civilizada.

São DIVERSAS as situações em que o homem regride e sente em si as garras do animal selvagem. Vamos então considerar uma outra, que constitui também uma das injustiças mais universais na relação entre o homem e a mulher. A respeito dessa situação pouco se fala, como se sua aceitação implicasse um fatalismo.

Nenhum humano torna-se mais atraente com o envelhecimento. Contudo os machos vivem um declínio lento e, às vezes, com o tempo, adquirem novas características atraentes. Com a mulher ocorre algo diferente, pois após a meia-idade ela perde muito rapidamente a capacidade de atrair um homem. O homem idoso, especialmente se dotado de poder ou de inteligência, pode aspirar a uma jovem companheira. O oposto é infinitamente mais raro.

As razões dessa assimetria são diversas.

De um lado estão antigas convenções ligadas especialmente ao patriarcado: o homem tem mais poder do que a mulher, o homem maduro mais do que o jovem. Portanto, no vértice do poder está o homem de certa idade. Tradicionalmente ele consideraria conveniente conseguir para si uma esposa jovem, mais atraente, mais apropriada para engravidar e mais submissa do que uma da mesma idade dele. As convenções aprovavam essa situação porque assim o aspecto patriarcal da sociedade seria reforçado.

Por outro lado, o mesmo patriarcado não estava construído em cima do vazio, mas sobre um pedestal já preparado pela Natureza. O homem, mesmo com o decréscimo de suas capacidades, pode gerar filhos até a morte desde que produza espermatozóides. Para a mulher, a capacidade de gerar cessa na segunda metade dessa vida tornada inaturalmente longa por insistência da medicina. Portanto, o casal constituído por um homem idoso e uma mulher jovem é mais freqüente que o seu oposto, não só em decorrência de uma submissão feminina histórica, mas também pelo fato de desfrutar as vantagens de sua assimetria pré-histórica.

Vamos então observar um exemplo do trabalho analítico. Um homem conheceu uma mulher sem nunca a ter visto pessoalmente, apenas mantendo com ela longas conversas telefônicas. Ele se sente muito atraído pela mulher. Ao encontrá-la, descobre que ela já tem certa idade. A atração continua, mas com uma brusca mudança de sentimentos que expressam reverência: em sua fantasia, o corpo da mulher é abolido para dar lugar a um arquétipo impregnado de doçura. Ele discute sobre essa vivência na análise, nega a atração sexual experimentada, como se sua psique houvesse produzido uma ruptura na ordem natural das coisas. Esse fato não pode ser interpretado apenas como o desconforto por ele haver desejado o incesto com sua mãe: o incesto é um tabu cultural, portanto, mais complexo, algo que não está relacionado às diferenças de idade. Entre os homens mais velhos que desejam uma mulher jovem, a sensação de haver rompido com uma lei natural é infinitamente mais rara.

A lei biológica leva o homem à busca da fecundação, de modo que a mulher mais velha fica excluída dessa cena. A existência de uma "lei" como essa não significa que a sua aceitação seja inevitável; do contrário retornaríamos à mesma intolerância com relação à homossexualidade, outra variante marginalizada do estado natural porque não favorece a reprodução. As leis da vida psíquica e cultural são muito mais complexas do que as leis biológicas. Nesse sentido, infelizmente, a edificação do patriarcado se apóia mais diretamente na biologia. Se essa construção começa a desmoronar, o estrato logo abaixo se torna mais visível. Isso significa que em situações de fragilidade, de rápida transformação da cultura que a circunda, a atenuação da regra civil pode fazer ressurgir a "regra" animal: não as leis da ética, mas as da sobrevivência biológica. Apenas a consciência pode defender-se dessa regressão. A civilização vive tanto da repressão como do redirecionamento dos instintos.

No passado, o homem idoso unia-se à mulher jovem tornando visível a hierarquia patriarcal da sociedade, sem com isso causar desconforto algum. O homem contemporâneo aceita a igualdade entre o homem e a mulher, e desposa mais freqüentemente uma companheira da mesma idade. Mas estaria o homem satisfeito com essa escolha, considerada a mais correta?

Tomemos o caso concreto de um homem com filhos não muito pequenos e uma companheira coetânea. Um belo dia, ele se dá conta de sentir atração por uma jovem: não compreende como lhe pode acontecer justamente aquilo que jamais buscara, diversamente dos patriarcas que sem nenhum embaraço estendiam a mão para tocar as moças. Ele se sente culpado perante sua companheira, que não merece ser colocada de lado e humilhada. Sente-se vulgar em relação à jovem, que mereceria a delicadeza dirigida a uma filha, que aliás ela poderia ser. Sente desconforto com os filhos, pelos quais teme ser julgado como os velhos libidinosos da Bíblia.

Um vez que não se sente orgulhoso por essa tentação, ela lhe causa sofrimento e o coloca em luta contra os sentimentos. Ele não percebe que a responsabilidade pela regressão é também uma dificuldade relacionada ao envelhecimento, que antes era atenuado pela tradicional dignidade do pai: em sua melhor versão, o arquétipo paterno edificava-se sobre a autoridade moral e pouco tinha a ver com a virilidade do físico e a capacidade de sedução. Na condição de representante familiar do Pai divino, inspirava muitas vezes uma imagem espiritual e anerótica.

A culpa sofrida por esse homem não é exatamente a traição relativa da moral conjugal. É antes a culpa ontológica da civilização. Sem que ele tenha consciência disso, a carência da imagem do pai —seja na sociedade, seja no modo pelo qual ele vê a si próprio— despertou novamente o macho em busca de fecundação, que dorme um sono leve sob os milênios decorridos na construção da figura paterna: e novamente ele desvia o olhar para outra fêmea.

NAS ÚLTIMAS décadas do século XX, a delinqüência dos grupos jovens masculinos tornou-se um grave problema. Um de seus aspectos mais visíveis é o estupro em grupo. Os jovens "pretendentes" atiram-se sobre Penélope e geram Pã, conforme referido no mito antiomérico.[39] Certamente trata-se de uma geração simbólica: nos tempos pós-modernos, os homens tornam novamente visível o antiqüíssimo deus dos estupros[40] e por ele deixam-se possuir sem resistência. Os filhos unidos por força das leis horizontais foram afastados do mundo das leis verticais do pai. A horda sanciona o fim da família nuclear monogâmica juntamente com a regressão da eficiência funcional do bando.

Seria falso considerar que essas formas de agressão sexual "não sejam propositais". Seu propósito inconsciente é justamente a restauração de uma relação sexual com o feminino isenta de responsabilidade civil. E esse propósito foi atingido. Se o macho não é mais pai, deve no entanto ser alguma coisa. A solução mais simples para essa radical crise de identidade é o retorno à condição que precedeu à invenção do pai. Cumpre-se assim uma iniciação na masculinidade adulta de tipo regressivo. Um indivíduo pode associar ao estupro um sentimento de culpa. Porém o bando tem sua cultura própria, funciona como tribo que ritualiza a regressão e traduz aquela culpa em um evento coletivamente aceito.

Não basta dizer que o estupro sempre existiu e que, devido ao predomínio masculino, tal fato simplesmente não era denunciado. Ou melhor, é justamente sobre esse ponto que devemos nos interrogar. O estupro era talvez um quase-direito de um mundo machista e patriarcal. Uma transgressão normalmente tolerada (em silêncio ou pela sua projeção na *responsabilidade* da fêmea que havia "provocado"), do jovem —futuro patriarca— ou do próprio patriarca: uma compensação pelas *responsabilidades* do pai (institucionais, porém, em sua origem, na memória inconsciente da estirpe, livremente escolhidas). Hoje o estupro não é mais um ato silencioso do patriarca, mas um tumulto do bando. A sua irresponsabilidade com relação à vítima, e ao filho, que porventura será fruto desse horror, não é uma compensação por responsabilidades individualmente assumidas; é a regressão de todo um grupo devido à ausência de responsabilidades que vão além do momento presente. É uma manifestação transgressiva não tanto do eros heterossexual, mas do eros homossexual do bando de homens excitados que se manifesta por meio de uma vítima.

Um grupo como esse não está desprovido de pai apenas no sentido material (comumente seus membros não têm pai ou então têm um pai inerte). Está desprovido também nos sentidos simbólico e cultural: o grupo regressou à fase pré-paterna da escala evolutiva.

Voltemos nossa atenção para um caso particularmente impressionante de violência sexual coletiva.

Nos últimos anos, dentre os horrores que a Europa tão criativamente forneceu ao resto do mundo surge o fenômeno do estupro étnico. Essa designação indica uma versão particular do despojamento em que as mulheres, consideradas parte do roubo, são violentadas com o propósito de fazer aumentar o número de indivíduos do grupo étnico vencedor. A gravidez não é um incidente: é o objetivo dessa forma de violência. E tal violência não é uma novidade: é justamente aquilo que os futuristas haviam profetizado no *Manifesto futurista da luxúria*.[41]

Poderíamos objetar que esse fato seja ainda mais antigo. Que mesmo os antigos gregos já haviam levado consigo as mulheres de Tróia, depois de massacrar seus maridos e conceber filhos com elas. Mas a diferença está justamente aqui. Os filhos das troianas, embora bastardos e inevitavelmente inferiores aos filhos legítimos, não eram abandonados. Eram alimentados nas casas dos homens vencedores. Esses homens sabiam como ser pais para suas crianças; acompanhavam seu crescimento e, não importa em que medida, cuidavam para que nada lhes faltasse.

No caso de que falamos, os filhos são concebidos voluntariamente sem que por um segundo tenha havido um projeto de vida ou uma fantasia para o futuro dessas crianças.

O verdadeiro horror exercido no estupro étnico não provém da crueldade e da violência. Elas são tão antigas quanto as guerras. Provém do fato de que, em um instante, volta-se atrás em centenas de milhares de anos a uma condição em que as leis existentes não eram as do pai, mas sim as da fecundação animal. O desintegração da imagem coletiva do pai é o pano de fundo psicológico e a-causal dessa regressão em massa. Por sua vez, não é por acaso que seu fundamento geográfico sejam as ditaduras em desintegração. A morte dos pais terríveis continua e traz à luz outros aspectos do mal que aflige a paternidade.

### 4.3. AS RESIGNAÇÕES DO PAI: FUGA PARA O FUTURO

QUANDO a psicanálise surgiu, tinha-se a impressão de que o pai houvesse encontrado um aliado.[42]

Sigmund Freud era muito apegado a sua mãe e supunha que todas as crianças do sexo masculino tivessem uma preferência semelhante. Mas tal como os homens de seu tempo, pensava que a família tivesse como vértice o pai. E era pessoalmente levado a se identificar com um mentor espiritual da tradição judaica. Em seu pensamento, o pai era aquele guia que construía um ser social a partir de uma criança ainda dominada pelo instinto. Ao introjetar a figura paterna, a criança estabelecia as bases da moral: ao término da fase de intensa ligação com a mãe, nascia nela uma autoridade interior (superego) idealmente referida tanto a um deus-pai quanto ao pai pessoal ou a outra figura hierárquica.

Essa psicanálise aliada ao pai não apenas se perdeu ao longo do caminho, mas também se transformou indiretamente em um inimigo.[43] Ao se ocuparem cada vez mais com o vínculo entre a mãe e a criança, os herdeiros de Freud deixaram o pai à margem: como se, ao voltarem seus olhares para os primórdios da vida individual, retornassem inconscientemente para o passado da vida da espécie humana, chegando até a família pré-humana na qual não era prevista uma verdadeira relação entre o pai e seus filhos.

Não se tratava de uma escolha ideológica. As teorias pós-freudianas dedicaram-se cada vez mais às primeiras fases da vida. Era portanto inevitável que acentuassem sua atenção na simbiose entre a mãe e o recém-nascido. De modo particular, Melanie Klein[44] levantou a hipótese de que o superego se forme logo no primeiro ano de vida, no âmago da relação com o corpo da mãe. Desse modo retirou do pai o papel daquele que ensina os sensos moral e social: a raiz da compreensão entre o certo e o errado, a origem da percepção do outro e do respeito por ele, parecem ter sido remetidas a uma fase em que a criança ainda não fala.

A ARTE, A LITERATURA e a cultura do século XX não são compreensíveis, tampouco pensáveis, sem a psicanálise. Essa afirmação é ainda mais verdadeira no que diz respeito aos nossos conceitos sobre a família.

A decadência paterna, que já se encontra em curso há séculos, foi então acelerada por influência dos estudos neofreudianos. À medida que deslocava sua atenção do pai e da mãe, a psicanálise também colocou a ênfase nas relações primárias em lugar das relações sociais, e na experiência corpórea como raiz da vivência espiritual, que assim é reduzida a uma superestrutura. Dessa forma a psicanálise entrou em sintonia com outra grande tendência da civilização ocidental: o desencargo da dimensão social e das experiências comunitárias, tanto religiosas como laicas, e a correspondente vitória do individualismo e de um entendimento de mundo privado.

Se suas raízes encontram-se nos instintos originais e nas experiências primárias, a minha psique tem poucas possibilidades de adaptar-se às exigências da sociedade: indiretamente era isso que afirmava o pessimismo freudiano, não obstante o forte senso social de Freud.[45]

Os estudos pós-freudianos e kleinianos são decisivos na compreensão moderna do homem. Mas eles se ocupam com o desenvolvimento individual da criança. A compreensão do homem na sociedade é completada com as grandes imagens coletivas que o orientam culturalmente. Foi a psicologia de Jung que introduziu a compreensão da ligação entre o inconsciente pessoal e o coletivo.[46] Outra característica dessa psicologia é o interesse pelo "aqui e agora", em contraposição ao passado remoto do paciente.[47]

Para estabelecermos uma aproximação suficientemente adequada aos nossos estudos, chamaremos de "primário" o período inicial do crescimento humano, aquele marcado especialmente pelas relações corporais, e "secundário" aquele que o sucede. Primário é o período em que a criança está essencialmente em relação com outra pessoa (em uma díade). No período secundário, a díade converte-se em uma tríade, um grupo, uma coletividade. A psicologia junguiana estuda principalmente esse último nível humano. Seja porque corresponda ao "aqui e agora" do paciente que procura ajuda; seja porque Jung ocupa-se da psique em si, e apenas circunstancialmente trata da experiência corporal; seja porque, enfim, ele fala de uma psique individual e de uma coletiva, e, desse modo, tem também por objeto de estudo a sociedade.

A psicologia freudiana e, de modo mais acentuado, a psicologia pós-freudiana observam principalmente a experiência biopsicológica e o período primário; a psicologia junguiana, por sua vez, volta seu olhar para a dimensão cultural e o período secundário. Do nosso ponto de vista, a psicologia pós-freudiana tem uma responsabilidade indireta no avanço global do individualismo: sua atenção ao instinto e à fase pré-social relega a um segundo plano as possibilidades de influenciar a coletividade, e assim predispõe ao fatalismo. O modo favorável com que é acolhida a psicologia junguiana por alguns intelectuais decorre justamente do papel que ela atribui à variabilidade da cultura em relação ao determinismo da biologia, e o modo pelo qual a dimensão coletiva pode funcionar como um limite ao individualismo.

PODEMOS AFIRMAR, portanto, que a psicanálise pós-freudiana acelerou a decadência do pai. Mas, como já sabemos, ao fazê-lo ela apenas escancarou uma porta que já se encontrava aberta.

Vamos analisar essa passagem por meio de algumas imagens.

Se observarmos as ilustrações de alguns livros sobre a família e o pai publicados entre o século XIX e início do XX, reconheceremos imediatamente, além das diferenças de nacionalidade e de classe social, uma série de elementos comuns que correspondem, evidentemente, a um "caráter coletivo do pai". O pai não é parte de uma díade. Ele é quase sempre retratado com toda a família, possivelmente situado em seu centro. Reunidos em uma sala-de-estar mobiliada, que presumimos encontrar-se no centro da casa. O pai é uma pessoa que pertence a uma categoria profissional e social: ele é muito defendido, muito bem vestido e está sempre muito definido em seu papel social (figura 15), mesmo que se trate de um pai operário ou camponês (figuras 16 e 17). Em qualquer época, em qualquer lugar, o pai sempre se veste com a couraça de Heitor.

Mesmo vestido de paletó e gravata, exercendo uma profissão ou conduzindo uma vida da qual já não temos memória, quando o vemos, imediatamente percebemos sua geografia social e cultural. Por sua vez, esses pais nos olham e logo nos contam quem são eles: artesãos, nobres, camponeses. Sua imagem varia de acordo com a condição social, bem mais do que ocorre com a mãe, pois deixa entrever a sociedade que, por detrás de sua figura, ergue-se mais ou menos filtrada pelos preconceitos do pintor ou do fotógrafo. O pai é de fato a passagem obrigatória pela qual a família penetra na sociedade.

Esses retratos permaneceram praticamente imutáveis ao longo dos séculos. Mas durante o século xx, ou melhor, durante as últimas gerações —que correspondem a uma fração infinitesimal da história do pai—, tudo mudou.

A imagem de grupo e o retrato de família quase não existem mais. O pai parece haver perdido a função de elo de ligação com a sociedade. Não há mais o grupo. Não há mais o fundo. Não mais se entrevê seu estado social e profissional. Surge uma díade antes desconhecida: o pai com um filho pequeno.

No caso extremo —porém freqüente— que queremos aqui examinar, surge, sob o título de *novo pai*, um *novo estereótipo*.

Esses pais são todos jovens, todos belos e seminus. Todos eles surgem vestidos em *jeans* e de torso nu, como se as agências de publicidade de todo o mundo tivessem assinado uma espécie de acordo secreto. Com imagens mais ou menos tediosas, o pai foi reduzido a um corpo.

Além da publicidade, das revistas semanais, das figuras sentimentais em que ficam evidentes o intuito e o desejo de atingir o leitor mais ingênuo, o que mais impressiona é justamente o fato de que, quando contêm ilustrações, até mesmo os textos se apropriaram dessas imagens de maneira totalmente acrítica. Os novos pais, somos levados a crer, exibem o peito, tornam-se estranhos à sociedade e mergulham a fundo em uma relação a dois —presumivelmente simbiótica— com o filho (figura 18).[48]

Enquanto o corpo masculino foi reduzido a objeto, com a mesma banalização desrespeitosa contra a qual as mulheres tiveram de lutar para sair da condição de estereótipo para a de indivíduo, o papel paterno parece sublinhar a passagem para uma condição de cuidador primário da criança. Essa condição, por sua vez, torna o homem unilateral e irreal como muitas imagens da Madona feitas por artistas menores do Renascimento, e parece subentender uma "inveja do seio": foi justamente observado que esses peitos masculinos são normalmente mostrados sem pêlos.[49]

Tal imagem do pai torna-se pouco confiável quando comparada a reproduções mais sinceras do período oitocentista, nas quais o pai era apresentado fundamentalmente como o patriarca que ele era. A imagem moderna representa muito pouco a realidade. O cuidado primário do pai em relação ao filho permanece, dependendo do ponto de vista, um ideal nobre ou uma fantasia pouco sincera. Vimos anteriormente que, na prática, esse fato constitui ainda hoje uma realidade absolutamente minoritária.[50] Ainda que exista, corresponde quase sempre a um simples auxílio aos cuidados prestados pela mãe.

Como foi possível ocorrer essa regressão no imaginário coletivo?

Deveríamos supor que se tratasse de uma campanha publicitária? De livros que exortam os pais leitores a algum comportamento específico?

Os textos que trazem esse tipo de ilustração provêm de editores e autores acima de qualquer suspeita. Não se tratam de folhetos de propaganda, mas de obras de estudiosos que querem descrever a realidade do pai. E mesmo que desejassem fazer concessões ao proselitismo, quais motivos os levariam a dar a seus estudos esses aspectos antiquados de propaganda fascista, nazista ou soviética — o eterno sentimentalismo dos peitos nus e das crianças sendo beijadas — que muito freqüentemente resultam no oposto daquilo a que se propõem?

Será que o pai — ou melhor: o corpo do pai — sabe dar algo de verdadeiramente novo ao se ocupar do corpo do filho? Afinal ele certamente sabe ajudar sua companheira. Mas, de fato, ele se apresenta como *novo companheiro*, não como novo pai. Não é apenas o seio que lhe falta: falta-lhe, por exemplo, uma relação específica com o ato de nutrir. Mesmo aquelas pessoas que sustentam serem os homens melhores cozinheiros que as mulheres sabem que essa possibilidade não lhes ocorre na qualidade de pais, mas na de empreendedores do ramo de alimentação: sua relação com a comida é profissional, e essa não constitui a linguagem de diálogo com o filho, como acontece no caso da mãe. Não há uma especificidade na nutrição paterna, mas apenas uma cópia daquilo que faz a mãe.

EVIDENTEMENTE a corrida rumo àquilo que é "cada vez mais primário" — a necessidade louca de se atribuir aquilo que é importante a fases cada vez mais precoces da infância — não corresponde apenas a uma evolução da investigação pós-freudiana, mas também a uma certa involução de toda a sociedade. Essa busca está em sintonia com uma tendência a se escapar da dimensão social, refugiando-se no próprio espaço privado: no individualismo ou naquela "relação" que chamamos de simbiose, onde dois seres quase se fundem em uma unidade.

Se nossa imagem de pai ainda correspondesse à da pessoa que introduz o filho na sociedade, o pai se tornaria cada vez mais irrelevante, uma vez que ele seria estranho a essa dimensão tão privilegiada da vida privada.

Como nossa idéia de pai é uma construção da cultura e é passível de modificações, diversos autores[51] voltam-se cada vez mais para a fase primária trazendo consigo o pai a fim de explorar seu papel com o recém-nascido. Aquela que chamamos de "fuga para o futuro" poderia do mesmo modo ser chamada de "fuga para o passado", em direção às origens. O pai torna-se inapreensível porque maternalizado.[52]

Para muitos homens, esse interesse é inconscientemente favorecido pelo sentimento de culpa que a cultura moderna, de modo geral, e o feminismo, em particular, estão trazendo à tona. Representa aquilo que eles desejariam ser (*aspirational athmosphere*):[53] de maneira a deixá-los em paz com sua consciência. Um pai que troca as fraldas do filho dificilmente parece-lhes passível de críticas e, secretamente, pode se eximir do ingrato papel consecutivo de educador e castrador que lhe fora designado por Freud. Aspira-se a um pai enfim doce, enfim positivo em todos os aspectos: tão dócil quanto a mais insípida das Madonas. Até mesmo muitos homens que não desejam esse papel para si favorecem seu florescimento: inconscientemente esperam que a competição masculina se mitigue para que os "verdadeiros machos", que eles são, tornem-se mais raros e portanto mais cobiçados. E muitas mulheres, por fim, vêem o fenômeno com bons olhos porque deveria levar — finalmente, mais uma vez — a uma colaboração por parte dos homens. E assim por diante. O "pai primário" parece vir acompanhado por um fluxo de consenso.

Todavia, pela velocidade com que os comportamentos masculinos reais se modificam atualmente é difícil prever quando esses padrões viriam a se tornar realidade, tampouco quais seriam as funções específicas que os distinguiriam da mãe.[54] Não está claro se será preciso valorizar um instinto ou impor um novo dever para se obter esse novo pai. Por enquanto,[55] o pai primário, dedicado aos *cuidados naturais*, é essencialmente uma *fantasia cultural*: uma fuga em direção ao futuro, a um tipo de macho que, esperamos, seja melhor.

No entanto, mais do que se mover em direção a algo novo, a imagem do pai primário parece se afastar de algo mais antigo. O pai, assim como Jeová, durante milênios pôde ser apenas bom e terrível ao mesmo tempo. A identidade do cuidador primário oferece uma esperança de simplificar essa condição conflitante, mas corre o risco de cair em uma unilateralidade irreal. Isso é algo que sempre afligiu as mulheres. A descrição do mundo, em palavras ou imagens, era sempre masculina. Desse modo, a imagem de Jeová, generoso e cruel em sua complexidade, era verdadeira. A de Maria, por sua vez, em sua doçura unilateral, era freqüentemente irreal. É essa imagem que passa a ser emulada, criando-se um homem que, por sua vez, tem pouca credibilidade. Mais que à relação com o céu, a imagem do novo pai parece renunciar à relação com a sociedade. O pai, tal como aparecia nas ilustrações, era sempre parte de sua família, de sua classe social, de sua corporação profissional, de um mundo coletivo, enfim. Ele devia fazer escolhas: ou seja, devia fazer também o mal, e não apenas o bem. Devia operar no mundo: ou seja, devia sujar as mãos. Mas finalmente — parece dizer-nos a fantasia do pai primário —, hei-lo com mãos desinfetadas. Ele agora poderá cochilar na incomparável completude da simbiose, onde aquela incômoda complexidade se torna supérflua.

Por meio das imagens de todas as épocas aprendemos que o pai, mesmo quando não estava na sociedade, *não estava sozinho com o filho*. Ele se ocupava da manutenção dos vínculos entre as gerações e do mundo sobrenatural: Enéas, ao conduzir Ascânio sob o olhar de Anquises; Abraão, ao sacrificar Isaac sob o olhar de Jeová.

O novo pai tira as roupas, os trajes que a sociedade, a metafísica e a História depositaram sobre suas costas. Ele agora caminha em direção a uma nudez oceânica, íntima e livre como a própria simbiose. A sociedade decidiu desnudar Heitor para que não assuste o filho. Este já não sentirá temor: mas terá ainda um pai?

De um lado, a renúncia à couraça de Heitor pode tornar o pai verdadeiramente supérfluo, na medida em que o torna indiscriminadamente semelhante à mãe. Por outro, os fatos nos indicam que, nesses casos, o filho procura outras figuras masculinas, ainda dotadas de armas. Talvez não haja solução para a contradição do pai: e ela corresponde justamente à sua identidade profunda. O pai deve retirar sua armadura para que seja reconhecido pelo filho. Mas para fazê-lo, deve antes vesti-la. Mais uma vez, o Deus mais próximo do homem é aquele do Antigo Testamento, bom e terrível. O pai mais adequado é justamente Heitor, completo porque complexo.

Acabamos de expressar com novas palavras aquilo que no início chamávamos de "paradoxo do pai". É justamente aqui que se encontra uma especificidade paterna: ele pode estar com o filho quando sabe também usar sua armadura, deve ser pai quando também é guerreiro. Ao contrário da mãe, ele não pode fazer apenas uma das duas coisas: se o vê só com as armas, o filho não o reconhece; se não o vê nunca com as armas, não o reconhece como pai.

Todos os seres humanos devem poder dispor da agressividade. Todos devem ser capazes de se defender. A sociedade prevê que o filho aprenda essa qualidade combativa principalmente pela sua identificação com o pai. Conforme dito anteriormente, não porque ele tenha necessariamente uma natureza agressiva, mas porque essa especialização foi confiada desde sempre à figura masculina, tornando-a uma imagem quase inalterável no inconsciente coletivo.

A CULTURA e a sociedade têm uma influência apenas indireta na fase primária do crescimento. Na fase secundária encontramos outra etapa de crescimento e um segundo nascimento, que tornam possível preencher algumas lacunas da fase precedente. Para as civilizações pré-modernas, esse segundo nascimento era a iniciação, o ato de passagem em que prevalecia eminentemente a autoridade do pai ou de seus substitutos. As tarefas dos genitores eram claras. A mãe era quem dava a vida física e os cuidados nos primeiros anos. A fase secundária, por sua vez, era uma tarefa atribuída ao pai, ao menos no que dizia respeito aos filhos homens.

Embora a iniciação se tenha perdido gradualmente com o passar dos tempos, essa divisão de tarefas perdurou até o século XX.

Assim como a função dos genitores, o destino dos filhos era também algo muito diferente. Na maioria dos povos primitivos, e mais ainda nos povos do Ocidente, os homens levavam uma existência mais completa do que as mulheres. O acesso à sociedade, à vida espiritual e, conseqüentemente, o processo de iniciação eram relativamente limitados para as mulheres. As grandes renovações ocorridas na fase secundária de crescimento se restringiam a um assunto de homens e que ocorria apenas entre eles.

As mudanças desse século proporcionaram a superação dessas duas distinções: tanto a divisão explícita de tarefas entre os genitores, quanto a diferença entre as possibilidades abertas aos filhos e às filhas. Todavia, o esforço para eliminar os privilégios dos pais e dos filhos homens seguiu inconscientemente na mesma direção em que caminhou a psicanálise pós-freudiana: reduziu a importância da segunda fase do crescimento ao voltar a atenção para a primeira. No entanto, para coibir os jovens do sexo masculino a uma anacrônica primazia no desenvolvimento secundário não se procedeu à equiparação da socialização e da iniciação das moças: subtraiu-se esses ritos dos rapazes. E para retirar dos pais —e de seus substitutos masculinos: os sacerdotes, que são pais espirituais— o correspondente monopólio dos ritos de socialização e iniciação, não se procedeu à atribuição gradual dessas mesmas qualidades à mães: eliminaram-se gradualmente os próprios ritos.

A corrida pelo primário parece vitoriosa. É aparentemente uma surpresa constatar que os machos sejam os primeiros a encorajá-la. No rito de iniciação sofria-se, mas desse modo se adquiria a identidade.[56] Hoje nenhuma identidade é tida por certa, na medida em que nos habituamos a evitar o sofrimento: por ideologia, ainda mais do que por conveniência.

O atual estado de consumismo desenfreado da civilização em que vivemos é uma reprodução planetária das necessidades primárias. Mas aquela possibilidade de receber repetidamente o seio sem a obrigação de conceder algo em troca é indispensável à primeira fase de crescimento: porque a criatura humana, como sabemos, é a única que não nasce autônoma. Porém, esse nosso desejo de obter imediatamente tudo o que nos conforta e de afastar toda espécie de dor mantêm-nos, como adolescentes e como adultos, em uma condição de lactentes psíquicos: não iniciados naquela alternância entre o dar e o receber que é condição fundamental para nos tornarmos seres morais.

De modo dramático manifesta-se no plano psíquico a neotenia do ser humano. Vimos anteriormente[57] que o corpo humano assemelha-se ao de um mamífero incapaz de completar seu crescimento. O mesmo ocorre com a psique. Acreditávamos que a criança invejasse o adulto. Mas intimamente, em seu coração, é o adulto quem inveja a criança.

Hoje desejamos colocar o pai e a mãe finalmente no mesmo plano. O primeiro não deve ser exclusivamente —antes: não deve ser necessariamente— o sujeito agressivo que assusta a criança e rompe sua simbiose com a mãe, o inimigo da fase primária e iniciador da secundária. Mas a simbiose não pode ocupar o lugar de ideal, nem à mãe nem ao pai indistintamente, sem uma imagem que favoreça a distinção, a individuação, o ingresso na sociedade.

Se a rigidez com que competia à mãe a fase primária e ao pai a secundária se dissolveu, o nosso ponto de chegada não poderá corresponder à fantasia inconsciente de um primário absoluto. Sem predeterminarmos o que esperar dos dois, devido à rapidez com que se modificam os costumes, o sistema familiar deve assim mesmo distribuir, de quando em quando, as tarefas que dizem respeito às sucessivas fases de desenvolvimento. Podemos censurar os adolescentes por não quererem se tornar adultos, uma vez que os adultos preferem esquecer a adolescência para se ocupar da infância?

Já dissemos[58] que o olhar atento e dependente do filho em direção à mãe é um fato natural e original. Nasce com o parto, com a amamentação e talvez até do próprio período de vida decorrido no ventre da mãe. De todo modo, não é necessária a mediação de uma terceira pessoa. A mãe, no entanto, é quase sempre necessária como a mediadora que desloca de si o olhar atento e amoroso do filho para direcioná-lo ao pai. De fato, esquecemos com freqüência as razões pelas quais observamos a família só *depois* dessa passagem —fundamental e inicial— da díade para a tríade.

Atualmente, por causa da crítica ao patriarcado, ou mais diretamente em represália à ausência do pai, a mãe pela primeira vez usa para si esse poder de mediadora originária e não mais dirige o olhar do filho em direção ao pai. Por sentir falta do olhar do filho, agora é o pai quem retorna diretamente às origens para buscá-lo. Ele busca aquele abraço originário, físico e materno: o abraço a dois.

AFIRMA-SE freqüentemente que, ao contrário do que ocorre com o sexo feminino, o crescimento masculino é marcado por um corte. A menina que teve uma boa relação primária com a mãe poderá mantê-la como modelo, continuando seu desenvolvimento psíquico sem interrupções. Com o sexo masculino não ocorre o mesmo. No nascimento e, de modo geral, durante a importante fase primária, o menino relaciona-se principalmente com a mãe; porém, cedo ou tarde deverá deslocar seu olhar em direção ao pai ou a outro personagem masculino.

Esse tema tem sido sustentado principalmente pelos psicanalistas kleinianos (escola das relações objetais), cuja atenção foi absorvida pelo estudo de fases muito precoces do crescimento. E também foi combatido por autoras feministas, uma vez que essa perspectiva, centrada em uma desvantagem psicológica do sexo masculino, tendia a negligenciar a vantagem histórica que os homens já desfrutavam na sociedade.[59]

Por um momento, deixemos de lado esse olhar que toma a perspectiva da fase primária. Vamos então observar brevemente a desvantagem a partir das fases de crescimento seguintes.

Nos capítulos iniciais foi observado que, especialmente com o surgimento dos mamíferos, a evolução havia tornado cada vez mais complexa a relação entre a mãe e o recém-nascido, o que permitiu às mães construírem um embrião de cultura, mas deixou os machos à margem do processo. A invenção da família monogâmica e a continuidade do empenho paterno foram de certa forma a resposta dos machos a essa exclusão. E eles gradualmente mostraram-se vitoriosos, a ponto de fazer com que civilização e patriarcado se tornassem praticamente sinônimos.

Mas a revanche dos pais ainda estava longe de ser concluída. Mesmo a civilização que eles haviam construído, e na qual dominavam, também os levava a confrontar um problema inesperado.

Em condições naturais, no universo dos mamíferos, é a mãe quem prolonga as funções de cuidado para com os bebês desde o parto até a época em que o indivíduo se torna autônomo. Os filhotes animais, mesmo os machos, não permanecem em desvantagem por ter para si apenas um modelo feminino, pois, mesmo nas espécies mais evoluídas, que não se contentam apenas com o instinto e experimentam um esboço de educação, essa situação chega a um termo muito antes da puberdade.

Somente na espécie humana a fisiologia e a cultura prolongaram ainda mais o período de dependência infantil, marcada pela falta de autonomia e de educação, que pode inclusive perdurar até os 30 anos (que, em condições naturais, representariam a duração média da vida da espécie). Desse ponto de vista, a iniciação pode ter sido primeiramente inventada, e depois administrada, pelos machos adultos e destinada especialmente aos jovens do mesmo sexo, uma vez que os machos se deram conta dessa necessidade.

Muito mais tarde, quando começou a ser criado um sistema escolar, devido ao prolongamento da função primária biológica e uma vez que as fases iniciais da educação são cansativas e pouco gratificantes, tornou-se natural que essas funções fossem confiadas majoritariamente às mulheres: nesse sentido foi construído um aparato cultural que novamente copiava a Natureza. Em seguida, como ocorre na maior parte das profissões, à medida que as condições gerais de vida melhoravam, mesmo os níveis mais elevados da educação foram entregues gradativamente às mãos femininas. Os homens se contentavam em se manter como maioria apenas nos altos escalões, como por exemplo nas carreiras universitárias, nas quais se concentram o poder e o dinheiro. Em última análise, tanto por preguiça dos homens adultos como pelas características estruturais das civilizações ocidentais, preocupadas muito mais com a eficiência do que com a psicologia, os jovens do sexo masculino acabam por encontrar poucas figuras de outros homens em seu percurso rumo à vida adulta.

Talvez seja isso também que torna particularmente acidentada a passagem desses jovens à idade adulta; e talvez seja por isso mesmo que eles estejam muito mais propensos à delinqüência e ao consumo de drogas do que as jovens de mesma faixa etária.

## 4.4. O DESAPARECIMENTO DA ELEVAÇÃO

*[...] e então [Heitor] beijou o filho querido e*
*ergueu-o ao céu, rogando a Zeus [...]*
— Ilíada, VI, 474-75

ENTRE O FINAL do século XVIII e início do XX foram redescobertas na França as imagens do pai que levanta o filho ao céu.[60] Um século antes, essas imagens teriam sido consideradas uma blasfêmia: o único filho a alcançar o céu era Cristo, representado no ato de se levantar a hóstia.

Entretanto, essas imagens não indicavam um retorno à autoridade do *paterfamilias* romano. É verdade que a Revolução, em nome do progresso, do triunfo da vontade sobre a Natureza, havia redescoberto o princípio romano da adoção. E se toda paternidade é uma adoção —ou seja, uma escolha—, a escolha, que se faz de modo ativo e voluntário, está contida no gesto do pai que eleva a criança. Mas a fé no pai já não era mais a mesma que se professava na sociedade romana. Isso é claramente confirmado nessas imagens. Muitas delas têm um caráter retórico e sentimentalista: por vezes eram comissionadas pelo poder político em uma tentativa de revigorar as famílias que se enfraqueciam à medida que o Estado assumia para si funções antes consideradas domésticas. Outras são caricaturas da condição familiar. Outras ainda, cartazes de propaganda política ou mesmo de publicidade comercial.

O retorno desse gesto significa que a relação entre pai e filho está novamente no centro das atenções. Mas é uma relação rígida, dramática.

O gesto é sagrado: mas conforme indicava a palavra em sua origem, "sagrado" refere-se tanto ao divino como ao demoníaco. Nas imagens e na literatura, ressurgia como forma do novo confronto entre pai e filho. Mesmo as palavras proferidas entre ambos são sagradas, mas podem ser palavras de bênção ou de maldição. A relação pai-filho reassumia uma posição central após a morte do rei e o nascimento da república.

O que houve com aquele gesto e aquelas palavras durante o século XX?

A elevação e a bênção exprimem com o corpo e com o discurso a mesmíssima atitude do pai. A elevação do filho, sua bênção e sua iniciação falam de uma necessidade idêntica de verter a vida, do ponto de vista jurídico, teológico e antropológico.

O macho —que na Natureza não tem a capacidade de dar a vida, mas restringe-se ao ato animal de doar o esperma— pode dar um salto para cima, para a dimensão espiritual: pensa no filho e cria ritos que tornam concreto, publicamente compartilhado e irreversível esse pensamento de criação. Se o surgimento do pai correspondia ao advento do projeto capaz de se desenvolver ao longo do tempo, a bênção, a elevação e a iniciação são o projeto paterno que se verte no filho: um segundo jorro, mas de esperma espiritual.

Talvez todos os rituais que encontramos na Terra sejam uma subespécie dessa exigência primária e universal que torna iguais os pais de todas as culturas e em todos os tempos, enquanto os diferencia dos bichos. Isso é fato para grupos tribais simples, onde todo os ritos giram em torno da iniciação, como para o mastodôntico aparato da Igreja Católica, onde é sempre o pai —desde o "padre", que se refere a um simples sacerdote, até o "papa", que significa o mesmo— que dirige palavras sagradas aos filhos espirituais.

Se faz sentido falar de morte do pai, ela não se faz presente apenas em sua diminuição estatística. Encontra-se ainda mais no fato de que o rito em que consistia sua existência deixou de ser celebrado.

De Heitor ao chefe de família romano e ao pai jacobino há uma linha ininterrupta que une esse gesto até os nossos tempos: é ao mesmo tempo o reconhecimento do filho pelo pai, seu reflexo nos olhos do filho, uma prece e um prolongamento de si no projeto que a ele é confiado.

Hoje, Robert Bly acusa aquela "sociedade dos irmãos",[61] à qual, quase um século antes, os profetas futuristas haviam confiado a masculinidade. Os modelos dos jovens e o aprendizado com que eles realmente se ocupam são encontrados principalmente junto a outros jovens: o vínculo significativo, a direção para onde se voltam os olhos, é horizontal. A esse achatamento, Bly e os saudosistas da paternidade contrapõem o retorno ao olhar vertical, que liga os filhos aos seus pais e ancestrais. Mas esse direcionamento do olhar e essa linha vertical são os de Heitor, que eleva Astiânax ao ar, rogando aos deuses que façam de seu filho um homem mais forte do que ele próprio; os de Enéias, que carrega seu pai e traz consigo o filho qual uma árvore genealógica; os do pai romano, que ergue o filho ao céu para lhe render o reconhecimento. A linhagem dos pais, ininterrupta desde os gregos, chega até os ensaios americanos confirmando seu caráter atual.

Tal gesto, todavia, requer uma capacidade simbólica e transpessoal de pensamento, como qualquer rito a que confiamos sentimentos profundos. De outro modo, a imagem romana poderia nos levar a pensar que o pai estivesse levantando o filho para assentá-lo no cadeirão; e quando escutamos Heitor rogar para que Astiânax torne-se um homem mais forte, poderíamos pensar que lhe auspiciasse um futuro como atleta. Se nos limitamos ao conteúdo material das palavras, enfraquecemos o pai. A dimensão da matéria não justifica suficientemente a sua existência. A mãe tem se ocupado dessa dimensão desde tempos imemoriais, e o faz melhor do que o pai (não devemos esquecer que *mater* e *materia* são duas palavras latinas que possuem a mesma origem).

Infelizmente, nossa época está longe de respeitar os símbolos, as preces e os ritos como valores em si, e nós buscamos imediatamente interpretá-los, transformá-los em conteúdos concretos. Ao nos tornarmos mais ricos de objetos e mais pobres de psicologia, deixamos de compreender que um mistério pode ter mais sentido e intensidade do que a sua solução.

Com a recusa da dimensão simbólica, os homens abriram mão da paternidade. O gesto e a prece de Heitor não foram esquecidos, mas sim entendidos por uma ótica materialista. O pai deseja então "elevar" o filho na sociedade e faz de tudo para que ele viva em uma condição mais abastada do que a sua. Assim, em vez de investir seus símbolos na criança, ele investe seu dinheiro em uma conta bancária que ajudará o filho a ascender na escala social.

Logo depois da última guerra, foi observada na Europa e na América toda uma geração de pais que empurravam seus filhos para profissões "melhores" do que as suas próprias.[62] Desse modo, infelizmente, esses pais sinalizavam mais uma fraca auto-estima e uma ruptura em relação aos descendentes do que um verdadeiro projeto construído especialmente para o filho. Uma geração inteira de operários tirava o pão da boca para conseguir mandar seus filhos à universidade. Hoje, enquanto na Itália a demanda por diversos trabalhos manuais continua desatendida, muitos médicos estão desocupados ou ocupados em empregos inferiores ao seu título universitário: daquele oceano de sacrifício, nem a sociedade nem os filhos, como indivíduos, puderam gozar os benefícios esperados. Até aqui, porém, não haveria grandes queixas a se fazer, pois, de todo modo, a situação material dessas pessoas melhorou bastante. A novidade imprevista é que, cada vez mais freqüentemente, a promoção social rompe os vínculos entre as gerações. O filho graduado tem vergonha do pai operário e inculto; o jovem que fala italiano corretamente critica o pai que se exprime em seu dialeto nativo; aquele que sabe outras línguas sente-se embaraçado pelo pai que permanece mudo diante de um estrangeiro; e assim por diante.

Não basta encerrar a reflexão no âmbito da tautologia, acusando os filhos de serem ingratos. Por que razão teriam sido gratos ontem e ingratos hoje, após terem recebido muito mais de seus pais? Devemos fazer a distinção. Os jovens receberam mais de seus pais no sentido material. Mas o dinheiro que obtiveram substituiu a elevação, a bênção e a iniciação: ou seja, o mundo dos símbolos, o dom espiritual e a continuidade entre as gerações. Um pai deveria conceder essas coisas ao seu filho ritualmente; o dinheiro, mesmo que provenha do pai, pode ser retirado em qualquer banco com uma folha de cheque.

Os filhos sabem que o pai lhes desejou conforto. Mas não sabem se ele desejou que se tornassem homens. Eles têm dúvidas. O pai não lhes deu um modelo de homem adulto: ao desejar que os filhos fossem diferentes de si, ele se nega como homem. Entretanto, continua a sustentar que é possível tornar-se um verdadeiro adulto. Ou o pai mente, ou esconde do filho um segredo essencial. Em ambos os casos, não merece seu respeito.

UM ESTUDO sobre a bênção do pai[63] afirma claramente que esse ato corresponde a uma necessidade arquetípica não só do filho mas do próprio pai. Assim como todas aquelas exigências psíquicas que parecem tão antigas, universais e encerradas em si mesmas —e por isso denominadas arquetípicas—, a bênção paterna se aproxima a um rito que se justifica por si só, isto é, um fenômeno dotado de vida autônoma. Na Bíblia —embora ela nos ensine a distinção entre o bem e o mal—, a bênção paterna tem sempre um efeito, independentemente das intenções boas ou más das pessoas envolvidas e, aliás, da própria pessoa que a profere.

Por ser o primogênito, deveríamos esperar que Esaú recebesse a bênção de seu pai Isaac. Para nos preparar para o fato de que não a receberá, a Bíblia descreve nele um temperamento que não é paterno: inadequado para que seja ele o continuador do pai ao longo das gerações. De fato, Esaú prefere a satisfação imediata ao projeto. Como se sabe, ele negocia a primogenitura em troca de um prato de sopa.[64]

Em seguida, Isaac desejava abençoar Esaú; mas como já estava velho e cego, engana-se e abençoa Jacó. A bênção tem efeito do mesmo modo. O filho menor, Jacó, recebe a herança espiritual do pai. Doravante o irmão primogênito deverá servi-lo.[65]

A importância desse episódio, para judeus e cristãos, leva necessariamente a observações decisivas para a figura do pai.

Aquilo que o pai faz é para o filho um fato objetivo, independente das intenções. A intenção boa não basta. É essa a base do "paradoxo do pai".

O rito da bênção tem vida própria; novamente, vai além das intenções. As intenções, na verdade, são subjetivas e contingentes. O rito é absoluto e eterno.

E sendo absoluto, incondicionado, potente, esse rito é necessário à vida psíquica tanto do filho quanto do pai.

Como a bênção não é um mero acessório, mas algo essencial à vida, assim ela não é apenas um bem (a palavra bem-dizer é uma redução), é igualmente terrível, como a própria vida. Terrível para o filho que não a obtém, e temível também para quem a recebe. Pouco mais adiante no Antigo Testamento, Jacó será tomado de assalto por uma figura noturna, será ferido e lutará até o amanhecer. Só então saberá que essa figura era um anjo do Senhor, e dele receberá a bênção.[66] O anjo (= anunciador) do Pai fere e abençoa ao mesmo tempo. A bênção e a ferida são inseparáveis. Fonte de afeto e de temor, a bênção do pai atravessou a história do Ocidente sob a forma de prece em família, presidida pelo pai.

Se o rito da bênção tem uma força autônoma, independente e preexistente em relação àquele que o profere a qualquer momento, então a todo filho ocorrerá a necessidade da bênção, mesmo que o pai jamais tenha mostrado a intenção de concedê-la. Na nossa linguagem psicológica, a imagem da bênção paterna é arquetípica. Se a necessidade não for satisfeita, o filho sentirá uma privação no âmago de sua própria identidade. Kuder denomina essa insatisfação de "complexo de Esaú".

O complexo de Esaú parece-nos algo bastante atual: novamente, desde que não lhe dermos um sentido literal e individual. De fato, atualmente todos os filhos devem enfrentar não a astúcia de um irmão, que pode subtrair a bênção a seu favor, mas o colapso dos ritos de passagem, que a subtrai a todos indistintamente.

O pai devia projetar-se para o futuro e levar consigo o filho. A Bíblia faz uma representação da imaturidade desse projeto na figura de Esaú, que vende seu próprio futuro pela vantagem imediata de sentar-se à mesa para uma refeição. A limitação dos horizontes e a tentação de se acomodar na saciação imediata dos desejos constituem o verdadeiro irmão-inimigo de quem o filho deve se precaver.

Quando percebe que a bênção lhe fora subtraída, Esaú se enfurece e vai atrás de Jacó para matá-lo.[67] Tal como nos demonstrou o último século, o crepúsculo do projeto paterno desperta a agressividade dos irmãos.

Assim como Esaú, todos os jovens dos dias de hoje percebem obscuramente que não receberam do pai um dom essencial. Não podem, entretanto, sentir inveja do irmão, que por sua vez também nada recebeu. Podem apenas sentir inveja dos pais e da cadeia de pais que os antecede. Eles são levados a crer que as gerações alternavam-se com harmonia e solenidade; e disso deduzem, não sem fundamentos, que com eles o rito de passagem não foi cumprido. Essa suspeita, cada vez maior porque nunca esclarecida, pode se transformar em fantasia inconsciente: o pai intencionalmente lhes furtou um grande valor. Assim, a fúria homicida do complexo de Esaú, que deveria voltar-se horizontalmente para o irmão, assume inesperadamente uma direção vertical. A hostilidade desviada para o pai é o complemento da admiração que se desvia para os "irmãos". De fato, se os modelos de vida não são encontrados verticalmente nos pais (mas horizontalmente nos outros jovens), as rivalidades, ao contrário, não deverão mais se manifestar entre os companheiros, mas na relação ascendente com os genitores.

Essa reviravolta dos eixos de relação entre as gerações ocorreu em poucas décadas, deixando-nos despreparados, inconscientes e incrédulos. Nos casos extremos houve manifestações criminosas. No meu país, célebre pela relativa estabilidade da família, diversos filhos jovens, cujas famílias satisfaziam todas as suas necessidades materiais, assassinaram os pais para poder se apossar daquilo que estes haviam mantido para si. Incapacitado de se mover no mundo dos ritos e dos símbolos, o pai foi reduzido daquele que dá a bênção àquele que dá os bens: em vez de palavras sagradas, oferece objetos profanos. É fácil imaginar que a fantasia inconsciente do filho encontre aqui seu ponto de inserção: o pai é ao mesmo tempo punido e expropriado por haver escondido do filho o grande tesouro que lhe era reservado.

A imagem da bênção paterna —assim como as outras duas que acompanham o filho: a elevação e a iniciação— ajuda-nos a compreender o vazio dos filhos em termos simbólicos.

TOMEMOS agora um exemplo do cotidiano, longe dos extremos da fúria homicida.

O pai é ainda mais ausente como imagem do que como indivíduo: o *pai ausente* é a imagem do pai de hoje. Ausente não porque, como Ulisses, tenha saído de casa para batalhar em uma guerra, mas porque se recusa a batalhar em seus relacionamentos. Dessa forma, o pai não figura como alguém presente, mesmo que não se tenha divorciado e resida com os filhos. Mesmo existindo, o pai é aquele que não faz. Hoje, mais do que pelas ações realizadas, o pai é cobrado pelo que *não fez*. Mais do que pelas palavras ditas, ele é recriminado pelo que não disse.

O silêncio dos pais repercute como um estrondo na sala do analista. Todos os dias os pacientes censuram-se por não se terem expressado, ou mesmo por não se terem defendido em alguma circunstância; por não terem explicado ou sustentado seus próprios pontos de vista; por estarem presentes, mas calando-se; por não terem respondido aos filhos ou à mãe, e assim por diante.

Acima de tudo, eles são acusados de se calar diante dos resultados que o filho conquistou com muito esforço e sacrifício, tendo lutado não pela coisa em si mas para receber o elogio do pai. A incapacidade dos pais em celebrar ritualmente as passagens simbólicas do filho é um dos mais trágicos empobrecimentos experimentados na vida privada durante esse século: sabemos adquirir produtos caríssimos, mas permanecemos ignorantes na capacidade de produzir alegrias que nada custam. Para compreender essa inabilidade devemos imaginar que, em geral, os pais sofrem um "complexo de Isaac": culturalmente velhos demais e psicologicamente cegos, assim como o patriarca bíblico, os pais não conhecem mais as palavras sagradas da bênção, ou não as sabem pronunciar no momento certo e à pessoa certa.

Que imensa surpresa, que salto incrédulo do coração, e, ao mesmo tempo, que nostalgia por um bem tão precioso ocorrem quando, subitamente, por meio de uma terceira pessoa que pouca importância tem, ou em circunstâncias ainda mais casuais, os filhos vêm a saber que há anos o pai fala quase exclusivamente deles e exalta suas conquistas! A celebração acontecia, mas era mantida em sigilo.

Às vezes é um colega de trabalho quem nos conta como todos evitavam com um sorriso aquele pai que, na pausa para o cafezinho, desfiava histórias sem fim sobre as proezas universitárias do filho. Às vezes é uma caixa velha que revela recortes de jornal, onde o pai religiosamente organizava os sucessos esportivos do rapaz. (Por que então escondê-los a sete chaves? E por que ele se limitava a resmungar: "Perdes muito tempo jogando tênis! Não pensas em estudar!"?) Às vezes, é até mesmo aquela mulher de quem o filho nunca gostou muito, e com quem o pai separado foi viver, quem revela que, depois de dar o grande passo e finalmente decidir compartilhar com ela o mesmo leito, o pai não se deitava ao seu lado à noite para fazer as coisas que homem e mulher fazem juntos, mas para falar do prêmio conquistado pelo garoto em um concurso escolar.

Muitas vezes essas notícias dão início a um diálogo. Outras, não principia nada porque, a essa altura, o filho já aprendeu a se calar como resposta. Com freqüência é apenas o início de uma longa lamentação, pois as revelações chegam apenas no funeral do pai.

Todavia, esses restos de uma alegria que nunca houve, como todas as relíquias, têm a sua voz. Falam de um complexo de Isaac: a necessidade de celebrar a descendência agita-se no coração do pai, sem que atinja a meta de ressoar no coração do filho. Com a secularização perdeu-se o rito, mas não a necessidade que havia em sua origem. Não é necessário pensar sempre no silêncio dos pais como conseqüência de alguma maldade voluntária de sua parte: é antes uma inconsciência daquilo que se espera deles. É algo como um enorme e irracional pudor. Uma incontrolável ânsia de manter as coisas em sigilo.

Essa forma de autoproteção, característica da dignidade paterna, tornou-se definitivamente incontrolável e assumiu proporções gigantescas. Aquilo que poderia ser simplesmente resguardado, reservado para os momentos solenes, fica então relegado a uma dimensão jamais alcançada. De modo paradoxal, essa nuvem que tudo obscurece assemelha-se à armadura de Heitor, e permanece vestida mesmo no espaço de privacidade, que desse mesmo escudo deveria tirar proveito.

Se a psique é um órgão que, assim como o corpo, busca o equilíbrio por meio da correção dos excessos, podemos tentar explicar tal inundação de pudor como uma compensação inconsciente.

Tradicionalmente a sociedade patriarcal multiplicou a competição masculina em suas guerras: e talvez o excesso de violência decorrente tenha possibilitado ao pai se manter civilizado no âmbito privado. A guerra, por sorte, não mais ocupa um lugar central nas atividades ocidentais. A rivalidade no gigantesco aparato comercial em que estamos imersos constitui hoje um de seus prolongamentos, uma dimensão aparentemente menos destrutiva. Nessa nova batalha, porém, o consumismo e os meios de comunicação de massa atingiram um grau de despudor jamais visto em toda a História. A imprensa e a televisão — que, enquanto atividades empresariais, encontram-se predominantemente nas mãos dos pais —, impulsionadas pela exigência de vender cada vez mais, exibem, como prostitutas globais, intimidades e escândalos, deslocando cada vez mais os limites do pudor. Aniquilando assim uma antiqüíssima lei psicológica: o sigilo não é uma ausência de verdade, mas uma presença de respeito sagrado.

As mães são menos diretamente atingidas por essa indignidade das imagens coletivas, pois ainda experimentam a necessidade de se libertar dos séculos em que um excesso de pudor lhes fora imposto.

Para os pais, o desconforto é mais profundo, mesmo que inconsciente. Eles presenciam a revelação da intimidade e a perda de sigilo que a comunicação de massa inflige aos personagens famosos, e inconscientemente estremecem com a possibilidade de que algo semelhante também lhes possa ocorrer. Como co-responsáveis por essa deriva comercial do mundo, provam um silencioso sentimento de culpa. Como categoria que o trabalho expõe diariamente ao público, sentem uma necessidade peculiar de intimidade. Eles estão despreparados para responder a essas pressões internas. Durante séculos, o pudor foi ensinado às mulheres para lhes vestir a sexualidade. Mas não aos homens. Mesmo na expressão dos afetos, as mães parecem mais preparadas do que eles.

A necessidade de compensar o despudor da sociedade, o despreparo para governar os sentimentos, a ignorância do valor e do sigilo faz emergir um inesperado sentimento de remorso. Aprisiona-se nos pais uma obsessão de esconder os sentimentos, um *pudor dos afetos*: enorme, mas atrapalhado, inconsciente e incontrolável. Essa reserva, que antes era uma qualidade apreciada, tornou-se agora uma prisão detestável.

SIMPLIFICAMOS intencionalmente o significado da iniciação. Depois do nascimento carnal, o homem tem a necessidade de nascer espiritualmente. A iniciação é o acesso ritual a um novo estado de vida, superior e mais completo que o anterior. Segundo Mircea Eliade, a iniciação permite traçar a fronteira entre dois continentes da antropologia e da História: onde ela existe, denominamos mundo pré-moderno; onde desaparece, chegamos ao mundo moderno.

Em sua forma mais típica, a iniciação era o acesso à vida adulta para os jovens do sexo masculino. Sob a orientação ritual de figuras masculinas pertencentes à ordem paterna, os adolescentes de uma cultura tribalista eram lançados em uma dimensão radicalmente nova, expostos ao risco existencial e à morte. Por sua vez, essa exposição é tanto material —pois tradicionalmente o menino tornava-se homem por meio de algum grande ato de coragem, por exemplo, enfrentar um animal feroz— quanto simbólica: para chegar à nova identidade, o menino —o ser incompleto— morre para depois renascer.

A iniciação é um exemplo de como os ritos antigos e universais não desaparecem com facilidade. Acredita-se que sejam esquecidos e superados: na verdade podem deixar vestígios ainda mais perigosos porque inconscientes e incontroláveis. E já que a paternidade, em relação à maternidade, tem maior necessidade de ser culturalmente construída, o distanciamento da iniciação e o distanciamento do pai representam para nós dois aspectos de uma unidade que aos poucos é esquecida pela cultura.[68]

É até muito fácil notar que as competições de motocicleta ou o *surf* sobre vagões de trens, praticados pelos jovens de hoje, representem, dentre outras coisas, um retorno às provas de iniciação. Mas nessas provas não há mais adultos para orientar nem regras para delimitá-las. Seria um excesso dizer que o desaparecimento da iniciação seja a *causa* dessas novas modalidades de destrutividade. Elas, porém, surgem justamente naquele espaço psicológico que foi deixado vazio pela sua ausência, e são usadas para preencher as necessidades insatisfeitas de crescimento.[69]

Um dos traços mais freqüentes dos *men's movements* modernos está justamente na reproposição da iniciação. Todavia, embora um autor ou uma corrente intelectual possam decerto propor uma *filosofia abstrata*, é bastante dúbio que o mesmo possa ocorrer a um *rito*. Para desempenhar sua função verdadeira, o rito deve seguir uma tradição, ser praticado por toda a sociedade e ter suas raízes na cultura em que se inscreve.

Atualmente somos pouco conscientes dos valores do rito e muito inconscientes do que seja a função masculina. Ao longo dos séculos, as sociedades mais diversas percebiam nos machos uma superabundância de força primordial, que então era domada e ritualmente direcionada a um propósito. Desse modo, a força poderia ser utilizada na organização da família e nos processos cumulativos que engendram a civilização.

Hoje essa energia parece se liberar em formas regressivas, que se assemelham quase à última degeneração de um aventurismo futurista. Manifesta-se nas competições entre os jovens do sexo masculino, movidos pelo desejo de conquistar as mulheres e que, inconscientemente, desejam ser "promovidos à fase adulta" (ou seja, iniciados). A força masculina não é mais usada em processos cumulativos, mas em "jogos irresolutos" —isto é, onde não há vencedores— ou mesmo em jogos com resultados negativos, puramente destrutivos. Nesse sentido, é como se o homem nada mais tivesse que qualidades inconvenientes em comparação à mulher, fato que encoraja os ataques mais agressivos do feminismo. Os machos preocupam-se com o potencial destrutivo do feminismo, mas falham em compreender o caráter destrutivo da regressão masculina juvenil e antipaterna.

Faltam ao pai o prestígio e o poder que o tornavam o modelo ideal e insubstituível para o filho. Resta-lhe o posto de autoridade e orientador indireto: e assim ele priva ao filho aquilo que, como pai, poderia lhe dar. Quando o filho não se torna adulto, o pai lhe *nega seu respeito*. Antes, de modo indireto e inconsciente, o pai *despreza* os filhos do sexo masculino, que por sua vez não sabem realizar o salto definitivo do estágio adolescente ao do homem adulto. Mas a ausência de respeito do pai pelo filho significa justamente a ausência de uma figura ritual, do sacerdote que celebra com o jovem a iniciação na vida adulta. O filho percebe essa ausência e descobre nesse pai, que não é mais um patriarca, o antigo papel da autoridade castradora, alheia às qualidades da boa autoridade. Entre pai e filho fecha-se um círculo vicioso sem saída, sob o signo do desprezo e da falta de consideração.

Um dos maiores infortúnios de quem enfrenta o tema do pai reside na dificuldade em definir suas características psicológicas de maneira independente dos costumes de seu tempo: o que constitui verdadeiramente o seu campo específico, em comparação à mãe? Se respondermos que o pai é aquele que ensina a criança a andar de bicicleta, encontraremos aí uma metáfora talvez válida para uma boa parte da classe média euro-americana de hoje, mas não para as épocas e lugares em que as bicicletas não existiam. Tentaremos responder com Samuels,[70] que a característica do pai está na sua capacidade de promover a diferenciação: o desdobramento do filho, em suas próprias ações e com sua própria mentalidade. Isso se associa à nossa hipótese de que, com o pai, nasce a capacidade mental da formulação de projetos: por projeto entende-se o desenvolvimento não de objetos materiais (como nos ensinou a Economia), mas dos potenciais humanos da geração seguinte. A diferenciação, de modo mais amplo, está na iniciação —não mais modelada *a priori*— do filho na sociedade pluralista e complexa de hoje. Enquanto, um dia, o papel do pai foi principalmente o de acompanhar o filho durante algumas passagens obrigatórias, hoje, sua função tem um caráter mais individual: promove a especificidade do filho. Mas uma tarefa assim complexa infelizmente desencoraja os homens a se tornarem pais.

Mesmo quando já havia desaparecido como ritual social e religioso, uma iniciação paterna sobreviveu na maior parte das categorias profissionais até tempos recentes. O ofício —não apenas o de artesão, mas também o do camponês ou do fazendeiro que administrava suas propriedades— era aprendido diretamente do pai.

Tudo isso, porém, era possível em um mundo estável: mas não em um mundo condenado ao progresso. A modernidade suprime essa transmissão de bastões de uma geração a outra.

Antes de tudo, a educação e até mesmo a formação profissional abandona o lar e a família para ser assumida pelas instituições impessoais a que chamamos "escolas".

Em segundo lugar, quando o progresso é imperativo, o pai não mais deseja que o filho tenha sua mesma profissão, mas que "se eleve" para uma melhor.

Finalmente, mesmo quando o ofício pode ser ensinado privadamente e o genitor deseja que o filho dê continuidade ao seu trabalho, no espaço de uma geração pode não restar nada a ser transmitido, pois o progresso tecnológico torna as competências do pai cada vez mais antiquadas.

Se o papel do pai como aquele que inicia o filho nos estudos e no trabalho desapareceu de modo irreversível, o que resta ao filho de tempo livre e privado é também algo que não lhe compete mais. A socialização, o lazer e os interesses mais diversos dos jovens já não lhe dizem respeito. Por milênios, o pai havia ensinado seus filhos a andar a cavalo. Por algumas gerações, a andar de bicicleta. Hoje, perdeu a autoridade diante dos jogos eletrônicos, e nem mesmo seu computador é o mesmo que o do filho. Enfim, o pai é um estranho.

A distância entre gerações aumenta: torna-se cada vez mais longa a educação formal, quando os filhos já são mais crescidos. Agiganta-se, sobretudo, o estranhamento cultural. A velocidade com que evoluem os costumes juvenis é ainda superior à da tecnologia. Os jovens influenciam-se mutuamente. Os do sexo masculino buscam normalmente um substituto homeopático à autoridade paterna perdida, voltando-se aos companheiros um pouco mais velhos, um pouco maiores e mais durões: ao Lamparina, o menino rebelde que acompanha Pinóquio. Eles rapidamente se amoldam uns aos outros. Aprendem com outros jovens, os da televisão e das revistas: todos são bastante próximos, mesmo que tenham suas casas em lugares muito distantes. Tendem, assim, a homogeneizar-se em uma imensa cidade global de jovens da mesma faixa etária, vivendo em um lugar indiferenciado e obedecendo à efemeridade da última moda. Desse modo, são perdidos os sensos de localização geográfica e de continuidade histórica que sempre foram noções importantes para se responder à questão "Quem sou eu?".

A aprendizagem horizontal, típica da adolescência, tem a vantagem de ser veloz e não se reservar às gangues de rebeldes. Sua insuficiência está quase sempre no fato de não possuir o caráter da individualidade e da iniciação: satisfaz apenas a necessidade de aprender, mas não de crescer, e provoca uma contínua compulsão de repetir a experiência, com pequenas variações, na expectativa secreta de realizar finalmente o salto para uma vida completa.

Mas o pai também é inconsciente, ora renunciando ao relacionamento com o filho, ora sendo tomado por uma ânsia de abandono, como se agora temesse ser excluído, e, por sua vez, buscando um meio de ingressar na comunicação horizontal. Explica-se assim como diversas pesquisas mostram que a "atividade" que mais freqüentemente une pais e filhos seja "assistir televisão".[71] Explica-se também como, nas últimas décadas, surgiu em muitos idiomas um fenômeno novo: o filho que chama o pai por seu nome de batismo. Se já não peço a meu filho que me chame de pai, o relacionamento talvez perca aquela unidade que o tornava sagrado. Mas a palavra sozinha não basta, se a cultura que a criou já desapareceu. Para o pai parece haver mais diálogo quando o filho o chama como a um companheiro, pois a rede de relações entre companheiros parece-lhe a única que restou.

Quando a relação se inverteu, foi o pai quem passou a procurar a aprovação —a bênção, a iniciação— no filho. Muitas vezes, porém, é justamente por isso que dele consegue apenas o desprezo: o que significa que o filho, embora não o tenha conhecido de outro modo, sabe em seu íntimo como gostaria que seu pai fosse.

Essa situação já está muito mais difundida do que poderíamos pensar. Até pouco tempo as refeições eram os momentos cerimoniais da família. O pai mandava o filho se retirar da mesa como forma de punição solene. Hoje, a mesa é o instrumento do jovem para punir ou gratificar o pai. O adolescente chega tarde em casa e encontra vários pretextos para não se sentar à mesa para jantar com ele. Isso, porém, dá-lhe também uma força, pois lhe ensina de que modo agradar ao pai. No aniversário do pai, ele poderia ficar em casa, enquanto seus amigos vão ao McDonald's, o atual templo para os rituais dos filhos.

## 4.5. "Breadwinner"[(*)]

Quando falamos de "leis", podemos nos referir a tantas coisas: leis do Estado, leis morais, religiosas, científicas, econômicas. Diversas, mas não estranhas. Max Weber nos ensina que existe uma relação estreita entre o desenvolvimento econômico e a religião protestante: perante Deus, assim como perante o mercado, a iniciativa e o sacrifício individual produzem frutos. Os Estados Unidos não orientaram o desenvolvimento econômico do Ocidente só em decorrência dos grandes recursos geográficos de seu território e das dimensões de seu mercado interno: quando esses recursos ainda não eram desfrutados e a população das colônias era inferior à da terra-mãe, a Europa já havia exportado àquele país as mais inflexíveis mentes protestantes e, desse modo, preparou a si mesma um destino de segunda ordem.

Na América dos fundadores, o temperamento protestante, em seus vários níveis de severidade, coincidia com as estruturas patriarcais.[72] A principal função do pai em relação ao filho era a de *mestre de valores*. Uma função substancialmente religiosa. E junto com a fé religiosa pensava-se que, apesar de seus compromissos com o trabalho, o pai sozinho, e não a mãe, era quem poderia educar uma criança. Assim, nos poucos casos em que os genitores se separavam, os filhos eram confiados ao pai.[73]

O século XIX traz uma forte mudança. A Revolução Industrial constringe muitos pais a se afastarem da família em busca de trabalho, e assim difunde uma nova mentalidade. Os homens têm a oportunidade, antes desconhecida, de se afirmar e ganhar dinheiro. A atitude protestante e a rápida mobilidade americana permitiu-lhes experimentar essa nova situação de modo mais acentuado do que o ocorrido na Europa. Com o século XX, a transformação é concluída. A principal tarefa do pai não é mais a do mestre de vida, mas a do *caçador de recursos (breadwinner)*.[74]

---

[(*)] Em inglês no original, *breadwinner* traduz-se na expressão idiomática "*aquele que ganha o pão*". (N.T.)

As décadas mais recentes, marcadas pela rapidez das inovações culturais, propõem outros ideais de paternidade.[75] Mais especificamente, surge a imagem do *novo pai*, que compartilha com a mãe as tarefas domésticas — tal como a figura do *co-partner*, da qual já tratamos anteriormente.[76] Nela está contido um grande ideal de justiça e igualdade do casal. Mas sabemos que essa representação ainda está distante da realidade prática. Neste capítulo deixaremos de lado essa figura —assim como podemos deixar de lado a sociedade sem classes de Marx, que também constituía um nobre ideal de igualdade— para falarmos das condições de fato.

O século XX consolidou a figura do *breadwinner* tanto na América como na Europa. Esse parece ser objetivamente o tipo de pai que prevaleceu no Ocidente e que, de modo gradual, foi exportado para os países em desenvolvimento.[77] A economia de mercado favorece-o e deixa pouco espaço para as demandas da psicologia e do feminismo. Esse pai passa pouquíssimo tempo com seus filhos, mas em geral não se sente culpado por isso: ao contrário do que acontece quando perde uma chance de ganhar mais dinheiro, mesmo que essa perda não resulte de sua má vontade.

O ideal do *breadwinner* é de certa forma regressivo, pois retorna a um ponto muito distante no tempo. Remete à primeira sociedade humana, aquela dos caçadores, em que o pai se afasta da família por períodos cada vez mais longos e se preocupa em trazer de volta a maior quantidade possível de alimentos. Quando isso acontece, considera-se que o pai cumpriu genuinamente a sua missão. Mas quando ressurge na modernidade, ele não restabelece os rituais e as imagens da caça: em vez de depor um cervo ensangüentado na soleira da casa, ele espalha suas roupas sujas pela sala. Sem aquelas experiências arcaicas, a criança dispõe apenas da racionalidade para avaliar o genitor —as tabelas artificiais que indicam quanto ele comprou ou vendeu— e não conhece a emoção do retorno do pai.

Está na hora de relacionarmos este capítulo ao "paradoxo do pai", sobre o qual discutimos desde o início desta obra. Segundo esse ponto de vista, o pai deve conquistar o afeto do filho ao demonstrar-lhe sua força. O jovem vê os homens mais velhos quase como membros de um bando de animais, onde os machos competem entre si. O filho espera que o pai, de modo mais significativo do que a mãe, conheça a sociedade —e suas leis selvagens— para ensinar-lhe a não se deixar sucumbir, mais do que a ser apenas justo. Semelhante expectativa é tão antiga quanto o próprio mundo: mas hoje exprime, no filho, o correspondente do ideal do *breadwinner* que se encerra no pai. O filho deseja um pai vencedor, e o pai deseja vencer a competição universal do mercado econômico.

Ambas as atitudes são complementares e se instigam reciprocamente. A afirmação do ideal do *breadwinner* reforçou a condição paradoxal do pai.

Mas por que falamos em "paradoxo" do pai? Porque os filhos esperam obter dos pais um modelo mais animalesco, isto é, mais natural, embora seu papel como tal não exista entre os animais, mas somente na civilização.

Nos tempos em que o pai tinha o papel de mestre de valores, a educação de seu filho demonstrava que o código de força podia se subordinar ao código de justiça divina. Mas quando ele se torna o *breadwinner*, as coisas mudam de sentido.

A identidade do pai depende cada vez mais do seu sucesso profissional. O sucesso objetivo toma cada vez mais o lugar da moral. Não é por acaso que se começa a falar em um pai indigno, que na Revolução Industrial coincide com uma falência de caráter mais social do que ético: na Europa, o operário alcoólatra, e mais tarde, na América, a figura do pai desempregado dos guetos negros. São esses os primeiros chefes de família resignados de seus postos, que não perderam apenas a estima da sociedade mas também a auto-estima, fechando-se assim em um círculo vicioso.

A família contemporânea adere tanto à nova prática, quanto à nova mentalidade.

Houve um tempo em que a mãe era uma pessoa hierarquicamente intermediária entre o pai e os filhos. Ela não se podia permitir julgá-lo, e quando o fazia, não tomava como referência os critérios do sucesso, e sim da moral. Hoje, na maioria das famílias americanas, a mãe tornou-se o *breadwinner*: se, na Europa, o percentual de mães nessas condições é um pouco mais baixo, tal fato não se deve a uma menor difusão desse ideal, mas a uma maior difusão do desemprego. A Europa já se converteu aos novos valores. Certamente, nesse ponto, a mãe também é passível de perder o respeito dos filhos pois não é uma vencedora, segundo os critérios do materialismo. Mas isso não é conseqüência de uma mudança no modo de se avaliar a função "materna": ocorre, ao contrário, porque a mãe assumiu para si uma função "paterna". Trata-se de uma mãe que é também um pai. Ela também é um caçador, e seu objeto de caça também é o dinheiro. Ela é um caçador, mesmo que, rompendo com a tradição, seja uma mulher.

Sabemos que os anseios dos pais influenciam os filhos, mesmo quando esses desejos não são diretamente comunicados. Assim os filhos também retiram sua estima e seu afeto daquele pai que não se estima e não se ama porque não obtém sucesso. Se ele não consegue obter o respeito da sociedade, os filhos não o respeitam. A ética tradicional declina à medida que a sociedade se torna laica, enquanto a ética do *breadwinner* alimenta-se por si mesma. Por sua ligação com a economia, ela se desenvolve juntamente com o desenvolvimento econômico: acentua, assim, o "paradoxo do pai" e volta-se ironicamente contra aquele que a introduziu na família. Por sua ligação com o mercado, força-o a responder aos ciclos mercadológicos mais do que aos valores morais. Na onda da globalização, sua ética é exportada do Ocidente para os países em via de desenvolvimento, onde o papel moral do pai teria a possibilidade de sobreviver por mais algum tempo.

O pai, enquanto aquele que ensinava os valores, quase nunca perdia o respeito dos filhos: respondia apenas a Deus, e somente Deus lhe poderia suprimir o respeito. O pai atual responde à sociedade e a seus critérios de medida, que os adolescentes também sabem aplicar. O pai de hoje pode ser julgado a qualquer momento pelos filhos: essa é uma novidade histórica absoluta. A nova lei "moral", derivada das leis econômicas, deplora o pai mais do que qualquer lei do Estado que lhe possa suprimir os direitos. Antigamente todos os pais conservavam uma autoridade outorgada pelos céus. Hoje, para conquistá-la, os pais devem lutar entre si de modo que uns a retirem dos outros. Assim também a lei dos pais deixou de ser vertical para se tornar horizontal.

A PASSAGEM de mestre a *breadwinner* não é só uma questão de substituição de uma função por outra, e a diferença para o filho não se limita ao fato de o pai se afastar de casa. Esses dois tipos paternos encontram-se em planos existenciais diferentes. O que os separa é aquela revolução filosófica anunciada no século XIX, sob a égide da morte de Deus. Antes disso, o pai era espírito e matéria. Depois, é somente matéria e limita-se aos cuidados materiais: seja no papel de *breadwinner*, que provê dinheiro aos filhos crescidos, seja no papel de "novo pai", que cuida dos corpos dos filhos pequenos.

Depois dessa revolução, o pai já não é mais o representante do Pai, o primeiro elo de uma corrente ascendente que une o mundano ao excelso. Ele está na competição terrena — com outros pais, com a mãe, com os próprios filhos. Representa valores não mais "elevados", e sim econômicos: valores terrenos e cotidianos, pertencentes ao mesmo mundo em que habita o filho, ao mesmo solo de onde o filho deveria ser erguido aos céus pelo pai. O pai não é mais o espírito. O pai não é mais uma imagem austera. Sua imagem ideal está empalidecida: vemos apenas o pai de carne e osso. E a ausência de uma imagem-guia do pai, assentada em um lugar estável na fantasia dos filhos, transforma-se com o tempo — posto que nessa ausência as necessidades arquetípicas não podem sobreviver — na imagem do pai ausente.

Poderiam os pais que vivem apenas do mundo materialista repreender seus filhos por eles terem perdido o respeito pela sua autoridade e retornado ao bando? Uma crítica como essa nos faz recordar aquela história do lobo que, mesmo bebendo em um local cada vez mais próximo à nascente do riacho, acusava o cordeiro de emporcalhar sua água. Assim como as águas que correm de cima para baixo, também as gerações fluem dos pais para os filhos. Muito antes destes, foram os pais que, movidos pelas circunstâncias econômicas da sociedade que se modernizava, desceram ao terreno das competições entre pares para se afrontar publicamente. E ali também podem ser afrontados pelos filhos, pois a hierarquia não é mais um fenômeno dado e sagrado, e sim algo estabelecido cada vez mais com os valores do lucro. Os jovens do sexo masculino retornam mais facilmente ao convívio com o bando, uma vez que o mesmo já ocorreu com seus pais, embora de modo mais silencioso. Os jovens competem principalmente na disputa pelas mulheres; os pais, para alimentar as mulheres que já escolheram e os filhos que com elas tiveram.

Se observarmos as coisas dessa maneira, as novidades da última metade do século também adquirem um aspecto mais complexo.

Do ponto de vista das gerações, as revoltas dos estudantes americanos e europeus podem ser consideradas como revoltas da horda dos filhos contra a autoridade dos pais. Por outro lado, do ponto de vista das imagens arquetípicas a que se referem, essas revoltas foram principalmente uma tentativa de se esquivar dos ideais da competição econômica como princípio dominante na sociedade. Foram, de fato, uma recusa daquela imagem do bando que não se orienta por uma ordem superior, mas que constantemente inventa sua hierarquia por meio da luta. Essas rebeliões continham a nostalgia de uma sociedade ancorada a um valor metafísico e opunham-se à sociedade contemporânea, onde a tarefa dos pais é agir entre si mais como lobos do que propriamente como pais. Nesse sentido, mesmo que de um modo por vezes pouco consciente, vulgar e violento, foram os filhos que se opuseram ao achatamento horizontal que se difundia na América e na Europa.

Entretanto, nas últimas décadas os jovens se calaram. À medida que cresciam, eles também aderiram à sociedade orientada pelo olhar horizontal e à substituição dos valores morais pelos do sucesso objetivamente mensurável, já praticados pelos seus pais. E também não se seguiram àqueles outras gerações de jovens que se mobilizassem para uma revolta.

Como já observava Freud, a autoridade interior, que chamamos de super-ego, deveria representar a moralidade, mas secretamente pode obedecer à lei do vencedor: se a minha ação tem sucesso, o superego mobiliza em mim poucas reprovações, mesmo que a ação não tenha em si um caráter moral. No entanto, quando falho, o superego pode me levar à depressão e ao sentimento de culpa mesmo que eu tenha agido moralmente. Apoiada nessa predisposição inconsciente, a nova lei "paterna" do sucesso objetivo difundiu-se não mais do que pelo seu próprio sucesso objetivo, e obteve seu reconhecimento histórico com a queda do muro de Berlim.

O advento de Reagan e Tatcher, seguido pela derrocada do comunismo e pela conversão da Europa oriental à competição econômica, são eventos psicológicos, além de políticos. São a confirmação global de que a missão dos pais na Terra seja mesmo a do *breadwinner*. O próprio papel do Estado é repetir o compromisso dos pais numa escala maior e ser o continente e o árbitro dos incontáveis pais em permanente luta.

Nos tempos pós-modernos, no grande, civil e basicamente democrático Ocidente, repetiu-se e multiplicou-se por milhões de vezes o mais arcaico dos delitos: não aquele cometido por Caim contra Abel —que eram diferentes, embora fossem irmãos—, mas sim o delito ainda mais feroz de Aquiles contra Heitor. No assassinato do irmão, sobreviveu o outro irmão; no de Heitor, o herói paterno, sobreviveu apenas o macho competidor.

E ENTÃO O PAI é pai em virtude de ter um rendimento financeiro ou em virtude de ter filhos? Ele se sente julgado com base no seu sucesso, seja como trabalhador, seja como genitor. Nesse aspecto é muito esclarecedora a situação dos pais divorciados, que já constituem quase a metade da população de pais e logo poderão se tornar uma maioria.

Normalmente a separação priva aos pais a companhia dos filhos. O pai que não sofre muito com a falta dos filhos dedica-se ainda mais ao papel de *breadwinner*, seja para dar conta dos novos custos decorrentes da separação, seja para refazer uma vida e desfrutar a nova liberdade. Porém, mesmo o pai mais ligado aos seus filhos pode adotar um comportamento similar: ele, de fato, quer mais dinheiro, seja para conquistar a admiração da ex-mulher, por meio da qual se dará sua ligação com os filhos, seja para conservar seu respeito. Desse modo ele consegue suavizar os sentimentos de culpa que se mesclam com o afeto.

Geralmente os estudos sobre o divórcio chamam a atenção para os problemas que recaem sobre os filhos. No entanto, foi observado —mas infelizmente não foi devidamente estudado— o sofrimento psíquico que freqüentemente aflige o pai que de um momento a outro se encontra privado do convívio com os filhos (*involuntary child absence syndrome*).[78]

Esse mal-estar se manifesta principalmente como depressão. Sua carac-terística mais notável está no fato de ser inconsciente: normalmente o pai nem mesmo compreende que sofre pela falta dos filhos; em outros casos, ele o percebe, mas não busca remediar sua situação pelo contato com eles. Trata-se de uma situação nova: antes, assim como com Telêmaco, era o filho quem partia em busca do pai distante. Faltam, portanto, ritos e tradições que orientem os pais em sua busca pelos filhos. Ou esse pai encontra uma saída pessoal, ou simplesmente remove o problema.

O distanciamento de uma relação importante sempre constitui um sofrimento. Mas para não nos limitarmos a uma explicação individual, podemos nos perguntar se não é também o mundo circunstante que agrava a ferida da separação. Se os valores dominantes são os do sucesso, o pai divorciado que é sensível à relação com os filhos —que inevitavelmente também é aquele que mais tende a se culpar— introjeta-os supersticiosamente (e aqui não importa se racionalmente ele critique esses mesmos valores), adapta-se a eles, reforçando a reprimenda do superego que lhe diz: "Não soubestes merecer teus filhos: por isso os perdeste." A crise de auto-estima do pai pode encontrar uma confirmação na objetividade dos fatos. Quem perdeu os filhos sente-se punido não por um erro moral, pelo que poderia se redimir, mas por uma incapacidade pessoal.

Essa repreensão interior é indicativo de duas coisas para o pai. Por um lado, recorda-lhe que não basta gerar o filho carnalmente: ele tem a respon-sabilidade de eleger o filho, de continuar a lutar por ele. Por outro, reforça o fato de que na cultura competitiva nenhuma escolha tem garantia de êxito: pode-se merecer o filho ou perdê-lo.

O desconforto psíquico do pai separado alimenta um círculo vicioso. Difícil de romper porque, além dos fatores individuais, há também às suas costas dois elementos de época que o reforçam: o colapso geral do pai, no qual seu drama pessoal se inscreve, e a hegemonia dos valores que recompensam o sucesso material em vez da ética. Logo, ele se sente humilhado porque suas obrigações consistem substancialmente em uma contribuição econômica. Ele ainda não percebeu que mesmo a sua vida anterior à separação —e no fundo, a vida de todos os pais— havia se concentrado em torno da questão financeira, como se isso fosse o pico mais alto de uma ilha que, de todo modo, já está afundando.

Portanto, a primeira renúncia aos valores ascendentes não pode ser tribu-tada à nova horda de jovens. Esse fenômeno serviu-se da História: de modo direto, da Revolução Industrial, e indiretamente, das Revoluções Francesa e Americana que a precederam, embora estas últimas tenham ocorrido sob o signo da fraternidade. Em parte, tratava-se de um dos preços do progresso, sobre o que não se pode lamentar conquanto colhamos os seus frutos. Livrando os homens do olhar de uma autoridade superior, porém excessiva —pai, rei ou Deus—, e colocando-os sobre o mesmo plano e com direitos iguais, liberam-se rivalidades que antes não tinham ocasião de existir.

O bando se distingue do grupo porque funciona como um conjunto de iguais, sem uma autoridade superior, sem pai. Mas o bando também necessita uma hierarquia, pois do contrário se autodestruiria na luta entre todos os seus membros. Essa, porém, não se fundamenta em uma autoridade verdadeira, como aquela da relação entre gerações, mas em um diferencial de força: a ordem tem início no último membro, o mais fraco, para chegar até o macho alfa. Cada um é um pouco mais forte do que o outro. E as forças não são usadas no interior do grupo, mas somadas e dirigidas ao exterior.

Não nos interessa aqui a natureza biológica do verdadeiro bando, e sim aquilo que leva à aliança de dois filhos sem pai, como Pinóquio e Lamparina. Nessa clássica história infantil,[79] Pinóquio é um filho incompleto. Em parte, é privado da mãe: a fada somente se tornará sua mãe no final do livro, mas por adoção e sem representar algo de muita importância. Em parte, falta-lhe o pai: Gepeto evidentemente o queria como a um filho —elege-o, tal como deve fazer um pai—, mas somente consegue fabricá-lo com a madeira, impotente para fazer dele um filho de verdade. Ele é um pobre carpinteiro sem qualquer autoridade verdadeira sobre o filho porque não tem poder nem dinheiro.

Com teimosia, Pinóquio rejeita a escola, o dever e a autoridade, até encontrar um rapaz um pouco mais velho, mais rebelde e mais seguro de si: Lamparina. Ele é imediatamente seduzido por essa figura. E esse rapaz não tem uma respeitabilidade ou uma experiência com que proteger Pinóquio: não transmite um ensinamento, uma figura que possa ser introjetada para construir a autoridade interior. Pinóquio e Lamparina aprontam molecagens juntos, inebriados pela sensação das forças que se somam. O resultado é que eles se perdem e vão ao encontro de uma punição significativa: são transformados em animais. Mas não em animais de bando, correndo verdadeiramente livres. Tornam-se asnos, que naquele tempo eram os mais explorados de todos os bichos.

Uma versão semelhante, mas moderna e verdadeira, é a história autobiográfica de Peter Härtling.[80] O escritor alemão recorda que quando criança desprezava o pai, um advogado pacato e quieto, e preferia seguir o exemplo dos rapazes mais velhos e agressivos da Hitlerjugend, elegendo como pai ideal o próprio Hitler. No final da guerra, seu pai será levado embora pelo Exército Vermelho e nunca mais retornará. Em uma busca póstuma, conduzida com crescente intensidade à medida que a lembrança do pai se torna mais distante, o filho descobrirá que os clientes habituais de seu pai eram judeus e opositores do nazismo, a quem o tímido advogado defendia arriscando sua própria vida. Aquele burguês anti-heróico era o verdadeiro herói que o rapaz buscava, mas ele não o encontrou a tempo, senão na saudade. Como já dissemos, o nazismo e o fascismo não foram apenas ideologias reacionárias e "paternalistas". Foram também movimentos que congregaram bandos de Lamparinas para lhes manipular a agressividade contra os pais.[81]

A dupla formada por Lamparina e Pinóquio enleva a fantasia porque representa a aliança alegre, livre e improvisada de dois jovens sem pais. Se quisermos explicar o infinito sucesso dessa pequena história sobre um boneco de madeira, não deveremos nos limitar ao comprimento de seu nariz, e sim indagar-nos se ela não expressa com perspicaz antecipação uma condição da juventude masculina que constitui hoje uma das nossas maiores preocupações.

## 4.6. EM BUSCA DO PAI

> But you must know your father lost a father
> That father lost, lost is — and the survivor bound
> In filial obligation for some term
> To do obsequious sorrow.
> — Hamlet I, 2, 89-92

A ESTE PONTO, a nossa investigação *sobre* o pai deve também reconhecer seu aspecto de busca *do* pai. Nosso trabalho é dirigido a um leitor interessado em ambos os sentidos. Já os livros sobre a mãe não têm essa mesma necessidade de ambivalência.

Não podemos concluir a história do pai sem nos ocuparmos do filho que o busca. Vamos então modificar nosso olhar a fim de experimentar a ótica do filho. Entretanto, devemos atentar ao fato de que, assim fazendo, não estamos contando uma história a partir de um ponto de vista diferente daquele do pai. Essa é apenas a maneira como o seu olhar, um dia, quisera sobreviver.

Em sua busca, o filho deseja coisas diferentes. Procurar o pai. Procurar conhecê-lo por dentro, já que antes o conhecera de fora. Procurar conhecer o "pai" que há dentro de si: tornar-se adulto.

Em sua forma mais simples, essa procura é uma viagem do filho.

A partir do momento em que Telêmaco adentra os primeiros cantos da *Odisséia* à procura de Ulisses, a busca pelo pai torna-se um tema central na literatura ocidental.

Telêmaco deve se juntar ao pai não apenas porque naquele momento sua ajuda seria crucial no combate aos Pretendentes usurpadores, mas porque —assim explica—[82] um filho sozinho não pode saber de que pai nasceu, e não lhe basta sabê-lo apenas por intermédio da mãe.

Quando ambos finalmente se reconhecem, Ulisses recomenda a Telêmaco: não reaja, mesmo que os Pretendentes insultem e humilhem o pai que finalmente encontrastes.[83] Não tenhas dúvidas quanto à vitória derradeira.

Essa sugestão, que na intenção do poema constitui a preparação de uma emboscada para os vilões, assume para nós um sentido mais amplo. Contém quase uma profecia, e talvez por isso a conclusão da *Odisséia* ainda seja considerada tão atual.

Em épocas mais recentes da nossa história, o pai foi alvo de ataques e humilhações por parte dos movimentos que combatiam o abuso de autoridade e o abuso masculino. Mas a História conseguiu limitar somente os excessos paternos, não os masculinos. Conseguiu amansar o paternalismo arrogante do Deus-pai, do rei-deus e do pai-deus. Mas não a prepotência masculina. Na verdade, ao pai sucedem-se os machos anarquistas, semelhantes aos Pretendentes de Penélope, e o pai propriamente dito tende a regredir ao estado de macho animal.

A passagem do pai pela humildade —e se necessário, pela humilhação— é indispensável para lhe purificar a autoridade. Humilde é o paciente Ulisses, que sabe prolongar a vitória para um momento posterior. Humilde, a ponto de dizer que seu nome é Ninguém. Sua paciência e sua humilhação contrastam com a violência inútil dos Pretendentes. Se suas qualidades vencem, elas restituem a potência ao pai, livre da prepotência masculina. Se, no entanto, falham, teremos apenas o macho violento, destituído da autoridade. A *Odisséia* é uma profecia sobre esse risco e essa possibilidade: por isso, ainda hoje a viagem de Telêmaco e o retorno de Ulisses falam de um universo que não é nada estranho à nossa realidade.

Mas nem sempre o filho deve cumprir uma viagem física em busca do pai. Sua peregrinação pode ser simbólica. Pode ser a busca de um relacionamento que dê ao pai um lugar apropriado e lhe conceda a devida justiça.

*Hamlet* é talvez o exemplo mais conhecido. Se tentarmos isolar esse aspecto da complexidade da tragédia shakesperiana, notaremos que suas referências às primeiras universidades antecipam a angústia dos estudantes sem pai típica do século xx. Assim como Telêmaco, o protagonista é inicialmente um filho prisioneiro de uma passiva saudade do pai, que ele inesperadamente perdeu. O pai lhe aparece como fantasma e pede para ser vingado. Hamlet deseja satisfazer seu pedido. Mas para isso, ele deve primeiro compreender o pai; ao compreendê-lo, deve se fazer pai internamente. Deve retomar o contato com os estudantes da universidade de Wittenberg, que naqueles tempos era um dos primeiros refúgios dos livres pensadores. Assim como os de Berkeley ou da Sorbonne no século XX, esses companheiros inquietos acreditavam haver superado o pai, quando na verdade o procuravam. Todos se acham em uma ansiosa busca por uma verdade e uma autoridade que já não encontram no meio externo. Hamlet deve tornar a encontrá-los e com eles dialogar para depois superar a unilateralidade e o desespero que os caracterizam como filhos sem pai.

A BUSCA DO PAI é um tema antigo e arquetípico, advertindo simbolicamente ao indivíduo e à sociedade que o pai é um esforço contínuo que jamais chega a um termo. Um pai: para ser ou para ter, pouco importa se o sujeito é ele ou o filho. Resíduo inconsciente de uma memória filogenética, essa busca revela uma precariedade existencial. No fundo, tanto o Antigo como o Novo Testamento representam uma busca infinita pelo Pai, que é reencontrado para ser novamente perdido. Suas narrativas marcaram com uma ânsia subterrânea todo o Ocidente. Uma ânsia que corresponde a tudo o que andamos discutindo desde as primeiras páginas deste livro: o pai —seja aquele pessoal, seja aquele princípio que permite ao filho tornar-se pai por sua vez— não é dado pela Natureza.

Mesmo a "busca" simbólica do pai contada por Härtling[84] tem início justamente com uma imagem de sua busca física. Nas primeiras lembranças do autor, todos os dias o pai saía de casa com seu automóvel para trabalhar. Por volta dos quatro anos de idade, um dia Härtling fugiu de casa com seu triciclo e foi encontrado em meio ao trânsito, percorrendo as ruas para alcançá-lo.

À medida que o tempo se aproxima da nossa época, o pai se distancia cada vez mais e a busca torna-se mais fragmentada. Quando a vida ainda jovem de Albert Camus lhe é arrebatada, em meio aos destroços do automóvel são encontradas 144 páginas de um manuscrito sobre a busca do pai.[85] O pai de Camus também morreu bastante jovem. O escritor havia revirado os arquivos da Algéria a fim de encontrá-lo, e assim depositava muitas esperanças nesse novo romance autobiográfico.[86] A perda precoce do pai é um evento que dilacera o filho, tanto em Homero, como no século XX.

Do mesmo modo, o cinema —a forma de expressão que mais corre o risco de abandonar os arquétipos em nome das novidades efêmeras e dos sucessos espetaculares— está repleto de buscas do pai, de todas as formas imagináveis. Dramática, na trilogia de Márta Mészáros, *Diario per i miei figli*

(Hungria, 1993); delicada, em *Cinema Paradiso* (Itália, 1988), de Giuseppe Tornatore. Recordando o sucesso de *Bambi* (EUA, 1942), os estúdios Disney produziram *Rei Leão* (1994). Na América dos nativos também há uma busca do pai: *Smoke Signals* (1998). Ao ritmo do rock que grita a dor da perda do pai, Alan Parker realiza *Pink Floyd — The Wall* (Grã-Bretanha, 1982). O diretor grego Theo Anghelopoulos fala do pai ausente em *Paisagem na neblina* (Grécia/França, 1988); o alemão Wim Wenders, em *Alice in den Stätten*[87] (Alemanha, 1973) e em *Paris, Texas* (EUA, 1984); enquanto, de modo mais ou menos direto, as duas grandes séries de Edgar Reitz, *Heimat* (Alemanha, 1984) e *Die zweite Heimat* (Alemanha, 1992), são dedicadas às duas gerações de alemães que perderam seus pais nas guerras mundiais. E esse não é apenas um luxo de países ricos. Mesmo o cinema dos países mais pobres choram a dor do pai inalcançável: *Central do Brasil*, de Walter Salles (Brasil, 1998); *Le cri du coeur*, de Idrissa Ouédraogo (Burkina Faso, 1994); *Poussières de vie*, de Rachid Bouchareb (Algéria/Vietnã, 1994), e assim por diante. De todos, porém, *Os Esquecidos*, de Luís Buñuel (México, 1950), ainda é o predecessor e o mais inesquecível, porque mais atroz.

Desde os tempos antigos até os primórdios da modernidade, manifestava-se em narrativas semelhantes o arquétipo atemporal: o traço inconsciente da precariedade paterna. Hoje, acrescenta-se a isso algo muito mais próximo da consciência, muito mais preciso e urgente: a necessidade de reencontrar um pai cada vez mais ausente.

Se há algum sentido em tecer julgamentos intuitivos sobre um problema assim tão amplo, podemos supor que a profusão dessas buscas seja um sinal confortante: mesmo que o pai contemporâneo tenha regredido e esquecido seus filhos, eles não o esqueceram. Se então a paternidade deve ser ensinada para que não se perca o pai, segundo dizia Magaret Mead, a próxima geração poderia se compor de filhos e filhas que ainda têm um pai porque em sua imaginação continuaram a vê-lo: porque conseguiram ensinar a paternidade a si próprios.

Não cremos que apenas os escritores ou diretores cinematográficos, cuja criatividade sabe transformar em imagens uma nostalgia inconsciente, sejam capazes dessa imaginação. Tomemos um exemplo da vida cotidiana.

PAOLA É UMA JOVEM inteligente e exuberante que está terminando sua formação universitária. Ela conta coisas tristes com bastante eloqüência mas de um modo um pouco agitado, como se estivesse habituada a tomar distância de qualquer sinal de melancolia.

Ela cresceu em uma família matrifocal como as que encontramos na América Latina, mas socialmente muito diferente. A mãe é uma mulher culta e confiante que transmitiu seu caráter à filha. O pai provém de uma antiga família rica, mas parece que jamais chegou a nascer como indivíduo. Por indecisão, mais do que por desonestidade, acabou se envolvendo em escândalos financeiros e perdeu grande parte de seu patrimônio.

Até onde sua memória alcança, Paola recorda que seu pai bebia e que, mesmo alcoolizado, estava sempre triste.

"Quando estava bêbado, ele perguntava: 'Gostas de mim?'. Ele sempre me considerou sua preferida. Eu estava constantemente por perto, mas sem o julgar. Acho que assim eu o ajudava. Além do mais, também tinha aprendido isto da minha mãe: mesmo que ele desse muito pouco em troca, ela sempre o amparava; e só há alguns anos, quando os filhos já estavam crescidos, ela conseguiu separar-se dele."

Mas, mesmo assim, os genitores continuaram a se encontrar, e o pai a depender da mãe. Agora, porém, ele estava mais agressivo: isso permitiu a Paola julgá-lo de modo mais severo e criticar a mãe que o deixava manter-se numa condição infantil.

Certo dia, há algum tempo, o pai vedou com fita adesiva todas as frestas das janelas e das portas da casa, tomou um remédio para dormir e abriu o registro do gás. Foi descoberto e salvo por acaso. Passou muito tempo internado no hospital, lamentando-se como uma criança mimada e aparentemente sem se lembrar do motivo porque ali se encontrava.

"Os médicos e a polícia não conseguiam acreditar que ainda estivesse vivo: ele tinha planejado tudo tão bem! Eu sei porque me informei sobre todas as coisas, li os relatórios, tentei captar tudo o que eles diziam em suas conversas, quando achavam que eu não estava escutando. Esforcei-me para saber tudo sobre aqueles que poderiam ter sido os últimos momentos de vida do meu pai, mas que agora ele não se lembra mais. Acho que consegui perceber o bastante.

"Que ele tentasse se matar não era um pensamento muito distante da minha imaginação. Provavelmente esse fato por si só não teria me levado a fazer análise.

"Talvez eu não tivesse um pai, mas não me desse conta disso. Por certos aspectos, ele era meu filho e desse modo éramos muito próximos. Várias vezes ele disse: 'Se não fosse por vocês, eu renunciaria à vida'. Mas estávamos com ele.

"A tentativa de suicídio aconteceu pela manhã. Uma manhã normal. Descobri que ele tinha acabado de tomar café. Pensei: as pessoas se matam no fim do dia, ou numa noite de insônia, depois de tomar uma bebida alcoólica;

mas não às oito da manhã, depois de um café-com-leite. Mais tarde, eu soube que ele tinha dado telefonemas e cancelado os compromissos usuais daquele dia. Comecei a imaginar que mesmo uma manhã normal podia ser escolhida para se abandonar a vida. Mas ainda faltava alguma coisa.

"Ele, que sempre dissera que vivia por nós, não nos podia abandonar assim, com tudo perfeitamente planejado, sem ao menos dizer adeus aos filhos, ou pelo menos a mim. Uma carta, uma fita cassete: deveria haver pelo menos um bilhete. Enquanto ele estava no hospital, eu revirei cada canto da casa, até mesmo o banheiro e a garagem. Como uma caçadora de tesouros ou uma arqueóloga aficionada, continuei aquela busca até quando já estava bastante claro para mim que não encontraria nada. Talvez eu continuasse a buscar eternamente. Mas deram-lhe alta no hospital. Sua casa voltou a ser sua, e para mim tornou-se um lugar sem o menor significado.

"Hoje está claro para mim que eu não me entregava, como ninguém se entrega quando uma pessoa querida desaparece, mesmo quando já se entende que ela não está mais viva. Hoje meu pai está fisicamente vivo, e é natural estar contente por ele. Mas por mim, que buscava uma carta, certa de que ela existisse, o fato de não a encontrar era o mesmo que continuar sem pai. Ou melhor: o fato de que aquela carta nunca tivesse existido era o mesmo que perceber que um pai nunca existiu na minha vida. Pois bem, é quase redundante dizer que procurei análise para continuar aquela busca."

O ARTIGO 30 da Constituição da República Italiana —nascida das ruínas do fascismo— declara: "A lei estabelece as normas e os limites para a busca da paternidade." A busca do pai, que já era bastante familiar como tema mítico, surpreende-nos nas páginas de uma lei moderna. Evidentemente o mito se diverte ao revelar seu vulto eterno em formulações sazonais.

Em todas as épocas, apesar dos esforços dos legisladores desde os tempos de Roma, foi enorme o número de crianças abandonadas pelos seus genitores.[88] Por privilégios tradicionais, por um envolvimento físico menos significativo e, no fundo, por falta de civilidade, o abandono é infinitamente mais freqüente por parte do homem (para quem intencionalmente não empregamos a palavra "pai").

Sabemos que a busca do pai não responde apenas a uma necessidade material, mas também a uma premência psicológica. Todos, tal como Telêmaco, querem saber de quem são filhos. Cedo ou tarde, as crianças adotadas procuram conhecer quem são seus pais biológicos, mesmo quando os pais adotivos lhes deram o melhor de si. Se a lei não se importa com ambos os genitores, mas apenas com o pai, é porque ele pode desaparecer sem ter sido identificado. As leis ocupam-se em remediar uma injustiça material, mas não visam responder a uma necessidade psicológica. Para nós, no entanto, as normas modernas sobre a busca do pai são igualmente simbólicas. Essas leis intentam rastrear um genitor que não está mais presente. E o pai de hoje, ao contrário do que acontecia há um tempo, é psicologicamente ausente na maioria dos casos, mesmo quando é conhecido pelos filhos. Portanto, vemos as regras jurídicas principalmente como o símbolo de uma falta mais abrangente, uma ausência que carrega de ansiedade os tempos em que vivemos. Todas as sociedades exprimem por meio de metáforas heróicas os valores em que mais acreditam: os valores épicos na antigüidade clássica, os cristãos na Idade Média, os jurídicos no estado laico da modernidade: os magistrados são os únicos heróis reconhecidos em toda a Itália atual.

O fato de um homem trazer uma criança ao mundo para depois se eximir da responsabilidade de assumi-la como seu pai constitui um dos mais freqüentes e terríveis crimes de todos os tempos. Terrível porque é um ato de injustiça cujo efeito é muito diferente, por exemplo, do furto: no caso do furto, a remediação é possível tão logo o objeto roubado seja restituído ou substituído por outro; já a ausência de um pai tem conseqüências para toda a vida, inclusive para as gerações seguintes. O progresso da tecnologia possibilitou, discretamente, uma das maiores revoluções de todos os tempos nesse campo: hoje, com uma simples amostra de sangue, a análise do DNA pode determinar a paternidade com certeza. O abandono paterno de milhões de filhos em todos os cantos do Ocidente civilizado constitui uma forma de injustiça diferente, mas não inferior àquela vivida pelos escravos na América ou pelos servos das glebas na Rússia: é então extraordinário que essa injustiça seja desfeita por um simples exame de laboratório, sem o derramamento de rios de sangue, como na Guerra da Secessão, sem massacres entre Exércitos Vermelhos e Brancos.

A tecnologia consegue subitamente reverter situações antiqüíssimas de uma vez por todas. Isso é algo perturbador à nossa psicologia, que não teve tempo de se adequar, uma vez que essa inovação interfere abruptamente na antiga situação cultural.

Se reduzirmos a termos mínimos um percurso complexo, veremos que o macho sempre esteve habituado a escolher entre manter ou não relações sexuais e com quais precauções. E depois, no caso de uma gravidez, a escolher entre reconhecer ou não o filho. Diferentemente da mulher, o homem podia considerar essas duas coisas como independentes. Em certo sentido, toda a sociedade patriarcal se sustentava originariamente nessa falta de restrições que diferenciava o pai da mãe e que fornecia o conteúdo mais verdadeiro da relação do pai com seu filho: baseava-se no *poder de escolha* atribuído ao macho. Esse poder, quando exercido afirmativamente, transformava-o em pai; mas quando exercido negativamente, convertia-o em um ser praticamente animal. Hoje, ao menos como princípio assegurado pela lei do meu país, esse "limiar de reversibilidade" para o ato da procriação foi deslocado. O limite até onde ainda se pode falar em escolhas ampliou-se de modo favorável à mulher.

A mãe pode reverter sua própria maternidade com a interrupção da gravidez ou mesmo depois do nascimento da criança, quando renuncia ao pátrio-poder e destina a criança à adoção. Por outro lado, no instante que se segue a um ato sexual fecundo, o macho não tem a menor possibilidade de se eximir de uma "busca de paternidade" pelo resto de sua vida. O filho pode apontar o dedo ao suposto pai e arrastá-lo ao tribunal em qualquer momento de sua vida. Na verdade, esse direito de identificar o pai e mover ações de cunho econômico não cessa em momento algum: ao contrário do que ocorre com o homicídio, que poderá ficar sem punição caso vençam os prazos de prescrição temporal.

Em um país como a Itália, onde a mentalidade da população em geral é ainda bastante *machista*, os homens estão psicologicamente despreparados para confrontar essa revolução. Nesse contexto que, há algum tempo, encerra uma crítica ao pai, os novos testes que possibilitam a identificação da paternidade de uma criança podem gerar nos homens um sentimento paranóico de perseguição: embora o problema da identificação da paternidade seja mais antigo do quanto se possa imaginar e a nova tecnologia tenha simplesmente facilitado sua resolução. Se os homens se sentem perseguidos, isso se deve mais uma vez a um equívoco literalista. A novidade tecnológica em si apenas esclarece um fato. Mas, sozinha, a tecnologia é unilateral. A busca do pai é algo muito maior do que a sua identificação física. É um mito imenso que já não encontra acesso à linguagem dos mitos. Que, por meio do código civil e da genética, esforça-se para sobreviver em "mitos" que ainda são aceitos: os da lei secularizada e os da ciência laica. O pai individual é impotente diante do desaparecimento de um mito eterno, e a consciência desse fato atira-o ao desalento.

Mais uma vez observamos que o materialismo preponderante no pensamento racional da sociedade em que vivemos pode afastar-nos para muito longe do pensamento simbólico, o qual, para a psicologia autêntica e verdadeira, constitui ainda seu centro de gravidade.

A busca não pode ser resumida a um problema jurídico, estatístico e econômico: a revelação do pai, que até então se escondia, pode obrigá-lo a dar ao filho uma assistência econômica, mas não a bênção paterna de que o filho igualmente necessita. A busca não é apenas um problema individual: é um tormento de toda sociedade que tenta fazer o pai prevalecer sobre os machos do bando. Nessa luta, a própria civilização corre perigo constante: hoje, não só aquela vitória permanece distante, mas também aquela regressão do homem ao macho desobrigado de responsabilidades parece ter alcançado expressões jamais vistas.

Estamos convencidos de que a viagem até o pai, a busca do pai por parte do filho, seja decisiva para a identidade de ambos por um motivo muito simples. Se o pai, por meio da cultura em que se insere, sente que a paternidade é um ato intencional, então o filho também deve aprender pela mesma via algo correspondente.

Se para ser pai não basta gerar fisicamente uma criança, mas é necessário um ato de adoção do próprio filho, a este também não basta ter sido gerado: embora mais indiretamente e ainda mais inconscientemente do que o pai, o filho deve expressar seu desejo de tê-lo como genitor. O pai não é procurado pelo filho só porque, à diferença da mãe, ele esteja na maioria das vezes longe de casa — levado pela guerra ou pelo trabalho, por um breve período ou por toda a vida. Se cedo ou tarde o filho adotado procura sua mãe natural, o pai um dia será procurado também pelo filho autêntico, que deve fazer praticamente o oposto. Um filho dotado de sensibilidade percebe que é pai aquele que o escolheu: o pai é sempre um fenômeno cultural, portanto o natural não lhe basta. Todavia, o filho deve "buscar" o pai: ainda que encontre novamente o pai biológico, ele terá de escolhê-lo por sua vez. De outro modo, ele se dirigirá a uma figura paterna iniciática, um mentor designado pela sua história pessoal. Do ponto de vista simbólico, a necessidade que o levou a essa busca é a mesma.

A ausência do pai é um fenômeno conhecido desde tempos imemoriais, e nesse sentido a nossa época também não faz exceções. Uma novidade que provavelmente teria efeitos ainda mais graves seria a ausência da busca do pai.

# Reflexões finais

Nosso olhar assumiu aqui uma perspectiva psicológica. E como boa regra, todo analista deve abster-se de oferecer conselhos aos outros: como, então, poderia fazê-lo a toda uma sociedade? Mais do que nunca o analista junguiano não dispõe de uma prescrição padronizada de cura. Ele presume que a pessoa que sofre necessita, sobretudo, de *individuação*: superar as contradições internas, compreender as próprias necessidades e, dentro das possibilidades, tornar-se ela mesma. Ele não propõe ao outro alguma solução ideal já pronta. Ao contrário, ele o convida a uma *busca*. Portanto, ao falar do pai, este livro não dirá: "O pai deve ser assim." Sua proposta será, antes: "Busquem-no, não importa se dentro ou fora de vocês."

Acreditamos ter atingido nosso objetivo quando constatamos que o pai não é algo prontamente disponível. Ele deve ser buscado por aquele que o deseja; e quem deseja tornar-se pai deve também se empenhar em uma busca. Caso isso não ocorra, os filhos voltam a ser algo que diz respeito apenas às mulheres.

Na busca pelo pai, como em todo processo de individuação, a sinceridade consigo mesmo é fundamental. E para sermos sinceros, é preciso nos indagarmos, antes de tudo, se essa busca da figura paterna constitui nossa verdadeira intenção. Às vezes, por trás de suas formas mais amplas oculta-se um fim secundário: a tentação da preguiça.

O pai ideal deveria favorecer o crescimento, a diferenciação e a autonomia dos filhos. Mas em um momento histórico caracterizado pela ausência do pai, a sua busca não poderia inadvertidamente ocultar uma rejeição da própria individuação, uma tentação ingênua de delegar essa tarefa a uma força externa?

Essa renúncia à responsabilidade pessoal poderia replicar, em um sentido menos político, o mesmo processo que fez do século xx o útero da tirania, a grande fera da História. Após o término da Primeira Guerra Mundial, com a queda dos impérios, a Europa se defrontou com a possibilidade de experimentar uma época de nova insegurança ou de nova liberdade. Sabemos que os eventos posteriores seguiram a direção mais prejudicial, pois para a maior parte dos homens é mais importante o controle da insegurança do que o uso da liberdade. Não devemos nos espantar com o fato de muitos preferirem substituir o segundo pelo primeiro.

A ascensão das ditaduras não decorreu apenas de motivos políticos, mas também de necessidades privadas:[1] a crescente ausência dos pais e o declínio da sua autoridade favoreciam a transferência da busca de segurança para as estruturas públicas. Por trás das necessidades de uma política forte estava a urgência de um pai forte.

Hoje as coisas parecem diferentes. Aparentemente, a necessidade de pai constitui a busca por alguma coisa, e não uma fuga; e tal necessidade diz respeito às estruturas privadas da família, ao invés de às estruturas políticas da sociedade. Mas, nos motivos psíquicos, há sempre um aspecto inconsciente; e nós não temos o direito de nos sentirmos inevitavelmente mais conscientes do que aqueles homens que, há duas gerações, abriram os caminhos para as ditaduras: eles, por sua vez, sentiam-se certamente mais conscientes do que os homens de algumas gerações anteriores, e nessa convicção incorriam em erros. Não podemos negligenciar o fato de que, assim como esses homens buscaram saciar na ditadura a falta da figura paterna, a nossa busca do pai também inclui uma secreta nostalgia da ditadura. A insegurança que hoje nos leva a buscar o pai é, de todo modo, psiquicamente próxima àquela que antes nos levou aos tiranos. Se praticamos aqui a psicologia do inconsciente, não podemos fornecer respostas definitivas e devemos inclusive continuar a duvidar de nós mesmos.

Portanto, a necessidade de pai impõe, por um lado, uma vigilância psicológica sobre as novidades políticas: principalmente sobre as novas personalidades que emergem. Seria uma amarga ironia se esse problema, talvez o mais grave com que o Ocidente se depara ao ingressar no século XXI, fosse afrontado com uma figura paterna como a do "salvador da pátria", um instrumento político nascido no século XIX, crescido, degenerado e aparentemente morto no século XX.

Por outro lado, no âmbito privado, essa necessidade impelirá o homem à busca de gurus e também de psicoterapeutas. Se a palavra transferência e a figura do analista ainda conservam algum sentido, é de se esperar que aquele que sente o problema procure a análise. Mas o mundo em que vive será "materno": não tanto pela prevalência estatística das mães, mas porque os fatos cotidianos da economia e da tecnologia são "maternos", pois estão cada vez mais orientados à satisfação oral e imediata do consumo, cada vez mais condicionados pelos resultados obtidos em tempo real. O paradoxo é que a busca do pai proporciona a busca por uma ajuda psicoterapêutica; mas a falta de familiaridade com as qualidades paternas da sustentação de um projeto e da aceitação de que os resultados não são imediatos leva as pessoas a optar pelas terapias breves, que trazem a esperança de se chegar a conclusões em curto prazo.

EM SUA CORRIDA rumo às fases primárias do desenvolvimento, a psicanálise alimentou a obesidade da mãe e do mundo privado, contribuindo para a anorexia do pai e da sociedade. Agora é preciso que a psicanálise retorne ao pai, como Freud fizera no princípio. E deve tratá-lo como problema coletivo e histórico, uma vez que a sociedade e a História têm sido a residência paterna desde os tempos mais remotos. Mas essa mudança deveria ocorrer também por um outro motivo.

O século XX foi o dos ditadores —os pais terríveis—, mas também foi o século da psicanálise. Os estudos de Freud, Jung e outros mestres tornaram a cultura do Ocidente algo diferente do que antes existia: a literatura, a arte, e até mesmo a política, conforme pudemos observar, deixam de ser compreensíveis quando se exclui a psicanálise de suas interpretações e das forças que, por sua vez, as influenciaram. Não é possível afirmar que a psicanálise tenha feito do século XX algo melhor do que poderia ter sido: mas certamente tornou-o muito diferente. As aplicações individuais da psicanálise, mais precisamente as suas aplicações clínicas, com certeza proporcionaram a transformação de muitas pessoas. Mas estas constituem um grupo limitado. Ao contrário do que pensava o solitário neurologista vienense que a concebeu no século XIX, ao longo do século XX o principal campo de aplicação da psicanálise foi a sociedade e a História. Foi este o ponto de vista que sustentamos ao longo de nossa busca pelo pai: mais do que uma busca psicológica pelo pai individual, experimentamos aqui uma psicologia da história e da cultura do pai.

Na atual ausência do pai, a única certeza que se mantém é a necessidade de buscá-lo e de continuar a discutir sobre esse fenômeno. As palavras não trarão de volta aquele que está ausente; e talvez a insistência nas palavras possa torná-las tediosas em algum momento. Então vamos declarar que mesmo esse tédio é algo que desejamos. Os piores males psíquicos não decorrem tanto do modo pelo qual um problema é afrontado quanto do fato de ele não ser consciente. E se a necessidade inconsciente de pai levou-nos, dentre outras coisas, aos tiranos da História, os discursos sobre o pai são sempre bem-vindos, mesmo que nos causem uma espécie de náusea. Bem-vinda a náusea que se sente pelo pai, porque será também a náusea sentida pelos seus subprodutos políticos e que, portanto, poderá nos precaver contra a tirania.

No INÍCIO de nossa pesquisa observamos que o florescimento de estudos sobre o pai oferece-nos, mais do que uma ampla análise de sua figura, uma grande nostalgia em virtude de sua ausência. O mesmo não ocorre com a mãe. O pai defendeu-se dos sentimentos a tal ponto que eles ressurgem em formas inconscientes na expressão melancólica dos discursos que o têm como objeto.

Essa nostalgia é um fato psicológico: poderá, talvez, encontrar uma sublimação estética, mas não uma solução social. O pai, na sociedade, não pode voltar a ser o mesmo de antes. De que modo poderíamos reconstruí-lo e oferecê-lo ao grupo que busca sua autoridade e aos filhos que se queixam pela sua falta de afeto? Talvez pudéssemos trazer de volta apenas alguém que acaba de dobrar uma esquina. Mas no caso do pai, seu desaparecimento teve início em tempos imemoriais, possivelmente desde o momento em que o cristianismo começou a enfatizar o ponto de vista do filho.

Esta, então, é outra pergunta que devemos responder: estaríamos conduzindo uma busca sincera ou buscando apenas aquilo que temos urgência de encontrar? Não podemos buscar o pai com a psicologia de alguém que deseja descobrir respostas na curva de uma esquina, como é o caso de tantos trabalhos literários em que tudo parece se encontrar ao alcance da mão: o próprio pai não se reconheceria nessas descrições, uma vez que paternos são o projeto que se estende no tempo e a capacidade de adiar a satisfação das necessidades. Por vezes o afastamento dos pais é atribuído à pressão psicológica do feminismo, às revoltas juvenis ou a outros eventos das últimas gerações que culpabilizariam as atitudes do pai forçando-o a optar pela fuga. Esses argumentos têm a mesma espessura da folha de papel em que são escritos, pois, conforme pudemos observar, a ausência atual é apenas o último produto de uma série de resignações milenares. Essas acusações que os pais fazem aos filhos e às companheiras assemelham-se a projeções persecutórias. O pai finalmente percebe que tem um problema com as partes mais femininas e adolescentes de sua personalidade, a qual é cada vez menos integrada. Mas na maior parte dos casos, prefere continuar a projetá-las no mundo externo, naqueles que acredita serem seus maiores adversários.

Diremos ainda mais: esse fenômeno de cisão e projeção mais recente se sobrepõe a um outro que é bem mais antigo. O homem psicologicamente pouco diferenciado sempre reduz a mulher a duas figuras que não podem ser conciliadas: a mãe e a amante. A nossa reconstrução da psicologia paterna através dos tempos nos esclareceu que, bem antes dessa cisão, encontra-se, nas origens, um problema masculino. É de fato o homem quem traz em si duas identidades que estão muito longe de ser sintetizadas pela evolução natural e unificadas pelo percurso histórico e cultural: o pai e o macho doador de esperma. Se o homem atribuiu à mulher, ao longo de toda a História, duas personalidades distintas —uma que se encontra disponível para o encontro sexual, e outra que se ocupa dos filhos—, ele assim o fez porque nunca conseguiu integrar em si próprio as duas identidades masculinas correspondentes. Ao projetar na companheira o seu problema mais arcaico, o macho declara sua incapacidade de se constituir definitiva e integralmente como pai.

No MUNDO OCIDENTAL de hoje, o espírito despreocupado dos filhos prevalece sobre a noção da importância de perseguir objetivos, que é característica dos pais: assim como a saciação espiritual do monoteísmo, que considera a vinda do salvador como algo já ocorrido, prevaleceu durante séculos sobre a paciência inflexível daqueles que aguardam sua chegada no futuro. Primeiro no céu e depois na terra, o Filho cerceou o Pai.

A história do pai no Ocidente descreve uma linha em longuíssimo declínio, ocasionalmente marcada por alguns segmentos ascendentes. As propostas que sugerem o seu retorno, ou têm o caráter de um auto-engano, ou apenas dão ensejo a uma breve recuperação de sua força. O patriarcado não existirá mais: o pai não será mais a metáfora da ordem que prevalece ao vértice da sociedade.

Poderemos imaginar que o patriarcado histórico, encarnado por homens históricos, seja como certas fases "evolutivas" da sociedade conduzidas por regimes pouco democráticos, porém necessários para que se chegue a uma democracia mais completa. Os pais, assim nos parece, inventaram a civilização, ao menos em sua forma ocidental e patriarcal. De certa forma eles resistiram à sua evolução, ao mesmo tempo em que a promoveram ao fazerem eclodir movimentos originais como o Renascimento ou a Revolução Francesa. Esses eventos ocorreram em um momento muito anterior à emergência de um feminismo propriamente dito que reclamasse uma evolução civilizacional.

Na Idade Média até mesmo os livres pensadores referiam-se a Deus como uma presença literal. Depois de muitas lutas para mantê-lo como tal, após o Renascimento, o Iluminismo e Nietzsche, hoje a maior parte do Ocidente aceita que Deus seja uma metáfora, e que como uma metáfora mantida em nossos corações possa inspirar nossas vidas de modo não menos intenso do que um ser pessoal, assentado em um trono celestial.

Do mesmo modo, o Pai que inspira a nossa nostalgia, aquele pai arquetípico e maiúsculo, dificilmente voltará a encarnar em uma pessoa real. Sobreviverá como inspiração, como princípio psicológico que nos requer ordem, projeto e capacidade de adiar a satisfação das necessidades imediatas. A diferença é que, para atender ao seu chamado, não deveremos responder acusticamente a uma voz externa, e sim psicologicamente a uma voz interna. Pois a história da humanidade não é feita apenas de homens e de civilizações que nascem e morrem, deixando freqüentemente uma lembrança que nos ensina mais do que sua própria presença material. A História se faz também de símbolos que às vezes tomam corpo, às vezes parecem desaparecer: mas, de todo modo, deixando metáforas que podem servir de guia a todos —inclusive às mães— que busquem e aceitem essa orientação.

Gradualmente a mãe passará a exercer algumas qualidades tipicamente paternas, não só porque toda a sociedade sente pela ausência do pai, mas também porque urge que essas qualidades não se percam com o tempo. É mais fácil para a mãe assumir a psicologia do pai do que o inverso. O pai, de fato, é construído culturalmente: ele é um produto da sociedade que pode, embora a passos muito lentos, reproduzi-lo e modificá-lo. A mãe, tal como hoje conhecemos, também é obviamente um produto da civilização. Mas foi criada sobre um pedestal biológico que, encoberto sob as incrustações da História, não se deixa perceber de modo direto, tampouco pode ser facilmente copiado.

O PROCESSO gradual de assunção das qualidades paternas por parte da mãe tem limitações de outro tipo. No interior do núcleo familiar e até a fase de adolescência dos filhos, as dificuldades são relativas. Sabemos[2] que, por si mesma, a família de genitor único —isto é, aquela em que quase sempre a mãe está sozinha— não é patogênica. Suas maiores dificuldades decorrem de uma menor capacidade de organização, menores recursos econômicos e também de uma opinião preconceituosa que sugere ser menos educativa essa condição familiar; tais considerações podem encerrar a mãe em um círculo vicioso. Mas quando os filhos entram na adolescência e, devido às condições sociais, começam a se organizar em bandos, mesmo essa mãe dotada de qualidades masculinas poderá considerar sua tarefa algo intransponível.

Os bandos, de fato, mesmo quando são mistos, têm uma psicologia masculina, tosca, regressiva. Mesmo quando retornamos infinitamente ao longo da escala evolutiva até a horda primitiva, os bandos animais obedecem igualmente a uma hierarquia masculina.

Inconscientemente, uma das principais funções do bando é desafiar o pai. Por trás desse desafio podemos intuir uma necessidade de iniciação na vida adulta à qual poucos estão em condições de responder. Em alguns casos, quem ainda sabe responder a essa necessidade é o padre católico, que também se dedica às questões sociais e mundanas: por esse motivo, na Itália, a figura do padre pode muitas vezes ser considerada a última barreira capaz de evitar que o jovem se envolva com a máfia. Devido ao caráter rude, ao despreparo para a elaboração simbólica e à impossibilidade de transcender a concretude do cotidiano, o bando normalmente busca experimentar verdadeiras provas de força com as figuras masculinas. Dificilmente um homem desafiado consegue vencer o desafio e conquistar o respeito do bando juvenil. Mesmo os policiais, assistentes sociais e outros funcionários públicos desse gênero são constrangidos a exercer seu papel de autoridade ao pé da letra, em vez de realizar seu aspecto mais importante, que é simbólico e psicológico.

Nos grupos, nessas formas de convívio gregário para onde muitos adolescentes transferem uma vida que até então transcorria em família, as leis são mais simples e a existência tem um caráter menos individual. O grupo reduz o nível de inteligência de seus membros e torna-os presas fáceis dos estereótipos. Para uma mulher é bem mais difícil controlar esses adolescentes do que para um homem, uma vez que há sempre uma demora na adequação dos valores coletivos inconscientes às novas situações dos tempos em que eles, de fato, estão vivendo. A grande maioria dos pais já se encontra ausente, enquanto a cultura circunstante, principalmente aquelas mais simples em que muitos adolescentes se encontram tão logo saem de casa, está muito longe de ser adequada a essa nova realidade e tem seus conceitos construídos com base em dualidades simples, como pai/mãe, homem/mulher. A mãe que não tem um companheiro masculino pode substituí-lo com suas próprias qualidades paternas, desde que seus filhos convivam em casa e os professores e companheiros não demonstrem preconceito por essa condição. Mais tarde, no período propício a conflitos entre os adolescentes do sexo masculino, é provável que as situações psicológicas vividas regridam de modo a exigir diferenciações mais materiais do que propriamente psicológicas: ou seja, torna-se mais premente a necessidade de experimentar as polaridades paterna e materna nas figuras distintas de um homem e uma mulher respectivamente, em vez de tê-las representadas em uma mesma pessoa.

SE DE FATO a psicologia voltar a falar do pai, verá em sua lenta e insidiosa regressão ao macho pré-paternal algo semelhante a uma gigantesca psicopatologia coletiva.

Essa regressão constitui um movimento de recolhimento da civilização característico de uma época. Não é apenas uma imensa ruptura na ordem da civilização, mas um verdadeiro retrocesso a condições que julgávamos superadas. Apesar de seu andamento descontínuo e do esfriamento das relações entre os homens, a sociedade ocidental conseguiu produzir um crescente respeito pelas responsabilidades e direitos recíprocos. Suas origens encontram-se no compromisso dos pais com a família e os filhos. No entanto, quando não desaparece, a responsabilidade dos pais tende a se reduzir às questões econômicas, e sua psicologia propende a regredir à do simples macho. Uma retração como essa interrompe o fluxo da civilização — algo não muito diferente daquilo que fizeram os ditadores do século XX: os "pais terríveis" constituíam um caso particular da crise do pai sob a forma de afirmações paliativas de figuras paternas robustas. Essas regressões aos pais-ditadores tiveram uma finalidade: política, militar ou econômica. Entretanto, o fim da decadência do pai como princípio de responsabilidade ainda não se avista em nosso horizonte. Mesmo que a metade feminina da humanidade conseguisse preencher esse vazio no plano familiar, a sociedade permaneceria perturbada por um mal que afligiu a sua metade masculina de modo avassalador.

No início de nosso estudo observamos que, na Natureza, todas as fêmeas têm uma função própria. O grande número de machos, por sua vez, presta-se apenas à seleção natural, que, ao fazer com que eles lutem entre si pelo acasalamento, transmitirá as características genéticas dos elementos mais fortes. Somente com a invenção humana da paternidade e da família monogâmica a existência dos machos adquire um sentido individual.

Hoje temos a impressão de observar um retorno ao pré-humano: os pais diminuem à medida que cresce a horda dos machos, sempre prontos a combater entre si. A família monogâmica, porém, não foi abolida, pois formalmente não houve nos grupos de machos um restabelecimento das lutas corporais como forma de conquistar as fêmeas. Eis porque freqüentemente o mundo masculino, em seu conjunto, inspira nas mulheres —a todas, e não apenas às feministas— um sentimento de desolação, de esvaziamento, de perda de personalidade significativa. É como se grande parte dos homens constituísse um excedente populacional: uma vez que enfraqueceram sua individualidade ao abdicar das responsabilidades paternas, eles nem ao menos conseguiram retornar à função coletiva de favorecer a seleção genética.

Como vimos, o recolhimento dos pais tem dois aspectos significativos. No plano material, eles sempre foram figuras pouco presentes nas vidas de seus filhos. E simbolicamente, as suas funções rituais —elevação, bênção e iniciação do filho— já não são mais exercidas. Isso tem uma relação maior com o desaparecimento generalizado dos rituais do que com sua distribuição entre homens e mulheres.

Portanto, não podemos contar eternamente com as mães na substituição dos papéis do pai. No fundo, elas sempre cumpriram essa tarefa quando os pais se encontravam distantes, nas guerras ou em suas longas viagens. Mas quando isso acontecia, o homem deixava em casa algo duradouro que mantivesse viva a sua memória, tal como a cama escavada no tronco de uma árvore no mito de Ulisses. Sua presença psíquica permanecia. Hoje, o consumo e a vida imediata são os vencedores. O projeto e o tempo, as noções de persistência, perderam-se. Aquilo que mais falta não é tanto o pai físico, e sim o espírito paterno, que não pode ser incorporado pelas mães, tampouco pelos filhos.

Esse recolhimento paterno tornou-se um fenômeno irreversível como efeito do fim dos rituais e dos mitos que um dia marcaram a história da humanidade. E esse fato nada tem a ver com o patriarcado ou com o matriarcado, mas principalmente com a modernização. A ausência dos pais no plano material depende em grande parte do rompimento das relações a dois: de uma liberdade que faz parte da modernidade. E a modernidade não é reversível.

ENCERRAMOS este trabalho com o peso de não termos sugestões a oferecer. De uma coisa, porém, estas páginas nos convenceram: a memória não é inútil. Tivemos a impressão de que não apenas o presente, mas a própria história do pai tenha sido abandonada a uma trágica obscuridade. E isso faz nascer nos filhos o sentimento de serem órfãos desde tempos muito remotos.

A renúncia à história do pai significaria a renúncia ao senso de continuidade que transcende o tempo. Desde o início, definimos essa qualidade como "paterna", e nossa preocupação é que alguém lhe assegure a continuidade: hoje a mãe, amanhã o filho, e depois de amanhã alguma outra pessoa. Nossa memória nos leva a crer que a História e a continuidade são paternas. Não podemos renunciá-las, justamente porque confiamos cada vez mais apenas no mundo dos objetos de consumo, que é o mundo do eterno presente. Nesse sentido, mesmo a preocupação ambientalista com o futuro do planeta, que já foi descrita como um retorno do mito da Grande Mãe Terra, possui um caráter eminentemente paterno.

Nós também somos a nossa história, e se não a conhecemos, renunciamos a percepção de uma parte de nós mesmos. Temos uma identidade, mas se somos pais e não conhecemos a história do pai, teremos uma identidade mais insegura ainda do que aquela que nos foi reservada pela nossa época. Um pai que não conhece o passado do pai é como um norte-americano que nada sabe a respeito dos nativos ou de George Washington, ou um francês que não conhece a história dos francos ou a de Napoleão: ele pode viver, sem dúvida, mas não sabe porque pertence hoje àquela comunidade, e não a outra. Ele nada sabe da natureza desse povo ao qual pertence. Assim, esse pai será provavelmente inseguro, caso nada saiba sobre a história do pai, embora seja membro desse grupo. É claro que não nos referimos à história do pai como um compêndio sobre batalhas e tratados, mas sim atitudes e hábitos, imagens e mitos. O conhecimento dessas coisas não será apenas teórico se permitir ao pai olhar para seu filho e fazer a si próprio a pergunta que lhe foi determinada pela história da paternidade: "Este é meu filho: somente porque o concebi ou porque o escolhi?"

Mas uma história psicológica do pai é necessária também a muitos dos filhos. Eles que, um dia, desejarão sair da dimensão atemporal para entrar na temporalidade e indagar de quem são os continuadores. Assim, sem que saibam, esperam que a história lhes seja contada. Esperam que alguém os desperte do sono das ações irrefletidas e retese o arco de Ulisses, e que a longa noite dos Pretendentes tenha um fim.

# Ilustrações

1. Gaspare Landi, *O encontro de Heitor e Andrômaca*, 1794.
Em qualquer período da História é difícil encontrar imagens que representem Heitor junto a seu filho. Esse fato parece confirmar o caráter não atual de sua figura. Notamos que nem mesmo o título oficial deste quadro é capaz de superar o tabu: indica a relação de Heitor com a esposa, e não com o filho.

2. Otto Dix,
*Auto-retrato com o filho Jan*, 1930.

3. Federico Barocci,
*Fuga de Enéas de Tróia*.

4. Escultura cicladense (data aproximada 2.500 a.C.).
Dentre as mais antigas esculturas provenientes das áreas do Mediterrâneo encontramos este "duplo ídolo" composto por duas figuras sobrepostas verticalmente. Uma vez que as figuras femininas dessa época são facilmente reconhecíveis pelos seus atributos sexuais, o duplo ídolo parece representar duas figuras masculinas.

5. Gian Lorenzo Bernini, *Enéas e Anquises*, 1618-19.

6. Pietà de Michelangelo.

7. Pietà de Riemenschneider.

8. Domenico Piola, *São José e a Sagrada Família*.
Paróquia de São Donato, Gênova.

9. Paris Bordon, *A Sagrada Família com Santo Ambrósio que presenteia uma oferenda*.
No período tardio do Renascimento encontramos algumas cenas que representam uma relação entre São José e o Menino Jesus que parece excluir a mãe.

10. Anne-Louis Giroder de Roussy, *Cena do dilúvio*.

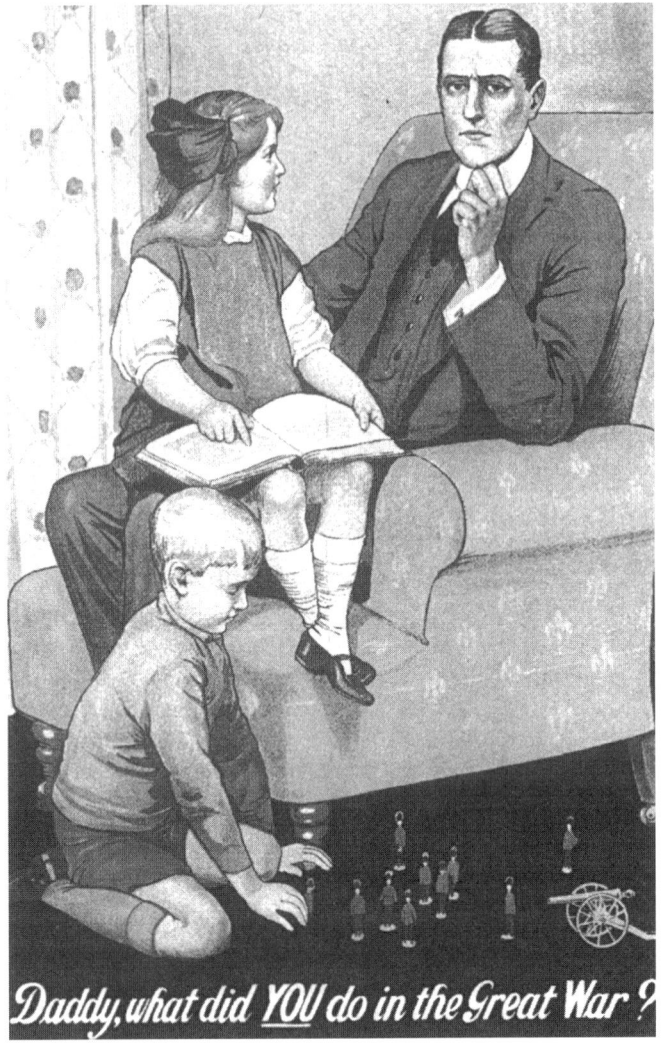

Daddy, what did *YOU* do in the Great War?

11. "Papai, o que fizeste *tu* durante a Grande Guerra?"
(Manifesto de propaganda inglesa da Primeira Guerra Mundial.)

»Und wegen so etwas setzt unser Herr Papa
den guten Ruf der Familie aufs Spiel!«

12. "Por coisas como esta aqui, o nosso papai põe em jogo a reputação da família!"
(Caricatura alemã da relação entre pai e filho na família burguesa à época do nazismo.)

13. Luca Della Robbia, *Crucificação de São Pedro*.

14. Cadáver de Mussolini dependurado na Praça Loreto.

15. Simon Meister,
*A família Werbrun*.

16. Operário abastado inglês de 1800.

17. Família de camponeses alemães do Banato romeno no ano de 1904.

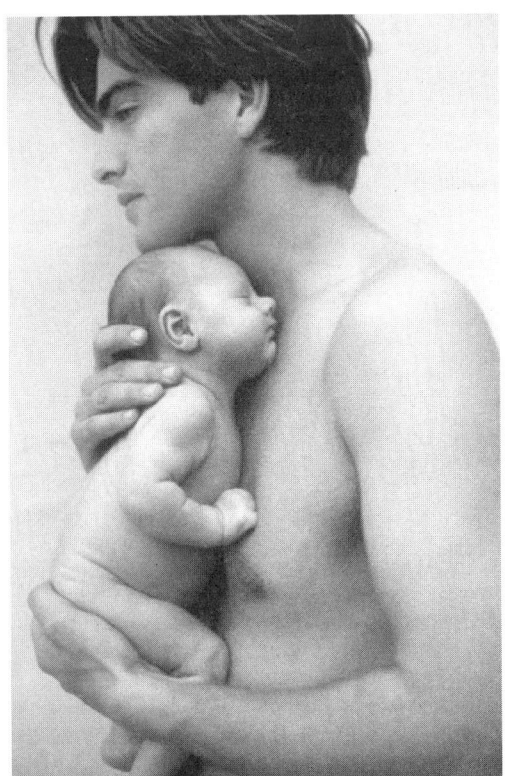

18. Pai e filho.
(Tosca Radigonda / Getty Images)

# *Notas*

## INTRODUÇÃO

1. Veja Freud (1899); Jones (1953-57) vol. I; Krüll (1979); Roazen (1975).
2. Veja Collodi (1883).
3. Lamb (1976, 1981, 1997); Blos (1985).
4. Pleck, *in* Lamb (1997).
5. *Ibid*. Veja também Hite (1994).
6. Samuels (1993, 1995).
7. Mead (1949).

## 1. PRÉ-HISTÓRIA

1. Wickler e Seibt (1983) cap. 8; Dawkins (1976) cap. 9.
2. Wicklerw e Seibt (1977); Wickler e Seibt (1983) cap. 9; Hediger, *in* Schultz (1984); Dawkins (1976) cap. 11.
3. Eibl-Eibesfeldt (1967); Eibl-Eibesfeldt (1984) 4.7; Fthenakis (1985) 3.3.1.
4. Dunbar (1988) caps. 1 e 9.
5. Wickler e Seibt (1983); Morin (1977) cap. 3.
6. Goodhall (1986); Vogel, Voland e Winter (1979).
7. Kawai, cit. *in* Eibl-Eibesfeldt (1967).
8. Hediger, *in* Schultz (1984); Fthenakis (1985).
9. Morris (1967) cap. 1; Eibl-Eibesfeldt (1984) 4.3.7; Fthenakis (1985) 3.3.2.
10. Goodhall (1986); Fisher (1982).
11. Wickler (1969); Wickler e Seibt (1983); Lévi-Strauss (1956).
12. Bischof (1985).
13. Fisher (1982); Goodhall (1986).
14. de Waal e Lanting (1997).
15. Dunbar (1988) cap. 8.
16. *Ibid*.; Eibl-Eibesfeldt (1967).
17. *Ibid*.
18. Fisher (1982).
19. Goodhall (1986) cap. 16; Fossey (1986) cap. 4; Fisher (1992) cap. 6.
20. de Waal e Lanting (1997) cap. 4.
21. Leroi-Gourhan (1964a, 1983).
22. Wickler (1969).
23. *Ibid*; Wright (1993); Katz e Konner (1981).
24. Freud (1912-13).
25. Lévi-Strauss (1949); Lévi-Strauss (1983) cap. 3; Zonabend (1986).
26. Morris (1967); Eibl-Eibesfeldt (1967, 1984); Fisher (1982, 1992); Wiecler (1963); Masset (1986); Badinter (1986); Leroi-Gourhan (1964a).
27. Bolck (1926).
28. Montagu (1981).
29. Goodhall (1986), caps. 11, 17.
30. Cohen e Bennet (1993).
31. Stevens e Price (1996); Hogenson (1998).
32. Hua (1997). O povo *Na* é formado por uns poucos milhares de indivíduos que habitam uma zona isolada da China meridional. Seus homens limitam-se a visitar as mulheres de noite, sem coabitar com elas.
33. Wickler (1969); Fisher (1982, 1992).
34. O bonobo, uma espécie cuja sexualidade parece estar em um ponto intermédio entre a humana e a dos outros pongídeos, diferencia-se destes últimos também pela freqüência de contatos homossexuais. Veja de Waal e Lanting (1997).
35. Lévi-Strauss, *Razza e cultura* (1971), *in* Lévi-Strauss (1983); Cavalli-Sforza (1996); Montagu (1981).
36. Lorenz (1965) vol. 2; Tinbergen (1951) cap. 8; Eibl-Eibesfeldt (1970) cap. 2.
37. Lorenz (1963).
38. Wickler e Seibt (1983) cap. 7.
39. Wickler e Seibt (1977).
40. Silk (1993).
41. Zihlman (1993).
42. Mead (1949) pt. 3, cap. 2.
43. Lévi-Strauss (1956); Müller-Karpe (1974); Badinter (1986) pt. 1, cap 1; Masset (1986).

44. Eibl-Eibesfeldt (1984) 4.7.
45. Müller-Karpe (1974) cap. 4.
46. Neumann (1949) pt. 1.
47. Burkert (1972); Giegerich (1994).
48. Mead (1949) pt. 3, cap. 3.
49. Morris (1967) cap. 3; Fisher (1982) cap 1; Eibl-Eibesfeldt (1967) 4.4; Eibl-Eibesfeldt (1984).
50. Fisher (1982) cap. 9.
51. Badinter (1986) pt. 1, cap. 1; Eibl-Eibesfeldt (1984) 4.7.
52. Ibid.
53. Veja também 2.6.
54. Lévi-Strauss (1949); Fox (1967); Lo Russo (1995).
55. Eibl-Eibesfeldt (1984) 4.4.6.
56. Bischof (1985).
57. Lévi-Strauss (1949).
58. Fossey (1986) cap. 1.
59. Wickler e Seibt (1977) cap. 8.
60. Goodhall (1986); Eibl-Eibesfeldt (1967); Eibl-Eibesfeldt (1984) 4.6; Fisher (1982) cap. 8; Fisher (1992) cap. 13.
61. Goodhall (1986) cap. 16.
62. Eibl-Eibesfeldt (1967); Eibl-Eibesfeldt (1984) 4.6.

## 2. ANTIGÜIDADE E MITO

1. Gimbutas (1989); Meier-Seethaler (1988).
2. Beauvoir (1949) vol. 1, pt. 2, cap.2.
3. Badinter (1986).
4. Magli (1978).
5. Lo Russo (1995).
6. Bloom-Feshbach (1981).
7. Burguière, Klapisch-Zuber et al. (1986).
8. Ibid. Mais especificamente em Evans-Pritchard (1965).
9. Benveniste (1966, 1969).
10. Leroi-Gourhan (1964b); Eliade (1975) vol. 1; Müller-Karpe (1974).
11. Ibid. Eliade (1975) vol. 1, cap. 2; Badinter (1986); Gimbutas (1989).
12. Dupuis (1987).
13. Malinowski (1927).
14. Müller-Karpe (1974).
15. Hewlett (1991).
16. Gimbutas (1989).
17. Hillman (1972b).
18. Zoja (1993).
19. Hartland (1894, 1909); Malinowski (1929); Lo Russo (1995).
20. Gadamer (1976).
21. Hillman (1972a); Georgoudi e Vernant (1996).
22. Bernal (1987).
23. Uma das mais conhecidas alusões a um compromisso entre Zeus e uma divindade materna e terrestre está contida no mito de Deméter, cuja filha, Perséfone, foi destinada a uma vida que pendia entre a mãe e o novo esposo, o deus Hades. Conforme o Hino Homérico a Deméter, especialmente 441 ss.
24. Kerényi (1992); Lekatsás (1971); Lemke (1976); Eliade (1975); Dodds (1951).
25. Lekatsás (1971).
26. Heródoto, Estórias, II, 53, 1.
27. Hesíodo, Teogonia, 106 ss.
28. Ibid., 126 ss.
29. Ibid., 185.
30. Ibid., 480.
31. Ibid., 472.
32. Ibid., 570-612; Os trabalhos e os dias, 59 ss.
33. Hesíodo, Teogonia, 591.
34. Hesíodo, Os trabalhos e os dias, 70 ss.
35. Hesíodo, Teogonia, 820 ss.
36. Ibid., 900.
37. Ésquilo, Eumênides, 736-38.
38. Ilíada, VI, 237-41.
39. Ibid., 237-311.
40. Ibid., 312-68.
41. Ibid., 369-439.
42. Ibid., 266-68.
43. Parece que ainda hoje os pais carregam as crianças pequenas de modo diferente das mães. Um estudo psicológico americano, baseado em uma vasta população, faz uma listagem dos comportamentos tipicamente paternos: atirar a criança ao ar; abraçá-la, mas de maneira que olhe para fora (figura 2); levantá-la com os braços tesos, fitando-a nos olhos. Nos tempos modernos e nos países mais modernos, uma ciência moderna conta-nos justamente aquilo que Homero já dizia. Homero é moderno porque Homero pertence a todas as épocas. E o arquétipo paterno pertence igualmente a todos os tempos. Veja Popenoe (1996), cap. 5; Shapiro (1994), op. cit. Ibid.
44. Ilíada, VI, 440-79.
45. Ilíada, I, 271; V, 303; XIII, 383, 449.
46. Ilíada, XX, 287; Odisséia, II, 276 ss.

47. Ricoeur (1966).
48. Romily (1997).
49. *Ilíada*, VI, 445; XXII, 459.
50. *Ilíada*, XVI, parte final.
51. *Ilíada*, VI, 262, 403; XI, 243; XV, 496; XXIV, 215, 500, 730.
52. *Ilíada*, XXII, 64; XXIV, 735; Eurípedes, *As Troianas*, 721-23.
53. *Ilíada*, VI, 403; XXII, 307.
54. *Ilíada*, I, 357; XVIII, 35; XXVI, 511. *Odisséia*, VII, 86, 522; XVI, 215 ss.
55. *Ilíada*, VI, 447-65.
56. *Ilíada*, VII, 303.
57. Sófocles, *Ájax*, 661, 817, 1026.
58. *Ilíada*, XXII, 1-91.
59. Zoja (1993).
60. *Ilíada*, XXII, 96-130.
61. *Ibid.*, 136-213.
62. *Ibid.*, 261 ss.
63. *Ibid.*, 297-305.
64. *Ibid.*, 273-354.
65. *Ibid.*, 485-98.
66. Veja também 2.7.
67. *Ilíada*, XXIV, 22-119.
68. *Ibid.*, 485-517.
69. *Odisséia*, V, 365, 424; VI, 118; X, 151.
70. *Odisséia*, IX, 366.
71. *Odisséia*, IV, 271 ss.
72. *Odisséia*, XIX, 467-90.
73. *Odisséia*, VIII, 523 ss.
74. *Odisséia*, XX, 13-21.
75. Veja como exemplo Baudelaire: "Sois sage, ô ma Douleur, et tiens-toi plus tranquille" (Sê razoável, ó minha Dor, e fica mais tranqüila)("Recueillement", *in Nouvelles Fleurs du Mal*, XIII).
76. *Ilíada*, XIX, 155-304.
77. *Odisséia*, VII, 216; XV, 343; XVII, 286, 473; XVIII, 53.
78. *Ilíada*, X, 50, 496.
79. *Odisséia*, I, 57-59.
80. *Odisséia*, VII, 224 ss.
81. *Odisséia*, VI, 182-85.
82. Milhares de anos depois, isso será confirmado por Constantinos Kavafis (poesia n. 32), poeta grego que fala aos modernos.
83. *Odisséia*, X, 552 ss.
84. *Ibid.*, 472.
85. *Odisséia*, IX, 224-30.
86. *Ibid.*, 500-35.
87. *Odisséia*, X, 51 ss.

88. *Odisséia*, XI, 100-37.
89. *Odisséia*, V, 215-20.
90. Hesíodo, *Teogonia*, 1010-18.
91. *Odisséia*, IX, 29-36.
92. *Ibid.*, 37.
93. *Odisséia*, V, 394 ss.
94. *Odisséia*, I, 115 ss.
95. *Ibid.*, 240; III, 83; IV, 317.
96. Tratei desse tema em "Individuation and 'paideia'", *in Journal of Analythical Psychology*, vol. 42, pp. 481-505 (1997), publicado novamente em Zoja (1999).
97. *Odisséia*, I, II, III, IV.
98. *Odisséia*, XVI, 148 ss.
99. *Odisséia*, XVII, 290-327.
100. *Ibid.*, 274-77.
101. *Odisséia*, XXI, 117.
102. *Ibid.*, 129.
103. *Odisséia*, XVI, 111.
104. *Odisséia*, XX, 345 ss.
105. *Odisséia*, XVI, 247 ss.
106. Roscher (1884-1937).
107. *Odisséia*, XXI, XXII.
108. *Odisséia*, XXI, 257-63.
109. *Ibid.*, 406 ss.
110. *Odisséia*, XXII, 45 ss.
111. *Ibid.*, 411 ss.
112. *Odisséia*, XXIII, 97-110, 182-257.
113. *Odisséia*, XII, 165-200.
114. *Odisséia*, IX, 45.
115. *Ibid.*, 97.
116. *Odisséia*, IV, 220; X, 236.
117. Zoja (1997) op. cit.
118. Heródoto, *Estórias*, III, 39-43; VI, 8-10.
119. Dodds (1951); Toynbee (1959).
120. Jung (1921), 437.
121. Ésquilo, *Eumênides*, 456-60.
122. *Ibid.*, 500-08.
123. *Ibid.*, 658 ss.
124. *Ibid.*, 739 ss.
125. Ésquilo, *Prometeu acorrentado*, 17.
126. *Ibid.*, 35.
127. Sófocles, *Antígona*, 901-12.
128. Eurípedes, *Orestes*, 551 ss.
129. Aristóteles, *De generatione animalium*, 727 a-b.
130. *Ibid.*, 728a-b, 729a-b, 730a-b, 741a-b, 766b; *Metafísica*, 1032a, 1033a-b.
131. Aristóteles, *De generatione animalium*, 728a.
132. *Lei de Manu*, IX, 33, 35.

133. Diodoro Siculo, I, 80, 3 ss.
134. Lévi-Strauss (1948).
135. Hillman (1972b) pt. 3; Darmon (1979); Pinto-Correia (1997); Delaisi de Parceval (1981) cap. I; Badinter (1986).
136. Zoja (1993).
137. Mossé (1983)
138. Hillman (1972b).
139. Veja Zoja (1989).
140. Ésquilo, *Agamêmnon*, 918-20.
141. Lévi-Strauss (1952).
142. Hillman (1972b).
143. Segundo Hillman (*ibid.*), 37%.
144. Lemke (1976).
145. Platão, *A República*, 572. Veja também o comentário em Jäger (1944).
146. Gadamer (1976).
147. Hillman (1972b).
148. *Hino homérico a Afrodite*, 8-52.
149. Zoja (1993).
150. *Hino homérico a Afrodite*, 177 ss.
151. *Ibid.*, 198 ss.
152. *Eneida*, I, 257-96.
153. *Ibid.*, 407-09.
154. *Ibid.*, 643.
155. *Eneida*, II, 270-97.
156. *Ibid.*, 297.
157. G.W.F. Hegel, *Lineamenti di filosofia del diritto* (1820), §§ 163, 166, 173, 257.
158. *Eneida*, II, 589-620.
159. *Ibid.*, 635 ss.
160. *Ibid.*, 660.
161. *Ibid.*, 674-77.
162. *Ibid.*, 726-29.
163. *Ibid.*, 771-88.
164. Veja D.R. Williams (1982), 39: "Os valores do mundo de Augusto já se refletem no momento em que Enéias aprende a deixar o mundo troiano, de arrebatamento heróico e impetuoso, e inaugura o mundo romano, de *previdência, dever e responsabilidade (pietas)*." [Grifo do autor]
165. Roscher (1884-1937). No *Lexikon* apenas a lista das principais imagens que representam essa cena ocupa três páginas. Infelizmente poucas restaram. Isso poderia confirmar que se tratava de um símbolo religioso central, substituído por novas figuras com o advento do cristianismo. O tema foi retomado no Renascimento. Uma das imagens mais famosas é a pintura de Rafael.

166. *Ibid.*, 164.
167. Ou mesmo que parece impedir a fuga (*Ibid.*, 184, 67).
168. *Eneida*, III, 96.
169. *Ibid.*, 561-692.
170. *Eneida*, I, 657 ss., 717 ss,; IV, 84 ss.
171. *Eneida*, IV, 219-78.
172. *Ibid.*, 351.
173. Aqui retorna indiretamente a idéia grega de que o pai é o elo consangüíneo do filho, como na contemporânea poesia de Catullo.
174. *Eneida*, v, 618 ss.
175. *Ibid.*, 670 ss.
176. *Eneida*, VII, 293 ss.
177. *Eneida*, x, 480 ss.
178. *Eneida*, XI, 777 ss.
179. *Eneida*, XII, 930 ss.

## 3. MODERNIDADE E DECADÊNCIA

1. Mulliez (1990); Lenzen (1991) cap. 6.
2. Lenzen (1991).
3. *Coríntios*, I, 23.
4. Mateus, 27, 46; Marcos, 15, 34.
5. Delumeau e Roche (1990); Ariès (1960).
6. Lenzen (1991) caps. 8 sgg.
7. Ariès (1960).
8. Schindler (1978).
9. Mateus, 23, 8.
10. Badinter (1990). O livro inicia com a recordação de que nos anos 1780, a cada 21 mil crianças nascidas em Paris, apenas mil foram alimentadas pela mãe e cerca de outras mil por uma ama que residia com a família. Todas as outras eram confiadas a amas distantes.
11. Bonnet (1990).
12. Greven (1977); Gottlieb, *The family in the Western World*, cap. 11.
13. De Mause (1974); Lenzen (1991) cap. 10.
14. "E assim foi a história da amizade fraternal. Pressentimos que não deixa de ter afinidade com a história de uma ascensão. Não um progresso, mas uma elevação" (Derrida, 1994, cap. 10). O texto contém uma crítica filosófica da colaboração fraterna.
15. Infelizmente seus reflexos sobre a vida privada (e, em particular, o papel do pai) foram menos reconhecidos. As reconstruções históricas são forçadas a tratar desse assunto de modo mais indireto. Veja, por ex., Griswold (1993).

16. Thompson (1963), cap. 9. Em 1834, a indústria têxtil emprega no Reino Unido 191.671 adultos: destes 102.812 são mulheres (fontes citadas *ibid.*, 308 sgg.). Com relação ao emprego de crianças, veja *ibid.*, cap. 10.

17. Janssens (1998).

18. Mitscherlich (1963), cap. 7.

19. A condição de chefe de família urbanizado que deixava os familiares no campo distante era ainda muito difundida entre os agricultores italianos, especialmente os das regiões meridionais que iam trabalhar como operários na Europa setentrional durante os anos 50 e 60 do século xx (ora substituídos por imigrantes do Leste). Era uma condição extremamente difícil, mas recompensadora quando ligada a um projeto de constância paternal. Um paciente meu —profissional culto e urbanizado— dedicou anos de análise e a discussão de seus sonhos mais significativos a seu pai, que somente durante intervalos brevíssimos voltava para casa com presentes e algumas economias, para um dia comprar um pedaço de terra (nesses momentos celebravase enfim o "dia do pai"). Um camponês paupérrimo, silencioso, praticamente invisível: mas, nas lembranças do filho, invencível. Como Telêmaco em relação a Ulisses, o meu paciente conseguiu fazer de si um homem adulto por meio desse pai quase desconhecido. Por haver permanecido na Itália, estudou, por exemplo, o idioma alemão (que o pai analfabeto nunca pôde aprender) para reviver pessoalmente a viagem e a aventura de seu pai, ao menos culturalmente. O imigrante que não esquecia a família e que a ela retornava era acolhido com honras. Aquele que pedia à família que se juntasse a ele corria o risco de consumir todas as economias conquistadas a duras penas para se reunir a filhos estranhos: educados em uma outra língua, integrados rapidamente em uma modernidade de cuja estatura o ridicularizavam, ou então membros de bandos urbanos de vagabundos que representavam o contrapeso psicológico ao excesso de laboriosidade do pai.

20. Mitscherlich (1963).

21. Com relação à França, Delumeau e Roche (1990). Para a Alemanha, Lenzen (1991), cap. 12.

22. Delumeau e Roche (1990).

23. Leed (1979; Ferguson (1998).

24. Fussel (1975), cap. 2.

25. Nota enviada pelo papa Bento xv aos Chefes de Estado em 1° de agosto de 1917.

26. Ao final da guerra, dentre 5,2 milhões de soldados italianos, 870 mil foram denunciados às cortes marciais com acusações que iam desde uma simples expressão de descontentamento à fomentação de rebeliões. Veja Forcella e Monticone (1968).

27. Essas cifras referem-se apenas aos soldados italianos. Entre os franceses, dezenas de milhares de deserções concentram-se entre os meses de maio e junho de 1917. Na Rússia, os amotinamentos alastram-se pelo exército com o desenrolar da revolução. Veja Gilbert (1994), caps. 17-19.

28. As cortes marciais infligem penas de cinco a 20 anos de cárcere para casos de pequenos escambos envolvendo pedaços de pão ou cigarros. Veja Forcella e Monticone (1968), 33.

29. Ferguson (1998).

30. Leed (1979).

31. Bloch (1949); Fussel (1975); Leed (1979).

32. Para uma ampla investigação sobre esse imaginário heróico fascista na Alemanha, veja Theweleit (1977-78).

33. *Manifesto del Futurismo*, Paris, 20 de fevereiro 1909.

34. V. de Saint-Point, *Manifesto della donna futurista*, Bruxelas-Paris-Milão, março de 1912.

35. *La nuova religione — morale della velocità*, Manifesto futurista de F. T. Marinetti, Milão, maio de 1916.

36. *La flora futurista ed equivalenti plastici di odori artificiali*, "Basta coi fiori naturali", Manifesto futurista de F. Azari, Milão-Roma, novembro de 1924.

37. *Contro Venezia passatista*, Manifesto de Boccioni-Carrà-Marinetti-Russolo, Veneza, julho de 1910.

38. *Manifesto del Futurismo*, op. cit.

39. *Manifesto della donna futurista*, op. cit.

40. *Manifesto futurista della lussuria*, Milão, janeiro de 1913.

41. Em Friuli —naquela Itália em cujas escolas ainda domina a retórica nacionalista da Áustria como inimiga atávica—, no dia 17 de agosto celebra-se, com solenidade e a participação de representantes de toda a *Mitteleuropa*, o aniversário do imperador Franz Joseph. E

também na Itália, o sucesso das publicações sobre essa Áustria é um dos fenômenos mais surpreendentes do universo editorial. A revalorização do mais patriarcal dos impérios atinge também outros países e disciplinas estritamente históricas. Veja, por exemplo, Michel (1991, 1995).

42. Messina (1998). O texto faz referência a pelo menos sete filhos. Somente em alguns casos o ditador lhes deu auxílio econômico. É muito difícil traçar algum aspecto de interesse pessoal. Apenas a um dos filhos (Benito Albino, nascido em 1913) concedeu o reconhecimento público e, obrigado pelo juiz, uma pensão regular. Em seguida, pouco depois de chegar ao poder, mandou internar em um manicômio a mãe, que ali morreu poucos meses depois em circunstâncias não muito claras. O filho foi encerrado em um internato desconhecido. Anos depois, com um ato de autoridade, Mussolini destitui-lhe do próprio nome. Esse filho morreu em Marina na guerra desencadeada pelo próprio pai.

43. Neumann (1949), cap. 3; Stein (1973).

44. Veja a citação de Neumann no início desta parte.

45. A suspensão pelos pés de uma pessoa que foi uma grande figura de autoridade tem seguramente valências arquetípicas. Segundo a tradição, São Pedro pediu para ser crucificado de cabeça para baixo porque era indigno de receber o mesmo fim de Cristo (figura 13). Em setembro de 1944, na Roma recém-liberta, ocorre um fato sobre o qual se comentará por muito tempo. A multidão seqüestra Donato Carretta, diretor do cárcere durante o período da ocupação nazista, massacra-o e depois pendura seu cadáver pelos pés em frente à prisão, perante os olhares dos familiares. A reconstrução historiográfica atualmente abandonou a interpretação prevalentemente política do fato (Carretta era um funcionário escrupuloso e havia ajudado secretamente a oposição antifascista) para entendê-lo como um "rito" de inversão que seria repetido no ano seguinte em Milão com o cadáver de Mussolini. Veja Ranzato (1997), cap. 15.

46. Assim como Cristo entre os ladrões, o "homem da Providência" é exposto em meio a outros fascistas assassinados. Como a Cristo, a quem se gritava: "Desce da cruz!" (Mateus, 27, 40; Marcos, 15, 29 e 32), ao corpo de Mussolini gritava-se: "Faz o discurso!" Veja Luzzatto (1998).

47. Huizinga (1935), cap. 15.

48. Mendel (1968).

49. Toynbee (1976).

50. *As vinhas da ira*, cap. 1.

51. *Ibid*, cap. 13.

52. *Ibid*, cap. 26.

## 4. O PAI HOJE

1. Guggenbühl-Craig (1992), cap. 3.

2. Pleck (1997). Mack (1997), cap. 9, conforta-se com um estudo que indica um crescimento de 5% no envolvimento paterno entre 1986 e 1991. Porém, devido às bases de que parte o estudo, a participação dos pais norte-americanos permanece baixíssima. O mesmo pode ser dito sobre a Europa e até mesmo sobre os países escandinavos. Vide a nota 50 do cap. 4.

3. Abramovitch (1994), a fonte não é citada. São também poucos os minutos dedicados pelos pais franceses aos seus filhos: veja Delumeau e Roche (1990), cap. 15.

4. Keniston (1977), citado em Bloom-Fleshbach (1981). Os registros de 1895 apresentam 40 mil divórcios e 620 mil casamentos. Em 1980, 2.413 mil casamentos e 1.182 mil divórcios. A proporção de divórcios sobre os casamentos havia substancialmente passado de 6,5 a 50% (segundo o National Center for Health Statistics).

5. Dafoe Withehead (1997), Introd. e cap. 1.

6. Coontz (1997), cap. 2; Popenoe (1996), cap. 1.

7. Um amplo panorama sobre essa mudança pode ser encontrado em Blankenhorn (1995), cap. 1.

8. Hofferth (1985), op. cit. *ibid*.

9. Lamb, *in* Lamb (1997).

10. Popenoe (1996), cap. 7.

11. Eurostat, citado em *Newsweek*, vol 124, n° 3 (20 de janeiro de 1997).

12. Furstenberg *et al* (1983), citado em Huntington (1986).

13. Osherson (1986), citado em Gordon (1990).

14. Furstenberg et al. (1983); Rosenthal e Keshet (1981), citado em Huntington (1986); Blankenhorn (1995), cap. 7.

15. Fares (1996).

16. *The New York Review of Books*, vol. 44, nº 19 (dezembro de 1997) apresenta as resenhas de cinco textos que tratam dos problemas da família americana. Dois desses textos utilizam a palavra *really* em seus títulos. A ostentação de um termo que indica verdade nos faz pensar sobre o forte temor de que ela se tenha perdido.

17. Office of Policy Planning and Research, US Department of Labour, U.S.G.P.O., Washington D.D., 1965. Reimpresso por Greenwood Press, Westport, CT, 1981.

18. Mead (1949).

19. Veja também a reconstrução proposta por Varenne (1986).

20. Um panorama recente e bastante completo desses diferentes pontos de vista é encontrado em Daniels (1998).

21. Biller (1981); Marsiglio e Cohan (1997). Entre 1960 e 1990 a parcela de crianças negras que vivem somente com a mãe passou de 19,9 a 51,2 (com um aumento, portanto, superior a 250%) (fonte: Bureau of the Census).

22. Marsiglio (1987).

23. Bly (1996), cap. 7. Fonte não citada.

24. Moynihan (1981).

25. Comunicação pessoal de Marta e Lucia Azevedo durante o II Congresso Latino-americano de Psicologia Analítica, Rio de Janeiro, junho de 2000.

26. *Famílias Chefiadas por Mulheres*, SEADE (Sistema Nacional de Análise de Dados), São Paulo, 1994.

27. Scott (1990); Smith (1973).

28. Nas Américas e em parte na Europa. Nos países escandinavos, a ausência de pai é um fenômeno muito difuso sem que exista uma correlação com uma situação de miséria. Veja Coontz (1997), cap. 8. Muitos países árabes, por outro lado, são marcados por uma situação em que a pobreza coexiste com famílias em que, ao menos nominalmente, há uma forte figura de pai.

29. *Los hogares em Mexico*, INEGI (Instituto Nacional de Estadística Geografica e Informatica), Aguascalientes, 1997. Naturalmente o problema é menos visível fora das megalópoles e, em geral, onde o impacto da modernização tenha sido menos violento. Mas as poucas estatísticas disponíveis já nos indicam que em um país como o Equador o percen-

tual de mulheres como chefes de família atinge o ponto máximo na classe de renda mínima e o ponto mínimo na classe de renda máxima. Veja *Hogares y pobreza*, INEC, Quito, 1994.

30. Até mesmo a exceção da sociedade escandinava é apenas aparente. O elevado nível de bem-estar e a extensão dos serviços sociais hoje protegem as mães solteiras da marginalização. Mas com o advento da modernização, os pais ainda ocupavam seus lugares devido à tradição protestante, que ainda hoje, em suas formas laicas, reflete-se na confiabilidade, sobriedade e eficiência do ritmo de vida dos escandinavos.

31. Bernand e Gruzinski (1986).

32. O seu papel de elo de ligação entre os indignos e os imigrantes, e de "mãe fundadora" da atual América Latina, é ainda hoje pouco discutido e permanece relegado ao inconsciente. Uma exceção é a análise profunda de Gambini (1988).

33. Paz (1950); Mirandé (1997).

34. A nossa perspectiva psicológica encontra aqui uma correspondência econômica. Na história da escravidão, devido à sua capacidade reprodutiva e de prestar favores sexuais, as escravas eram vendidas a preços muito mais altos em relação aos homens escravos. Veja Deveau (1998).

35. Di Lorenzo (1996).

36. Tellenbach (1976, 1978 ).

37. Tellenbach (1976). Estudos especializados sugeriam a possibilidade de que, dentre os fatores que levam ao suicídio, a falta do pai fosse ainda mais influente do que a falta da mãe. É de se notar que essa mesma indicação provém, por exemplo, tanto da Alemanha federal como da Alemanha oriental, antes da queda do muro de Berlim. Veja "Die Bedeutung von Elternverlusten in der Kindheit bei depressiven und suizidalen Pazienten", em *Praxis von Kinderpsychologie und Kinderpsychiatrie*, vol. 40, nº 9, pp. 322-27 (1991); "Eltern-Mutter — oder Vaterverlust in der Kindheit und suizidales Verhalten im Erwachsenalter", em *Psychiatrie Neurologie Medzinsche Psychologie*, vol. 41, nº 4, pp. 218-23 (1989). Para indicadores semelhantes provenientes de outros países ocidentais, veja: para o Canadá francófono, "Suicidal At-

tempts and Ideations among Adolescents and Young Adults: the Contribution of the Father's and Mother's Care", em *Social Psychiatry and Psychiatric Epidemiology*, vol. 28, n° 5, pp. 256-61 (outubro de 1993). Para a Dinamarca, "Experience of Parental Loss and Later Suicide", em *Acta Psychiatrica Scandinavica*, vol. 79, n° 5, pp. 450-52 (maio de 1989). Para a França, "Les facteurs suicidogènes chez l'enfant et chez l'adolescent", em *Synapse. Journal de Psychiatrie et Système Nerveux Central*, vol. 138, pp. 79-82 (setembro de 1997).

38. Freud (1929)
39. Veja em 2.5.
40. Hillman (1972a).
41. Veja anteriormente em 3.3.
42. Krül (1979).
43. Blos (1985); Fthenakis (1985); Samuels (1993).
44. Klein (1957).
45. Freud (1929).
46. Veja, por exemplo, Jung (1943).
47. Também a título de indicação, veja Jung (1930).
48. Note-se que o último pai, embora desnudo e reduzido a panfleto de promoção turística, lança o filho ao ar repetindo inconscientemente o gesto de Heitor.
49. Samuels (1993).
50. Pleck (1997). A figura 13 encontra-se em Gaunt (1986). A partir de sua leitura observa-se que o tempo médio dedicado pelos pais suecos aos seus filhos não chega nem mesmo a um quarto do tempo dedicado pelas mães. E a Suécia ocupa a *primeira posição no mundo* no que diz respeito aos cuidados paternos dedicados às crianças [veja também Popenoe (1996), cap. 6]. A figura 14 foi retirada do cap. 15 de Delumeau e Roche (1990): esse mesmo capítulo nos informa que a participação direta dos pais franceses na vida de seus filhos permanece baixíssima, muito embora a revolução dos costumes ocorrida no decênio de 1975 a 1985 a tenha levado a aumentar em *alguns minutos* por dia.
51. Autores do sexo masculino, tais como Blos e Fthenakis.
52. Um observador perspicaz como Cremerius (1981) destacou que a maternalização teve efeito não apenas sobre a teoria, mas também

sobre a prática da psicanálise pós-freudiana: "Quando autores como Winnicott, Mahler e principalmente Kohut tornaram-se conhecidos na Alemanha, muitos colegas alteraram —por vezes repentinamente— a sua técnica de trabalho, no sentido de demonstrar o desejo de ser uma boa e atenciosa mãe préedípica. Era surpreendente como para eles era fácil transformar sua atividade clínica em uma exegese de novos conceitos. Desde a primeira sessão propunham um fantástico mundo mãe-filho como terreno de comunicação, e não notavam como seu comportamento, seu discurso, sua escolha de vocábulos e imagens compunham uma série de sinais que convidava o paciente a uma regressão a esse plano. Nos casos em que algum colega trazia para a supervisão um gravador, a fim de que eu escutasse parte da sessão, a mudança era ainda mais claramente percebida. Depois de modificar os conceitos, modificavam também o tom de voz [...] Eu tinha freqüentemente a impressão de que eles modificavam até mesmo a forma de seus corpos, que se tornavam mais parecidos com o de uma mãe."

53. Samuels (1993).
54. Veja também os diversos artigos contidos em Lamb (1997).
55. Veja anteriormente em 4.1.
56. Zoja (1985).
57. Em 1.4.
58. *Ibid.*
59. Veja, por exemplo, em Segal (1990), cap. 3.
60. Delumeau e Roche (1990), cap. 13.
61. Bly (1996).
62. Mitscherlich (1963); Wurzbacher (1954), op. cit. *ibid.*
63. Kuder (1994).
64. *Livro do Gênesis*, 25, 29 ss.
65. *Ibid*, 27.
66. *Ibid*, 23, 32 ss.
67. *Ibid*, 27, 41 ss.
68. Um amplo estudo sobre a necessidade da iniciação na sociedade moderna encontra-se em Henderson (1967).
69. O autor teve ocasião de estudar a impressionante quantidade de drogas que os jovens do sexo masculino consomem como tentativa inconsciente de reconstruir os ritos de iniciação que já não existem mais. Veja Zoja (1985).

70. Samuels (1993).
71. Hosley e Montemayor (1997); Hite (1994).
72. Greven (1977).
73. Pleck (1997).
74. *Ibid.*; Griswold (1993).
75. Pleck e Pleck (1997).
76. Veja em 4.3.
77. Veja em 3.2.
78. Jacobs (1986). Veja também em Delumeau e Roche (1990); Feldman (1990); Fthenakis (1985). Outros estudos afirmam que, mesmo quando o casal não se separa, o agravamento da situação do casamento causa mais desconforto psíquico aos pais do que às mães. Veja também Cummings e O'Relly (1997).
79. Conforme mencionado na Introdução.
80. Härtling (1995).
81. Veja em 3.4 e na figura 7.
82. *Odisséia*, I, 215 ss.
83. *Odisséia*, XVI, 274-77.
84. Härtling (1995). Veja em 4.5.
85. Todd (1996), cap. 50.
86. Atualmente publicado: Camus (1994).
87. A partir do encontro acidental entre um homem e uma mulher, o diretor descreve de maneira fulminante os anseios de uma menina sem pai e de um "pai" sem filhos na relação que se estabelece entre ele e a menina Alice, filha da mulher. O homem não percebe que busca um filho. A menina, no entanto, sabe muito bem o quanto deseja ter um pai, alguém respeitado e que as pessoas entendessem que ela é filha dele. Ela faz com que ele seja observado por uma pessoa estranha, e deixa-o constrangido com ternura, mas sem complacência.

88. Nos séculos passados, o *Ospedale della Pietà*, de Veneza, tal como outros hospitais desse tipo, acolhia crianças que eram abandonadas por seus familiares. Ao lado do hospital encontra-se a *Chiesa della Pietà*. O turista que passeia ao longo do *Canal Grande* e dirige o olhar à fachada da igreja deveria deixar seu caminho por alguns instantes e adentrar a estreita *Calle della Pietà*, uma viela à direita da edificação. A poucos passos encontrará na lateral da igreja uma lápide com os seguintes dizeres: "Que o Senhor Deus fulmine e excomungue todos aqueles que, possuindo recursos ou a faculdade de prover cuidados, abandonam ou deixem que sejam entregues seus filhinhos e filhinhas, sejam eles legítimos ou naturais, a este *Ospedale della Pietà*. Estejam obrigados a ressarcir todo dano e despesa nos cuidados dos pequenos, e, caso contrário, não sejam absolvidos, conforme consta na bula de Nosso Senhor o Papa Paulo III. Em 12 de novembro do ano de 1548." A esta sucederam-se leis e maldições similares durante séculos e sem resultado.

## REFLEXÕES FINAIS

1. Fromm (1941).
2. Lamb (1976, 1981, 1997); Samuels (1995).

# Bibliografia

As obras clássicas, ou muito conhecidas, e disponíveis em diversas edições encontram-se citadas no texto ou em notas e não foram incluídas nesta bibliografia.

AA. VV., *Le Grandi Madri*, organizado por T. Giani Gallino, Feltrinelli, Milano, 1989.
AA. VV., *Feminism and Psychology*, Sage, London, 1995.
Abramovitch H., *Pigmy Giants*, S. Francisco Jung Inst. Lib. J. (1994).
American Museum of Natural History, *The First Humans*, Harper, San Francisco, 1993.
Ariès P., *L'enfant et la vie familiale sous l'ancien régime*, Plon, Paris, 1960 (trad. it. *Padri e figli nell'Europa medievale e moderna*, Laterza, Bari, 1986].

Bachofen J.J., *Das Mutterrecht* (1861) [trad. it. *Il matriarcato*, 2 vols., Einaudi, Torino, 1988].
Badinter E., *L'amour en plus*, Flammarion, Paris, 1980 [trad. it. *L'amore in più. Storia dell'amore materno*, Longanesi, Milano, 1982].
_____, *L'un et l'autre*, Odile Jacob, Paris, 1986 [trad. it. *L'uno e l'altra. Sulle relazioni tra l'uomo e la donna*, Longanesi, Milano, 1987].
Beauvoir S. de, *Le deuxième sexe* (1949), Gallimard, Paris, 1976 [trad. it. *Il secondo sesso*, Il Saggiatore, Milano, 1984].
Benveniste E., *Problèmes de linguistique générale*, vol. I, Gallimard, Paris, 1966 [trad. it. *Problemi di linguistica generale*, Il Saggiatore, Milano, 1994].
_____, *Le vocabulaire des instituitions indo-européennes*, 2 vols., Minuit, Paris, 1969 [trad. it. *Il vocabolario delle istituzioni indoeuropee*, Einaudi, Torino, 1976].
Bernal M., *Black Athena. The Afro-Asiatic Roots of Classic Civilization*, Free Association Books, London, 1987 [trad. it. *Atena nera. Le radici afroasiatiche della civiltà classica*, Nuova Pratiche, Milano, 1997].
Bernard C. e Gruzinski S., "I figli dell'apocalisse: la famiglia in Meso-America e nelle Ande", *in* Burguière, Klapisch-Zuber, Segalen e Zonabend (1986).
Biller H.B., "The Father and Sex Role Development", *in* Lamb (1981).
Bischof N., *Das Rätsel Oedipus. Die biologischen Wurzeln des Urkonfliktes von Intimität und Autonomie*, Piper, München, 1985.
Blankenhorn D., *Fatherless America. Confronting Our most Urgent Social Problem* (1995), Harper Perennial, New York, 1996.
Bloch M., *Apologie pour l'histoire ou métier d'historien*, Colin, Paris, 1949 [trad. it. *Apologia della storia o mestiere di storico*, Einaudi, Torino, 1969].
Bloom-Feshbach J., "Historical Perspectives in the Father's Role", *in* Lamb (1981).
Blos P., *Son and Father* (1985) [trad. al. *Sohn und Vater*, Klett-Cotta, Stuttgart, 1990].
Bly R., *The Sibling Society*, Addison Wesley, Reading, 1996 [trad. it. *La società degli eterni adolescenti*, Red, Como, 2000].
Bolck L., *Das Problem der Menschwerdung*, G. Fischer, Jena, 1926.
Bonnet J.-C., "De la famille à la patrie", *in* Delumeau e Roche (1990).

Burguière A., Klapisch-Zuber C., Segalen M. e Zonabend F. (orgs.), *Histoire de la famille*, Colin, Paris, 1986 [trad. it. *Storia universale della famiglia*, Mondadori, Milano, 1988].

Burkert W., *Homo Necans*, de Gruyter, Berlin, 1972 [trad. it. *Homo Necans*, Boringhieri, Torino 1981].

Camus A., *Le premier homme*, Gallimard, Paris, 1994 [trad. it. *Il primo uomo*, Bompiani, Milano, 1995].

Cavalli-Sforza L.L., *Gènes, peuples et langues* (1996) [trad. it. *Geni, popoli e lingue*, Adelphi, Milano, 1996].

Cohen M.N. e Bennet S., "Skeletal Evidence for Sex Roles and Gender Hierarchies in Prehistory", *in* Miller (1993).

Collodi C., *Le avventure di Pinocchio. Storia di un burattino* (1883), Mondadori, Milano, 1981.

Coontz S., *The Way you really Are. Coming to Terms with America's Changing Families*, Basic Books, New York, 1997.

Cremerius J., "Über die Schwierigkeiten, Natur und Funktion von Phantasie und Abwehrmechanismen psychoanalytisch zu erforschen und zu definieren" (1981), *in* Cremerius (1990).

——, *Handwerk des Psychoanalytikers: das Werzeug des psychoanalytischen Technik*, vol. 2, Frommann-Holzboog, Stuttgart 1990.

Cummings E.M. e O'Relly A.W., "Fathers in Family Context: Effects of Marital Quality on Child Adjustment", *in* Lamb (1997).

Dafoe Whitehead B., *The Divorce Culture*, Knopf, New York, 1997.

Daniels C.R. (org.), *Lost Fathers. The Politics of Fatherlessness in America*, St. Martin's Press, New York, 1998.

Darmon P., *Le mythe de la procréation à l'âge baroque*, Seuil, Paris, 1979.

Dawkins R., *The Selfish Gene*, Oxford University Press, Oxford, 1976 [trad. it. *Il gene egoista*, Mondadori, Milano, 1989].

Degenhardt A. e Trautner H.M. (orgs.), *Geschlechtstypisches Verhalten*, Beck, München, 1979.

Delaisi de Parceval G., *La part du père*, Seuil, Paris, 1981.

Delumeau J. e Roche D. (orgs.), *Histoire des pères et de la paternité*, Larousse, Paris, 1990.

de Mause L. (org.), *The History of Childhood. The Untold Story of Child Abuse* (1974), Bellew, London, 1991.

Derrida J., *Politiques de l'amitié*, Galilée, Paris, 1994.

Deveau J.-M., *Femmes esclaves. D'hier à aujourd'hui*, France Empire, Paris, 1998.

de Waal F. e Lanting F., *Bonobo. The Forgotten Ape*, University of California Press, Berkeley–Los Angeles–London, 1997.

Di Lorenzo S., *La Grande Madre Mafia*, Pratiche, Milano, 1996.

Dodds E.R., *The Greeks and the Irrational* (1951) [trad. it. *I Greci e l'irrazionale*, La Nuova Italia, Firenze, 1973].

Dunbar R.I.M., *Primate Social System*, Croom Helm, London–Sidney, 1988.

Dupuis J., *Au nom du père. Une histoire de la paternité*, Le Rocher, Paris, 1987 [trad. it. *Storia della paternità*, Tranchida, Milano, 1992].

Eibl-Eibesfeldt I., *Grundrisse der vergleichenden Verhaltensforschung* (1967), Piper, München, 1987 [trad. it. *Fondamenti dell'etologia*, Adelphi, Milano, 1996].

——, *Liebe und Hass* (1970), Piper, München, 1976 [trad. it. *Amore e odio*, Adelphi, Milano, 1996].

——, *Die Biologie des menschlichen Verhaltens. Grundisse der Humanethologie* (1984), Piper, München, 1986 [trad. it. *Etologia umana*, Bollati Boringhieri, Torino, 1993].

Eliade M., *Histoire des croyances et des idées religieuses*, vol. 1, Payot, Paris, 1975 [trad. it. *Storia delle credenze e delle idee religiose*, vol. 1, Sansoni, Firenze, 1979].

Engels F., *Der Ursprung der Familie, der Privateigentum und der Staats* (1984) [trad. it. *L'origine della famiglia*, Editori Riuniti, Roma, 1986].

Evans-Pritchard E.E., *The Position of Women in Primitive Societies and Other Essays in Social Anthropology*, Faber & Faber, London, 1965 [trad. it. *La donna nelle società primitive e altri saggi di antropologia sociale*, Laterza, Bari, 1973].

*Famílias Chefiadas por Mulheres*, SEADE (Sistema Estadual de Análise de Dados), São Paulo 1994.

Fares V., *Fathers and Developmental Psychology*, Wiley, New York, 1996.

Feldman L.B., "Fathers and Fathering", *in* Meth e Pasick (1990).

Ferguson N., *The Pity of War* (1998), Basic Books, New York, 1999.

Fisher H.E., *The Sex Contract. The Evolution of Human Behaviour*, William Morrow, New York, 1982.

_____, *Anatomy of Love. The Natural History of Monogamy, Adultery and Divorce* (1992) [trad. it. *Anatomia dell'amore. Storia della monogamia, dell'adulterio e del divorzio*, Longanesi, Milano, 1993].

Forcella E. e Monticone A., *Plotone di esecuzione. I processi della prima guerra mondiale* (1968), Laterza, Bari, 1998.

Fossey D., *Gorillas in the Mist*, Houghton Mifflin, Boston, 1986 [trad. it. *Gorilla nella nebbia*, Einaudi, Torino, 1994].

Fox R., *Kinship and Marriage. An Anthropological Perspective*, Cambridge University Press, Cambridge, UK, 1967.

Freud S. Para os escritos de Sigmund Freud faz-se referência à edição Boringhieri de sua "Opere", em 12 volumes.

_____, *L'interpretazione dei sogni* (1899), vol. 3.

_____, *Totem e tabù. Alcune concordanze nella vita psichica dei selvaggi e dei nevrotici* (1912-13), vol. 7.

_____, *Il disagio della civiltà* (1920), vol. 10.

Fromm E., *Escape from Freedom*, Holt, Rinehart & Winston, New York, 1941 [trad. it. *Fuga dalla libertà*, Comunità, Milano, 1963].

Fthenakis W.E., *Väter*, 2 vols., Urban & Schwarzenberg, München–Wien–Baltimore, 1985.

Furstenberg F. e outros, "The Life of Children of Divorce: Marital Disruption and Parental Contact", *Am. Sociol. Rev.*, vol. 48 (1983).

Fussel P., *The Great War and Modern Memory*, Oxford University Press, Oxford, 1975 [trad. it. *La grande guerra e la memoria moderna*, Il Mulino, Bologna, 1984].

Gadamer H.G., "Das Vaterbild im griechischen Denken", *in* Tellenbach (1976).

Gambini R., *O espelho índio. Os jesuítas e a destruição da alma indígena*, Editora Espaço e Tempo, São Paulo, 1988 [veja também *Espelho Índio. A formação da alma brasileira*, Axis Mundi / Terceiro Nome, São Paulo, 2000].

Gaunt D.L., "Il modello scandinavo", *in* Burguière, Klapisch-Zuber, Segalen e Zonabend (1986).

Georgoudi S. e Vernant J.-P., *Mythes grecs au figuré*, Gallimard, Paris, 1996.

Giegerich W., *Tötungen. Gewalt aus der Seele*, Peter Lang, Frankfurt a.M.–Berlin–Bern–New York–Paris–Wien, 1994.

Gilbert M., *First World War* (1994) [trad. it. *La grande storia della Prima Guerra Mondiale*, Mondadori, Milano, 1998].

Gimbutas M., *The Language of the Goddess*, Harper & Row, New York, 1989 [trad. it. *Il linguaggio della dea*, Pozza, Vicenza, 1997].

Goodhall J., *The Chimpanzees of Gombe: Patterns of Behaviour*, Belknap Press of the Havard University Press, Cambridge, Mass., 1986.

Goody J. (org.), *The Character of Kinship*, Cambridge University Press, Cambridge, UK, 1973.

Gordon B., "Being a Father", *in* Meth e Pasik (1990).

Gottlieb B., *The Family in the Western World. From the Black Death to the Industrial Age*, Oxford University Press, New York–Oxford.

Greven P., *The Protestant Temperament: Patterns of Child-Rearing, Religious Experience, and the Self in Early America*, University of Chigago Press, Chicago, 1977.

Griswold R., *Fatherwood in America: a History*, Basic Books, New York, 1993.

Guggenbühl-Craig A., *Vom Gutes des Bösen. Über das Paradoxe in der Psychologie*, Schweizer Spiegel, Zürich, 1992 [trad. it. *Il bene del male. Paradossi nella psicologia*, Moretti & Vitali, Bergamo 1998].

Hartland E.S., *The Legend of Perseus*, 3 vols. (1894).

_____, *Primitive Paternity*, 2 vols. (1909).

Härtling P., *Nachgetragene Liebe*, Kiepenheur & Witsch, Köln, 1995.

Henderson J., *Thresholds of Initiations*, Wesleyan University Press, Middletown, 1967.

Hewlett B.S., *Intimate Fathers: the Nature and Context of Aka Pigmy Paternal Infant Care*, University of Michigan Press, Ann Arbor, 1991.

Hillman J., "An Essay on Pan" (1972a), *in* Hillman e Roscher (1974) [trad. it. *Saggio su Pan*, Adelphi, Milano, 1977].

_____, *The Myth of Analisys. Three Essays in Archetypal Psychology*, Northwestern University Press, Evanston, 1972b [trad. it. *Il mito dell'analisi*, Adelphi, Milano, 1979].

_____, e outros, *Fathers and Mothers*, Spring, Zürich, 1973.

_____, e Roscher W.H., *Pan and the Nightmare*, Spring, New York, 1974.

Hite S., *The Hite Report on the Family* (1994) [trad. it. *Il rapporto Hite sulla famiglia: come sono cambiati ruoli, dinamiche e relazioni*, Sperling & Kupfer, Milano, 1997].

Hofferth S.L., *Updating Children's Life Course*, J. Marr Fam. (1985).

*Hogares y pobreza*, INEC, Quito, 1994.

Hogenson G.B., "Response to Pietikinen and Stevens", *J. anal. Psychol.*, vol. 43, 357-72 (1998).

Hosley C.H. e Montemayor R., "Fathers of Children with Special Needs", *in* Lamb (1997).

Hua C., *Une societé sans père ni mari. Les Na de Chine*, Presses Universitaires de France, Paris, 1997.

Huizinga J., *In de schaduwen van morgen, een diagnose van het geestelijk lijden van onzen tijd*, H.T. Tjenk Willink & Zoon, Haarlem, 1935 [trad. it. *La crisi della civiltà*, Einaudi, Torino, 1978].

Huntington D.S., "Fathers: the Forgotten Figures of Divorce", *in* Jacobs (1986).

Jacobs J.W. (org.), *Divorce and Fatherhood: the Struggle for Parental Identity*, American Psychiatric Press, Washington, 1986.

Jäger W., *Paideia. Die formung des griechischen Menschen*, de Gruyter, Berlin–Leipzig, 1944 [trad. it. *Paideia. La formazione dell'uomo greco*, La Nuova Italia, Firenze, 1954].

Janssens A. (org.), "The Rise and Decline of the Male Breadwinner Family", *Int. Rev. soc. Hist. Suppl.* (1998).

Jones E., *Sigmund Freud. Life and Work*, London, 1953-57 [trad. it. *Vita e opere di Freud*, 3 vols., Il Saggiatori, Milano, 1962].

Jung C.G. Para os escritos de Carl Gustav Jung faz-se referência à edição Boringhieri de sua "Opere", em 19 volumes.

_____, *Tipi psicologici* (1921), vol. 6.

_____, *Alcuni aspetti della psicoterapia moderna* (1930), vol. 16.

_____, *Psicologia dell'inconscio* (1943), vol. 7.

Katz M.M. e Konner M.J., "The Role of the Father. An Anthropological Perspective", *in* Lamb (1981).

Kavafis C., *Cinquantacinque poesie*, organizado por M. Dalmati e N. Risi, Einaudi, Torino, 1968.

Kawai M., "Newly Acquired Pre-Cultural Behaviour of the Natural Troop of Japanese Monkeys in Koshima Island", *Primates*, vol. 1 (1975).

Kerényi K., *Dionysos. Urbild des unzerstörbares Lebens*, Albert Langen & Georg Müller Verlag, s.d. [trad. it. *Dioniso*, Adelphi, Milano, 1992].

Klein M., "Love, Guilt and Reparation and Other Works", em *The Writings of Melanie Klein*, vol. I, Hogarth Press, London 1975 [trad. it. Klein M. e Riviere J., *Amore, odio e riparazione* (1957), Astrolabio, Roma, 1969].

Krüll M., *Freud und sein Vater. Die Entstehung des Psychoanalyse und Freuds ungeloste Vaterbildung* (1979), Fischer, Frankfurt a.M., 1992 [trad. it. *Padre e figlio. Vita familiare di Freud*, Boringhieri, Torino, 1982].

Kuder M., *Das Ringen des Sohnes um den Segen des Vaters*, tese de graduação do C.G. Jung Institut Zürich, Zürich, 1994.

Lamb M.E. (org.), *The Role of the Father in Child Development*, 3 vols., Wiley, New York, 1976, 1981 e 1997.

Leed E.J., *No Man's Land. Combat and Identity in World War I*, Cambridge University Press, Cambridge, UK, 1979 [trad. it. *Terra di nessuno*, Il Mulino, Bologna, 1985].

Lekatsás P., *Dionysos*, Idryma Moraiti, Athine, 1971.

Lemke W., "Das Vaterbild in der Dichtung Griechenlands", *in* Tellenbach (1976).

Lenzen D., *Vaterschaft. Vom Patriarchat zur Alimentation*, Rowohlt, Reinbeck b. Hamburg, 1991 [trad. it. *Alla ricerca del padre. Dal patriarcato agli alimenti*, Laterza, Bari, 1994].

Leroi-Gourhan A., *Le geste et la parole. Technique et langage*, Albin Michel, Paris, 1964a [trad. it. *Il gesto e la parola*, Eunaudi, Torino, 1977].

_____, *Les religions de la préhistoire. Paléolithique*, Presses Universitaires de France, Paris, 1964b [trad. it. *Le religioni della preistoria. Paleolitico*, Adelphi, Milano, 1993].

_____, *Le fil du temps. Ethnologie et préhistoire*, Fayard, Paris, 1983 [trad. it. *Il filo del tempo. Etnologia e preistoria*, La Nuova Italia, Firenze, 1993].

Lévi-Strauss C., "La vie familiale et sociale des Indiens Nambikwara", *J. Soc. Américan.*, vol. 37 (1948).

_____, *Les structures élémentaires de la parenté*, Presses Universitaires de France, Paris, 1949 [trad. it. *Le strutture elementari della parentela*, Feltrinelli, Milano, 1969].

_____, "Race et histoire" (1952), em *Anthopologie structurale deux*, Plon, Paris, 1973.

_____, "The Family", *in* Shapiro (1956) [trad. it. "La famiglia", em *Razza e storia e altri studi di antropologia*, Einaudi, Torino, 1985].

_____, *Le regard éloigné*, Plon, Paris, 1983 [trad. it. *Lo sguardo da lontano*, Einaudi, Torino, 1985].

Lorenz K., *Das sogenannte Böse. Sur Naturgeschichte der Aggression* (1963), Piper, München, 1984 [trad. it. *Il cosiddetto male*, Garzanti, Milano, 1980].

_____, *Über tierisches und menschliches Verhalten* (1965), Deutsche Buch Gemeinschaft, Berlin–Darmstad–Wien, 1967.

Lo Russo G., *Uomini e padri. L'oscura questione maschile*, Borla, Roma, 1995.

*Los hogares en Mexico*, INEGI (Instituto de Estatistica, Geografia e Informatica), Aguascalientes, 1997.

Luzzatto S., *Il corpo del Duce*, Einaudi, Torino, 1998.

Mack D., *The Assault on Parenthood*, Simon & Schuster, New York, 1997.

Magli I., *Matriarcato e potere delle donne*, Feltrinelli, Milano, 1978.

Malinowski B., *The Father in Primitive Psychology*, Norton & Co., New York, 1927 [trad. it. *Il padre nella psicologia primitiva*, Rizzoli, Milano, 1990].

_____, *The Sexual Life of Savages in North-Western Melanesia*, Routledge & Kegan Paul, London, 1929 [trad. it. *La vita sessuale dei selvaggi nella Melanesia nord-occidentale*, Feltrinelli, Milano, 1973].

Marsiglio W., "Adolescent Fathers in the United States: Their Initial Living Arrangements, Marital Experience and Educational Outcames", *Fam. Plann. Perspect.* (1987).

Marsiglio W. e Cohan M., "Young Fathers and Child Development", *in* Lamb (1997).
Masset C., "Preistoria della famiglia", *in* Burguière, Klapisch-Zuber, Segalen e Zonabend (1986).
Mead M., *Male and Female*, William Morrow, New York, 1949 [trad. it. *Maschio e femmina*, Il Saggiatore, Milano, 1992].
Meier-Seethaler C., *Ursprünge und Befreiungen. Eine dissidente Kulturtheorie*, Arche, Zürich, 1988.
Mendel G., *La révolte contre le père. Une introduction à la sociopsychanalyse*, Payot, Paris, 1968.
Messina F., *Mussolini latin lover*, Associazone culturale "Carmelo Parisi", Fiumendinisi, 1998.
Meth R.L. e Pasik R.S. (orgs.), *Men in Therapy. The Challenge of Change*, Guilford, New York, 1990.
Michel B., *La chute de l'Empire Austro-Hongrois. 1916-1918*, Laffond, Paris, 1991.
_____, *Nations et nationalismes en Europe Centrale. XIX-XX siècle*, Aubier, Paris, 1995.
Miller B.D. (org.), *Sex and Gender Hierarchies*, Cambridge University Press, Cambridge, UK, 1993.
Mirandé A., *Hombres y machos*, Westviews Press, Boulder, 1997.
Mitscherlich A., *Auf den Weg, zur vaterlosen Gesellschaft. Ideen zur Sozialpsychologie*, Piper, München, 1963 [trad. it. *Verso una società senza padre. Idee per una psicologia sociale*, Feltrinelli, Milano, 1970].
Montagu A., *Growing Young* (1981), Bergin & Garvey, Westport–London, 1989 [trad. it. *Saremo bambini*, Red, Como, 1992].
Morgan L.H., *The League of Iroquois* (1851).
_____, *Systems of Consanguineity anf Affinity of the Human Family* (1871).
_____, *Ancient Society* (1877).
Morin E., *Le paradigme perdu: la nature humaine*, Seuil, Paris, 1977 [trad. it. *Il paradigma perduto*, Feltrinelli, Milano, 1999].
Morris D., *The Naked Ape* (1967), Doubleday, New York, 1984 [trad. it. *La scimmia nuda*, Bompiani, Milano, 1992].
Mossé C., *La femme dans la Grèce antique*, Albin Michel, Paris, 1983 [trad. it. *La donna nella Grecia Antica*, ECIG, Genova, 1992].
Moynihan D.P., *The Negro Family. The Case for National Action*, Office of Policy Planning and Research, US Department of Labor, Washington, reimpresso por Greenwoods Press, Westport, 1981.
Müller-Karpe H., *Geschichte der Steinzeit*, Oskar Beck, München, 1974 [trad. it. *Storia dell'età della pietra*, Laterza, Bari, 1984].
Mulliez J., "La désignation du père", *in* Delumeau e Roche (1990).

Neumann E., *Ursprungsgeschichte des Bewusstseins*, Rascher, Zürich, 1949 [trad. it. *Storia delle origine della coscienza*, Astrolabio, Roma, 1978].
_____, *Die Grosse Mutter* (1956), Walter, Olten, 1974 [trad. it. *La grande madre*, Astrolabio, Roma, 1981].

Osherson S., *Finding Our Father: the Unfinished Business of Manhood*, Free Press, New York, 1986.

Paz O., *El laberinto de la soledad* (1950), Fondo de cultura economica, Mexico, 1986.
Pinto-Correia C., *The Ovary of Eve. Egg and Sperm and Preformation*, University of Chicago Press, Chicago–London, 1997.
Pleck E.H. e Pleck J.H., "Fatherhood Ideals in the United States: Historical Dimensions", *in* Lamb (1997).
Pleck J.H., "Paternal Involvement: Levels, Sources and Consequences", *in* Lamb (1997).
Popenoe D., *Life without Father*, The Free Press, New York, 1996.

Ranzato G., *Il linciaggio di Carretta*, Il Saggiatore, Milano, 1997.
Ricœur P., *De l'interprétation. Essai sur Freud*, Seuil, Paris, 1966 [trad. it. *Della interpretazione. Saggio su Freud*, Il Saggiatore, Milano, 1985].
Roazen P., *Freud and His Followers*, Knopf, New York, 1975 [trad. it. *Freud e i suoi seguaci*, Einaudi, Torino, 1998]. ·
Romilly J. de, *Hector*, Fallois, Paris, 1997.
Roscher W.H., *Ausführliches Lexikon der griechischen und römischen Mythologie* (1884-1937), reimpresso por Olms, Hildesheim, 1978.
Rosenthal K.M. e Keshet H.F., *Fathers without Partners: a Study of Fathers and the Family after Marital Separation*, Rowman & Littlefield, Totowa, 1981.

Samuels A., *The Political Psyche*, Routledge, London, 1993 [trad. it. *La psiche politica*, Moretti & Vitali, Bergamo, 1999].
\_\_\_, "The Good-enough Father of Whatever Sex", *in* AA.VV. (1995).
Schindler A., "Geistliche Väter und Hausväter in der christlichen Antike", *in* Tellenbach (1978).
Schultz H. (org.), *Vatersein*, DTV, München, 1984.
Scott R.P., "O homem na matrifocalidade", *Cad. Pesquisa*, vol 73 (maio 1990).
Segal L., *Slow Motion. Changing Masculinities, Changing Men*, Rutgers University Press, New Brunswick, 1990.
Shapiro H.L. (org.), *Man, Culture and Society*, Oxford University Press, Oxford, 1956.
Shapiro J.L., *Letting Dads Be Dads*, Parents (1994).
Silk J.B., "Primatological Perspectives on Gender Hierarchies", *in* Miller (1993).
Smith R.T., "The Matrifocal Family", *in* Goody (1973).
Stein M., "The Devouring Father", *in* Hillman e outros (1973).
Stevens A. e Price J., *Evolutionary Psychiatry: a New Beginning*, Routledge, London, 1996.

Tellenbach H. (org.), *Das Vaterbild in Mythos und Geschichte*, Kohlhammer, Stuttgart–Berlin–Köln–Mainz, 1976.
\_\_\_, (org.), *Das Vaterbild in Abendland*, Kohlhammer, Stuttgart–Berlin–Köln–Mainz, 1978.
Theweleit K., *Männerphantasien* (1977-78), Rowohlt, Reinbeck b. Hamburg, 1980 [trad. it. *Fantasie virili*, Il Saggiatore, Milano, 1989].
This B., *Le père: acte de naissance*, Seuil, Paris, 1980.
Thompson E.P., *The Making of the English Working Class*, Random House, New York, 1963.
Tinbergen N., *The Study of Instinct* (1951), Oxford University Press, Oxford, 1989 [trad. it. *Lo studio dell'istinto*, Adelphi, Milano, 1994].
Todd O., *Albert Camus. Une vie*, Gallimard, Paris, 1996 [trad. it. *Albert Camus. Una vita*, Bompiani, Milano, 1997].
Toynbee A., *Hellenism. The History of a Civilization*, Oxford University Press, London, 1959 [trad. it. *Il mondo ellenico*, Einaudi, Torino, 1967].
\_\_\_, *Mankind and Mother Earth*, Oxford University Press, Oxford, 1976 [trad. it. *Il racconto dell'uomo*, Garzanti, Milano, 1977].

Varenne H., "Love and liberty, la famiglia americana contemporanea", *in* Burguière, Klapisch-Zuber, Segalen e Zonabend (1986).
Vogel C., Voland E. e Winter M., "Geschlechttypische Verhaltensentwicklung bei nich menschlichen Primaten", *in* Degenhardt e Trautner (1979).

Wickler W., *Sind wir Sünder? Naturgesetze der Ehe*, Droemer Knaur, München–Zürich, 1969.
\_\_\_, e Seibt U., *Das Prinzip Eigennutz*, Piper, München, 1977.
\_\_\_, *Männlich weiblich. Der grosse Unterschied und seine Folgen*, Piper, München, 1983 [trad. it. *Maschile e femminile*, Boringhieri, Torino, 1986].

Williams R.D., "The Aeneid", em E.J. Kenney e W.V. Clausen (orgs.), *Cambridge History of Classical Literature*, Cambridge University Press, Cambridge, UK, 1982.

Wright P.C., "Variations in Male Dominance and Offspring Care in Non-Human Primates", *in* Miller (1993).

Wurzbacher G., *Leitbilder gegenwärtigen deutschen Familienlebens*, Stuttgart, 1954.

Zihlman A.L., "Sex Differences and Gender Hierarchies among Primates: an Evolutionary Perspective", *in* Miller (1993).

Zoja L., *Nascere non basta*, Cortina, Milano, 1985 [*Nascer não basta*, Axis Mundi, São Paulo 1992].

_____, "Il mito di uma madre gelosa", *in* AA.VV. (1989).

_____, *Crescita e colpa. Psicologia e limiti dello sviluppo*, Anabasi, Milano, 1993 [*História da arrogância. Psicologia e limites do desenvolvimento humano*, Axis Mundi, São Paulo, 2000].

_____, "Individuazione e 'Paideia'", em *Coltivare l'anima*, Moretti & Vitali, Bergamo, 1999.

Zonabend F., "La famiglia. Sguardo etnologico sulla parentela e la famiglia", *in* Burguière, Klapisch-Zuber, Segalen e Zonabend (1986).

Este livro foi composto em Electra corpo 10,7/14 e impresso
pela Gráfica Palas Athena em off-set sobre papel Pólen Soft
80g/m² para a Axis Mundi Editora em novembro de 2005.